法学专业必修课、选修课系列教材

竞争法通论

主　编　郭宗杰

副主编　李胜利　刘桂清　袁　嘉

撰稿人（以撰写章节先后为序）

郭宗杰　刘桂清　仲　春　张占江

袁　嘉　李胜利　廖艳嫔　郑艳馨

李国海　王玉辉　陈　兵　丁茂中

中国教育出版传媒集团

高等教育出版社·北京

图书在版编目（CIP）数据

竞争法通论 / 郭宗杰主编. -- 北京：高等教育出版社，2025.2 --（法学专业必修课、选修课系列教材）. -- ISBN 978-7-04-064224-7

Ⅰ. D922.291.1

中国国家版本馆 CIP 数据核字第 20254U6R04 号

Jingzhengfa Tonglun

策划编辑 姜 洁　　责任编辑 杨丽云　　封面设计 杨立新　　版式设计 杜微言
责任绘图 于 博　　责任校对 刘娟娟　　责任印制 耿 轩

出版发行 高等教育出版社
社　　址 北京市西城区德外大街 4 号
邮政编码 100120
印　　刷 北京市联华印刷厂
开　　本 787 mm×1092 mm　1/16
印　　张 21.75
字　　数 500 千字
购书热线 010-58581118
咨询电话 400-810-0598

网　　址 http://www.hep.edu.cn
　　　　 http://www.hep.com.cn
网上订购 http://www.hepmall.com.cn
　　　　 http://www.hepmall.com
　　　　 http://www.hepmall.cn

版　　次 2025 年 2 月第 1 版
印　　次 2025 年 2 月第 1 次印刷
定　　价 52.00 元

物 料 号 64224-00

作者简介

（以撰写章节先后为序）

郭宗杰　博士，暨南大学法学院/知识产权学院副院长，教授、博士生导师。兼任亚洲竞争协会理事，中国法学会经济法学研究会理事，国家市场监管总局反垄断专家库专家、行政执法专家库专家，广东省法学会反垄断与反不正当竞争法学研究会会长，广东、山东、贵州等省市反垄断和公平竞争审查咨询专家。代表性成果有专著《行政监管与反垄断法规制研究——以传统垄断行业的规制改革为视角》《行政性垄断之问题与规制》等。

刘桂清　博士，中南财经政法大学法学院教授、博士生导师。兼任中国法学会经济法学研究会理事，中国法学会商业法研究会理事，武汉市法学会竞争法研究会副会长，湖北省公平竞争审查专家咨询委员会委员。代表性成果有专著《反垄断法中的产业政策与竞争政策》《产业政策竞争导向转型的法律规制研究》及论文《反竞争经营者集中的公共利益辩护：路径选择与制度建构》等。

仲春　博士，暨南大学法学院/知识产权学院副教授、博士生导师。兼任中国法学会知识产权法学研究会理事，广东省法学会反垄断与反不正当竞争法学研究会秘书长，广东省市场监督管理学会副秘书长。主持国家社科基金等多项课题；代表性成果有专著《创新与反垄断——互联网企业滥用行为之法律规制研究》及论文《互联网行业反垄断执法中相关市场界定》等。

张占江　博士，浙江大学经济法研究所所长，教授、博士生导师。兼任中国法学会经济法学研究会常务理事，国家市场监管总局反垄断专家库专家，入选教育部“新世纪优秀人才支持计划”。代表性成果有专著《政府反竞争行为的反垄断法规制研究》及论文《竞争倡导研究》、“Governing China’s Administrative Monopolies under The Anti-Monopoly Law: A Ten-Year Review (2008-2018) and Beyond”等。

袁嘉　博士，四川大学法学院副教授、博士生导师，创新与竞争法研究中心主任，天府知识产权研究院执行院长，国家知识产权培训（四川）基地副主任。兼任中国法学会经济法学研究会理事，国家市场监管总局反垄断专家库专家，四川省法学会商法学研究会副秘书长。代表性成果有专著《技术转让协议的反垄断规制》《互联网平台竞争的反垄断规制》等。

李胜利　博士，安徽大学法学院副院长，教授、博士生导师。兼任中国法学会经济法学研究会理事，中国法学会商业法研究会理事，安徽省法学会经济法学研究会副会长，国家市场监管总局反垄断专家库专家，江苏省公平竞争审查和反垄断专家。代表性成果有专著《政府采购领域中垄断行为的法律规制研究》《美国联邦反托拉斯法百年：历史经验与世界性影响》等。

廖艳嫔　博士，中山大学法学院副教授、硕士生导师。兼任国家市场监管总局行政执法专家库专家，《中山大学法律评论》杂志编辑。主持多项省部级科研项目；代表性成果有论文《英国准合同制度的演变之路——英美法系返还法的滥觞》《论我国国有企业垄断行为的法律规制》《中国大陆及中国香港关于“传销”定义的立法比较研究》等。

郑艳馨　博士，西北政法大学经济法学院教授、经济法学科带头人兼导师组组长。兼任亚洲竞争协会理事，中国法学会经济法学研究会理事，陕西省法学会消费者权益保护研究会会长，陕西省市场监督管理法治研究会副会长。代表性成果有专著《我国公用企业垄断力滥用之法律规制》等。

李国海　博士，中南大学法学院教授、博士生导师，学院教授委员会主任，经济法研究所所长。兼任中国法学会商业法研究会常务理事，中国法学会经济法学研究会理事，湖南省反垄断与反不正当竞争执法研究会副会长，湖南省人大常委会立法工作财经咨询专家。代表性成果有专著《反垄断法实施机制研究》《英国竞争法研究》及论文《反垄断法公共利益理念研究——兼论〈中华人民共和国反垄断法（草案）〉中的相关条款》等。

王玉辉　博士，郑州大学法学院执行院长，教授、博士生导师，河南省社科联人文社科重点研究基地郑州大学经济法治研究中心主任。兼任中国法学会经济法学研究会常务理事，河南省法学会经济法学研究会副会长。主持国家社科基金等省部级以上项目20余项；代表性成果有专著《日本反垄断法的历史沿革与制度变迁（1947—2019）》《垄断协议规制制度》等。

陈兵　博士，南开大学法学院副院长，教授、博士生导师，竞争法研究中心主任，《数字经济与法治》杂志主编。兼任工业和信息化部信息通信科学技术委员会委员，国家市场监管总局科技创新委员会委员，国家级法治人才库入库专家，中国法学会经济法学研究会常务理事。主持国家社科基金等多项课题；代表性成果有论文《大数据的竞争法属性及规制意义》《因应超级平台对反垄断法规制的挑战》等。

丁茂中　博士，上海政法学院教授、博士生导师，竞争法研究中心主任，上海司法研究所常务副所长。兼任中国法学会经济法学研究会常务理事，上海市法学会竞争法研究会秘书长，国家市场监管总局反垄断专家库专家。主持国家社科基金等项目20余项；代表性成果有专著《公平竞争审查制度研究》等。

前　　言

一、写作背景

竞争法是中国特色社会主义市场经济法律体系的重要组成部分，特别是随着党的十八届三中全会确立“使市场在资源配置中起决定性作用和更好发挥政府作用”以来，竞争法在推进我国市场经济体制改革、助力竞争政策成为国家的基础性经济政策、建设全国统一大市场方面起着日益重要的作用，竞争法理论与实务的发展也日益受到全社会的关注。

我自2005年起在暨南大学为本科生开设竞争法学课程，其时竞争法的核心内容《反垄断法》尚未颁行；后又给本校研究生开设竞争法课程，一直希望编写一本自用的竞争法教材。2011年，我申报的《竞争法学》获国务院侨务办公室精品教材立项，但由于种种原因，一直未能动笔成稿。

2021年，在《反垄断法》修改热烈讨论的过程中，恰遇高等教育出版社姜洁副主任，谈起出一本竞争法教材的想法，姜主任当即表示给予全力支持。我随后便联系本书各位作者进行分工写作，初稿于2022年《反垄断法》修正之前完成，《反垄断法》修正后又对初稿进行了修改。后来由于一直有竞争法相关配套法规规章草案公布，我总想等所有主要草案全部完成后，给大家一个最权威、最前沿、最新颖的教科书，致使本书的出版一拖再拖。

2023年11月，本书责任编辑杨丽云女士再次联系，希望教材能够尽早出版，于是当即开始对书稿结合最新立法文件再次进行修订、统稿、校对，并根据出版社要求增加了案例、即测即评等内容，2024年1月上旬正式交稿。

二、本书特色

本书特色体现在以下几个方面：一是内容的前沿性。本书内容结合了竞争法领域最新的理论与实践成果，既包括最新理论，如对近年国际上特别是对美国反垄断影响较大的新布兰代斯学派的介绍，也包括最新的立法资料，如美国2023年12月发布的《合并指南》以及我国国务院常务会议2023年12月29日修订的《关于经营者集中申报标准的规定》等。二是体系的完整性。近年来，我国竞争法理论与实践发展非常迅速，如关于竞争倡导与竞争文化以及公平竞争审查制度的理论研究与实践发展等，这些内容都已成为我国竞争法的重要组成部分，本书也将这些内容纳入，构建了一个更为完整的竞争法教材体系。三是教学的适用性。参加本书编写的均为国内一线竞争法学者，大家都从事日常的竞争法教学、科研工作，熟悉竞争法前沿理论并且掌握教学规律，因此在教材框架编排上充分考虑了教学需要，首先是竞争法总论，然后是反不正当竞争法、反垄断法的内容。在具体内容的安排上，如本身违法原则与合理原则、相关市场、市场支配地位等问题的展开，既考虑了教材内容的整体性，也考虑了这些理论在相关部分的适用性等，以更好服务于教师的“教”与学生的“学”。

三、作者分工

本书由郭宗杰担任主编，李胜利、刘桂清、袁嘉任副主编，来自全国 11 所高校的 12 位作者参与了本书的撰稿工作，具体分工如下（以撰写章节先后为序）：

郭宗杰：撰写第一章、第二章；

刘桂清：撰写第三章、第十九章；

仲　春：撰写第四章、第十一章、第十四章；

张占江：撰写第五章；

袁　嘉：撰写第六章、第二十章；

李胜利：撰写第七章、第八章、第十三章、第十五章；

廖艳嫔：撰写第九章、第十章；

郑艳馨：撰写第十二章；

李国海：撰写第十六章、第二十二章；

王玉辉：撰写第十七章；

陈　兵：撰写第十八章；

丁茂中：撰写第二十一章。

几位副主编协助主编分别进行了部分内容的统稿工作，全书最后由主编统稿、定稿。

本书作者均为国内知名竞争法学者，虽然工作繁忙，但都及时并且高质量地完成了写作任务，在此一并致谢！

广东财经大学法学院讲师刘阳博士，暨南大学法学院博士生欧阳素珍、樊书钰及硕士生文薇、刘舒帆、王晶等，协助主编进行了全书文稿的校对工作；刘阳、欧阳素珍、樊书钰在各章作者提供的相关素材的基础上，协助主编进行了各章后案例等资料的整理和校对工作。对刘阳博士及几位同学的付出在此也一并致谢！

感谢高等教育出版社姜洁副主任和责任编辑杨丽云女士等对本教材出版发行的大力支持和所付出的辛勤劳动！

虽然本书作者团队付出了最大努力以期打造一本精品教材，但错漏之处仍然难免，希望读者能够及时指正，以便再版时修订。

郭宗杰
2024 年 1 月 10 日

目　　录

第一编　竞争法总论

第三编 反垄断法

第一编 竞争法总论

第一章　竞争法的起源与发展

第一节　竞争与竞争法

一、竞争的基本理论

（一）竞争的概念

竞争是我们非常熟悉的一种现象，广泛存在于日常生活的各个方面，从学生生涯中的各种竞赛，到社会生活中的各种评选，乃至体育比赛、政治选举等，都是一种竞争现象、竞争活动、竞争过程，当然最后一般也会产生相应的竞争结果，如获得奖项、赢得冠军等。因此，竞争无处不在，与我们的生活相伴而存。

竞争，通常可以表述为二人以上争取某项特定的利益。按照《现代汉语词典》的解释，竞争则是"为了自己方面的利益而跟人争胜"[①]。根据此一解释，竞争包括几项要素：其一，存在竞争主体，即为了某种利益进行争胜的人或者组织；其二，具有某种值得争夺的利益，如某种职位、冠军头衔、高额奖金等；其三，有为获得最终利益而展开争夺的过程，如参加考试或者正式体育比赛等，当然背后还有为获得理想竞争结果而进行的前期的勤奋学习、刻苦训练等；其四，遵守某种约定的规则，无论考试或者体育比赛，都有相应的规则，遵守规则才能保证竞争过程的顺利展开，不遵守规则即会受到相应的处罚等。

与日常生活中理解的竞争不同，法律意义上的竞争有其特定含义。根据《牛津法律大辞典》的解释，竞争指"一种与垄断相反的经济形式：就某些特定的商品和劳务而言，存在着大量潜在的供应者和大量潜在的消费者，从而双方之中没有任何人能独自控制货源、价格或其他市场因素"。在具体的立法实践中，部分国家也尝试对竞争的概念作出解释，如日本《禁止私人垄断与确保公正交易法》（以下简称日本《禁止垄断法》）第2条规定，竞争是指两个以上事业人在通常的事业活动范围内，无需对该事业活动的设施或者形态加以重要变更而实施或者能够实施下列行为的状态：（1）向同一需要人提供相同或类似的商品或服务的；（2）从同一供给人取得相同或类似的商品或服务的。

由上可知，法律意义上的竞争已经明显地限定在经济领域，是"一种与垄断相反的经济形式"。在"竞争"所限定的这种经济形式中，有大量买者和卖者，由于没有任何

---

① 中国社会科学院语言研究所词典编辑室编：《现代汉语词典》（2002年增补本），商务印书馆2002年版，第671页。

一个买者或卖者能够独自控制“货源、价格或者其他市场因素”，所以，任何一个买者或卖者如果想在该市场上达成交易，都面临着来自其他买者或卖者的潜在压力，并且这种压力会随着市场供求关系的紧张而愈益加大。当供大于求时，所有卖者都面临更大的销售压力，需要以更低的价格、更优的品质、更好的服务获得交易机会；而当求大于供时，所有的买者如果想最终达成交易，可能都需要支付更高的价格、具有更好的信誉。在此意义上，结合《牛津法律大辞典》及相关国家和地区对竞争的立法界定，本书将法律意义上的竞争用更为通俗的语言概括为：市场主体之间以更有利的条件获取交易机会的行为。

从具体构成要素上看，法律意义上的竞争与日常理解的竞争有明显不同：其一，法律意义上的竞争是市场主体之间的竞争，即市场经营者之间的竞争，这使得它与政治、体育等其他领域的竞争区别开来。其二，法律意义上的竞争是具有竞争关系的经营者之间的竞争，如波音公司在民用航空市场的主要竞争对手是空中客车公司，京东电商在电商领域的主要竞争对手是淘宝、拼多多等公司；而在京东电商与波音公司之间并不存在直接的竞争关系。其三，法律意义上的竞争之目的，表面上看是为获得交易机会，实质上是获得经济利益，即商业利润，所以法律意义上的竞争具有鲜明的经济属性。其四，法律意义上的竞争同样需要遵守相应的规则，如应当以更好品质的商品或服务（该“服务”指交易的标的）、更为优惠的商业价格、更好的服务（该“服务”指为交易提供的服务如交易过程中的服务及售后服务等）、更具认可度的商业信誉等赢得市场，应当秉持公平、公正的竞争理念，遵守基本的诚信原则和公认的商业道德等。

（二）竞争的种类

市场中的竞争有各种各样的表现形式，根据不同的标准，可以对这些竞争作不同的分类。

1. 根据竞争是否主要以价格为手段，可以将竞争分为价格竞争与非价格竞争

顾名思义，价格竞争就是以价格为主要手段的竞争方式。价格竞争又可以分为低价竞争、高价竞争，另外还有领导价格、平行价格等不同表现形式。所谓低价竞争，即通过压低商品或服务价格进行市场竞争，从而获取交易机会；所谓高价竞争，即通过抬高商品价格，打造商品的高端形象，从而赢得特定市场交易机会的竞争手段；所谓领导价格，是指在特定市场上由在该市场中处于领先地位的经营者制定产品或者产品系列的价格，其他经营者则根据该经营者的价格水平及其调整情况，相应地制定或调整自身商品或服务的价格。所谓平行价格，是指在寡头垄断市场上企业有索取相同价格的趋势，以此希望避免因寡头之间价格竞争可能导致的利润下降。

所谓非价格竞争，即指主要不是通过价格手段，而是通过质量、品牌、服务等价格之外的手段进行的竞争。以汽车市场为例，不同品牌的汽车，价格可以从几万元到几千万元甚至上亿元不等，主要是由于不同品牌，面向不同消费群体的产品定位不同。每个品牌都有自己的目标消费群体，经营者为满足特定目标消费群体的消费偏好，可以采取不同的竞争策略。例如，高端消费群体，对价格不敏感，主要满足其特定的消费心理或者社会需求即可，这样就可以不以价格为主，展开不同层面、不同角度的市场竞争。

一般情况下，价格是最灵敏的市场要素，是市场机制发挥作用的关键。通过价格进行竞争，是最直接、最简单、最原始、最有效也是最具市场杀伤力的竞争手段。价格竞争一般是市场竞争的初始手段，但当其他竞争手段都穷尽而不能取得效果时，价格竞争往往也是最后的手段。当然，由于价格竞争往往也直接降低竞争者自身的市场利润，所以，价格竞争是一把双刃剑，竞争策略不当，可能会造成获得了市场而失去了利润的结果，往往得不偿失。

非价格竞争看似不是通过价格进行的竞争，但实际上与价格密切相关，所有的品牌培育、质量保障、服务提升等，最终的结果都会反映到价格上。在此意义上，没有与价格完全无关的市场竞争。一般经营者市场活动的根本目的在于获得利润，而所有利润都会包含在价格里面，只有通过价格的变动，才会实现经营者市场活动的目标。因此，所有的竞争最后也都会变成价格竞争，区别仅在于这种竞争直接通过价格体现还是间接通过价格反映。正是因为价格与竞争具有如此密切的联系，竞争法对价格的关注持久而绵密，诸多通过价格形式表现出来的竞争违法行为，如相互串通操纵价格、掠夺性定价、限制转售价格、价格歧视等，均受到竞争法的关注；而另如搭售、拒绝交易等排除、限制竞争行为，也与相应的价格条件有密切联系。因此，竞争法既关注价格竞争，也关注非价格竞争，其根本原因在于实践中几乎没有与价格无联系的竞争行为。

2. 根据竞争正当与否，可以将竞争分为正当竞争与不正当竞争

行为正当与否，是我们日常生活中一个常见的评判标准，市场竞争行为同样可以根据此标准进行判定。根据竞争行为是否具有正当性，可以将其分为正当竞争行为和不正当竞争行为。

由于正当与否是一般的道德判断，所以，所谓正当竞争行为，一般理解，是指符合社会道德评判标准的竞争行为；所谓不正当竞争行为，是指不符合一般社会道德评判标准的行为。但由于《反不正当竞争法》或者类似规范不正当竞争行为的法律已经成为诸多国家法律体系中重要的组成部分，一种行为一旦被认定为不正当竞争行为，将不只是一个道德判断的问题，而上升为一种法律判断，是一种违法行为，并且由《反不正当竞争法》或相应的法律规范进行规制。所以，当“不正当”与“竞争”组合，生发出“不正当竞争”这一概念时，其所揭示的内容就不再是道德问题，而是法律问题，是法律对一种市场竞争行为的否定性评价，并且意味着该行为主体应当承担相应的法律责任。

正当竞争行为与不正当竞争行为的分类，旨在使我们清楚竞争行为的道德判断与法律判断的关联性，一个看似道德判断的问题，实际上有着专门的法律属性。至于不正当竞争行为的确切法律内涵，本书将在后面有关内容中予以明确解释。

3. 根据竞争的范围不同，可以将竞争分为国内竞争与国际竞争

所谓国内竞争，即发生在一国内部市场主体之间的竞争；所谓国际竞争，即不同国家市场主体之间的相互竞争。

在人类发展的相当长一段历史时期，由于生产力发展水平低，人类生产的产品没有过多的剩余可以用于商品交换，再加之交通条件有限，也不可能长距离、大规模地进行商品运输，因此，制造业和商业都不够发达，市场竞争往往局限在很小的范围。随着生产力的

发展，越来越多的生产剩余开始出现，交通环境也持续改善，市场的范围不断扩大。特别是发展到今天，由科技发展带来的生产力飞速提升，世界范围内的分工在提高了生产效率的同时，也对商品交换提出了前所未有的要求，而现代交通工具和交通体系的发展使世界范围内的大规模商品交换成为可能。可以看到，我们现实中市场的边界已经无限扩展，某一商品今天还在美洲的工厂或者土地里，明天就在亚洲人办公室或者餐桌上的现象已经成为市场中的日常景象。在此背景下，市场竞争随着市场的不断扩展也在持续扩容，并且早已跨越国界，成为当今经济社会无处不在的现象。

竞争范围的变化对竞争法具有重要影响。在所有法律领域中，竞争法可能是最广泛规定域外适用效力的部门法之一。我国反垄断法借鉴其他国家的立法经验，在该法第 2 条同样对域外适用问题作了规定。

（三）关于竞争的经济学理论

竞争法是有关市场竞争过程展开、市场竞争秩序维护的法律，竞争法中的很多概念来源于市场，来源于经济学理论，因此竞争法也是所有法律中与经济学联系最为密切的法律部门之一，经济学的重大理论突破，如哈佛学派、芝加哥学派、新布兰代斯学派等的理论观点，都对竞争法产生了重要影响，甚至使竞争法的理念和规则以至最终的实践都产生了重要的乃至革命性的变革。学习竞争法，必须了解有关竞争的基本经济学理论。

1. 古典自由经济学派

古典自由经济学派的代表人物是亚当·斯密（Adam Smith）。斯密的核心经济思想是“自由放任”，这也是他主张的经济政策的基本原则。斯密认为，一个国家要增加国民财富，必须做到如下三点：一是加强分工，二是增加资本的数量，三是改善资本的用途。

关于分工，斯密认为，一个人专门从事一种特定的业务，以自己的产品去和其他人交换，所得到的利益总比自己经营几种业务要多，因此分工是人类特有的交换倾向自然发展的结果，不需要国家的任何干预。关于增加资本，斯密认为这是人们节俭的自然结果，而节俭天然地来自人们改善自身生活的内在愿望，因此节俭同样是一种自然而然的现象，不需要国家的任何干预。关于改善资本的用途，斯密认为，每个人都在不断地为自己所有的资本寻找最有利的用途，虽然人们在使用资本时想到的只是个人利益，但结果却是自然而然地甚至必然地使他们选择对社会最有利的用途。同时，也只有私人才知道怎样做对自己的资本最有利，国家不必指导私人如何使用资本。

根据以上分析，斯密认为，要增加一个国家的财富，最好的经济政策就是给私人经济活动完全的自由，他把充分的自由竞争看成发挥社会每个成员主动性和积极性的条件。人们在充分自由竞争的市场中进行活动，会有一只“看不见的手”自动调节人们的行为，国家不应当对经济活动进行干预。斯密认为，国家的职能应当限于下述三方面：一是保卫本国不受他国侵犯，二是保障社会成员的财产和人身不受他人侵犯，三是建设和维持一些公共工程和公共事业。也就是政府应扮演一个“守夜人”的角色，只需要像守夜人那样防止外来的暴行和侵略，并维护公共秩序，不应干预经济活动中的竞争自由。

以斯密为代表的古典经济学派的自由竞争理论，强调完全的自由竞争，反对任何的国家干预，而竞争法作为国家干预市场活动的基本法律规范，显然在古典经济学派的理念下没有存在的必要与依据。

2. 奥地利学派

奥地利学派是产生于19世纪70年代、流行于19世纪末20世纪初的一种西方经济学流派，其代表人物是卡尔·门格尔（Carl Menger）和哈耶克（Hayek）等。因其创始人门格尔和继承者维塞尔（Wieser）、柏姆·巴维克（Bawerk）都是奥地利人，都是维也纳大学教授，都运用边际效用的个人消费心理来建立其理论体系，所以该流派也被称为维也纳学派或心理学派。

奥地利学派认为，市场的有效性依赖于如下假设：（1）人是自利的，也是无知的；（2）人的行动是有目的的，并且只有个体有能力做决策；（3）个人平等的权利得到有效的法律保护，竞争是自由的。奥地利学派从现实的人的行为出发去解释真实市场的运行，他们把市场理解为一个不断发现信息和利用信息的过程，把企业家精神放在中心地位，认为经济增长是一个不断创新的过程。奥地利学派认为政府对市场的干预会事与愿违，因此更为彻底地反对政府干预市场自由。由米塞斯（Mises）最初提出、哈耶克作进一步发展的奥地利学派商业周期理论解释了资本主义的经济危机。他们认为，经济危机是政府扩张性货币政策的必然恶果：扩张性货币政策导致低利率，进而误导企业家过度投资，促使消费者过度消费，从而人为地扭曲了生产结构，导致经济泡沫，最终产生危机。哈耶克也因商业周期理论获得了1974年诺贝尔经济学奖。

奥地利学派主张彻底的自由市场理论，因此，在该学派的理论主张中，具有干预特征的竞争法同样没有发挥作用的余地。

3. 哈佛学派

哈佛学派是以哈佛大学的梅森（E. Mason）及其学生贝恩（J. Bain）等为代表建立起来的经济学理论流派，由于该学派特别注重对产业组织的研究，所以又被称为产业组织学派。

梅森特别强调市场结构和其他客观市场条件的重要性，将其作为认识市场企业行为的关键，并提出了产业组织理论的体系和研究方向。梅森认为，为了把握市场竞争是否有效，需要对市场竞争过程进行经验观察和研究。贝恩运用经验研究方法，进一步发展了梅森的思想。他首先用四个企业的市场集中度来测量市场结构，并用利润率来测量绩效。他考察了1936—1940年美国42个样本制造业，得出了市场集中度与利润率具有正相关关系的结论；接着，他又检验了20个美国制造业的进入壁垒与利润的关系，进一步验证了集中度与利润率的正相关关系。在此基础上，贝恩建立了市场结构决定市场绩效（即“结构-绩效”）的理论假定。20世纪六七十年代，哈佛学派的另一代表人物谢勒（Scherer）在贝恩理论研究的基础上，进一步论证了市场行为与市场绩效的关系，建立了“结构-行为-绩效”的三段论分析范式（即Structure-Conduct-Performance Paradigm，简称S-C-P范式），标志着产业组织理论走向成熟。

按照哈佛学派的观点，一个行业有什么样的市场结构，就会导致该行业内企业有什么样的自觉行为，自然而然地会产生相应的市场绩效。为了获得令人满意的市场绩效，必须运用反托拉斯政策对市场结构和市场行为尤其是前者进行干预。在哈佛学派的理论中，市场结构在市场有效运行中起着核心作用，也是他们关注的核心变量，因此哈佛学派又被称为结构主义学派，是美国反垄断规制中结构主义的理论源头。

哈佛学派对第二次世界大战后至 20 世纪 70 年代美国的反托拉斯政策产生了决定性影响。在该理论的影响下，美国反托拉斯政策在这一时期呈现出明显的干预主义色彩。

4. 芝加哥学派

芝加哥学派是以芝加哥大学的斯蒂格勒（Stigler）、德姆塞茨（Demsetz）、波斯纳（Posner）等为代表的著名经济学理论流派。芝加哥学派的思想基础是经济自由主义与社会达尔文主义，他们崇尚物竞天择、适者生存，认为企业规模“大”不是恶，竞争优胜者即优等。

芝加哥学派崇尚新古典经济理论分析，他们认为，反托拉斯政策应当以效率即消费者福利最大化为唯一目标，并认为哈佛学派只关注市场力量的反垄断政策，损害了效率。他们坚持经济自由主义思想，反对国家干预；认为市场机制最大的优点就在于权力的分散性，在分散的权力下，市场机制会自动带来资源的最优配置和社会的最大福利，而政府的干预会导致权力的集中；认为市场机制与自由交换是组织人类行为最有效、最平等的模式，因此不需要政府对经济的干预。由于芝加哥学派一直对政府干预经济事务持怀疑态度，所以他们的政策主张都以更多依靠市场，削弱政府干预为目的。

芝加哥学派是在与哈佛学派的论战中崛起的，并在 20 世纪 70 年代国家干预主义面临整体危机的背景下逐渐取代了哈佛学派，成为主导美国反托拉斯政策的主流经济学理论。在芝加哥学派影响下，美国反托拉斯部对于企业合并和大企业行为等都非常宽容，反托拉斯政策由严厉干预转变为了最低限度的干预。

5. 新布兰代斯学派

新布兰代斯学派也称新布兰代斯主义，是以前美国联邦最高法院法官布兰代斯（Brandeis）名字命名的一种反垄断思潮。

布兰代斯法官在美国反托拉斯史上影响巨大，正是在他的积极推动下，美国颁布了《克莱顿法》和《联邦贸易委员会法》两部重要的反托拉斯法律。1916 年，时任美国总统威尔逊（Wilson）任命他为美国联邦最高法院的法官。布兰代斯坚决反对以投资银行为代表的金融寡头控制市场的行为，认为反托拉斯政策的根本目的，除了效率外还应关注竞争和经济民主问题；主张除了法律之外，还要通过舆论监督及公民参与等多种手段抑制垄断行为。

新布兰代斯主义是近年兴起的一股反垄断思潮，主要代表包括巴里·林恩（Barry Lynn）、莉娜·可汗（Lina Khan）、吴修铭（Tim Wu）。与布兰代斯法官一样，他们反对将“消费者福利”作为反垄断的唯一指标，主张反垄断应更多地考虑经济民主等其他议题。他们认为，在遏制垄断的过程中，除了运用传统反托拉斯法律工具外，还应当采用诸如强化政府管制等更多工具。另外，他们主张，反垄断应更多关注市场结构和市场竞争过程，认为某些垄断的市场结构本身会带来竞争损害，因而应当予以遏制。

时代背景对于反垄断政策影响明显。布兰代斯法官所处的时代，垄断威胁主要是金融寡头，因此他把金融寡头作为自己反垄断针对的主要对手；而新布兰代斯主义则更直接地针对当今对我们生活影响巨大并备受世界各国关注的各大平台企业，因此其讨论的重心主要放在了平台经济的反垄断应对领域。

（四）竞争的基本形态——市场结构

市场结构是指一个特定市场中经营者数量的多少和规模的大小，它反映着一个市场的竞争和垄断的程度。经济学以市场竞争程度为标准，从市场中经营者的数量、产品的差异程度、进入市场的难易程度以及经营者对产品和价格的控制能力等方面，将市场结构分为四类，即完全竞争市场、完全垄断市场、垄断竞争市场和寡头垄断市场。

1. 完全竞争市场

顾名思义，完全竞争市场是指一个市场具有完全充分的自由竞争，这里的竞争不受任何干扰和限制。完全竞争市场具有如下特征：（1）市场内具有为数众多的买者和卖者，他们都是价格的被动接受者，而非价格的决定者；（2）所有卖者向市场提供的产品都是同质的，这些产品对买者来说没有任何差异；（3）市场内所有资源都可以自由流动，经营者可以自由地进入或者退出市场。

完全竞争市场是一种理论的假设，具有严格的条件限制，现实中基本不存在理想中的完全竞争市场。一般认为，证券市场和农产品市场是比较接近完全竞争市场模型的现实市场，但这两类市场显然与真正理论上的完全竞争市场还有很大距离。完全竞争市场是市场结构理论的重要内容，在作为一种理想市场与现实市场进行对比研究方面，完全竞争市场理论的存在具有其独特的意义与价值。

2. 完全垄断市场

完全垄断市场又称为纯粹垄断市场或简称为垄断市场，是指一家经营者控制一个行业全部供给的市场结构。在完全垄断市场中，经营者的概念与行业的概念重合，行业中唯一的经营者就是垄断者，而该垄断者又构成一个行业。在此类市场中，不存在产品相近的任何替代品的竞争，垄断经营者是价格的最后决定者，不论经营者的销售量是多少，价格一般都不会发生变化，总是等于一个常数。

与完全竞争市场一样，完全垄断市场的存在同样有严格的条件限制，并且也只是一种理论的假设，现实中并不存在理论意义上的完全垄断市场。一般认为，一个城市中的自来水、管道煤气等公用企业所在的市场，类似于完全垄断市场。但真实的自来水、管道煤气市场与理论上的完全垄断市场还是有根本的差异，并不具有完全的可比性。

3. 垄断竞争市场

垄断竞争市场也称不完全竞争市场，这种市场的基本特征是：市场中存在众多的经营者，不同经营者的产品之间存在差别。产品差别并不意味着产品一定是不同质的，同质产品因为品牌、商标、款式、颜色、包装或销售条件等的不同，也会使消费者认为产品之间存在差别，因此，在判断产品差别时，主观特性与客观特性一样重要。

西方经济学认为，产品差别是形成和存在垄断的根本原因。既然市场中每个经营者的产品都存在一定差别，在某种意义上这些经营者都有一定的垄断性，产品差别越大，其不可替代性越强，该经营者的垄断程度也就越高。但是，由于市场准入门槛较低，新经营者能够比较容易地进入相应市场，同时有差别的产品比较接近，在一定程度上仍然可以相互替代，因而存在着相应的竞争，每个经营者都是在同其他经营者的竞争中销售自己的产品；每一个经营者都能够在一定程度上影响价格，而不纯粹是市场价格的接受者，从而也没有一个经营者能够完全控制整个市场。

相对于现实中并不存在的完全竞争市场和完全垄断市场，垄断竞争市场被认为是市场竞争的常态，现实中的大多商品及服务市场，如电脑市场、手机市场等，都被认为属于垄断竞争市场。

4. 寡头垄断市场

寡头垄断市场是指少数经营者完全控制一个行业的市场结构。其特点表现为：一个行业中经营者数量不多，而且相互影响，任何一个寡头的产量和价格都会影响该市场上其他寡头的销量和利润，也必然会引起其他寡头的市场反应。因此，寡头垄断市场中任何一个寡头对自己价格和产品的决策，都是在充分考虑市场上寡头之间相互影响的基础上作出的。

寡头垄断市场的产品可能存在差别，也可能不存在差别，西方经济学据此将寡头垄断市场分为差别寡头市场和纯粹寡头市场。差别寡头市场是指产品存在差别的寡头垄断市场，纯粹寡头市场则指产品不存在差别的寡头垄断市场。由于寡头市场上经营者数量少，相互依赖性强，并且各自的市场决策相互影响大，因而寡头之间有更大的可能性并有更强的动机进行互相勾结，但这种勾结也并不是必然的；西方经济学根据寡头之间是否存在勾结，将寡头垄断市场分为有勾结行为的寡头垄断市场和独立行为的寡头垄断市场。

寡头垄断市场被认为是一种普遍存在的市场，寡头市场的极限是双寡头市场，但也有诸多的三寡头市场、四寡头市场等情况存在。现实中如石油市场、电信市场、电力市场等大都属于寡头垄断市场。

市场结构划分的目的在于把握不同市场的垄断和竞争状况，并研究其对经济效率的影响。西方经济学认为，完全竞争市场是效率最高的市场，在这种市场结构中，由于“看不见的手”的作用，经营者对经济情况的变化反应快，能及时根据变化了的情况调整生产经营活动，从而使各种资源或生产要素达到最优配置。相反，完全垄断市场是经济效率最低的市场，在这种市场中，垄断经营者可以通过控制产品和价格使利润最大化，因此往往其产量比完全竞争市场低，价格比完全竞争市场高，结果导致市场资源得不到最有效的配置，消费者福利得不到最大的满足。寡头垄断市场效率高于完全垄断市场，但低于完全竞争市场和垄断竞争市场。在寡头垄断市场中，产量一般比完全竞争市场低，价格比完全竞争市场高，利润比完全竞争市场多，资源同样不能得到最有效的配置，消费者福利得不到最大的满足，社会福利受到损失。垄断竞争市场被认为经济效率低于完全竞争市场，但高于完全垄断市场和寡头垄断市场。和完全竞争市场相比，垄断竞争市场产量较低，价格较高；但和完全垄断市场相比，其产量则较高，价格与利润则较低。在垄断竞争市场结构中，经营者的产品差别可以满足消费者的不同需求；在非价格竞争中，垄断经营者也必须提高技术、改进产品，因而垄断竞争市场比完全竞争市场更有利于创新。

二、竞争法的概念与调整对象

(一) 竞争法的概念

竞争法是调整因市场竞争而产生的各种社会关系，维护自由、公平的市场竞争秩序的法律规范的总称。这一概念包括以下三层含义：第一，竞争法调整因市场竞争而产生的各种社会关系。进言之，竞争法只调整因市场竞争而产生的社会关系，如因体育、政治等非市场领域的竞争而产生的社会关系并不归竞争法调整；另外，竞争法调整因市场竞争而产生的各种社会关系，包括竞争者之间的关系、因为排除或者限制竞争及不正当竞争而产生的竞争者与消费者之间的关系等。第二，竞争法调整因市场竞争而产生的社会关系的目的，在于维护自由、公平的市场竞争秩序，保障市场机制有效发挥调节作用。竞争是市场经济的灵魂，自由、公平的市场竞争是市场健康运转的关键，而现实中的市场总是存在这样或者那样的不正当竞争或者排除、限制竞争现象，因此，需要通过制定相关维护竞争的法律及相应的执法、司法活动，保障自由、公平的竞争秩序，维护市场经济的正常运转，这些维护竞争的法律就是竞争法。第三，一般意义上的竞争法是指调整因市场竞争而产生的各种社会关系的法律规范的总称。竞争法有广义和狭义之分，广义的竞争法即前述一般意义上的竞争法，它包括所有涉及调整市场竞争行为的法律规范，如在我国就包括了《反垄断法》《反不正当竞争法》两部法律以及《价格法》《铁路法》《电力法》《电信条例》等法律、法规中涉及市场竞争行为调整的内容；狭义的竞争法主要是指专门的竞争法典，在我国主要是指《反垄断法》和《反不正当竞争法》。

在竞争法的具体名称上，不同国家和地区由于自身历史文化背景、法律传统等方面的不同以及在其竞争法制定时世界范围内竞争法所处的发展阶段与发展水平等方面的差异，也有明显不同，如美国的竞争法主要指其反托拉斯法，德国的竞争法则主要指其《反对限制竞争法》和《反不正当竞争法》，印度的竞争法主要指其《竞争法》，而我国台湾地区的竞争法则主要是指其“公平交易法”等等。

(二) 竞争法的调整对象

关于竞争法的调整对象，学术界存在一定分歧。有的学者认为，竞争法调整市场竞争关系；也有学者认为，竞争法调整市场竞争关系和市场竞争管理关系（或者市场竞争规制关系）；还有学者认为，市场竞争关系是平等市场主体之间的社会关系，应当由民商法调整，因此竞争法只需调整市场竞争规制关系。①

本书认为，竞争法的调整对象是与市场竞争有关的一切社会关系的总和。这些社会关系主要可以分为三类：一是市场竞争关系；二是市场竞争规制关系；三是市场竞争监督关系。

首先，竞争法调整市场主体之间的市场竞争关系。市场主体之间的市场竞争关系与民商法调整的平等主体之间的人身关系、财产关系或者商事关系不同。平等主体之间的人身

① 种明钊主编：《竞争法》（第 2 版），法律出版社 2008 年版，第 13—14 页；王先林：《竞争法学》（第 3 版），中国人民大学出版社 2018 年版，第 25—26 页。

关系、财产关系或者商事关系只涉及相应主体之间的私的利益，因此由作为私法的民商法调整。但市场主体之间的竞争关系涉及整体市场竞争秩序，而竞争秩序的有序与否，直接涉及公共利益。例如，具有独占地位的经营者利用优势地位拒绝交易，此一行为损害的不仅仅是被拒绝一方经营者的交易机会本身，还直接影响市场信号的正常传导和市场竞争机制的有效作用，进而影响市场效率等。此类社会关系超越了传统民商法的调整范围，因此需要专门的竞争法进行调整。

其次，竞争法调整市场竞争规制关系。虽然关于反不正当竞争法是否属于公法范畴在不同国家存在一定的争议，但反垄断法作为公法却是基本的共识。在所有制定了现代反垄断法的国家，均设置有相应的执法机构，负责制定相关竞争规则、指引，调查垄断案件，直接执行反垄断法或者通过司法程序保证反垄断法的实施等。在我国，无论是反不正当竞争法还是反垄断法，都由市场监管部门作为执法机关负责执行。行政执法机关依照竞争法规范调整市场竞争秩序的过程中产生的各种社会关系，无疑都由竞争法进行调整。

最后，竞争法调整市场竞争监督关系。市场竞争监督关系是指行政执法机关之外的其他主体在对市场竞争行为进行监督的过程中产生的各种社会关系。竞争秩序的维护涉及各种利益关系，因此相关利益主体均有权就维护良好的竞争秩序行使监督权。例如，我国《反垄断法》第 46 条第 2、3 款规定，对涉嫌垄断行为，任何单位和个人有权向反垄断执法机构举报。反垄断执法机构应当为举报人保密。举报采用书面形式并提供相关事实和证据的，反垄断执法机构应当进行必要的调查。这里即将社会主体对涉嫌垄断行为的举报直接纳入反垄断法的调整范围。

三、竞争法在市场经济法律体系中的地位

由于市场经济是现代经济制度的基本形态，而竞争是市场经济运行的基本动力，所以有关维护竞争秩序的法律被认为是市场经济法律体系的基本法，竞争法据此在现代法律体系中占居非常重要的地位。

竞争法在世界主要发达国家均具有非常高的法律地位。在美国，《谢尔曼法》（即《保护贸易和商业不受非法限制与垄断之害法》，由于该法由谢尔曼（Sherman）参议员提出，并以反托拉斯这一特定的垄断组织形式为主，该法案又被称为《谢尔曼反托拉斯法》或《谢尔曼法》）被称为“自由企业的大宪章”；在德国，其《反对限制竞争法》被称为“经济宪法”；在日本，《反垄断法》被称为“市场经济的基本法”。欧盟竞争法在欧洲共同市场内同样具有极高地位，特别是在欧盟这样一个经济性国际组织中，竞争法在打破欧盟国家之间的贸易壁垒、构建统一的内部大市场以及维护内部统一大市场一致性的过程中，具有无可替代的核心作用，因此欧盟竞争法同样被称为欧盟的“经济宪法”。

竞争法在市场经济法律体系中之所以有如此重要的地位，主要是基于其调整的市场竞争关系在现代经济、社会发展中所具有的核心地位与作用。

按照马克思主义历史观，人类社会经过了原始社会、奴隶社会、封建社会，发展到了资本主义社会。在资本主义社会这一发展阶段，劳动生产力得到了极大释放。马克思在 1848 年的《共产党宣言》中写道：“资产阶级在它的不到一百年的阶级统治中所创造的生

产力，比过去一切世代创造的全部生产力还要多，还要大。”① 而资产阶级之所以能够在这么短的时间内创造巨大的社会财富，不仅仅在于工业革命的出现和现代技术的运用，同样重要甚至更为重要的是，与资产阶级相伴而生的资本主义生产关系使新的技术得到了可以应用的广阔市场，并通过市场机制的作用，自动调节人们的生产经营行为，从而使市场的产能得到扩张，消费得以提升，并使得生产力得到最大的释放。

我国的一部纪录片《大国崛起》中有这样一段话：“如果说，牛顿为工业革命创造了一把科学的钥匙，瓦特拿着这把钥匙，开启了工业革命的大门；那么，亚当·斯密则是挥动一只看不见的手，为工业革命的推进缔造了一个新的经济秩序。”英国历史学家汤恩比（Toynbee）也认为，工业革命的实质既不是发生在煤炭、钢铁、纺织工业中引人注目的变革，也不是蒸汽机的发展，而是以竞争代替了先前主宰着财富的生产与分配的中世纪规章条例。这是对以竞争为基础的市场经济体系在现代财富创造过程中的意义的最好诠释。

回顾我国改革开放的过程，其实质就是国家不断推进有中国特色的社会主义市场经济体制改革持续深化的过程。邓小平在 1979 年 11 月 26 日会见美国不列颠百科全书出版公司副总裁弗兰克·吉布尼（Frank Gibney）时说，“社会主义为什么不可以搞市场经济？我们是以计划经济为主，但也结合市场经济”。这个谈话内容基本代表了此后我国改革开放的基本方向。此后，人们普遍接受了这一点：社会主义经济下，计划经济与市场调节可以结合。特别是邓小平于 1992 年初的南方谈话，系统地阐述了社会主义市场经济思想。他指出，计划多一点还是市场多一点，不是社会主义与资本主义的本质区别。计划经济不等于社会主义，资本主义也有计划；市场经济不等于资本主义，社会主义也有市场，计划和市场都是经济手段。

在邓小平看来，计划和市场都不是直接反映社会基本制度性质的范畴，它们表现为社会化大生产条件下实现资源配置的两种不同方式，是经济调节的两种不同手段。邓小平南方谈话充分肯定了社会主义社会可以利用市场经济手段，为建立新的经济体制指明了方向。

1992 年 10 月，党的十四大正式把建立社会主义市场经济体制确立为我国经济体制改革目标，从根本上解除了传统计划经济理论的束缚。1993 年初，全国人大通过了《宪法》修正案，正式确立建设社会主义市场经济新体制；同年召开的党的十四届三中全会通过了《中共中央关于建立社会主义市场经济体制若干问题的决定》，进一步明确了社会主义市场经济体制的基本框架，并提出要使市场在国家宏观调控下对资源配置起基础性作用，进一步为社会主义市场经济体制的发展阐明了方向。

2013 年 11 月，党的十八届三中全会通过《中共中央关于全面深化改革若干重大问题的决定》，历史性地提出了让市场在资源配置中起决定性作用，更好发挥政府作用。将市场在资源配置中的作用由“基础性”提升到“决定性”，再次表明新时代我们党对市场经济的认识达到了一个新的高度。2020 年 5 月印发的《中共中央　国务院关于新时代加快完善社会主义市场经济体制的意见》，提出建设高标准市场体系，全面完善产权、市场准

① 《马克思恩格斯文集》第 2 卷，人民出版社 2009 年版，第 36 页。

入、公平竞争等制度，筑牢社会主义市场经济有效运行的体制基础；以要素市场化配置改革为重点，加快建设统一开放、竞争有序的市场体系，推进要素市场制度建设，实现要素价格市场决定、流动自主有序、配置高效公平；等等。这对于新时代坚定不移地深化市场化改革，具有极其深刻的时代意义。

1978 年，我国国内生产总值为 3 678.7 亿元，人均国内生产总值 385 元；2022 年，我国的国内生产总值达到 121 万亿元，人均国内生产总值达到 85 698 元，分别增长了数百倍，取得了举世瞩目的伟大成就。[①] 这些成绩的取得，根源于党的坚强领导，而党的领导在经济建设中发挥决定性作用的关键在于有中国特色的社会主义市场经济，正是市场因素的引入，使得我们的经济更具活力和创造力。

市场经济体制极大释放了生产动能，使现代物质财富的增长超越了历史上任何一个时期，但市场经济体制本身的有效运行依赖于一套健康运转的市场秩序。只有在一个正常的市场运行秩序中，市场主体有序竞争，价格信号正确传导，市场调节作用才能有效发挥。如果市场秩序被破坏，市场信号被扭曲，则市场机制的调节作用就无法有效发挥，市场的功能无法实现，市场在现代物质财富创造中的作用也不可能实现。竞争法作为维护市场竞争秩序的基本法，它的制定与正常实施，是确保市场机制有效发挥作用的基础和前提，由此也不难理解为什么竞争法会被认为是“经济宪法”或者是“自由企业的大宪章”。在我国社会主义市场经济体制的建设和不断完善过程中，竞争法同样起着维护市场秩序正常运行的功能，是我国社会主义市场经济法律体系无可替代的核心构成。

第二节　竞争法产生和发展的历程

一、竞争法的产生过程

（一）竞争法产生的背景

纯粹秩序意义上竞争法的产生，最早可以追溯到古罗马时期。早在纪元前后，古罗马皇帝就颁布了禁止粮行阴谋提高价格的法律；公元 482 年颁布的宪法，明确禁止包括提高价格在内的所有垄断，国家批准的垄断也不例外。[②] 在英国普通法传统中，也有反对贸易限制的内容，1602 年著名的“垄断案”（Case of Monopolies）中，英国王座法院以垄断权对公众和自由竞争不利为由，宣布女王授予其马夫垄断经营的纸牌进口权无效。该案也直接导致了英国议会在 1623 年通过《垄断法》，以废止除专利权、议会授予的独占权及行会和城镇传统上享受的行业和区域垄断权外的，所有封建王朝授予的垄断特权。另外，该法还明确规定了三倍损害赔偿制度，为后来美国《谢尔曼法》规定三倍惩罚性赔偿奠定了制度基础。

我国古代市场经济虽不发达，但也有关于市场交易行为的规定，如《唐律疏议》就规

① 国家统计局编：《中国统计年鉴 2023》，中国统计出版社 2023 年版，第 4—5 页。

② ［德］闵策励：《联邦德国的反垄断法》，载《法学研究》1986 年第 6 期。

定："诸造器用之物及绢布之属，有行滥、短狭而卖者，各杖六十"；"贩鬻之徒，共为奸计，自卖物者以贱为贵，买人物者以贵为贱，更出开闭之言，其物共限一价，望使前人迷谬，以将入已"者，杖八十。[①] 前者是对物品质量低劣与短狭行为的禁止；后者是对相互串通、低买高卖、操纵市场行为的禁止。以今天的视角看，以上都是对市场竞争行为的限制。

虽然在古代，中外均有关于市场竞争行为的规定，但无论从制定此类法律时立法者的自觉性、立法与法律实施本身在现实中的重要性，还是相关法律的体系性和完整性等方面看，古代有关市场竞争行为的法律都是零碎、无意识且非系统性的，并不符合我们所讲的现代市场经济体系下竞争法的本质特征。现在的竞争法学界一般认为，只有在市场经济条件下才可能产生真正现代意义上的竞争法律。

纵观人类社会发展史，从自给自足的自然经济到高度社会化的现代市场经济，有一个缓慢的发展演进过程。在自然经济条件下，由于生产力水平低下，人类创造的物质产品只能甚至难以满足自身基本的生活需要，社会上没有或较少有剩余产品，商品交换不频繁，市场不发达，竞争并不是市场的常态，不正当竞争及排除、限制竞争的垄断行为要么不存在，要么只是个案，并不会引起社会和立法、司法机关的重视。而随着生产力的发展，人类社会的剩余产品日益丰富，交换日益频繁，商业和贸易日益繁荣，市场竞争日益普遍，在激烈的市场竞争中，个别市场主体采取仿冒等不正当手段获取交易机会和相应利益的行为逐渐增多，由此产生相应的纠纷，于是司法机关通过判例处理。1824 年，英国即已确认仿冒行为构成侵权行为，并对受到侵害的竞争者提供保护，此后，英国衡平法院逐步形成了一系列反仿冒的不正当竞争案例。

"不正当竞争"概念最早在 1850 年前后出现于法国，是法国法院在适用该国《民法典》第 1382 条的侵权行为一般条款处理不诚实（即侵害竞争对手而不当地获取竞争优势）的商业行为时创造的法律术语。德国 1869 年《工商业管理条例》虽然没有包含反对不正当竞争的规定，但在莱茵河地区，不诚实的竞争被视为一种不正当行为；1894 年德国《商标保护法》第 16 条包含了一个竞争法上的规定，即用铭记或原产地标志故意进行欺诈的虚假广告可以受到处罚。[②] 1896 年，德国制定了世界上第一部专门的《反不正当竞争法》。

随着市场经济的进一步发展，人类社会的经济形态逐渐进入垄断资本主义时期，垄断资本排除、限制竞争的弊害被人们普遍认知并引起立法和司法的关注。1882 年美国标准石油托拉斯成立，掀起了美国第一次企业合并的浪潮，糖业、酒业、矿业、电力、烟草等多个部门纷纷成立托拉斯。众多中小经营者受到威胁，且技术革新造成失业浪潮，工业品的生产使农场主的经济地位也逐步恶化。作为代议制国家，美国国会议员敏锐地认识到社会上的反托拉斯浪潮并通过立法案的提出予以回应，于是《谢尔曼法》应运而生，由此产生了现代反垄断法。

---

① 张中秋：《唐代经济民事法律述论》，法律出版社 2002 年版，第 70—71 页。

② ［德］沃尔夫冈·费肯杰：《经济法》（第 2 卷），张世明译，中国民主法制出版社 2010 年版，第 390—391 页。

（二）竞争法产生的经济和社会根源

回顾竞争法的产生过程，可以看出，不同国家反不正当竞争立法一般都早于反垄断法的产生。究其原因，在于经济基础决定上层建筑，法律本质上是社会经济生活的产物，特定法律规范的产生归根到底是由生产关系决定的。从源头上看，反垄断法晚于反不正当竞争法，是因为反垄断法所依赖的经济基础比反不正当竞争法所依赖的经济基础更晚出现。当然，竞争法特别是反垄断法最早在美国产生并非偶然，而有其深刻的经济和社会根源。19世纪80年代，美国已经进入垄断资本主义时期，垄断组织大量出现，造成了垄断资本集团与中小生产者、农场主、工人及消费者之间的激烈矛盾，并引发社会上的反垄断思潮，从而为竞争法的产生奠定了坚实的经济和社会基础。

竞争法的产生有其深刻的经济和社会根源：（1）竞争法的产生是因应商品经济高度发展、市场竞争日趋激烈、垄断等市场竞争障碍逐渐显现并产生严重弊害的必然要求。市场经济内生的优胜劣汰机制必然导致垄断的产生，而垄断又会排除或者限制竞争，因此需要通过制定竞争法恢复被破坏的竞争机制，以重启市场的功能。（2）竞争法的产生是国家履行其经济管理职能，促使市场竞争有序化的客观体现。在早期自由资本主义时期，普遍强调最小的政府就是最好的政府，因此，作为干预经济运行依据的竞争法无从产生；但随着资本主义自由竞争市场经济的发展，市场本身的缺陷日益需要外力的介入，作为公共利益代表的政府也逐渐从不同方面介入市场经济的运行，这为竞争法的产生提供了基本的体制基础。（3）竞争法的产生是法律体系适应社会发展调整变化的应然结果和重要体现。在传统市场经济条件下，一般民商事关系主要由民商法调整，但随着现代资本主义市场经济的发展，垄断导致的经济和社会问题已经超出了传统民商法的功能范畴，需要新的法律形式和法律调整机制，竞争法应运而生。此外，经济学中国家干预理论的发展和对古典经济学关于市场机制完美性的超越以及法学领域经济法（后民法）理论的发展，也为竞争法的产生和发展奠定了必要的思想舆论基础。

二、竞争法发展的历史进程①

（一）现代竞争法的形成和初步发展时期

现代竞争法的形成和初步发展时期一般是指从19世纪90年代到第二次世界大战爆发。在此一阶段，反不正当竞争法、反垄断法以及竞争法的国际立法开始逐渐形成。这一时期的主要表现是：

1. 现代反不正当竞争成文法的出现

作为现代市场经济法律体系重要组成部分的竞争法，脱胎于传统的法律体系。特别是不正当竞争行为，在早期并不被认为是一种特殊的新型法律现象，而被视为一种特殊的侵权行为，违法者因此承担相应的法律责任。随着现代市场经济的不断发展，应对现实不正当竞争行为的理论和法律实践日益成熟，反不正当竞争法作为一种独立的现代法律形式得

① 关于竞争法发展的历史分期可参考邵建东、方小敏、王炳、唐晋伟编著：《竞争法学》，中国人民大学出版社2009年版，第6—10页。

以最终确立。

从发展史的角度看，从法国法院最早提出“不正当竞争”的概念到德国制定专门《反不正当竞争法》，表明了反不正当竞争法这一新的现代法律规范作为现代竞争法的地位得到了实践的认证。

2. 以美国《谢尔曼法》《克莱顿法》《联邦贸易委员会法》为标志，现代反垄断法的体系初步形成

在反垄断法方面，1889 年加拿大制定了《禁止限制性贸易合并法》，成为世界上第一部反垄断领域的成文法律。1890 年，美国制定了《谢尔曼法》；1914 年，为了弥补《谢尔曼法》在实践中的不足，美国又制定了《克莱顿法》和《联邦贸易委员会法》，此两部法律与《谢尔曼法》一起，成为美国反垄断法的三大支柱，并对世界范围内的反垄断立法产生了广泛的影响。

3. 竞争法的国际立法得到初步发展

在国际立法层面，1900 年，《保护工业产权巴黎公约》在布鲁塞尔修订时增订条文规定，成员国国民在制止不正当竞争方面应当享受国民待遇；1911 年，华盛顿会议明确要求成员国应有效制止不正当竞争行为，制止不正当竞争被纳入《保护工业产权巴黎公约》；1925 年海牙修订会上，正式对不正当竞争作了界定，并且首次列举了不正当竞争行为的具体表现形式，从而为世界范围内推广反不正当竞争法的理念和制度提供了强大助力。

（二）现代竞争法的迅速发展时期

从第二次世界大战结束到 20 世纪 70 年代末，世界范围内的政治、经济、社会环境发生了巨大的变化，特别是西方主要资本主义国家的经济得到了迅速的发展。为适应经济发展对于竞争秩序维护的需要，这些国家的竞争法立法也进入快速发展时期。这一时期的主要特点体现为以下几个方面：

1. 更多国家进行了现代竞争立法

日本于 1947 年制定了本国的《禁止垄断法》。《禁止垄断法》的制定旨在防止财阀复活，维护日本经济民主化的成果。此外，对解散财阀尚未触及的大企业，日本还制定了《经济力量过度集中排除法》（1947 年）等法律。

德国第一部反垄断法是 1923 年制定的《防止滥用经济权力法》，但是该法并未发挥较大实际效用。第二次世界大战后，德国于 1957 年颁布了《反对限制竞争法》，主要内容包括：禁止卡特尔，禁止纵向约束价格的合同（即限制转售价格合同），禁止拥有控制市场地位的企业滥用其权力，禁止抵制即拒绝交易行为，等等。德国《反对限制竞争法》的制定具有重要意义，并对大陆法系国家的竞争立法产生了广泛的积极影响。

由于认识到竞争的加强对于经济发展的促进作用，加之为应付美国企业对英国经济造成的现实冲击，英国于 1948 年颁布《垄断与限制性行为法》，其后又相继制定了 1956 年《限制性贸易行为法》、1964 年《转售价格法》、1965 年《垄断与合并法》等法律。①

作为发展中国家的印度，在 1969 年制定了《垄断与限制性贸易行为法》。该法最初并

① 李国海：《英国竞争法研究》，法律出版社 2008 年版，第 9—14 页。

不调整不正当竞争行为，在 1984 年修订时才增加了有关不正当竞争行为的规定。《垄断与限制性贸易行为法》1969 年制定时的立法目的主要在于控制垄断，防止私人手中经济力量过度集中给社会带来不公。

2. 竞争立法体例得到发展并逐渐定型

美国的反垄断立法在世界范围内产生了广泛的影响，日本、德国等主要资本主义国家此后先后制定了自己的竞争法。作为大陆法系国家的典型代表，日本、德国均是先制定了反不正当竞争法，而后又在美国影响下制定了旨在促进经济民主化的反垄断法，由此形成了反垄断法、反不正当竞争法两法并立的立法体例，并为其他国家的竞争立法提供了经典立法框架。

在美国，相关竞争立法也在不断发展。1950 年，美国颁布了《塞勒-凯弗威尔法》（The Celler-Kefauver Act），完善了有关公司合并控制制度的内容。1974 年，国会通过新的立法，加重了对违反《谢尔曼法》重罪行为的刑事处罚。1976 年，美国颁布了《哈特-司各特-鲁迪诺法》（The Hart-Scott-Rodino Act），进一步完善了公司合并控制制度及反垄断救济制度。加之一系列经典反托拉斯案例的推动，美国竞争法以多部成文法为基础、附之以典型案例和普通法原则的立法模式得到了进一步巩固，也使美国竞争法的发展进入了一个新的时期。

3. 国际竞争立法得到较快的发展

在国际范围内，1948 年签署的《国际贸易组织宪章》（《哈瓦那宪章》）对限制性商业惯例作了规定。1951 年欧洲煤钢共同体诞生，共同体成立的主要目的在于建立一个煤钢产品的共同市场，以推动成员国经济发展，扩大就业，提高人民生活水平。《欧洲煤钢共同体条约》第 4 条列举了一些与共同体市场不相容的做法，其中包括企业间在价格、供货条件等方面对生产商、销售商以及用户实施的歧视性待遇，以及分割市场或者妨碍竞争的其他限制性贸易实践，此外还有禁止卡特尔以及控制企业合并的具体规定，这也成为欧盟竞争法的最早渊源。1957 年，法国、德国、意大利、比利时、荷兰、卢森堡 6 国在罗马签订了《欧洲经济共同体条约》，该条约第 3 条规定，共同体的活动及其目的之一，是在共同体内建立一种使共同体市场内的竞争不受扭曲的制度；第 6 条还作了禁止歧视的规定，即在不影响条约其他规定的前提下，禁止任何出于国籍原因而实施的歧视行为。此外，《欧洲经济共同体条约》还对共同体内商品自由流通的原则、成员国之间取消进出口关税及取消进出口商品数量限制等作了规定。特别是条约关于禁止限制竞争协议及滥用市场支配地位的规定，成为欧洲经济共同体竞争法的基础，并成为欧洲经济共同体成员国竞争立法的基本准则，对于推动其他国家和国际组织的竞争立法产生了广泛的积极影响。

（三）现代竞争法的成熟时期

从 20 世纪 70 年代后期至今，世界范围内竞争法的发展进入了成熟阶段，这不但意味着竞争法立法在世界范围内得到了前所未有的发展，更意味着世界范围内竞争法意识、竞争法理念得到了普及，竞争法对国家经济发展、区域经济合作乃至世界经济繁荣均作出了积极贡献。现代竞争法发展进入成熟主要体现在以下几个方面：

1. 美国、德国等较早进行竞争立法的国家，其竞争法律制度得到进一步发展，渐趋完备

20 世纪 70 年代被认为是美国反托拉斯法历史上重要的转折时期。长期以来哈佛学派在美国反托拉斯法律实践中占据主导地位，导致了一系列严厉的反托拉斯措施的实施。这些措施日益受到企业界和一些经济学家的批评，最终使芝加哥学派逐渐崛起并开始主导美国的反托拉斯法律实践，其中 1977 年大陆电视公司诉 GTE 西尔瓦尼公司案（Continental TV，Inc. v. GTE Sylvania Inc.）被视为芝加哥学派反托拉斯思想的一大胜利。在此案中，美国联邦最高法院一改此前的严厉态度，开始认为纵向的地域限制本身并不违法，应当运用合理原则进行分析。此后美国开始不断压缩本身违法原则的适用空间，同时扩张合理原则的适用，使得反托拉斯制度开始从严厉走向宽松，并对世界范围内反垄断制度的发展起到了重要的示范作用。

德国作为大陆法系典型代表，竞争法经过长期发展，在 20 世纪 90 年代进入新的时期，特别是 1998 年的修订，强调与欧盟竞争法的统一与协调，全面强化了竞争原则，大幅减少了不适用竞争法规定的特殊领域，交通运输、联邦银行、能源供应等领域均开始接受竞争法的调整，竞争法适用范围得到进一步拓展。

另外，英国于 1980 年颁布《竞争法》，1998 年制定新的《竞争法》。2002 年，英国颁布《企业法》，其中竞争法条款是该法的核心内容，该法的颁布是英国在竞争法现代化方面所作的积极尝试。

2. 世界范围内进行竞争立法的国家和地区进一步增多

20 世纪 80 年代后期至 20 世纪 90 年代初期，世界范围内竞争法发展进入了一个高潮阶段，特别是原来实行计划经济的一些国家转而实行市场经济，由此制定了适应市场竞争需要的竞争法，如匈牙利 1990 年制定了《禁止不正当市场行为法》，1996 年制定了《关于禁止不正当市场行为和限制竞争的法律》；其他如罗马尼亚、俄罗斯、保加利亚等也先后制定了自己的竞争法。

另外，从 20 世纪 80 年代开始，其他一些国家或地区也日益意识到经济改革的重要性，开始注重创造适应市场经济发展需要的法律环境，其中重要内容就是确立竞争政策的基础性地位并制定与之相适应的竞争法。例如，韩国为了恢复市场功能以保障企业活动的自由和创新力，于 1980 年制定了《垄断规制与公平交易法》，蒙古国 1993 年制定《禁止不公平竞争法》，巴西 1994 年制定了《竞争法》。竞争法在世界范围内拥有了前所未有的覆盖范围和发展前景。

3. 国际竞争立法得到更为全面的发展

在国际层面，竞争立法也得到了快速发展。1980 年，联合国大会通过了《关于控制限制性商业行为的多边协议的公平原则和规则》，将各个国家竞争法中共有的关于限制竞争行为的规定予以系统化。世界贸易组织《与贸易有关的知识产权协议》（TRIPs）对知识产权许可中的反竞争行为进行了限制性规定。欧盟也通过发布相关条例、指令、通告等进一步发展了相关竞争法规范。

此外，其他的一些国际组织也从不同层面推动国际竞争法的发展与合作，使得国际层

面竞争法立法进入了一个崭新的时期，呈现出蓬勃发展的生机与活力。国际竞争立法的发展，反过来又为推动相关国际组织成员国的竞争立法提供了强大动力，使得竞争法的发展无论是在国际层面，还是在各国国内层面，都在不断地走向深入。

本章思考题

1. 简述关于竞争的经济学理论。
2. 简述不同类型的市场结构。
3. 简述竞争法在市场经济法律体系中的地位。
4. 简述竞争法产生的经济和社会根源。
5. 简述竞争法发展的历史进程。

拓展阅读　　即测即评

第二章　竞争法的立法模式与基本原则

第一节　竞争法的构成与立法模式

一、竞争法的构成

（一）竞争法的一般构成

竞争法是维护市场经济基本竞争秩序的法律规范的总称。从性质上划分，竞争法的法律规范主要由两部分内容构成：一是反垄断法，主要规制市场竞争中有关排除、限制竞争的行为，如垄断协议、滥用市场支配地位以及排除、限制竞争的经营者集中等；二是反不正当竞争法，主要规制市场竞争中有关违反诚实信用和善良风俗的竞争行为，如假冒仿冒、商业贿赂、虚假宣传、违法的有奖销售等。

（二）反垄断法与反不正当竞争法的关系

作为竞争法的两大组成部分，反垄断法与反不正当竞争法之间既有联系，也有区别，同时又共同作用，为市场经济的健康运行提供基本的法律保障。

反垄断法与反不正当竞争法的联系表现在：其一，二者都是规范市场基本竞争秩序的法律，以规范市场主体行为、维护市场竞争秩序为己任；其二，二者都关注消费者福利，并将消费者福利的实现程度作为衡量自身实现程度的重要标尺；其三，二者都以现代市场经济为基础，共同构成特定国家或者地区市场经济法律体系的基本内容。

当然，反垄断法与反不正当竞争法作为竞争法的两个不同分支，也有明显区别，这些区别主要体现在但又不限于以下几个方面：

1. 产生的历史阶段和原因不同

一般认为，反不正当竞争法产生于市场经济的早期，甚至在市场经济正式产生以前，就存在类似于现代反不正当竞争法的法律规范。这是因为，商业贿赂、虚假宣传等不正当竞争行为虽然与商品交换紧密相联，但也深深根植于人性之中，只要有交易，这些行为在任何时代背景下都可能发生。只不过在前市场经济时期，由于交换并不是常见的社会现象，所以伴随交换出现的不正当竞争并不会受到过多关注，更不会通过正式立法程序将其制定出来。进入市场经济后，交换的普遍存在导致各种不正当竞争行为也不断增多且受到广泛关注，并最终引起立法者的重视，进而制定成专门的法律。人类进入到社会化大生产以后，由于资本不断集中，垄断企业出现，各种滥用市场支配地位排除、限制竞争，或者通过兼并重组消除竞争的情况愈益激烈，引起社会公众和立法者重视，并由此制定专门的反垄断法加以规制。

2. 奉行的价值理念与追求的秩序不同

反不正当竞争法强调在市场竞争中维护传统的诚信原则、公认的商业道德等价值观念，侧重于打击假冒仿冒、商业贿赂等不公平竞争进而维护公平竞争秩序。同时，不正当竞争所存在的市场竞争环境往往体现为竞争过度，要通过打击各种不正当竞争行为使竞争恢复到正常的状态。反垄断法则强调自由竞争的价值与理念，要求通过打击各种滥用市场支配地位行为，排除、限制竞争的经营者集中行为，以及各种严重限制竞争的垄断协议行为等，恢复竞争秩序，保障竞争能够在市场运行中发挥正常的调节功能。垄断行为存在的市场中往往竞争受到破坏，甚至完全缺乏竞争，于是需要通过反垄断法的制定与调整，恢复市场竞争机制的作用。

当然，反不正当竞争法侧重于维护公平竞争、反垄断法侧重于维护自由竞争也是相对而言的。实际上，没有自由竞争，也不可能存在公平竞争。试想，参与竞争的前提是有自由竞争的环境，如果没有自由竞争，就没有参与竞争的机会，那又何谈公平竞争？同理，没有公平竞争，自由竞争也无从谈起。因此，应当辩证地看待反垄断法与反不正当竞争法在价值理念与秩序追求方面的差异。

3. 行为的性质认定和具体表现不同

一般认为，反垄断法更强调公共利益，我国《反垄断法》第 1 条也明确将维护“公共利益”作为该法的立法宗旨，因此，反垄断法本身具有明显的公法属性。当今世界凡是有反垄断法的国家，都有一套保障该法得以有效实施的行政执法体制，这更是对该法具有公法属性的一个客观认证。由于反垄断法属于公法范畴，因此，违反反垄断法的行为也必然是违背公共利益的行为。而反不正当竞争法则并不必然具备公法性质，实际上，在一些国家，反不正当竞争法一直作为一种特殊的侵权行为法得以实施。

在具体的行为表现上，一般的市场经济国家的反垄断法主要禁止横向协议、纵向协议等垄断协议行为，垄断价格、搭售、差别待遇等滥用市场支配地位行为，以及排除、限制竞争的经营者集中行为；在我国以及其他一些转轨国家，反垄断法还专门禁止行政机关排除、限制竞争行为等。而反不正当竞争法则主要禁止商业贿赂、虚假宣传、侵犯商业秘密等违背诚信原则或者公认的商业道德的竞争行为。

4. 法律责任的追究原则和实现体制不同

已如上述，反垄断法属于公法，强调对公共利益的维护，而且由于竞争秩序是市场经济的基础，因此，大多国家在反垄断法的追责原则上奉行威慑理念，对垄断行为科处严厉的惩罚。美国《谢尔曼法》就明确规定了惩罚性赔偿责任。我国 2022 年修正《反垄断法》时，在普遍强化了一些垄断行为法律责任的情况下，第 63 条还额外规定“违反本法规定，情节特别严重、影响特别恶劣、造成特别严重后果的，国务院反垄断执法机构可以在本法第五十六条、第五十七条、第五十八条、第六十二条规定的罚款数额的二倍以上五倍以下确定具体罚款数额”①。而反不正当竞争法则一般奉行民事责任的填平原则，以弥补受损害方的损失为限。

另外，由于反垄断法属于公法，各国设有专门的行政执法机关追究垄断者的法律责任；而对于不正当竞争行为，则普遍通过司法途径追究相关人员法律责任。

---

① 我国《反垄断法》第 56、57、58、62 条规定的分别是有关垄断协议、滥用市场支配地位、违法实施经营者集中和不配合反垄断调查行为的法律责任。

二、竞争法的立法模式

（一）竞争法的主要立法模式

竞争法是现代市场经济国家法律体系中的基本构成，因此，凡实行市场经济的国家，均有竞争法。但一个国家竞争法法律规范的具体表现形式，则各有不同，特别是反不正当竞争法律规范与反垄断法律规范在国内法律体系中的呈现形式，不同国家有较大差异。本书把不同国家竞争立法中反不正当竞争的法律规范与反垄断的法律规范呈现出来的不同形式，称作竞争法的不同立法模式。有关竞争法的立法模式，有的国家既不是一部法律，也不是两部法律，而是由多种不同的法律规范来规范不正当竞争行为和垄断行为，此谓竞争法的分散立法模式；有的国家针对不正当竞争行为和垄断行为，制定两部法律分别进行规定，此谓竞争法的分别立法模式；有的国家制定一部综合竞争法，统一规制不正当竞争行为和垄断行为，此谓竞争法的统一立法模式。

1. 分散立法模式

竞争法分散立法模式的代表国家是美国和英国。就美国而言，其有关反垄断的法律有1890年的《谢尔曼法》（Sherman Anti-Trust Act），1914年的《克莱顿法》（The Clayton Anti-Trust Act）、《联邦贸易委员会法》（The Federal Trade Commission Act），另外还有1936年的《罗宾逊-帕特曼法》（Robinson-Patman Act），1937年的《米勒-泰丁斯法》（Miller-Tydings Act），1976年的《哈特-斯科特-罗迪尼反托拉斯改进法》（Hart-Scott-Rodino Anti-trust Improvement Act），等等。而在反不正当竞争法领域，以美国《联邦贸易委员会法》第5条作为反不正当竞争的一般条款，附之其他相关法律及各州的反不正当竞争法，构成了独具特色的反不正当竞争法体系。另外，作为判例法国家，美国也有诸多反托拉斯和反不正当竞争领域的经典判例，对后续的相关案例形成法律约束力。

英国在竞争法方面同样有多种法律渊源，首先是1948年的《垄断与限制性行为（调查与控制）法》（Monopolies and Restrictive Practices Act）。1956年，英国制定了《限制性贸易行为法》（Restrictive Trade Practices Act，1956），1964年制定了《转售价格法》（Resale Prices Act，1964），1965年出台了《垄断与合并法》（Monopolies and Mergers Act，1965），1973年制定了《公平贸易法》（Fair Trading Act，1973），并由此废止了《垄断与限制性行为法》《垄断与合并法》。此后，英国又先后制定了《竞争法》（Competition Act，1980）和2002年《企业法》（Enterprise Act，2002）等，这些成文法与其他经典判例，共同构成英国竞争法的主要法律渊源。

2. 分别立法模式

竞争法分别立法模式的代表国家是德国和日本。德国1896年制定《反不正当竞争法》，1957年制定《反对限制竞争法》，自此确立了其通过两部专门立法分别规制不正当竞争行为与限制竞争（垄断）行为的立法模式。日本则于1934年制定《不正当竞争防止法》，1947年制定《禁止垄断法》，从而确立了竞争法分别立法的模式。当然，在德国、日本，除了两部专门竞争立法外，还有其他一些零散的法律，如德国1932年的《附赠法》和1933年的《折扣法》，日本1947年的《商业协会法》（该法主要禁止商业协会不合理的竞争限制行为，如禁止其控制生产和销售，禁止其实施不合理的交易限制、价格控制，禁止其限制企业数量等），但从其竞争法律体系的框架来看，仍然是以两部专门的竞争法为主，因此属于分别立法模式。

3. 统一立法模式

竞争法统一立法模式的代表国家主要有匈牙利。匈牙利曾经于1923年制定了第一部《制止不正当竞争法》，但由于实行计划经济，经济竞争在当时的匈牙利无法实际展开，因此该法实际效用不大。1968年，匈牙利开始推行经济改革。为了强化竞争措施，1984年，匈牙利颁布了《制止不正当经济活动法》，该法将保护公正竞争和防止限制竞争一并规制，从而成为统一竞争立法的典范。1986年，匈牙利更为明显地朝市场经济转变，并决定重新制定竞争法。1990年，匈牙利议会通过《关于禁止不正当市场行为的第86号法》，该法同样既规制不正当竞争行为，也规制限制竞争行为，进一步巩固了该国竞争法统一立法模式的标志性地位。①

（二）我国竞争法的立法模式

一般认为，我国最早的竞争立法是1980年国务院颁布的《关于开展和保护社会主义竞争的暂行规定》。此后，相关中央和地方立法中也多有涉及竞争关系调整的内容。1987年，由国务院法制局牵头，国家体改委等7部门共同参加，起草了《禁止垄断和不正当竞争条例》。此条例明显采取统一立法模式。此后，基于立法意图的调整，1993年9月先行通过了《反不正当竞争法》。

从法律名称的表述来看，1993年《反不正当竞争法》的制定意味着我国采取了分别立法模式。但从该法的实际内容来看，在第二章规定的十一类不正当竞争行为中，除第5条的假冒仿冒行为、第8条的商业贿赂行为、第9条的引人误解的虚假宣传行为、第10条的侵犯商业秘密行为、第13条的违法有奖销售行为、第14条的商誉诋毁行为属于不正当竞争行为外，第6条的公用企业或其他依法具有独占地位经营者的指定经营行为、第7条的政府及其所属部门滥用行政权力行为、第11条的以排挤竞争对手为目的的低于成本价销售行为、第12条的搭售行为、第15条的串通投标行为均属于排除、限制竞争行为，因此该法实质上是一部综合了不正当竞争行为与排除、限制竞争行为的法律，在此意义上，可以视为当时采取的是统一立法模式。但随着2007年《反垄断法》的颁布，2017年《反不正当竞争法》修订时又正式删除了该法中规定的相关排除、限制竞争行为，虽然我国《价格法》等相关法律中仍然有竞争法条款，但总体而言，我国竞争立法自2007年《反垄断法》颁布时就已经成为较为典型的分别立法模式。

（三）不同竞争法立法模式的成因

不同国家在竞争法立法上有不同的模式，其根本原因是什么？有没有哪一种模式是最优的竞争法立法模式？客观分析可见，不同竞争法立法模式的形成有其历史根源：

首先，采用分散立法模式的主要是英美等普通法系国家，而采用分别立法与统一立法模式的主要是成文法国家，因为分散立法模式中一种重要的法律渊源是判例法，而这正是

① 有关匈牙利竞争立法参见郑友德：《匈牙利反不正当竞争法的历史演进》，载《知识产权》1994年第6期。

普通法系国家法律渊源的一般特征。

其次，分别立法模式的出现与竞争法两大组成部分的差异有较大关联。由于实施竞争立法的国家一般都是市场经济国家，而只要存在市场竞争，就难以杜绝少数经营者为追求利益而实施不正当竞争行为，为了规制此类行为，自然需要及时出台相应不正当竞争立法。而排除、限制竞争行为则一般出现于因社会化大生产出现了垄断现象的时期。因此，分别立法模式的国家往往是较早就制定了反不正当竞争法，而当出现了规制垄断行为的需要时，才再制定相应的反垄断法，由此出现两部法律单独立法的情形。

最后，不同的立法模式形成与相关国家竞争法起步时竞争法所处的发展阶段有关。可以明显地看出，作为分散立法模式的代表性国家，英美特别是美国的竞争立法起步较早，他们较早进入垄断资本主义阶段，较早认识到垄断的危害并通过立法进行相应的规制，由此在这些国家较早产生反垄断法，而同样由于这些国家反垄断法产生较早，对于垄断的认识和规制方法还处于探索阶段，因此只能发现什么问题，就规制什么问题。例如，美国1890年制定《谢尔曼法》；为了解决该法实施过程中发现的问题，1914年又制定了《克莱顿法》《联邦贸易委员会法》；1936年针对当时价格歧视较为普遍，影响了正常市场竞争秩序的实际状况，制定了《罗宾逊·帕特曼反价格歧视法》等。而实施统一立法模式的国家和地区一般是20世纪80年代以后才开始制定竞争法，此时，欧美主要国家竞争立法和实践已经有近百年历史，有充分的竞争立法理论积累和实践探索经验可供借鉴，为这些国家制定一部统一的竞争法奠定了坚实的基础。

总之，不同国家竞争法的立法模式与该国的政治、经济、文化和法律传统有关，不同的立法模式也没有绝对的优劣之分，只要竞争立法适合本国经济、社会发展的实际需要，就是好的竞争立法。我国也是根据经济社会发展的实际需要，在国家规制竞争行为的过程中自然形成了分别立法的模式。

当然，我国竞争法的法律渊源并不限于《反垄断法》与《反不正当竞争法》这两部法律，除此之外还有《价格法》《电信条例》等相关法律、行政法规，国务院部门规章和各省、自治区、直辖市及设区的市等地方人大和政府制定的地方性法规、地方政府规章，以及最高人民法院、最高人民检察院制定的司法解释。

第二节　竞争法的基本原则

一、竞争法基本原则的含义与特征

（一）竞争法基本原则的含义

竞争法的基本原则是指贯穿竞争法的全部规范，指导竞争法的理论研究与立法、执法、司法和守法实践的最根本的指导思想和行为准则。竞争法的基本原则在竞争法的理论研究和具体实践中具有重要地位，为竞争法的理论研究与法律实践提供了根本遵循和行动指南。

（二）竞争法基本原则的特征

第一，竞争法的基本原则具有广泛的普遍性。竞争法基本原则具有普遍性特征，这里的普遍性是指竞争法基本原则必须是贯穿竞争法全部规范的指导思想和行为准则，而不是只涉及竞争法某一个或者某几个具体方面的指导思想和行为准则。普遍性强调，竞争法的基本原则必然是贯穿竞争法的全部法律规范，体现在竞争法从制定到实施的全部过程，指导竞争法从理论研究到具体实践的所有环节，是对竞争法所有内容无一例外、无所不包、无不涵盖的指导思想和行为准则。

竞争法基本原则的普遍性自然地将那些只体现在个别竞争法规范或者某一部分竞争法活动中的理论或者原则排除出了竞争法基本原则的范畴，如竞争法实施中有所谓的合理原则与本身违法原则，有学者认为这也属于竞争法的基本原则。但显然，合理原则与本身违法原则是相对的，并且均分别指导一定范围内的竞争法律理论研究与具体实践，两者统一起来才能涵盖竞争法的全部领域，因此，合理原则与本身违法原则不符合竞争法基本原则普遍性的要求，不能被视为竞争法的基本原则。

第二，竞争法的基本原则具有高度的概括性。竞争法基本原则的概括性是指竞争法基本原则必须是从竞争法的全部规范中高度抽象、高度概括、高度凝缩而来的指导思想和行为准则，是竞争法所有核心范畴、价值、理念的最高升华和最终提炼，是无可复加的最后集成。高度概括性强调竞争法基本原则是竞争法所有指导思想和行为准则最标准的终极抽象、最简洁的语言精华。

竞争法基本原则的概括性要求竞争法的基本原则必须是从竞争法的全部规范中高度抽象而来的，竞争法的规范和制度是竞争法基本原则存在的基础和前提，竞争法基本原则则是竞争法规范和制度的最后表达。同时，竞争法基本原则的概括性也要求竞争法的基本原则之间应当具有内在的逻辑关联性，这种关联性表现为它们相互依存、相互支撑，以共同的理念表达支撑竞争法的整个理论结构、规范体系和制度大厦。

第三，竞争法的基本原则具有竞争法自身的特殊规定性。竞争法作为法律体系中具有自身独特内在属性的法律分支，既具有法律的共性，又具有自身的个性。一方面，竞争法必须具有法律的共性，如追求公平、正义、程序价值、强制性、稳定性和可预期性等；另一方面，作为一个独特的法律存在，竞争法也必须具有符合自身内在规定性的独特个性，否则就不能体现其存在的特殊价值。当然，这种独特性根植于竞争法内在的规范体系，并通过相应的理论总结得以呈现。

竞争法基本原则应当具有竞争法自身的特殊性，体现在竞争法的基本原则应当是竞争法特有的而不是法律共有的或者与其他部门法共有的基本原则，如法律及所有部门法均追求公平、正义，则不能将公平、正义等一般的法律价值和原则视作竞争法的基本原则，因为它不具有竞争法自身的特殊规定性。

第四，竞争法的基本原则具有作为理论研究与竞争法相关主体行动指南的价值导向性。竞争法基本原则是一种指导思想和行为准则，它必须具有一定的价值导向性和行为指引性，即通过研究、学习竞争法的基本原则，能够指导人们更好地理解竞争法、运用竞争法，从而更有利于实现竞争法的目标和功能。

竞争法基本原则对于竞争法理论研究的价值导向性体现在，无论是研究竞争法的历史，还是研究竞争法的具体规范或者制度框架等，都应当关注竞争法的基本原则，并以竞争法的基本原则为指导，理解竞争法的产生过程及其产生的必然性；在研究竞争法的具体规范及制度框架等内容时，同样应当关注竞争法基本原则所要求、蕴含的价值和理念，并用以构建相应的理论框架，解释相应的制度体系。

竞争法基本原则对于竞争法立法、执法、司法、守法等竞争法实践活动的价值导向性在于，它指导竞争法所有的实践活动，并为这些实践活动提供最终的价值判断标准。立法者、执法者、司法者和所有竞争法律关系主体，均应当按照竞争法基本原则的要求，选择最有利于实现或者满足竞争法基本原则要求的行为模式，保障实现竞争法基本原则要求的目标与功能。具言之，在一个存在争议的竞争法律关系中，执法者选择支持 A 有相应的竞争法条文支持，选择支持 B 同样有竞争法条文支持，但如果支持 A 的法律条文更符合竞争法基本原则的要求，那么应当毫不犹豫地选择适用支持 A 的法律条文。

二、竞争法基本原则的主要内容

（一）自由竞争原则

自由竞争原则是指竞争法以维护自由、充分的市场秩序为己任的原则。竞争法是维护市场竞争秩序的法，是市场经济的基本法。市场是商品和服务交换的场所，市场经济则是指通过市场配置社会资源的经济形式。而市场能够有效配置社会资源的前提，是市场机制正常发挥作用，即通过价值规律和供求关系的作用，市场上的所有买者和所有卖者按照自身利益最大化原则进行自由的、不受任何不当外在约束和干预的交易，自由地参与市场过程，自由地进行市场竞争。因此，自由竞争是市场经济的灵魂，是市场能够有效配置社会资源的基础，是市场机制赖以发挥作用的前提，也是竞争法能够成为市场经济基本法的最底层逻辑。

当然，纯粹、绝对的自由竞争在现实中是不存在的，现实中的市场运行环境总是受到这样那样因素的制约，而且在铁路、电力、自来水等一些特殊行业或者领域，或者在发生了重大自然灾害、战争、瘟疫等特定的历史时期，自由竞争也并不总是社会资源配置的最佳路径，但决不能由此否定自由竞争的意义和价值。可以说，没有自由竞争，就没有市场经济。

竞争法将自由竞争作为自身的基本原则，并且将该原则贯穿到竞争法从理论研究到实务发展的全部过程和每个环节。自由竞争原则要求竞争立法最大限度地维护竞争自由，如我国《反垄断法》设专章禁止具有或者可能具有排除、限制竞争效果的经营者集中，设专章禁止滥用行政权力排除、限制竞争行为，都是对于自由竞争原则的最好贯彻。自由竞争原则也要求竞争法执法和司法机关通过执法和司法活动保障竞争自由，如市场监管总局在《关于附加限制性条件批准博通公司收购威睿公司股权案反垄断审查决定的公告》中明确表示，经过审查，认为“此项集中对全球和中国境内非公有云虚拟化软件市场、光纤通道适配器市场、存储适配器市场和以太网网卡市场具有或可能具有排除、限制竞争效果"[①]，经过商谈，在认可了申报方提出的旨在减少对竞争不利影响的承诺方案后，才最终批准了该项集中。

（二）公平竞争原则

公平竞争原则是指竞争法以维护公平的，不受差别化、歧视性竞争限制的市场秩序为己任的原则。竞争法是旨在维护市场经济条件下的竞争秩序的法，市场经济是天生的平等派，等价交换是市场经济中通行的原则。不等价有可能发生，但它决不会持久，因为它违背了市场交易的基本规律。市场经济条件下，人们在追逐商品利润的同时，也就消除了各种不平等。所以，市场经济所推崇的平等原则，一定意义上就是从商品等价交换衍生出来的原则。我们实行社会主义市场经济，市场经济的共性要求我们必须保护公平竞争，并通过实现公平竞争，发挥市场机制的最大效能。

我国十分重视公平竞争原则，党的十九大报告明确提出："经济体制改革必须以完善产权制度和要素市场化配置为重点，实现产权有效激励、要素自由流动、价格反应灵活、竞争公平有序、企业优胜劣汰"；"全面实施市场准入负面清单制度，清理废除妨碍统一市场和公平竞争的各种规定和做法，支持民营企业发展，激发各类市场主体活力"。党的二十大报告也强调，"构建全国统一大市场，深化要素市场化改革，建设高标准市场体系。完善产权保护、市场准入、公平竞争、社会信用等市场经济基础制度，优化营商环境"。

公平竞争原则作为竞争法的基本原则，在相关立法文本中都有表述。我国《反垄断法》第 1 条开宗明义强调："为了预防和制止垄断行为，保护市场公平竞争……制定本法。"《反不正当竞争法》第 1 条同样指出："为了……鼓励和保护公平竞争，制止不正当竞争行为……制定本法。"第 2 条第 1 款强调："经营者在生产经营活动中，应当遵循自愿、平等、公平、诚信的原则，遵守法律和商业道德。"

为了实现公平竞争，针对我国较为常见的政府机关滥用权力导致不公平竞争现象的问题，国务院于 2016 年还专门建立了公平竞争审查制度，2022 年《反垄断法》也进一步将该制度法律化，在第 5 条专门规定："国家建立健全公平竞争审查制度。行政机关和法律、法规授权的具有管理公共事务职能的组织在制定涉及市场主体经济活动的规定时，应当进行公平竞争审查。"这一规定能够确保政府出台的政策措施在维护公平竞争方面发挥积极作用。

（三）消费者福利原则

消费者福利原则是指竞争法通过维护良好的市场竞争秩序，提高经济运行效率，促进消费者在消费过程中有更多的选择，获得更优惠的价格、更好品质的商品和更优质量的服务。如果说自由竞争原则强调竞争自由，重在保护经营者有参与竞争的权利，公平竞争原则强调竞争公平，重在保护竞争过程的公正，那么消费者福利原则则强调竞争法实施的结果，保证竞争法的实施能够给作为市场经济最后评判者的消费者带来最大福利，并以此确认、增进、弘扬消费者在市场经济中的决策权利。

---

① 《市场监管总局关于附加限制性条件批准博通公司收购威睿公司股权案反垄断审查决定的公告》，https://www.samr.gov.cn。

消费者福利原则在相关竞争立法中均有明确体现，如我国《反垄断法》第 1 条规定，“为了预防和制止垄断行为……维护消费者利益和社会公共利益，促进社会主义市场经济健康发展，制定本法”；第 8 条规定，“国有经济占控制地位的关系国民经济命脉和国家安全的行业以及依法实行专营专卖的行业，国家对其经营者的合法经营活动予以保护，并对经营者的经营行为及其商品和服务的价格依法实施监管和调控，维护消费者利益，促进技术进步。前款规定行业的经营者应当依法经营，诚实守信，严格自律，接受社会公众的监督，不得利用其控制地位或者专营专卖地位损害消费者利益”。另外，《反垄断法》第 20 条、第 33 条也分别在垄断协议规制和经营者集中规制方面，强调了《反垄断法》实施中消费者福利考量的重要意义。2006 年 6 月 24 日《关于〈中华人民共和国反垄断法（草案）〉的说明》八次专门提到“消费者”这一词语，足以说明消费者权益在《反垄断法》立法过程中受到的重视程度。同样，我国《反不正当竞争法》第 1 条规定：“为了……保护经营者和消费者的合法权益，制定本法。”第 2 条第 2 款规定：“本法所称的不正当竞争行为，是指经营者在生产经营活动中，违反本法规定，扰乱市场竞争秩序，损害其他经营者或者消费者的合法权益的行为。”

消费者福利原则要求竞争法的研究者和执行者应当重视消费者利益在竞争法理论框架和实施过程中的作用，强调竞争法不仅是关乎竞争者、关乎竞争过程本身的法律，更是关乎竞争过程、竞争结果对消费者利益影响的法律。事实上，如果经由竞争法的规制，一个市场能够保障所有市场主体自由地参与竞争、公平地开展竞争，这必然是一个有利于消费者福利实现的市场。

本章思考题

1. 简述反垄断法与反不正当竞争法的关系。
2. 简述竞争法的主要立法模式。
3. 简述竞争法基本原则的特征。
4. 简述竞争法基本原则的主要内容。

拓展阅读　　即测即评

第三章　竞争法与行业监管

第一节　行业监管的一般理论

一、行业监管的概念

行业监管，也称行政监管、政府管制等，学术上一般称为政府规制或行政规制。①

在管制、规制、监管三个词语中，“管制”很容易使人联想到统制经济和命令经济形式；而“规制”一词来源于日本经济学家对英文 regulation 一词的意译，其含义是按照规则进行管理、监督、制约等，强调通过实施法律和规章制度来约束和规范市场主体及其行为，是对现代政府市场干预行为较为合适的表达。但由于本章的研究范围不是政府的普遍性干预行为，而是政府针对一些特殊行业施加的监督管理及与反垄断法实施的互动关系，所以本章主要以“行业监管”这一我国民众较为熟悉的表述，来指称不同背景下人们所使用的“政府规制”“行政规制”“行政监管”等用词。

一般而言，政府监管不是政府干预的同义词，仅指政府对微观经济进行的干预、管理，其范围相当于经济法学界所讲的市场规制，即除去政府对宏观经济进行调控之外的微观经济领域的干预行为。本章所讲的行业监管的范围又小于政府监管，是指政府对一些特殊行业进行的市场准入和退出、价格、质量等方面的监督、控制，而不包括对市场主体的竞争规制。在这些行业，行业监管与竞争法实施（竞争规制）是相互并行又相互交叉的两类政府干预行为。

基于以上考虑，可以将市场经济条件下的行业监管定义为：政府根据相应法律、法规、规章或政策，通过许可、认可、处罚等各种手段，对一些特殊行业市场主体的市场进入和退出、价格、数量、质量等活动进行的直接控制、监督、制约等。这一定义强调了监管依据的合法性、监管对象的特定性、监管内容和手段的多样性，也将市场经济体制下的行业监管与计划经济体制下的行业管理进行了区分。

二、行业监管的分类

现代学界普遍使用的监管分类主要是经济性监管和社会性监管。萨缪尔森（Paul Samuelson）在其著名的《经济学》教科书中对经济性监管的描述是“对价格、市场进入和退出条件、特殊行业的服务标准的控制。显而易见的例子包括公用设施管制（电话、电力、

① 郭宗杰：《行政监管与反垄断法规制研究——以传统垄断行业的规制改革为视角》，法律出版社 2015 年版，第 5 页。

天然气、供水）以及其他的产业管制”。他对社会性监管的描述则是“用来保护环境以及劳工和消费者的健康和安全。它的有关规定可用以矫正经济活动所引起的各种派生后果和外部性问题。明显的例子有净化空气、净化水源、实现核安全、保证药物和交通安全等活动计划”。①

如果要下定义，根据我国学者的理解，经济性监管一般是指，在存在着自然垄断和信息不对称问题的部门，主要为了防止无效率的资源配置发生和确保需要者的公平利用，政府机关通过许可、认可等手段，对企业的进入和退出、价格、服务的质量和数量、投资、财务会计等有关行为所进行的规制。

经济性监管的领域主要包括自然垄断领域和存在严重信息不对称的领域。自然垄断行业如电力、铁路运输、自来水、煤气供应等行业，具有成本弱增性和显著的规模经济、范围经济效应。在这些产业中，由一家或少数几家企业提供产品和服务，通常比多家企业共同提供的效率高。但在一家企业独占或少数几家企业寡占市场的情况下，如果不对它们进行监管，这些企业就会滥用市场支配力量。所谓存在严重信息不对称的领域，主要包括银行、保险、航空运输等产业。这些产业虽然不具有自然垄断性，但存在着严重的信息不对称问题。企业为了实现利益最大化，完全有可能通过信息误导欺诈消费者。因此，为了保证消费的公平，政府对这些产业也要实行市场进入和价格方面的规制。

社会性监管是指，以保障劳动者和消费者的安全、健康、卫生以及保护环境、防止灾害为目的，对产品和服务的质量以及伴随着它们的提供而产生的各种活动制定一定的标准，并禁止、限制特定行为的规制。社会性监管的领域很广泛，内容也非常丰富。日本学者植草益将其归为四大类，各大类又包括若干小类。第一大类是确保健康、卫生的监管，相关法规如药品法、医疗法、传染病防治法、有关废弃物处理方面的法律等；第二大类是确保安全的监管，相关内容涉及防止劳动灾害和疾病、保护消费者、交通安全、消防安全等；第三大类是防治公害、保护环境的监管，包括矿山安全、大气污染防治、自然环境保护、产业灾害防治、自然灾害防治等内容；第四大类是确保教育、文化、福利的监管，涉及的内容如学校教育、社会福利事业、残疾人就业、文物保护等。这种归纳较为全面，基本涵盖了现今社会性监管的所有方面。②

大体而言，经济性监管的主要目的，在于维系经营者之间的自由竞争，以及商品与服务的公平价格，其监管的基础在于对市场失灵的矫正；而社会性监管则出于救济或预防经营者对个人造成危害，保障或促进公众健康、安全与就业机会等社会性目标。从历史发展来看，西方国家早在19世纪中期或20世纪初就开始重视并实施各类经济性监管，但直到20世纪70年代以后，随着放松经济性监管改革运动的兴起，政府监管的重心才开始从传统的注重经济性监管转向注重安全、健康、卫生、环保等社会性监管。

与政府关于安全、健康、卫生、环保等问题的社会性监管相比，对市场主体的进入与

---

① ［美］保罗·萨缪尔森、威廉·诺德豪斯：《经济学》（第16版），萧琛等译，华夏出版社、麦格劳·希尔出版公司1999年版，第246页。

② ［日］植草益：《微观规制经济学》，中国发展出版社1992年版，第282—284页。

退出、产品价格、质量等的经济性监管，十分关注经济效率、竞争环境的实现程度，从而与以维护竞争机制为直接目标进而追求资源配置效率最大化的竞争法发生交叉。本章旨在分析政府的行业监管与竞争法实施的相互关系，因此若无特别说明，本章的行业监管特指经济性监管。

三、行业监管的相关理论

市场经济时代，虽然政府对一些特殊产业的监管已经成为各国经济实践中的普遍现象，但对于政府为什么要监管以及政府行为应该在多大程度上取代市场主体自由决策，学术上一直存在争论，并形成了一些代表性理论。

（一）公共利益理论

行业监管最主要的理论解释是公共利益理论。根据公共利益理论的解释，监管的存在基于以下三个理由：（1）抑制市场力量。由于在特定行业竞争不足，企业数量较少甚至只有一家或者少数几家企业，如果没有外部约束，垄断者会滥用其垄断力来索要高价格、供应低品质的产品或者提供劣质服务。只有政府代表公共利益对相关垄断者进行价格监管、品质监管等，才能确保公众获得合理价格下的稳定供给。（2）矫正信息不完全。在市场中，相对于经营者，消费者在信息方面属于弱势一方，一般的消费者对于专门的技术缺乏足够认知，而经营者既掌握大量信息，又熟知信息对于自己利益的影响，因此如没有外部约束则往往可能选择性地提供信息或者提供不真实的信息，而消费者自身无法判断，这样就需要政府作为一个外部力量施加影响，限制经营者利用其在信息方面的优势损害消费者利益。（3）处理外部性问题。外部性是一个经济主体的行为对另一个经济主体的福利所产生的影响。对于受外部性影响的主体而言，其所受影响完全是被动的，也可能是缓慢的、不明显的但又确实存在的，而如果其外部性影响是负面的，则往往受影响主体很难寻求正当的法律救济。在此种情况下，需要通过代表公共利益的政府实施监管，事先予以防范、规制并建立相应的救济机制。

公共利益理论的另一种解释是某些行业具有公共性特征，是全体民众的共同需要，而这些行业的商品或者服务单纯依靠市场无法实现稳定和普遍的供应，因此需要通过政府实施监管予以保证。电信、铁路、民航、邮政等垄断行业被认为具有典型的公共性。电信和邮政作为现代社会传递信息的桥梁和纽带，其在促进政府、企业和公众之间的信息传递和交换，促进社会交流与合作等方面具有不可替代的作用；铁路、民航均属于公共运输行业，是公众出行、货物运输的重要载体，特别是在现代社会流动性高、公共运输需求大的情况下，铁路和民航的公共性极为明显，可以说它们已经成为现代经济和社会运转的基本支撑。

深入观之，行业监管公共利益理论的论述基础是市场失灵论，即认为市场不是万能的，市场主体的唯利性、市场信号的滞后性加之人性本身存在的缺点，使得市场存在相应风险，只有通过政府监管，发挥其公共利益代表者的作用，并利用政府所掌握的经济、行政和法律等方面的手段和工具，对此类风险加以有效的事先防范，才能维护稳定的市场秩序，促进经济、社会健康发展。

（二）自然垄断理论

自然垄断（Natural Monopoly），是指由于存在规模经济性、范围经济性及成本的弱增性，在一些产业的主要业务领域，由一家或少数几家企业提供产品和服务，通常比多家企业共同提供具有较高的效率。抑或说是基于特定行业的自然特性，如自来水、管道煤气、电信、铁路等行业所具有的网络性特征等，使得在这些行业引入竞争不符合经济理性，只能垄断经营。

自然垄断理论在电信、铁路和民航等产业的体现主要在投资规模、市场容量、线路资源等方面，由于电信、铁路、民航等产业投资规模巨大，市场容量和线路资源有限，所以不可能存在完全的竞争，实践中各国虽然也经历过诸多中小企业竞争的过程，但基本上最终都是由少数几家公司实施垄断经营。在垄断经营的条件下，政府基于维护公共利益的考虑，必须对垄断者提供服务的质量、价格，包括市场准入等进行适当的控制，以防止垄断者擅自提高价格、降低服务品质，损害消费者利益，这为电信、铁路、民航等行业的政府监管提供了重要的理论支持。

除此之外，还有学者从维护社会公平以及军事、安全等角度，为行业监管提供了相应的正当性论证。①

第二节　反垄断法在监管行业的适用

与反不正当竞争法完全一体适用于所有行业不同，反垄断法虽然在性质上属于市场经济基本的、具有普遍法律意义的法律规则，但在政府监管的一些特殊行业，其法律适用会受到一定的影响。所以本章集中于反垄断法视域讨论竞争法与行业监管的关系。

一、反垄断法于监管行业适用的历史演变

一般认为，20 世纪 80 年代以前属于政府监管强化时期。当时政府监管的特殊行业，特别是电信、电力、铁路等垄断性行业，在很多国家的反垄断法中都被作为适用除外领域。即这些行业只适用行业监管法律制度，而排除反垄断法的适用。日本 1947 年《禁止垄断法》第 21 条规定，本法规定不适用于电力事业、煤气事业及其他性质上为自然垄断事业的经营者所实施的其事业所固有的生产、销售或供应行为。事实上，这些行业作为公用事业的主干产业，在日本，一开始就处在政府的完全控制之下，反垄断法也将这些行业的垄断置于其调整范围之外，认为这是合法的垄断。并且日本以反垄断法为核心研究内容的经济法学，也把这些行业作为公用事业，从反垄断法的适用除外领域来理解和研究相关法律问题。在美国，《克莱顿法》第 7 条规定，对于给予下列委员会（局）授权完成的交易，本节不适用：美国民航局、联邦通信委员会、联邦电力委员会、州际商务委员会、证券交易委员会、美国海运委员会、农业局。该条即美国反托拉斯法对于民航、电信、铁

① 郭宗杰：《行政监管与反垄断法规制研究——以传统垄断行业的规制改革为视角》，法律出版社 2015 年版，第 17—20 页。

路等行业的适用除外规定。此外，一些行业监管法律也存在排除反垄断法适用的规定，如1938年《民用航空法》第408条（a）项授权美国民用航空管理局（即后来的民用航空委员会，CAB）核准航空事业的合并案，而不须得到联邦司法部的同意；第412条（a）项规定，两个或两个以上航空公司对于费率、票价的协议及其他任何经营上的协议，均必须事先向CAB提出报备；同条（b）项则规定，当CAB认为该协议违反公益时，应予以否决。而上述协议如果得到CAB的核准，则该协议或联合行为将不受反托拉斯法的调整，因为CAB对该项事务享有专属管辖权。

行业监管的实质是在一些特殊行业以垄断代替竞争，并通过政府的严格规制防止垄断企业市场势力的滥用，以维护公共利益。但由于监管本身完全抑制了市场机制的作用，会导致政府监管下的垄断行业面临着诸多困境。例如，在严格的监管措施下，垄断企业运营机制僵化，进而导致企业经营亏损严重、投资积累不足，部分行业甚至长期依靠大量的政府补贴才能正常运营，而且垄断行业可能的高价格、低品质供给，会使消费者利益蒙受损失。此外，政府的强监管也导致监管成本居高不下，特别是为执行监管法律，专门增设相应的监管机构并配备专业的人员，需要巨大的成本。即便如此，由于监管者很难掌握受监管者有关经营决策方面的全部真实信息，监管效果也难如人意。这种背景下，随着技术进步和可竞争理论的出现，理论界与实务界都重新审视行业监管的必要性，于是各国出现了放松监管的浪潮。自20世纪80年代以来，美国、英国等成熟市场经济国家在电信、电力、铁路、民航、石油及天然气输送、煤气、自来水等自然垄断行业的直接监管出现了放松趋势。放松监管的首要目的在于引入竞争机制、减少监管成本、促使企业提高效率和改进服务。

放松监管的一个很重要方面是放宽垄断性行业中可竞争性业务领域的市场准入，允许具有相应规模的企业自由竞争，并取消相应的价格管制，这直接导致各国反垄断法适用除外制度发生很大变化，适用除外的行业范围不断缩小。例如，日本《禁止垄断法》在2000年修订时废止了对电力、煤气、铁路等自然垄断行业的适用除外。德国1998年《反对限制竞争法》废除了电力、天然气和交通运输业的适用除外，且在第130条专门规定"《能源经济法》的规定并不影响第19条和第20条的适用"；在此后修订中又取消了信用和保险业、体育业的适用除外。在2006年以前，德国邮政公司对100克以内信件邮递业务的垄断经营不适用《反对限制竞争法》；在2006年至2007年间，除外适用的范围被进一步限定在50克以内的信件邮递；从2008年1月1日起，邮政市场完全开放，全面适用《反对限制竞争法》。

随着垄断行业放松直接监管以引入市场竞争改革的逐渐深入，各国反垄断法适用除外的范围日益压缩，反垄断法作为市场经济社会具有普遍性的行为规则，适用范围则越来越广泛，在一些国家甚至实现了对所有行业领域的全面覆盖。

二、我国反垄断法在监管行业的适用

我国《反垄断法》体现了世界范围内放松政府直接监管以及扩大反垄断法适用范围的趋势，没有将受政府监管的特殊行业作为适用除外行业。虽然第8条有关于"国有经济占控制地位的关系国民经济命脉和国家安全的行业以及依法实行专营专卖的行业，国家对其经营者的合法经营活动予以保护，并对经营者的经营行为及其商品和服务的价格依法实施监管和调控，维护消费者利益，促进技术进步"的规定，但是这实际上主要起到一种宣誓的作用。[①]"国有经济占控制地位的关系国民经济命脉和国家安全的行业"，主要是指石油、天然气、电力、铁路、电信等传统上属于自然垄断的公用事业，在我国，这些行业由国有企业垄断经营；"依法实行专营专卖的行业"，是指烟草、盐业等领域，这些行业虽然不存在自然垄断特性，但国家相关法律法规及政策规定这些行业也实行垄断经营。第 8 条的规定只是表明在对这些特殊行业适用反垄断法的同时，国家还要对其进行直接监管，并没有排除反垄断法在这些行业实施的意图。对这些特殊行业，我国反垄断法与其他国家一样，并不反对垄断状态的存在，即并不反对企业的垄断地位或市场支配地位本身，但是反对滥用市场支配地位的行为，如垄断高价、拒绝交易、搭售等。因此，我国《反垄断法》当然适用于包括自然垄断行业在内的特殊行业。

鉴于农业生产周期较长、风险波动较大以及生产经营者具有分散性和弱势性等原因，我国《反垄断法》规定了农业领域市场主体的部分垄断行为的反垄断法适用除外。《反垄断法》第 69 条规定："农业生产者及农村经济组织在农产品生产、加工、销售、运输、储存等经营活动中实施的联合或者协同行为，不适用本法。"

三、普遍适用背景下反垄断法与行业监管法的关系

随着传统垄断行业由完全垄断变为垄断业务与竞争业务并存，以及垄断行业整体性的反垄断法适用除外"待遇"被取消，反垄断法进入了原先被行业监管制度排他性"独占"的领域，由此，行业监管法与反垄断法开始在这些领域共同发挥作用。

但是行业监管法与反垄断法的适用存在一些差异。首先，两种法律制度的功能和目标有所不同。行业监管法的主要功能是适度引入竞争，在不具备竞争的条件下，严格市场准入，维护合理垄断。在改革的初期，按照业务类型拆分，打破一体化的市场结构，为竞争创造条件。同时，行业监管法具有在促进产业竞争以外的多种政策目标，如促进产业技术进步、实现普遍服务、增强国际竞争能力等，因而对相关领域的垄断往往持一种容忍甚至支持的态度。而反垄断法的功能主要是维护竞争，对垄断行为严厉处罚，非常重视通过促进竞争来实现效率目标。其次，两种法律制度发挥规制作用的时间各有不同。行业监管通过严格市场准入、规定价格上限等，侧重对企业行为的事前引导。反垄断法虽然针对经营者集中行为予以事前规制，但主要还是通过对垄断协议和滥用市场支配地位的禁止来实现法律目的，侧重于事后救济。

由于行业监管法与反垄断法的法律目标存在差异，当监管行业内发生损害竞争的垄断行为时，具有普遍适用性的反垄断法就与针对特定领域的行业监管法律制度，围绕垄断行为的规制产生了交叉重叠，甚至是矛盾冲突，这就会进一步引发如何处理两种法律制度的关系的问题，即适用反垄断法还是行业监管法的问题。

---

① 王先林：《垄断行业监管与反垄断执法之协调》，载《法学》2014 年第 2 期。

在这方面，各个国家没有完全一致的做法。有的国家将行业监管法与反垄断法并行适用，即反垄断法与行业监管法分别同等适用于垄断行业中相关竞争事项的规制，由反垄断执法机构执行反垄断法，行业监管机构执行行业监管法。[①] 两种制度的这种架构方式，以美国对电信、能源领域经营者集中的控制最为典型。美国联邦通信委员会、联邦能源委员会与司法部根据不同的法律规则对企业集中享有平行管辖权。联邦通信委员会、联邦能源委员会依据"电信法"及能源法，以是否损害公共利益为标准审查企业合并；司法部则依据经营者集中审查标准审查是否对相关市场竞争造成实质性损害。尽管联邦通信委员会、联邦能源委员会也要考虑竞争问题，但它们作出决定的依据并不限于此。在两类机构审查权的效力方面，对于联邦通信委员会、联邦能源委员会批准的合并，司法部有权通过诉讼加以阻止；对于司法部认可的合并，联邦通信委员会、联邦能源委员会也可能拒绝批准。

有的国家则采用补充适用的模式，即在反垄断法一体适用于垄断行业内竞争问题规制的前提下，通过行业监管法的补充适用，将两种制度优势最大化，以期达到最佳规制效果。这种制度范式是通过两类机构适度分工、紧密合作，减少不必要的权限重叠，克服裁决冲突，形成优势互补的权限配置。目前，德国对电信、邮政、铁路、能源企业滥用市场支配地位和限制竞争协议的规制，非常接近于这种制度范式。

另有少数国家采用统一适用的模式，即在一定的经济技术条件下，垄断行业整体被视为竞争性行业，相关竞争问题由反垄断法统一规制，行业监管机构不再根据行业法享有管辖权。比如，新西兰的电信、电力等行业全面适用竞争法，竞争执法执行机构商业委员会在负责执行竞争法的同时，也负责执行《电力改革法》《电信法》，承担着对电力、电信行业的监管。

以上可见，随着垄断行业市场化改革的推进，反垄断法适用范围拓宽，但大部分国家并没有从过去的监管行业整体排除反垄断法适用走向完全排除行业监管法适用的另一个极端，而是对监管行业内竞争问题的规制，一定程度上让行业监管法仍参与其中。

对于这方面问题，我国反垄断法暂时缺乏具体规定。国务院 2006 年的《反垄断法（草案）》第 2 条第 2 款曾经规定："对本法规定的垄断行为，有关法律、行政法规另有规定的，依照其规定。"该项规定将行业监管法作为特殊法，将《反垄断法》作为竞争领域的一般法来处理。该项规定如果得以实现，将使反垄断法的统一实施遭受重大挑战，也将使反垄断法维护竞争政策基础性地位的功能受到极大削弱，因而当时备受争议。在最终出台的《反垄断法》条文中，此一规定被删除。这体现了最高立法机关对反垄断法在竞争领域的最高法律地位的明确肯认。但同时，在如何处理《反垄断法》与行业监管法的关系方面，也留下了空白。我国一些学者曾建议，可考虑借鉴我国台湾地区"公平交易法"第 46 条的规定，在将来修改《反垄断法》时增加这样的规定，即"对本法规定的垄断行为，有关法律另有规定的，在不违背本法基本宗旨的范围内，优先适用其他法律的规定"。如此，既可以保证反垄断法普遍适用于监管行业，又可以使有关行业监管法的特别规则优

---

① 张占江：《反垄断法与行业监管制度关系的建构——以自然垄断行业内限制竞争问题的规制为中心》，载《当代法学》2010 第 1 期。

先得到适用。

总之，在我国特殊行业监管改革的过程中，必须首先认识到竞争的价值，确立通过市场、利用竞争最大限度地提升经济活动的效率的改革方向，这就需要借鉴国外先进的实践经验，充分提升反垄断法在垄断行业改革中的地位和作用。一方面，要确立反垄断法作为“经济宪法”的地位，明确反垄断法在处理行业领域的竞争问题上高于行业监管法这一基本的法律原则，凡是涉及竞争问题的，应当主要由反垄断法作出规定，只有在符合反垄断法基本宗旨的前提下，行业监管法的规定才可以优先适用。另一方面，根据行业经济发展情况和市场竞争结构变化情况适时修改《铁路法》《民用航空法》等行业监管立法，在废除落后于时代要求的种种准入限制、价格管制措施的同时，审查行业监管法中的竞争规范，一般情况下，行业监管法中的竞争规范都不得违反反垄断法的基本原则和要求。

第三节　反垄断执法机构与行业监管机构的互动合作

在政府监管行业，不仅制定有行业性相关立法，如我国的《电力法》《电信条例》《铁路法》《民用航空法》《邮政法》《烟草专卖法》《广播电视管理条例》等，而且一般都设立了相应的行业监管机构（或称产业主管机关），如我国的国家能源局、工业和信息化部、国家铁路局、国家民航局、国家烟草专卖局、国家广播电影电视总局等。所以反垄断法与行业监管法之间，不仅存在法律适用的关系问题，也存在反垄断执法机构与行业监管机构在维护行业内自由公平竞争方面，在管辖权上的交叉以及如何实现互动合作的问题。

一、反垄断执法机构与行业监管机构在处理竞争问题上的执法体制

根据上文所述，在反垄断法与行业法于监管行业内竞争问题的法律适用上，各国存在并行适用、补充适用和统一适用的模式；相应地，反垄断执法机构与行业监管机构在竞争执法方面，也存在着共同执法、分工合作执法和反垄断执法机构统一执法三种不同的体制。

反垄断执法机构与行业监管机构对监管行业内竞争问题的处理共同享有执法权，意味着在反垄断法与行业监管法对同一竞争事项都作出了相应规定时，虽然反垄断执法机构实施反垄断法，行业监管机构执行行业监管法，但二者针对同一问题进行处理，必然出现重复执法。所以，这种执法体制实际上是一种“重叠执法”。美国联邦能源委员会、联邦通信委员会与司法部对能源、电信产业中经营者集中的共同规制即存在这种现象。由于存在重复执法所致的增加执法成本以及执法结果可能相互冲突的弊端，美国一些学者极力主张取消行业监管机构对企业集中的审查权，主张由司法部按照反托拉斯法规定单独管辖。

我国在某些行业领域也采用共同执法体制。例如，根据《电信条例》的规定，“国务院信息产业主管部门依照本条例的规定对全国电信业实施监督管理”。同时，作为行业监管法，《电信条例》中也有一些有关竞争的条款，第41条专门针对电信领域中的一些限制竞争行为作了规定，包括禁止电信业务经营者在电信业务经营活动中：（1）以任何方式限制电信用户选择其他电信业务经营者依法开办的电信服务；（2）对其经营的不同业务进行

不合理的交叉补贴；（3）以排挤竞争对手为目的，低于成本提供电信业务或者服务，进行不正当竞争。据此，作为行业法的主管部门，电信监管机构有权在行业执行相关竞争条款，维护行业内的适度竞争。第71条专门规定，违反第41条规定在电信业务活动中进行不正当竞争的，由国务院电信业主管部门或省、自治区、直辖市电信管理机构责令改正、处以罚款。如此一来，对电信行业内的部分垄断行为，反垄断执法机构及行业监管机构都取得了执法权。

反垄断执法机构统一执法的体制，由澳大利亚、新西兰等少数国家所采用，德国等在个别竞争事项的规制中也采用了这种执法体制。新西兰的电信、电力等行业全面适用竞争法，反垄断执法机构在负责执行竞争法的同时，也负责执行《电力改革法》《电信法》，承担着对电力、电信行业的监管，但涉及竞争问题都按照竞争法的规定处理。这种执法体制减少了不同执法机构之间的摩擦和纠纷，保证了反垄断法适用的统一性，也有利于提高执法效率。但是，监管行业内垄断问题的处理，往往需要较高的专业技术和丰富的专业信息。反垄断执法机构虽然在竞争执法方面有训练有素的执法队伍、丰富的执法经验，但行业监管机构有更丰富的行业专业知识、更充分的行业专业信息。如果反垄断执法中缺少监管机构的配合，不一定能够保证执法效率的提高和执法结果的正确。也许正是基于这个原因，目前在监管行业内完全排除监管机构参与竞争问题处理的国家并不多。

相较以上两种执法体制，分工合作体制更受学界认同，也有更多的国家和地区采用。这种执法体制下，要合理划分反垄断执法机构与行业监管机构在竞争事务上的管辖权分工。以德国对电信业滥用市场支配地位行为的规制为例。一方面，联邦卡特尔局与电信邮政监督管理局之间存在权限分工。在经济、技术条件不断变化的垄断行业，进行详尽的成本分析、市场界定、价格比较等非常困难，联邦卡特尔局在规制诸如拒绝平等接入等滥用市场支配地位行为时力不从心。相对而言，监管机构规制此类问题时，在信息、技术方面有优势。因此，电信邮政监督管理局对平等接入、互联互通和网络使用费问题享有决定权。当然，这种决定权并不排斥联邦卡特尔局对滥用市场支配地位行为的一般管辖权。另一方面，电信邮政监督管理局与联邦卡特尔局之间存在紧密合作，既包括两个机构在案件处理过程中的信息交流，还包括相互之间的意见征询。为了使它们对相关市场和支配地位的界定保持一致，在得出结论前必须给予对方发表意见的机会。

二、我国应选择反垄断执法机构与行业监管机构分工合作的体制

关于特殊行业内的涉嫌垄断行为，执法权配置给行业监管机构还是反垄断执法机构，我国《反垄断法》没有具体规定。从前文对三种执法体制的比较分析来看，分工合作执法体制能够发挥反垄断执法机构和行业监管机构的各自优势，因而比较受认同。

在反垄断执法过程中，由于反垄断法律制度的内容具有不确定性、相对模糊性，对于违法事实的调查，以及对于行为是否违法的判断等，需要进行大量的经济分析，反垄断执法机构具有反垄断执法知识和经验的优势；行业监管机构的执法优势在于掌握一些产业复杂的技术性、专业性问题，如关键设施的使用、网络型产业的互联互通、技术标准的制定等，只有通过长期密切的关注，掌握特定产业的历史数据，理解相关技术应用对该产业竞

争秩序的影响，才能准确地进行反垄断执法活动。①

基于各自的专业优势，监管行业内的竞争执法应该采用分工合作的体制。一般而言，反垄断执法机构更擅长处理对特定产业信息需要较少的质量证据案件，而行业监管机构更擅长处理对特定产业专有信息要求较高的数量证据案件。但要注意，在双方的分工合作中，与反垄断法的普遍适用相一致，反垄断执法机构应享有更多的竞争执法权，一般情况下，应以反垄断执法机构为主，行业监管机构为辅。只有在行业监管法不违背反垄断法宗旨且对竞争事项执法有特别规定情况下，监管机构才对特定案件有主导执法权。在具体操作中，为保证监管机构的竞争执法不违背反垄断法的一般性规定，各国法律往往在程序上对行业监管机构提出要求，特别是专门规定，监管机构应在就竞争事项作出最后裁决前向反垄断执法机构征询意见。例如，根据韩国《规制垄断与公平交易法》的规定，有关行政机关以限制竞争事项为内容作出承认或者进行其他处分时，应当向公平交易委员会通报，公平交易委员会可以向有关行政机关长官提出纠正限制竞争事项的意见。在德国，根据《电信法》的规定，电信邮政监督管理局在特定案件中有权界定相关商品市场、相关地域市场以及确立市场支配地位，但这一切均须听取联邦卡特尔局的意见。当然，反垄断执法机构处理案件，也需在执法过程中就专业性问题征求行业监管机构的意见。

本章思考题

1. 简述经济性监管与社会性监管的区别。
2. 简析政府监管的公共利益理论。
3. 试论反垄断法适用与监管行业改革的互动关系。
4. 简述竞争法在监管行业普遍适用背景下反垄断法与产业监管法的关系。
5. 简析监管行业内的竞争执法体制。
6. 试论我国反垄断执法机构与行业监管机构在竞争执法中的相互关系。

拓展阅读　　即测即评

① 孟雁北：《管制行业反垄断执法问题研究》，法律出版社 2020 年版，第 83 页。

第四章　竞争法下的知识产权问题

第一节　竞争法与知识产权的联系

竞争法是维护市场经济下竞争自由和竞争公平的基本法律，而知识产权法是保护人们对自己的特定智力成果和工商业标记享有的权利的法律。两者虽然在形式上分别表现为行为规制法和权利保护法，但在功能目标和保护对象上有着诸多相似之处。随着知识经济的不断发展，知识产权与竞争法的联系愈发密切，如何从竞争法视野看待知识产权保护成为国内外理论研究和司法实践中的热点和难点问题。

一、竞争法视野下知识产权的基本特征

（一）知识产权在形式上表现为合法的垄断权

知识产权是国家为了保护智力创造成果和鼓励持续创新而创设的制度产品，具有促进知识财富增长的作用。从表现形式上看，知识产权体现为特定主体对其创造成果享有的专有权，具有地域性、专有性（排他性）、时间性等特点。知识产权在形式上表现为合法的垄断权，主要体现在以下两点：第一，知识产权具有专有性。知识产权只能授予一次，且知识产权的主体是特定的。专有性意味着对于知识产权的客体，除非经权利人许可或者基于法律规定，任何人不得加以利用，否则构成侵权。第二，智力劳动或与智力劳动有关的商业投资一般以经济利益为目的，国家通过创设知识产权这样的私人财产权，既加速了劳动、投资的成本收回，又推动了知识创造活动的持续进行，权利人的市场竞争力得到进一步的强化，知识产权在这样的过程中体现了一定的垄断性质。

知识产权的垄断性必须受到一定的限制。知识产权制度最根本、最重要的目的是激励创新，如果赋予知识产权同物权法上所有权一致的效力，让创新的果实始终为创造者享有，就会与立法的初衷相违背。一方面，知识产权制度需要对权利人利益和社会公共利益予以考量和进行平衡，如果授予权利人对知识成果的长期独占权利，社会公众无法享受创新的果实，就会导致对权利的过度保护和利益的失衡。另一方面，权利人可能滥用知识产权实施排除、限制竞争的行为，最终的后果不仅是知识产权的垄断，更是市场整体竞争程度的锐减。知识产权的界定和保护需要受一定程度的限制，知识产权法对知识产权的限制体现在与专有性、时间性和地域性相关的限制性规定上。

（二）知识产权对竞争的促进作用

知识产权虽然在形式上表现为合法的垄断权，但是实质上依然可以促进竞争。首先，在知识经济时代，技术创新成为企业获取竞争优势的重要手段。专利法以法律的形式宣告国家层面对创新成果的尊重和保护，显著提升了智力劳动者和投资人对知识劳动投入

回报的可预见性，激发其不断参与、投资创新活动，进一步释放其竞争潜能，有利于市场创新热情和竞争程度不断上升。其次，尽管专利权形式上表现为垄断权，是对竞争的限制，但实质上仍具有开放属性。专利英文单词 Patent 的含义之一就是公开，在专利法上体现为除了法定情形外，申请人只有将其发明创造向社会公开，才能获得专利权。概言之，尽管专利权人以外的人不能未经许可实施专利，却可以从公开的专利内容中获得技术信息和启示。因此，以公开发明创造的内容作为授予专利的前提，既保护了智力劳动成果，也有力地促进了后续的创新活动。[①] 正如美国前总统林肯（Lincoln）所述，专利制度是给天才之火浇上利益之油。类似地，著作权法通过对作品创作者的保护，也显著激发了文学、艺术和科学领域的智力创作热情。

二、竞争法对知识产权的保护和限制

（一）知识产权法保护的局限性

对智力成果的保护是推动技术发展和促进社会进步的需要，然而作为一种法律制度，知识产权法对智力成果的保护存在固有的局限性。首先，行业的快速发展与立法的滞后性产生冲突。这种立法滞后性，在知识产权法领域更为明显。人类社会已经进入了数字经济时代，随着大数据、人工智能、5G 等产业的不断发展，智力成果将呈现出更加丰富的形态，这就要求知识产权法的调整紧跟产业发展的步伐。其次，对知识产权的界定和保护存在困难。知识产权法奉行法定主义，即任何知识产权必须由制定法类型化，没有被类型化的因知识的创造所带来的利益不能称其为知识产权。[②] 加之知识产权本身具有客体无形性，立法者很难做到以现实需求为基础，将所有需要保护的智力成果类型化并纳入知识产权的保护范围。

随着社会发展，不断有新的知识产权应运而生，然而现实生产生活中的智力财产始终处于动态发展之中，法定主义下的知识产权又极度依赖立法者的理性认识，因此并非所有需保护的智力财产都能为立法者所预见、所认识、所定义。无论是新出现的智力财产，还是立法过程所忽略的智力财产，在现有的知识产权法框架下均难以获得有效的保护，知识产权法不可避免地具有滞后性和不周延性。

（二）竞争法对知识产权的保护

竞争法和知识产权法保护知识产权的模式不同。知识产权法采取设权模式，即将特定的智力成果拟制为物，通过类似于所有权的方式予以保护，即设立一套以权利为中心，以主体、客体、内容、取得、行使、限制以及救济为内容的规范体系。而竞争法采取行为规制模式，即以维护市场竞争秩序为核心，提前规定一系列违法行为及法律后果。[③]

---

① 王迁：《知识产权法教程》（第 6 版），中国人民大学出版社 2019 年版，第 260—261 页。

② 李扬：《知识产权法定主义的缺陷及其克服——以侵权构成的限定性和非限定性为中心》，载《环球法律评论》2009 年第 2 期。

③ 吴汉东：《论反不正当竞争中的知识产权问题》，载《现代法学》2013 年第 1 期。

之所以需要竞争法保护知识产权，是因为知识产权以客体类型化为基础，如果一项智力成果无法归类于现有知识产权法体系，也就意味着失去了知识产权法的保护。竞争法的行为规制模式并不以特定权利存在为前提，只要对智力成果的侵害行为符合法律规定的情形，智力成果的创造者即可寻求救济。在我国竞争法体系中，主要由反不正当竞争法承担补充保护知识产权的任务。例如，2019 年《反不正当竞争法》中与知识产权保护相关的条款有，规定仿冒混淆行为的第 6 条和规定商业秘密保护的第 9 条等。此外，第 2 条（该条被称为一般条款或兜底条款）也在知识产权保护中发挥了重要作用。

（三）竞争法对知识产权的限制

知识产权属于民事权利，《民法典》第 132 条规定民事主体不得滥用民事权利损害国家利益、社会公共利益或者他人合法权益。知识产权同时是一种垄断权，权利人可能滥用权利，进而破坏竞争秩序、损害他人的合法权益和公共利益。作为一部权利法，知识产权法对权利的限制仅限于权利的自身属性，主要包括：（1）时间性。例如，《专利法》对发明专利的保护期为 20 年，《著作权法》对自然人作品的保护期是作者有生之年加 50 年。（2）地域性。除国际条约或协定的特别规定，知识产权的效力仅限于一国境内。（3）专有性。例如，《著作权法》规定了对作品的合理使用和强制许可。上述限制内容都未涉及权利滥用问题，而竞争法属于公法，当知识产权法对于公共领域发生的知识产权滥用行为作用有限时，竞争法应当发挥其规制功能。

反不正当竞争法和反垄断法均对知识产权有限制作用，但两法限制的内容和侧重点有所不同。反不正当竞争法侧重维护微观的竞争秩序，因此主要规制较小范围内违反诚实信用原则及商业道德、扰乱竞争秩序的知识产权滥用行为，如申请人明知其目标权利不符合知识产权授权条件，仍进行申请并在获得授权后指控他人侵权。反垄断法侧重维护宏观的竞争秩序，拥有市场支配地位的主体在商业实践中有时会滥用知识产权，如标准必要专利权人限定交易和搭售。这样的行为不仅扰乱竞争秩序，甚至产生排除、限制竞争的后果，在此情形下反垄断法有介入调整的必要。

第二节　反不正当竞争法与知识产权保护

一、反不正当竞争法与知识产权的联系

（一）反不正当竞争与知识产权保护的历史渊源

反不正当竞争与知识产权保护的关系源远流长，从法律的起源来看，制止不正当行为的有关规则始于对工业产权的保护，旨在填补早期知识产权的立法空白。[①] 1900 年修订的《保护工业产权巴黎公约》首次将反不正当竞争法保护作为工业产权保护的一部分，反不正当竞争至此与知识产权保护建立了全面的联系。1967 年世界知识产权组织（World Intel-

① 孔祥俊：《论反不正当竞争法的新定位》，载《中外法学》2017 年第 3 期。

lectual Property Organization，WIPO）成立[①]，配套文件《成立世界知识产权组织公约》将“反不正当竞争保护”列为七大类知识产权类型之一。我国曾有一些学者在该公约影响下采用了“反不正当竞争权”的说法，认为反不正当竞争权与专利权、商标权、著作权同为知识产权。对于反不正当竞争法与知识产权的联系，学界也有平行保护说和补充保护说的不同观点。无论上述观点正确与否，至少证明了反不正当竞争与知识产权保护的紧密联系，保护知识产权是两法与生俱来的交叉领域和共同使命。

反不正当竞争法属于行为规制法，与知识产权法不是包含与被包含关系，更不是等同关系，而是互相配合并补充发挥法律功能的关系。所谓行为规制法，是指智力财产具有保护的必要性而现有知识产权专门法未将其纳入保护范围时，反不正当竞争法通过关注行为的正当性，利用诚信原则、商业道德等伦理标准对行为本身作出否定性评价，从而达到保护当事人权益的目的。随着知识经济的快速发展，智力财产不断呈现出新品种、新形式、新特征，反不正当竞争法相比知识产权法更具包容性和灵活性，能够根据市场的发展变化迅速作出相应调整。总之，反不正当竞争法发展至今，尽管其调控的范围早已超出了知识产权范畴，涵盖了整个竞争市场，但反不正当竞争法关注经营者的权利和权益，对知识产权的保护仍是其基本使命和任务之一。

（二）反不正当竞争法对知识产权补充保护的特点

关于知识产权法和反不正当竞争法在保护智力成果中的地位和作用，有一个非常形象的“冰山与海水”的比喻：专利法、商标法和著作权法好比浮在海面的冰山，反不正当竞争法则是承载着冰山的海水，即反不正当竞争法为知识产权提供补充保护和兜底保护。保护知识产权主要是知识产权专门法的任务，反不正当竞争法应是一种补充、兜底的辅助手段，在知识产权法之外对智力成果进行扩展保护。首先，知识产权法提供了一套基于“事前标准”的保护程序，只要权利侵害的事实符合该标准，权利人即可依照相应的法律寻求救济。而反不正当竞争法提供“事后标准”的保护程序，无法通过法律规定在事前给出明确结论，涉案权益、商业道德、诚信原则都需要裁判者结合具体案情进行认定。[②] 因此，无论在司法程序的效率性还是司法结论的可预见性上，知识产权专门法相比反不正当竞争法都更具优势。其次，从保护的周全性上看，知识产权法充分衡量了权利人、公众利益、国家产业政策以及国际竞争利益等多方面因素，在制度设计上考虑了公私主体之间的利益平衡。最后，反不正当竞争法中的法益具有模糊性，司法实践中越来越多地出现了财产法益扩张为类似知识产权的绝对权，既超越了反不正当竞争法保护的界限，也与其维护竞争秩序的立法目的背道而驰。

反不正当竞争法对知识产权的补充保护是一个动态的发展过程，当智力财产具备可预见的权利内容和权利外观时，就可能转化为知识产权。知识产权专门法保护的，往往是比较重要的、典型的、涉及利益关系明显且易于平衡的智力成果，随着知识经济的发展，

① 世界知识产权组织属于联合国保护知识产权的一个专门机构，根据《成立世界知识产权组织公约》而设立。中国于 1980 年 6 月 3 日加入了该组织。

② 谢晓尧：《在经验与制度之间：不正当竞争司法案例类型化研究》，法律出版社 2010 年版，第 161 页。

一些原先由反不正当竞争法保护的智力成果拥有了新特征，可能转由知识产权专门法进行保护。以商业秘密为例，多数国家利用反不正当竞争法进行保护，但随着商业秘密保护现实需求的不断变化，原有的保护方式呈现出一定的局限性，一些国家制定了专门的商业秘密法来进行保护。因此，反不正当竞争法对知识产权既是补充、兜底性的保护，又是过渡性的保护，应该以发展的眼光看待两者之间的联系。

二、反不正当竞争法与知识产权专门法

（一）商标法

商标法和反不正当竞争法具有紧密联系。作为一种商业标记，商标的功能为识别市场主体及其产品服务信息。与之相适应，不同于专利法激励发明创造和著作权法鼓励作品创作，商标法的首要目的就在于确保商标的识别功能，防止消费者对商品或服务的来源产生混淆。我国 2017 年《反不正当竞争法》第 6 条将与商业标记有关的不正当竞争行为认定为混淆行为，因此该条同样也以防止发生市场混淆、保护识别性符号为立法宗旨，与《商标法》具有一致性。

《反不正当竞争法》第 6 条规定的商业标识保护制度对我国商标保护制度具有补充性作用。商标分为注册商标和未注册商标，未注册商标又可以分为驰名商标和普通未注册商标。1993 年《反不正当竞争法》第 5 条第 1 项将假冒他人注册商标的行为规定为不正当竞争，然而该行为已经由《商标法》予以更加明确的规定，反不正当竞争法此项规定并无必要，因此 2017 年《反不正当竞争法》删除了有关假冒注册商标的规定。自此，在相同、类似商品上使用相同或类似注册商标标识的侵权行为，已纳入《商标法》的调整范围。在注册商标和驰名商标都由《商标法》提供救济的情况下，普通未注册商标主要由《反不正当竞争法》第 6 条进行保护。2017 年《反不正当竞争法》第 6 条将混淆行为规定为四种类型，具体包括：商品名称、包装、装潢等；企业名称（包括简称、字号等）、社会组织名称（包括简称等）、姓名（包括笔名、艺名、译名等）；域名主体部分、网站名称、网页等；其他混淆行为。可以说，反不正当竞争法是保护普通未注册商标的主要制度，也是唯一对其提供侵权救济的制度。

（二）专利法

专利法和反不正当竞争法都对技术方案提供保护。专利法的保护途径是对技术方案授予专利权，而专利权的获得以技术公开为条件。对于经营者不愿公开或不宜公开的技术成果，反不正当竞争法通过将其认定为商业秘密的形式进行保护。商业秘密以“三性”（即秘密性、价值性和保密性）为认定标准，相对于专利法保护较高的门槛，商业秘密保护的要求较低。

外观设计也受到反不正当竞争法的补充性保护。根据我国《专利法》，外观设计的保护期限为 10 年，到期后就不再受到专利法的保护而进入公共领域。然而，如果外观设计在长期的使用过程中产生了标识性功能，使得消费者能够区分产品或服务的来源，那么反不正当竞争法可以进行补充保护。一方面，商业标识已经成为外观设计的主要意义，而《反不正当竞争法》第 6 条对防止混淆有明确规定，进行补充保护符合反不正当竞争法的

规范要件；另一方面，标识性外观设计凝结着经营者的商誉，商誉属于经营者的合法权益，是一种重要的无形资产，反不正当竞争法的补充性保护符合其立法精神。

（三）著作权法

反不正当竞争法与著作权法的联系主要表现为对作品名称的补充保护。作品名称是对作品内容的高度概括，其本身并非作品，也难以拥有独创性，因而商标法和著作权法都放弃了对作品名称的保护。然而，作品进入市场就成了商品，作品的名称是识别商品的标志，其显著性和可识别性应当受到法律保护，如果他人使用类似的名称造成消费者的误认，符合《反不正当竞争法》第 6 条第 1 项规定的要件，就构成了商品名称混同的不正当竞争行为。

三、反不正当竞争法对知识产权保护的限度

反不正当竞争法的规制特征弥补了知识产权法的固有局限，但其提供的补充保护不应无限制地扩张，而应保持一定的限度。最高人民法院发布的《关于充分发挥知识产权审判职能作用推动社会主义文化大发展大繁荣和促进经济自主协调发展若干问题的意见》第 24 条指出，反不正当竞争法补充保护作用的发挥不得抵触知识产权专门法的立法政策，凡是知识产权专门法已作穷尽性规定的领域，反不正当竞争法原则上不再提供附加保护，允许自由利用和自由竞争，但在与知识产权专门法的立法政策相兼容的范围内，仍可以从制止不正当竞争的角度给予保护。妥善处理好反不正当竞争法的原则规定与特别规定之间的关系，既要充分利用原则规定的灵活性和适应性，有效制止各种花样翻新、层出不穷的不正当竞争行为，又要防止原则规定适用的随意性，避免妨碍市场自由公平竞争。严格把握反不正当竞争法原则规定的适用条件，凡属反不正当竞争法特别规定已作明文禁止的行为领域，只能依照特别规定规制同类不正当竞争行为，不宜再适用原则规定扩张适用范围。反不正当竞争法未作特别规定予以禁止的行为，如果给其他经营者的合法权益造成损害，确属违反诚实信用原则和公认的商业道德而具有不正当性，不制止不足以维护公平竞争秩序的，可以适用原则规定予以规制。该条款系统阐释了反不正当竞争法对知识产权补充保护的限度问题。

反不正当竞争法的过度保护容易产生负面效应。知识产权的主体、客体、救济方式等都有明确规定，更为重要的是，其本身就纳入了对权利的限制内容。反不正当竞争法中的权益没有实质性的构成要件，也没有诸如保护期限、合理限制等限制内容，这就容易造成知识财产权益的不当扩张，使反不正当竞争法沦为压制竞争对手的司法工具。司法实践中，如果滥用反不正当竞争法一般条款对智力财产进行保护，不仅会使知识产权专门法丧失可预见性，也会让竞争者、模仿者在商业斗争中动辄得咎，导致市场的竞争秩序失衡，最终损害竞争者利益和公共利益。因此，反不正当竞争法应对知识产权提供有限度的保护。

第三节　反垄断法与知识产权滥用的法律规制

知识产权法设立的初衷是保护创新者的合法权益和鼓励创新，而知识产权的专有性使其呈现出一定的垄断特征。知识产权人如果超出法律的界限滥用权利，将知识产权作为打

压竞争对手、攫取不当利益的工具，就可能产生排除、限制竞争的效果。我国《反垄断法》第68条规定，经营者依照有关知识产权的法律、行政法规规定行使知识产权的行为，不适用本法；但是，经营者滥用知识产权，排除、限制竞争的行为，适用本法。因此，对知识产权滥用行为进行规制是反垄断法的基本功能之一。

一、反垄断法规制知识产权滥用行为的必要性

知识产权滥用行为损害的对象包括市场竞争者利益、消费者利益和公共利益，滥用行为既与知识产权本身的立法目的相违背，又与民法上的公平、诚信、权利不得滥用原则相违背。私法视阈下的知识产权滥用行为主要由《民法典》第132条和知识产权专门法规制。《民法典》第132条只是对权利滥用的概括性规定，而知识产权专门法对知识产权的权利范围和保护期限予以了明确限制。以专利权为例，《专利法》明确规定其保护期限为20年，权利要求书则限定了专利法对专利的保护范围。如果专利权人在专利保护期限届满后仍收取许可费或者在权利要求书之外主张权利，就可能构成专利权的滥用。私法视阈下的知识产权滥用规制总体而言属于民商法范畴的规制，主要是平等主体之间的侵权损害和权利救济问题，个案中考量的因素包括知识产权法的具体规定和民法的基本原则。然而，当滥用行为使竞争秩序和消费者权益等公共利益遭受损害时，私法规制的作用便十分有限。

反垄断法体现的竞争政策是各国基本的公共政策，我国2022年修正的《反垄断法》强调"强化竞争政策基础地位"。反垄断法具有社会本位性和保护竞争的特点，在规制知识产权滥用行为时，民法和知识产权法重视特定权利人的权利是否遭受损害，而反不正当竞争法兼具公法和私法属性，虽然对竞争秩序予以一定程度的考量，但目光仍聚焦于行为人是否通过不正当行为损害他人权益，因此并未完全脱离私法规制的范畴。反垄断法属于纯粹的公法，其对知识产权滥用规制的出发点和落脚点在于维护有效竞争。与反不正当竞争法侧重于维护微观的竞争秩序不同，反垄断法通过维护宏观的有效竞争来防止知识产权滥用行为损害社会整体利益。因此，当知识产权人对权利的行使超越法定界限，并威胁、破坏反垄断法维护竞争所欲实现的社会利益——实质公平和社会整体效率时，反垄断法应进行必要的规制。①

二、反垄断法规制知识产权滥用行为的特征

知识产权是由法律规定的一种合法的垄断权，至少在形式上是与反垄断法制约垄断的基本目的相冲突的，但反垄断法之所以介入知识产权的权利行使过程，并不是基于知识产权本身的垄断属性，而是基于权利人对知识产权的不当行使。此外，反垄断法和知识产权法在功能和目的上具有一致性，主要体现在促进创新和维护公共利益上。知识产权法能够促进创新自不待言，2022年修正的《反垄断法》在第1条中增加了"鼓励创新"，2023年6月国家市场监管总局发布的《禁止滥用知识产权排除、限制竞争行为规定》（以下简

---

① 王先林：《反垄断法与创新发展——兼论反垄断与保护知识产权的协调发展》，载《法学》2016年第12期。

称《禁止滥用知识产权限制竞争规定》）和2019年国务院反垄断委员会发布的《关于知识产权领域的反垄断指南》（以下简称《知识产权反垄断指南》）也均有促进创新的表达。动用反垄断法规制知识产权滥用行为时，应当以知识产权法和反垄断法在目的和功能上的一致性和差异性为大前提，这样既能有效发挥反垄断法的规制功能，又能预防法律调整时的过多介入。

利用反垄断法处理知识产权滥用问题需要注意以下几点：第一，以尊重知识产权为前提。知识产权的垄断性一定程度上表现为对竞争的限制，但这是保护智力成果、进一步促进创新的必要代价，也是国家层面进行利益平衡后的决策，反垄断法应当对此限制持宽容的态度。第二，保持一定的谦抑性。反垄断法具有强大的深度干预功能，特定情形下甚至掌握着企业乃至行业的生杀大权，具有极强的放大效应和示范效应，适用反垄断法应当审慎。第三，兼顾国家战略需求。不同国家、同一国家的不同时期的知识产权反垄断都有不同的分析和处理原则，反垄断越来越多地与国家竞争力和国际话语权相联系，涉及知识产权时尤其如此，因此需要从国家战略的高度去认识和对待知识产权领域的反垄断问题。

三、我国知识产权领域的反垄断实践

（一）我国知识产权反垄断规则的发展变化

我国《反垄断法》2007年才正式出台，因此国内对知识产权法和反垄断法交叉领域的研究起步较晚。2007年《反垄断法》中涉及知识产权的条款仅有第55条（现为第68条），而知识产权滥用是一种抽象的、模糊的表达，滥用行为多种多样，如何将滥用行为认定为垄断，当时的法律并没有明确规定。此外，一系列知识产权反垄断跨国重大案件的出现，使得我国制定知识产权领域反垄断规则具有强烈的现实需求。2015年原国家工商行政管理总局制定的《关于禁止滥用知识产权排除、限制竞争行为的规定》是对该问题的初步探索，2023年国家市场监管总局发布的《禁止滥用知识产权限制竞争规定》明确了经营者利用知识产权达成垄断协议、滥用市场支配地位以及实施可能具有排除、限制竞争效果的经营者集中三种垄断行为。从效果上看，《禁止滥用知识产权限制竞争规定》帮助《反垄断法》初步细化了知识产权滥用行为的认定标准和处罚措施，有利于推动反垄断执法机构高效透明执法和帮助经营者正确行使知识产权。《知识产权反垄断指南》同样对于规制知识产权领域的垄断具有重要指导作用：该指南第一章明确了知识产权领域反垄断的分析原则和分析思路；第二章到第四章详细介绍了三种知识产权垄断行为的认定规则，分别是可能排除、限制竞争的知识产权协议，涉知识产权的滥用市场支配地位行为，以及涉知识产权的经营者集中；第五章介绍了其他三种可能构成知识产权垄断的行为，包括专利联营、标准必要专利和著作权集体管理。

强化知识产权领域的反垄断力度是我国实施知识产权强国战略的长期工作重点。2015年12月国务院发布的《关于新形势下加快知识产权强国建设的若干意见》，在强调实行严格的知识产权保护的同时，也明确要求规制知识产权滥用行为。2016年5月中共中央、国务院印发的《国家创新驱动发展战略纲要》，也要求健全防止滥用知识产权的反垄断审查制度。2020年11月，习近平在主持中央政治局集体学习时，多次提到知识产权反垄断，强调要完善知识产权反垄断、公平竞争相关法律法规和政策措施，形成正当有力的制约手段。[①] 2021 年 4 月，最高人民法院印发《人民法院知识产权司法保护规划（2021—2025 年）》，指出要加强反垄断和反不正当竞争审判，促进公平竞争，防止资本无序扩张。在国家层面的高度重视下，将会有更多关于知识产权反垄断的法律法规和政策措施出台。

（二）我国对知识产权滥用行为的规制特征

对知识产权滥用行为的规制主要有两种模式，即公共执行和私人执行。公共执行是指反垄断执法机关动用公权力对垄断违法行为进行调查和惩处，即反垄断行政执法。私人执行属于民事诉讼范畴，是指自然人、法人和非法人组织在遭受垄断行为损害时向人民法院提起的民事诉讼。我国知识产权反垄断主要依赖于公共执行。一方面，行政执法具有主动性和便捷性，权利人遭受垄断行为侵害时倾向于向行政机关举报；另一方面，自然人、法人、非法人组织调查、取证、诉讼能力有限，很难与知识产权垄断者抗衡。

公共执行和私人执行在实践中应是相互配合、共同作用的关系，但囿于两类模式的固有缺陷，实际运行并非畅通无阻，甚至存在特定情形下的失灵现象。因此，近年来我国司法部门在一些地区展开了反垄断公益诉讼制度实践。[②] 该实践为立法者所肯定，2022 年修正《反垄断法》时，第 60 条第 2 款规定："经营者实施垄断行为，损害社会公共利益的，设区的市级以上人民检察院可以依法向人民法院提起民事公益诉讼。"

（三）我国对知识产权滥用行为的规制实践

近年来，我国发生了多起具有国际影响力的涉及知识产权滥用的执法和司法案件，这些案件为我国规制知识产权滥用问题提供了宝贵的经验。司法领域最具影响力的是华为诉 IDC 案，该案在知识产权滥用规制的法律适用问题上进行了积极探索。[③] 美国交互数字技术公司（以下简称"IDC 公司"）在 2G、3G、4G 领域标准中拥有大量标准必要专利，华为技术有限公司（以下简称"华为公司"）为获得相关标准必要专利授权许可，自 2008 年起至 2011 年间，与 IDC 公司进行了持续谈判。在谈判期间，IDC 公司突然以华为公司侵权为由，于 2011 年 7 月 26 日在美国提起诉讼和"337 调查"，要求禁止华为公司在美制造、销售被控侵权产品，并要求颁发禁令禁止其相关产品进口美国。华为公司因此向我国法院提起相关诉讼，指控 IDC 公司滥用其市场支配地位，对中国和美国的 3G 标准必要专利许可经营存在过高定价、搭售等行为，违反我国反垄断法和 IDC 公司自身作出的公平、合理、无歧视的专利许可承诺。广东高院审理认为，IDC 公司利用其必要专利授权许可市场条件下的支配地位，将必要专利与非必要专利搭售，属于滥用市场支配地位的行为，损害了华为公司的合法利益，最终判令 IDC 公司停止相关侵权行为，就有关标准必要专利申

① 《习近平在中央政治局第二十五次集体学习时强调　全面加强知识产权保护工作激发创新活力推动构建新发展格局》，载《人民日报》2020 年 12 月 2 日，第 1 版。

② 截至 2020 年底，已有 18 个省级人大常委会通过决定或决议，授权检察机关在互联网侵害公益、个人信息保护等相关领域探索公益诉讼实践。参见《最高检召开"充分发挥检察职能，推进网络空间治理"新闻发布会》，https://www.spp.gov.cn。

③ 参见广东省高级人民法院（2013）粤高法民三终字第 305 号民事判决书。

请给予华为公司许可，许可费率以相关产品实际销售价格计算（不得超过0.019%），并赔偿华为公司经济损失2000万元人民币。

执法领域最引人注目的是高通行政处罚案。2015年2月10日，国家发改委宣布对美国高通公司滥用标准必要专利的市场支配地位、收取过高专利许可费的垄断行为处以60.88亿人民币罚款，并要求其改变标准必要专利的收费模式，以及取消不合理的专利许可附加条件，同时责令高通公司立即停止违法行为并即时整改。高通公司拥有的CDMA、WCDMA和LTE无线通信标准必要专利组合的市场份额为100%；[①] CDMA、WCDMA和LTE无线通信终端基带芯片的市场份额也超过了50%，具有绝对的市场支配地位。高通公司滥用市场支配地位的行为主要表现在以下三个方面：（1）收取不公平的高价专利许可费；（2）搭售非无线标准必要专利许可；（3）在基带芯片销售中附加不合理条件。上述行为（1）违反《反垄断法》禁止以不公平的高价销售商品的规定，第（2）（3）项违反《反垄断法》禁止没有正当理由搭售商品或者在交易时附加其他不合理的交易条件的规定。[②]

案例研习

1. "晨光笔"案[③]

2002年7月19日，上海中韩晨光文具制造有限公司（以下简称"中韩晨光公司"）向国家知识产权局申请了名称为"笔（事务笔）"的外观设计专利，该专利于2003年2月19日获得授权公告，案发时该专利的状态为终止。K-35型按动式中性笔由中韩晨光公司生产，其外观与前述外观设计专利相同。宁波微亚达制笔有限公司（以下简称"微亚达制笔公司"）生产的681型水笔的结构与上述K-35型按动式中性笔结构相同，且两者外观从整体上看基本相同。中韩晨光公司向上海市第二中级人民法院起诉称，其晨光牌K-35型按动式中性笔是知名商品，由微亚达制笔公司生产销售的681型水笔仿冒了K-35型按动式中性笔的特有装潢，构成不正当竞争行为。

问题：

获得外观设计专利的商品外观在专利权终止后能否再依据反不正当竞争法获得保护？为什么？

2. 上海美术电影制片厂诉武汉新金公司案[④]

上海美术电影制片厂有限公司（以下简称"上影公司"）组织人员分别于1961年、

① CDMA和WCDMA是指中国联通和中国电信运用的3G标准，LTE则是中国联通、中国电信以及中国移动三家运营商的4G标准。

② 参见国家发展和改革委员会发改办价监处罚〔2015〕1号行政处罚决定书。

③ 参见最高人民法院（2010）民提字第16号民事裁定书。

④ 参见最高人民法院（2017）最高法民申4621号民事裁定书。

1964 年创作完成动画片《大闹天宫》上、下集，该动画片分别于 1962 年、1963 年和 1978 年获得捷克斯洛伐克第十三届卡罗维发利国际电影节的“短片特别奖”、中国第二届大众电影百花奖的“最佳美术奖”和英国伦敦国际电影节“本年度杰出电影”等荣誉。该动画片中出现了大量的“孙悟空”美术形象。武汉新金珠宝有限公司（以下简称“新金公司”）在其天猫旗舰店中使用了“美猴王贺岁金”“源自经典动画《大闹天宫》美猴王形象”“深入脑海的荧屏形象，传递几代人美好回忆与祝福”等广告语，并配有“孙悟空”形象摆出数种动作的美术图案。上影公司认为《大闹天宫》及其“孙悟空”动画形象属于知名商品，新金公司行为足以造成消费者混淆或者误认，构成不正当竞争。

问题：

已过保护期的作品，能否再依据反不正当竞争法获得对知名商品特有名称的保护？

本章思考题

1. 简述知识产权对竞争的促进作用。
2. 简述竞争法对知识产权的保护和限制。
3. 简述反不正当竞争法对知识产权保护的限度。
4. 简述反垄断法规制知识产权滥用行为的特征。

拓展阅读　　即测即评

第五章　竞争倡导与竞争文化

第一节　竞争倡导

一、竞争倡导的含义

（一）关于所倡导竞争的界定

竞争本身的合理性是主管机构的竞争倡导为更多的利益相关者认同和遵行的前提。反垄断法直接适用于私人领域，对私人限制竞争行为的规范卓有成效。竞争界定以经济学关于竞争的经典理论为基础，并具有以下特点：

第一，政府适当干预下的竞争。在存在垄断、外部性和信息不对称的情形下，有目的、主动的政府干预有助于修正市场缺陷。[①] 但信息不对称、利益集团的影响很容易导致政府干预失当，甚至限制竞争。不当的政府干预很可能引起比私人限制竞争更大的损害。反垄断的命题本质上归结为：如何在具体的经济、社会环境中，实现自由竞争和政府干预的平衡。

第二，反垄断主管机构主导干预下的竞争。这意味着，由反垄断主管机构把握国家对竞争干预的内容和力度，确保对竞争干预的必要性和适度性。首先，这是由反垄断法的地位和本质决定的。就地位而言，反垄断法在所有规制竞争关系的法律体系中具有最高法律效力。这决定了反垄断主管机构在竞争事务方面享有最高权威与最强话语权。就本质而言，反垄断法要确保市场功能的合理发挥，在很大程度上，它是消极的。[②] 其次，这还由反垄断主管机构本身的优势决定。一方面，竞争具有动态性和复杂的适应性，对于现实竞争的把握主要通过经验的归纳获得。[③] 反垄断主管机构拥有训练有素的执法队伍、丰富的执法经验，对竞争问题的把握更有权威性。另一方面，面对反垄断法的事后干预，企业很难断定能否影响到并不确定的执法者，收买的成本也会因需要贿赂的范围增大而大大增加，反垄断法的事后规制可以为企业留下更广的决策空间，减少规制机构与企业事前合谋的可能性。

第三，必须能够实现多元目标。这主要基于以下三个原因：首先，这是竞争倡导自身的需求。竞争倡导最重要的障碍源于其他公共机构持有的不同目标和意见。[④] 不同利益相

---

① ［美］查尔斯·沃尔夫：《市场或政府——权衡两种不完善的选择/兰德公司的一项研究》，谢旭译，中国发展出版社1994年版，第31页。

② Herbert Hovenkamp, *The Antitrust Enterprise: Principle and Execution*, Harvard University Press, 2008, pp. 14-15.

③ Maurice E. Stucke, "Better Competition Advocacy", *St. John's Law Review*, Vol. 82, No. 3 (summer 2008).

④ International Competition Network (ICN), *Advocacy and Competition Policy*, 2002, p. 72.

关者的声音在竞争政策中表达得越多，竞争倡导就越多地获得认同和执行。[①] 其次，单一的目标界定缺乏现实意义。芝加哥学派主张，为避免价值判断的随意性，反垄断政策首要关注的是效率，[②] 但是，实践中竞争政策要完全摆脱规范性判断，几乎不可能。反垄断法对市场经济发展过程的回答，都是规范性判断的结果；对这些更远大的目标的排序最终也是一种规范性的判断。将竞争要实现的目标局限于单一的经济效率最大化，显然是不现实的。但这也并不意味着关于竞争目标的界定无法形成一致意见。目标越抽象，其一致意见越容易达成。可高度抽象化的“有效竞争过程”或“消费者福利”目标的设定，只是将对目标的争论转移到对实现这一目标的方法的争论而已，对于指导实践没有任何实际意义。最后，单一的目标不符合反垄断法的立法初衷。反垄断法的产生，并不是对效率之外的其他目标的无视。导致财富分配失衡的因素很多，但是竞争政策也会考量垄断或竞争对财富分配的影响。1890 年《谢尔曼法》通过的一个根本原因就是基于对财富分配失衡问题的忧虑。参议员谢尔曼视财富和机会的不均等为破坏竞争及社会秩序的最大威胁。[③]

（二）竞争倡导的含义

竞争倡导，是竞争主管机构实施的除竞争执法以外所有改善竞争环境的行为。[④] 这些行为主要包括两类：其一，面向法律制定、实施机构的倡导，促进立法及管制以有利于竞争的方式设计、执行；其二，面向所有社会成员的倡导，提升其对竞争益处和竞争政策在促进和保护竞争中的作用的认知。例如，针对立法机构提出有利于竞争的立法建议，针对管制机构提出取消或修改不合理限制竞争之管制措施的建议，发布指导企业行为的指南，等等。在规制政府限制竞争时，竞争倡导被各个法域普遍采用。[⑤] 美国联邦贸易委员会（Federal Trade Commisson，FTC）前主席威廉·科瓦西奇（William E. Kovacic）指出，美国处理政府反竞争行为最基本的工具就是竞争倡导。[⑥] 我国《反垄断法》颁布后，理论界与实务界都热衷于讨论竞争执法问题，有关竞争倡导的研究则相对较少。而事实上，反垄断执法机构除了负责执行竞争法，还需要承担倡导竞争的任务。国际经验表明，倡导有利于促进执法，并且，转型经济国家的竞争机构需要在制定、实施反垄断法的初期给予倡导优先于执法的地位。[⑦] 因此，关于竞争倡导的研究对于完善我国竞争主管机构职能、提升其执法水平和实现市场有效竞争具有重要意义。

---

① Maurice E. Stucke, “Better Competition Advocacy”, *St. John's Law Review*, Vol. 82, No. 3 (summer 2008).

② See Richard A. Posner, “The Chicago School of Antitrust Analysis”, *University of Pennsylvania Law Review*, Vol. 127, No. 4 (April 1979); Herbert Hovenkamp, “Distributive Justice and the Antitrust Laws”, *George Washington Law Review*, Vol. 51, No. 1 (November 1982).

③ Maurice E. Stucke, “Better Competition Advocacy”, *St. John's Law Review*, Vol. 82, No. 3 (summer 2008).

④ International Competition Network (ICN), *Advocacy and Competition Policy*, 2002, p. i.

⑤ 竞争倡导无论是在发达市场经济国家（如美国、澳大利亚），还是在转型经济国家（如墨西哥、巴西），都在其竞争法中得到较为充分的体现。

⑥ James C. Cooper, William E. Kovacic, “U. S. Convergence with International Competition Norms: Antitrust Law and Public Restraints on Competition”, *Boston University Law Review*, Vol. 90, No. 4 (August 2010).

⑦ International Competition Network (ICN), *Advocacy and Competition Policy*, 2002, p. iii.

二、竞争倡导的价值

1974年秋季，时任美国联邦贸易委员会主席的刘易斯·英格曼（Lewis Engman）在一次演讲中将经济困境归结为联邦运输管制导致的竞争限制。他主张把竞争政策作为解决国家棘手的经济问题的一种途径。在接下来的二十年间，美国联邦贸易委员会不遗余力地倡导竞争，解除航空、铁路、卡车运输和城际巴士领域的管制（后来联邦反托拉斯局也加入其中），这将20世纪70年代和80年代早期的以自由化为目标的规制政策推向了高潮。

显然，倡导竞争能够提升市场活力和改善消费者福利，但它的作用并不局限于解除不当限制竞争的管制，还包括弥补竞争执法在规制政府限制竞争中的不足，提升政府决策促进竞争的意识，等等。

（一）促进和补充竞争执法

竞争倡导有利于克服竞争执法在规制政府限制中的局限性。它的主要目的之一就是，完善和更新竞争机构实施竞争政策的手段。[①] 反竞争行为不仅来源于私人，还可能源于执行各种公共政策的合法制度安排。[②] 但是，传统的竞争执法手段，主要是对私人领域个别企业涉嫌的反竞争行为是否违反反垄断法作出判断，并对违法行为进行处罚，形成威慑，进而指引企业未来的行为，减少类似行为的发生，但其无法指向政府的公权行为。因此，向立法和管制机构提出有利于竞争的建议和意见，就成了保护消费者的唯一途径。例如，美国联邦贸易委员会在2003年举行了一系列的研讨会，分析政府对电子商务施加限制的潜在影响，并发布了一份分析报告。报告提供了限制酒类在线交易导致消费者利益受到损害（支付更高价格以及可购买的酒类明显减少）的经验性证据。2005年，美国最高法院正是依据这份报告，在格兰霍姆诉希尔德案（Granholm v. Heald）中裁定上述禁止直接从州外的销售商处购买和运输酒类的法律违宪。在不具备直接实施竞争法的领域，有效的竞争倡导是推进竞争的强大工具。[③] 竞争倡导促进和补充反垄断执法的作用可以通过图5-1来说明。[④]

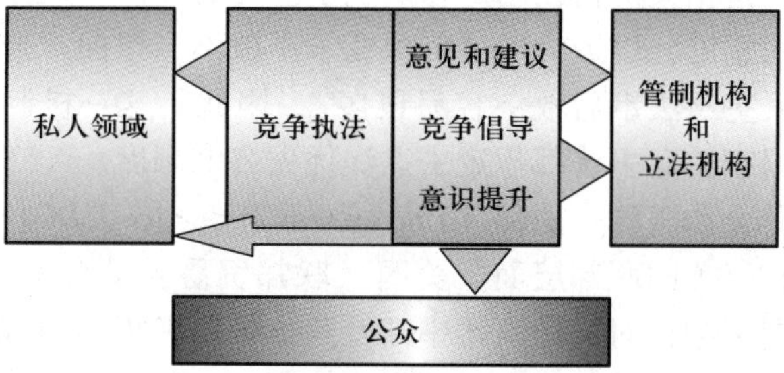

图5-1 传统竞争执法与竞争倡导

① International Competition Network（ICN）, *Advocacy Toolkit*, 2011, p. 3.

② ［美］马赫·M. 达芭：《反垄断政策的国际化研究》，肖兴志、丁宁等译，东北财经大学出版社2008年版，第50页。

③ International Competition Network（ICN）, *Advocacy and Competition Policy*, 2002, p. 30.

④ International Competition Network（ICN）, *Advocacy and Competition Policy*, 2002, p. 26.

（二）协调竞争政策与其他国家政策的冲突

竞争政策可能和其他公共政策存在冲突，面临着多种削弱甚至中止竞争所引发的风险。这些风险包括保护主义风险、政治干预风险、福利短期化风险。例如，政府其他机构或主体缺乏对竞争原理的认同，缺少维护、促进竞争的内在责任感。即使企业效率低下或者存在限制竞争行为，在涉及本地区经济发展时，地方政府也常常会睁一只眼闭一只眼，甚至会为其提供便利。管制机构对引入或加强竞争充满“敌视”。[①] 这是因为，竞争的引入意味着管制机构可能要放弃手中的权力。面对这些风险，更需要竞争主管机构耐心、充分地向其他公共机构表明竞争的益处，使其他国家政策最大限度考虑竞争因素，减少对竞争的损害。

竞争倡导主要针对其他政府机构实施的推进竞争行为。它有助于其他政策的制定者、执行者与竞争机构达成共识，在政策制定、执行中提升其对竞争益处的认知水平、对竞争法遵守的自觉性。法律的功能不只是制裁，更包含预防。竞争倡导的终极目标就是要把对竞争法的遵守和维护内化为一种自觉性和责任感。一旦对法律、社会环境、道德和伦理准则形成统一的认识，无论是政府限制竞争行为还是企业限制竞争行为都会明显减少，调查和惩罚的成本也会大大降低。

三、竞争倡导的制度路径

竞争倡导主要针对法律制定和实施发挥作用。对于法律制定阶段而言，竞争倡导主要体现为立法优先咨询制度和改善市场准入的管制；对于法律实施阶段而言，竞争倡导主要体现为管制决策的优先咨询制度和对司法机构的诉讼协助制度。此外，如果企业提高自觉遵行竞争法的意识，那么，政企合谋限制竞争的风险就会大大降低，因此竞争倡导还包括对企业合规的指引。

（一）立法优先咨询

立法优先咨询，是指相关机构在制定涉及竞争问题的法律（政策）时，需要事前咨询或听取竞争主管机构的意见，以最大限度确保竞争不被不当扭曲。通过事先咨询防范反竞争规则生成要比通过反垄断法事后救济容易很多[②]，因此，这一机制是减少政府反竞争干预的主要途径。许多国家的竞争法都规定了立法优先咨询制度。

美国联邦贸易委员会和美国司法部（Department of Justice，DOJ）对法律制定的评估、审查和提出建议只存在于美国联邦层面。美国《联邦贸易委员会法》第 46 条规定，美国联邦贸易委员会有权向国会针对其他法案中涉及竞争事项者提出建议。有些管制法也确认了这一规则。例如，当美国能源部颁布规则批准或制定一项商业标准时，必须听取反垄断

① William E. Kovacic，“Getting Started：Creating New Competition Policy Institutions in Transition Economies”，*Brooklyn Journal of International Law*，Vol. 23，No. 2（1997）.

② James C. Cooper，Paul A. Pautler，Todd J. Zywicki，“Theory and Practice of Competition Advocacy at the FTC”，*Antitrust Law Journal*，Vol. 72，No. 3（2005）.

机构对其潜在竞争影响的评估意见。① 在州层面上，事前评估和阻止反竞争的立法无论是在政治上还是在实践上都很难进行。② 此外，美国联邦贸易委员会和司法部与国会和联邦行政机构也会就各种法律、政策草案的竞争影响进行非正式的对话和沟通，并通过规则制定程序中的“告知和评议”向联邦行政机构阐述自己的意见和建议。③

韩国《规制垄断与公平交易法》第63条规定，有关行业监管机构的行政长官，在希望制定或者修订以决定价格、不正当的共同行为等限制竞争事项为内容的法令时，需事先咨询公平交易委员会（KFTC）的意见。公平交易委员会将检查相关立法草案是否包含与竞争法冲突的条款；是否包含反竞争条款，如确定贸易条件、价格，限制市场进入、企业行为等。如果发现问题，公平交易委员会将向相关机构提出修改建议，并确保它的建议在整个立法过程中最大限度得到反映。④ 表5-1是公平交易委员会在2001—2008年接受立法咨询的情况。表中的数据（公平交易委员会的意见得到反映的案例数量占其提出意见总案例数的80.0%）表明公平交易委员会提出的意见获得了充分的尊重。

立法优先咨询制度的效果受下列因素影响：立法机构在制定法律时是否及时咨询竞争机构的意见；优先咨询竞争机构的意见是否属于强制性的要求；竞争机构的意见是否具有约束力；当前的竞争文化是否深厚；等等。⑤

表5-1　韩国公平交易委员会在2001—2008年接受立法咨询的详细情况⑥

年份	咨询案例数量	韩国公平交易委员会提出意见的案例数量	韩国公平交易委员会的意见得到反映的案例数量
2008	827	36（4.4%）	23（63.9%）
2007	635	45（7.1%）	30（66.7%）
2006	634	36（5.7%）	22（61.1%）
2005	658	49（7.5%）	42（85.7%）
2004	430	44（10.2%）	37（84.1%）
2003	361	46（12.7%）	38（82.6%）
2002	381	36（9.4%）	34（94.4%）
2001	432	53（12.3%）	47（88.7%）
2000	481	60（12.5%）	51（85.0%）
总计	4 839	405（8.4%）	324（80.0%）

① See 15 U.S.C. § 788 (c) (2010).

② James C. Cooper, William E. Kovacic, U.S. Convergence with International Competition Norms: Antitrust Law and Public Restraints on Competition, *Boston University Law Review*, Vol. 90, No. 4 (August 2010).

③ 参见美国联邦贸易委员会前主席就相关问题答复联邦运输部门的信件，http://www.ftc.gov.

④ 孟雁北：《我国〈反垄断法〉之于垄断行业适用范围问题研究》，载《法学家》2012年第6期。

⑤ International Competition Network (ICN), *Advocacy and Competition Policy*, 2002, p. iii, p. 59.

⑥ Young Son Shin, “KFTC'S Competition Advocacy and It's Implications”, *Asia Competition Law Forum*, 2009.

（二）改善准入管制

改善准入管制，是指竞争主管机构通过各种努力减少反竞争的市场准入限制，扩大私人参与，减少公共垄断，确认有利于社会整体利益的垄断。竞争的过程性和竞争结果预测上的困难，使得公共政策最合理的选择是保持市场的开放性。[①] 阻碍竞争的准入限制在市场领域大量存在，不仅极大地损害了经济的发展，也是权力寻租的温床。因为，自由的市场进入、私人参与的扩大，可以产生充分的竞争，促进经济效率与技术创新。事实上，特定产业的竞争倡导，最困难的地方就在于确定应当将哪些产业列入管制，哪些产业不需要列入管制。此亦为竞争倡导在启动时最难以抉择之处。

澳大利亚竞争与消费者委员会（Australian Competition and Consumer Commission，ACCC）自20世纪90年代开始进行电力行业市场化改革，1996年通过《国家电力法》，要求将发电、输电、配电业务加以拆分，同时实行民营化及财务区分，引进竞争机制。由此，澳大利亚便正式形成国家电力市场，且渐渐转向发展提倡零售竞争，并以澳大利亚能源管制局（Australian Energy Authority，AER）作为国家电力市场之监管机关。

从反垄断法的角度看，减少反竞争的市场准入限制也就是减少不必要的反垄断法适用除外。例如，德国2005年《反对限制竞争法》第28条就规定，农业生产企业间达成的协议内容涉及农产品生产或销售的，不适用限制竞争协议禁止的规定。适用除外具有有限性、条件性和动态性。随着各种条件的变化，原来不适宜竞争的领域（事项），采取竞争方式可能更符合效率或社会公共利益，因此，适用除外的范围正在逐渐缩小。

在受到管制的行业，由于除外标准并不十分明确，有时甚至在解释上存在不一致，除外适用常常被企业作为通过限制竞争谋取非法利益的借口。竞争倡导的一个重要的功能就是抵御不恰当的除外适用[②]，适时缩小除外范围。为了使竞争主管机构在这方面的倡导更具科学性、更具说服力，日本专门成立了一个由学者和新闻记者组成的管制与竞争政策研究组，重新审视政府管制及反垄断法除外适用，促进反垄断法在管制领域的实施。经过对管制的审查，日本反垄断法除外适用的范围已经大幅缩减，从1996年3月的30部法律中的89项降到2008年3月的15部法律中的21项。[③] 与此同时，被反垄断法豁免的卡特尔的数量也急剧下降，从1966年高峰时的1079项下降至2010年的28项。[④]

（三）管制优先咨询

管制优先咨询，是指相关机构在实施涉及竞争问题的法律（政策）时，需要事前咨询或听取竞争主管机构的意见，以确保法律实施过程中最大限度地促进竞争。反垄断法对于

① Maurice E. Stucke，“Better Competition Advocacy”，*St. John's Law Review*，Vol. 82，No. 3（summer 2008）.

② John W. Clark，“Competition Advocacy：Challenges for Developing Countries”，*OECD Journal of Competition Law and Policy*，Vol. 6，No. 4（September 2005）.

③ Kimitoshi Yabuki，“Competition Advocacy”，*Asia Competition Law Forum*，2009.

④ Controlling Anticompetitive Action by the State：The Role of Competition Advocacy / Competition Assessment-Japan's Experience，http://www.jftc.go.jp.

确保管制在法定范围之内的实施和充分考虑竞争因素，具有极其重要的作用。[①]

与立法优先咨询制度类似，法律实施过程中任何可能对竞争产生明显影响的管制决定作出之前，都需要及时、全面地征求竞争机构的意见。例如，美国司法部反托拉斯局有权参与和作用于任何影响竞争的管制。[②] 有些法律对此作了明确的规定，如美国内政部在作出外层大陆架石油勘探租赁决定之前必须征求反垄断机构基于竞争影响的评估意见。[③]

竞争机构拥有参与管制程序的权力，但是否真的参与到管制程序中以及参与的具体深度，完全取决于管制决策是否最大限度考虑了竞争。[④] 竞争机构的意见不应该具有拘束力，因为其无权在竞争与其他价值之间作出最终选择。但如果相关机构拒绝竞争机构的意见，往往被要求证明其主张的正当性，而且无论是竞争机构的意见，还是其他机构拒绝的决定和理由都要公开。此外，很多国家还在更高的层级上设置了争端解决机制，一旦竞争机构认为管制机构未能履行其举证责任，证明损害竞争的正当性，就可以寻求救济。例如，匈牙利《竞争法》第 85 条规定，竞争机构如果发现行政性决定损害竞争，就可以要求有关机构修改或取消有关决定。如果行政机构拒绝，竞争机构可以将其告上法庭。

竞争机构的意见要想发挥效力，需要具有足够的专业性。然而，竞争机构可能不具备行业管制机构所具有的专业知识。为此，许多国家规定了竞争机构与管制机构的信息分享、人员交流、培训等制度，以及充分合作、共同决定的机制。一方面，对某些行业特有的技术问题[⑤]，竞争机构应尊重行业管制机构的意见；另一方面，行业管制机构处理竞争案件，涉及共性的竞争问题（如相关市场的界定或市场支配地位的认定）时，应首先征求竞争机构的意见。[⑥] 总之，从理想状态来讲，行业管制机构应该侧重于费率和性能标准的设定，竞争机构侧重于处理滥用市场支配地位行为和其他反竞争行为。在很多情况下，竞争机构在竞争事务上都要发挥决定性作用。[⑦]

（四）提供诉讼协助

诉讼协助主要是帮助私人提起反垄断诉讼和向法院提供专业咨询意见。[⑧] 无论是受到限制竞争行为影响的个人，还是法院，由于欠缺对复杂竞争问题进行分析的专门资源，竞

---

① Michal S. Gal, Inbal Faibish, "Six Principles for Limiting Government-Facilitated Restraints on Competition", *Common Market Law Review*, Vol. 44, No. 1 (February 2007).

② U. S. Code of Federal Regulations, Title 28 Chapter1, Part O, Subpart H.

③ 43 U. S. C. § 1337 (c) (3) (2010).

④ Michal S. Gal, Inbal Faibish, "Six Principles for Limiting Government-Facilitated Restraints on Competition," *Common Market Law Review*, Vol. 44, No. 1 (February 2007).

⑤ 根据《欧盟运行条约》第 102 条，如果支配企业被欧盟委员会认定从事了滥用行为后能够证明其对其他企业的排斥行为有客观合理的理由或者能证明其行为符合效率的要求，或其所产生的效率大于其所产生的负面效果，则可以不受该条的规制。此时，支配企业可能会举证，存在容量或者技术衔接问题。这就是针对特定行业的与竞争有关的专业技术问题。

⑥ 徐士英：《中国竞争政策论纲》，载《经济法论丛》2013 年第 2 期。

⑦ Pradeep S. Mehta, "Competition Policy in Developing Countries: An Asia-Pacific Perspective", *Bulletin on Asia-Pacific Perspectives*, 2002/03.

⑧ 对于司法机构的竞争倡导不限于提供专业的咨询意见，还包括共同举办研讨会、联合培训、材料交换等多种形式。

争主管机构的态度和意见都是其作出正确决策的重要参考。

根据国际竞争网络（International Competition Network，ICN）统计，在竞争法中仅有少数国家（比利时、法国和芬兰）明确制定了协调竞争主管机关与司法机关之间关系的条款。但国际竞争网络认为，这类型的倡导条文非常重要。比利时倡导条文明确规定，竞争主管机关可以向布鲁塞尔上诉法院提交意见；法国倡导条文则规定，法院可以就反竞争之事务与实例向竞争委员会进行咨询；芬兰情况较为特殊，芬兰的法院必须听取竞争主管机关之意见。[①]

尽管未在竞争法条文中明确规定，但实践中竞争主管机关对于竞争问题的看法，也时常在法院的判决中发挥至关重要的作用。例如，在美国最高法院就伊利诺伊州工具制造商诉独立油墨公司一案（Illinois Tool Works，Inc. v. Independent Ink，Inc.）的裁决中，美国联邦贸易委员会和司法部的咨询意见便发挥了非常重要的作用。该案中，一家印刷工具制造商要求使用其专利系统的客户在再次添加油墨时，只能使用该企业的非专利产品。一家油墨销售商声称，这些协议构成了非法捆绑，由制造商的专利所引发的市场支配力违反了反垄断法。联邦上诉法院认为它们也只能参照最高法院的判决先例来维持原判——即该制造商的专利导致其获得了不恰当的市场支配力。美国联邦贸易委员会和司法部一起提交了一份联合法官顾问辩护状，敦促最高法院改变原判，裁决非专利产品和专利产品捆绑销售并不表明被告获得了不恰当的市场支配力。美国联邦贸易委员会和司法部认为这种市场支配力的推定有悖于现代捆绑销售法和社会经济的最新发展。事实上，最高法院法官最后一致采纳了联邦贸易委员会的建议，更改了原判决。

（五）企业合规指引

企业合规指引，是指竞争主管机构协助、引领企业构建合规制度的行为。这里的企业合规制度主要是指，通过竞争法律知识培训等告知员工行为的竞争法律界限、违反竞争法可能受到的处罚、发现违法行为如何纠正、如何配合执法机关的调查、如何争取豁免或减轻责任，以最大限度确保企业竞争行为符合竞争法规范。

“很难找到证据证明，惩罚会超过违法收益，尤其是考虑到并非所有的案件都会被追诉。”[②] 对违反者处以民事赔偿金、罚金、自由刑等方式形成的威慑常常不足以完全消除反竞争行为及其后果，而“反垄断领域的一分预防胜过十分救济”[③]，企业及其员工对相关法律规范的自愿遵守才是威慑的最优结果，也有利于避免企业通过寻求政府力量限制竞争。有效的合规制度正是企业自愿作出的合规承诺，旨在帮助企业预测竞争对手行为并与对手合法竞争，正确评估可能面临的竞争风险，提前对潜在的非法行为作出预警，或尽早指认违反竞争法的行为，采取有效措施制止或减轻损害。

为了协助企业建立合规制度，竞争主管机构通常会利用自己对竞争法规范的深刻理解

① International Competition Network（ICN），Advocacy Provisions，2003，pp. 38-40.

② Christine Parker，“The ‘Compliance’ Trap：The Moral Message in Responsive Regulatory Enforcement”，*Law & Society Review*，Vol. 40 No. 3（2006）.

③ John H. Shenefield，Irwin M. Stelzer，*The Antitrust Laws：A Primer*，American Enterprise Institute Press，2001，p. 137.

及执法经验，制定企业合规的一般制度框架（示范程序），供企业选择。① 这样的制度框架可以引领企业正确处理与竞争者以及政府的关系，包括如何共享信息、如何参加行业会议、如何执行竞争规范、如何适度向政府表达诉求等，以最大限度避免企业触犯竞争法，或降低其损害。例如，韩国公平交易委员会一直努力帮助企业建立自觉、自愿遵守竞争法的文化，并制定和发布清晰的合规程序。2001—2008 年，韩国遵行合规程序的企业数量增长了近 30 倍（见图 5-2），足见其企业合规制度指引方面取得的巨大成功。企业按照竞争法行事，从侧面反映了其主动降低限制竞争风险的需求。

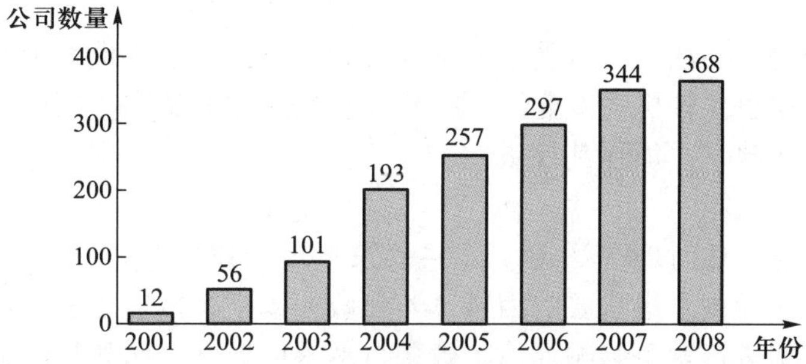

图 5-2　韩国 2001—2008 年遵行合规程序的企业数量②

我国反垄断部门积极探索竞争倡导的制度路径。2023 年 12 月 6 日，我国国务院反垄断反不正当竞争委员会办公室和市场监管总局发布《关于建立反垄断“三书一函”（制度的通知》，要求建立健全反垄断“三书一函”（即《提醒敦促函》《约谈通知书》《立案调查通知书》《行政处罚决定书（经营主体）/行政建议书（行政机关）》）制度。建立健全反垄断“三书一函”制度，是丰富反垄断监管手段、增强反垄断监管效能、规范反垄断监管行为的重要举措，也是进一步推动竞争倡导贯彻落实的制度路径。该制度将对垄断行为的关注提前至垄断风险发现阶段，前期以提醒和约谈的方式使经营者和导致垄断风险的行政机关了解行为的反竞争性，将垄断行为遏制在萌芽状态；后期再通过规范调查和处罚（建议）书的形式予以规制。这不仅对于实施垄断行为的经营者或者行政机关具有行为评价作用，对其他经营者和行政机关也具有行为预测作用，从而促进竞争倡导贯穿反垄断工作的更多环节，在更大程度上降低垄断行为对市场竞争的损害程度。

四、竞争倡导的有效性评估

有效性评估有助于了解反垄断机构所利用的国家资源是否真的有效，也有助于主管机构检视其所执行的政策是不是推广竞争的最佳方法。国家依据评估结果，可以决定如何分配有限的预算与资源及各项竞争倡导活动的期间、媒体曝光的效益，以及检讨竞争倡导活

---

① 喻玲：《从威慑到合规指引，反垄断法实施的新趋势》，载《中外法学》2013 年第 6 期。

② See Young Son Shin, “KFTC’S Competition Advocacy and It’s Implications”, *Asia Competition Law Forum*, 2009. 相关数据与韩国公平交易委员会 2011 年年度报告公布数据略有出入，但是就建立竞争合规企业数量日益增加的趋势是一致的。

动的效果与功能。

（一）影响竞争倡导效果的因素

1. 主管机关的独立性和权威性

判断竞争倡导的有效性，首先要看倡导机关与立法机关、其他行政机关和管制机构的关系。倡导机关自身的地位，是决定其能否独立、连续实施竞争政策，推动竞争的关键。倡导机关具有独立性和权威性，能够确保其发挥专长，在法律规则和管制方案形成之初就充分发表竞争方面的意见，并获得足够的尊重；同时抗拒来自各方的压力，持续推进竞争政策实施。

鉴于竞争本身的复杂性，一般受众很难理解和把握，对主管机关倡导竞争的认同，很大程度上依赖于对竞争主管机关专业性、权威性和独立性的认同。因此，主管机关必须通过严格、准确的执法建立并加强其权威性。

2. 倡导时机

竞争主管机关能否适时地在法律、公共政策形成与制定程序中，展开有效的倡导行为，也是影响竞争倡导效果最重要的因素。若在政策或草案拟定之前，即告知竞争主管机关以供其有足够时间进行竞争影响评估，效果自然得以提升。而如果征询意见时间过于仓促，竞争倡导的咨询意见所能发挥的效果便相对有限。另外，在政策与规范制定过程中导入的竞争倡导咨询，也会因为不同时点的引入，而产生不同的影响。如果法令草案尚未完成，竞争机构的建议被接纳和体现在规范条文中的可能性就较高；若草案已臻完成，并且已经提交立法机关或呈交行政机关审议，竞争机构的建议被接纳和体现在规范条文中的可能性就较低，因为其他主管机关通常不愿在草案内容上再予更改。

国际竞争网络提供的研究显示，竞争主管机关参与规范草案的时点可分为一次性意见提出和动态即时咨询两种。而竞争主管机关越早参与制定程序，越能够协助提升政策与规范中关于竞争政策的考量。因为，竞争主管机关可以为规范制定者提供评估意见，并指出草案可能产生的竞争问题及解决方案。有超过一半的国际竞争网络成员国的竞争主管机关在其他主管机关法令起草阶段，即有权参与草案制定。

3. 竞争政策意见征询的程序强制力

法律是否将竞争咨询机制规定为强制性要求，将影响竞争主管机关竞争倡导作用发挥的效果。约有 1/3 以上的国际竞争网络成员国指出，其竞争主管机关只能应其他主管机关要求而提供竞争意见。有些国家则在竞争法或其他法律中明确规定，在各机关涉及竞争事项之法案公布或管制决策作出前，必须先征询竞争主管机关的意见。另有一些国家则规定，竞争主管机关可以依职权或应其他主管机关的请求参与立法或管制决策。

4. 征询意见的实体拘束力

竞争主管机关提供的意见对于其他主管机关的拘束力，是另一个影响竞争倡导效果的重要因素。一些竞争主管机关享有在立法过程中（或改革的初期阶段）提出具有法律约束力意见的权力。例如，在某些情形下，美国联邦法律规定相关机构必须考虑美国司法部反垄断局的意见，或者明确规定了美国司法部反垄断局在政府机构作出决定时的具体作用。[①]

如果法律制定部门或管制决策作出机构必须参考竞争主管机关的意见，那么，该意见对于政策或规范的制定有决定性的影响。反之，在欠缺拘束力的场合，竞争主管机关的竞争倡导功能便有限，且可能因面对的机构不同而有所不同。但这并不意味着倡导意见具有拘束力就一定是好事，也有可能产生一定的负面作用，影响到其他政策目标的实现；也不意味着不具有法律拘束力，就没有任何意义。实践中以主动说服的方式使对方知悉、认同竞争限制的负面影响，劝导其采取有利于竞争的行动，也可能得到充分的尊重。但这需要以政府问责和政府决策公开、社会充分监督为前提，同时需要有“如果拒绝倡导建议，相关机构必须给出合理的解释，或证明其行为的正当性”的规定。

（二）评估竞争倡导效果的标准

根据国际竞争网络研究得出的结论，各国衡量竞争倡导成败的标准有很多[②]，如相关公共机构的反应、倡导行动的次数或质量、提出意见的数量和被接受意见的数量、基于倡导形成的市场（行为）的可察觉的变化、基于问卷调查的反馈、独立机构（专家）的评估、利益相关者（企业、消费者、政府官员）的反馈、媒体报道的范围和频率、大众生活中竞争法（政策）的知识和意识等。

从时间上来看，欧盟委员会竞争总局一般会在 1 或 2 年内调查大众和企业对于竞争倡导的评价；日本、韩国等国的竞争机构会在 3 年内评估竞争倡导的效果；巴西、罗马尼亚等国的竞争机构会在 3—5 年内作出评估；而美国司法部会根据倡导的动机、对象和其他条件不定期地进行评估，联邦贸易委员会通过非正式的随访和问卷调查评估倡导的有效性，目前这样的问卷调查是每半年一次。类似地，墨西哥既有每半年一次的短期评估，又有 4—5 年一次的长期评估。而印度、新西兰等国还没有建立正式的倡导评估机制。

（三）评估竞争倡导效果的方式

以美国联邦贸易委员会为例，在评估竞争倡导的有效性时，联邦贸易委员会聚焦于该倡导行动如何影响消费者的福利。不同于其他机构的行为可直接评估对消费者的影响，大部分倡导行动并非直接针对消费者，而针对特定企业或政府机关进行倡导，以消除其可能威胁消费者利益的行为，间接维护消费者利益。基于联邦贸易委员会主动调查竞争问题的职责，联邦贸易委员会往往先于其他机关参与竞争问题的讨论。联邦贸易委员会的倡导文件、评论，以及法院意见书等，可作为其他机关分析各种可能采取的行动时的参考。

前述倡导文件虽然并非广泛对公众发行，但能有效集中特定目标团体，再加上相关产业政策座谈会及会后追踪报告，可以提升倡导行动的影响力。这些重要的措施将对消费者福利发挥潜移默化的影响，并延伸到各种不同的产业竞争市场。例如，联邦贸易委员会过去对于眼科诊所和房地产产业的研究，便影响了许多州政府对这些产业的规范。

---

① See ICN, *Assessment of ICN Members' Requirements and Recommendations on Further ICN Work on Competition Advocacy*, 2009, p. 21.

② See ICN, *Assessment of ICN Members' Requirements and Recommendations on Further ICN Work on Competition Advocacy*, 2009, p. 15-17.

依照《政府绩效及成果法案》的要求，各专业机关要有其策略目标和明确计划，联邦贸易委员会目前持续进行年度绩效评估，并提交《绩效及问责报告》。此外，还规定了四个策略目标以保护消费者和维持竞争：（1）发掘诈欺；（2）遏制诈欺；（3）通过教育的方式来预防消费者受害；（4）参与研究、报告、倡议以及国际合作。虽然该报告无法直接以量化方式衡量消费者福利之变化，但仍可通过综合各种成果的测量，来评估联邦贸易委员会竞争倡导的成效。

最为重要的是，联邦贸易委员会还以问卷调查的方式进行有效性评估，以直接测量竞争倡导所产生的效益。例如，联邦贸易委员会政策规划办公室针对 2001 年到 2006 年期间竞争倡导的有效性进行过问卷调查。该份问卷既访问倡导提出者，也征求决策过程中的相关利害关系人，包括反对联邦贸易委员会倡导措施的当事人的意见，并进一步评估联邦贸易委员会对立法或行政过程成果的影响。该调查结果发现，有 53%的受访者同意政府政策大致与联邦贸易委员会所提出的立场一致，94%的受访者认为联邦贸易委员会的意见应被纳入决策考虑，且 54%的受访者相信联邦贸易委员会的意见影响决策结果。此外，有 81%的受访者认为联邦贸易委员会的评论对其自身行为产生影响。① 由此可见，联邦贸易委员会对管制政策的观点受到重视，在竞争议题上提供相关咨询有其权威性。

第二节 竞 争 文 化

一、竞争文化的含义

竞争文化，概括地说就是关于市场竞争的一系列思想观念、商业规则和法律制度的总称，或者说是指社会公众和经济主体对于竞争规则的认知；更为详细一些，是指企业、消费者和公共部门在特定的市场情况下的竞争行为习性，以及其习性、准则和价值观是如何受到竞争法律及其执行等因素的影响的。② 世界贸易组织贸易与竞争工作组在 1998 年 12 月份的报告中，强调了发展“竞争文化”的重要性，即它是补充和增强竞争法和竞争政策实际效果的一种方式。作为国家经济政策中的一个核心因素，“竞争文化”需要进行公众教育，以促使竞争政策的原则在政治上和国内商业社会中都能得到认同。③

二、竞争文化的作用

（一）促进竞争法的实施

毋庸置疑，竞争法的实施有利于竞争文化的进一步推进。反过来，竞争文化也可以促进竞争法的实施。只有竞争文化广泛地存在于消费者、商业界、公共机构和社会组织之

① James C. Cooper，William E. Kovacic，“U. S. Convergence with International Competition Norms：Antitrust Law and Public Restraints on Competition，” *Boston University Law Review*，Vol. 90，No. 4（August 2010）.

② 李胜利：《竞争文化 · 竞争宣导 · 反垄断执法——从美国反托拉斯法历史经验出发》，载《经济法论丛》2015 年第 1 期。

③ ［日］伊从宽：《竞争文化和竞争法的目标》，赵斌译，载《经济法论丛》2005 年第 1 期。

中，竞争法才能得到更加有效的实施。这在 20 世纪 60 年代之前的欧洲大陆与美国之间形成了鲜明的对比——自 1890 年美国《谢尔曼法》实施以来，卡特尔就在美国被严厉禁止，社会公众对此也极为敏感；而同时期的欧洲国家，公众对各种卡特尔习以为常，卡特尔甚至得到了国家的支持，认为是稳定经济、促进行业发展的工具。①

（二）推进经济体制改革

《中共中央关于全面深化改革若干重大问题的决定》要求，经济体制改革的“核心问题是处理好政府和市场的关系，使市场在资源配置中起决定性作用和更好发挥政府作用”。竞争文化所包含的所有制度工具都是为这两项任务而存在，并且形成一个从竞争审查到竞争倡导，再到竞争执法的可操作、可兑现、可融贯的规制框架。这一框架以竞争法的内在机理为依据，给予竞争执法机构普遍授权。它有两层意义：其一，它为竞争机构规制反竞争行为提供了一个完整的工具包。虽然每个案件不一定全部适用，但对任何一个相关指控，竞争机构可以据此作出合理的选择（并不是每个案件都会用到所有的工具，具体案件需要哪些工具取决于具体案情）。其二，竞争机构遵循这个框架所确立的判断逻辑，可以更加有效地将竞争损害压缩在最小范围内，提高法律实施的可预期性。②

三、我国竞争文化的发展困境

（一）基础相对薄弱

在“360 与 QQ 事件”中，奇虎 360 与腾讯 QQ 先后持续地相互实施了诸多不正当竞争行为，特别是腾讯 QQ 利用市场支配地位限制用户同奇虎 360 进行交易，对此，我国竞争执法却相对滞后。整个事件深刻反映出竞争文化在我国被忽视。③ 尽管《反垄断法》和《反不正当竞争法》的实施对市场竞争行为起到了很重要的遏制作用，但我国竞争文化的基础却相对薄弱，尤其随着数字经济的发展，垄断行为和不正当竞争行为实施方式更加多样、范围更加广泛，为此，《反不正当竞争法》和《反垄断法》近年也进行了修订。竞争法修订过程中的宣传和讨论，对于普及、提升全社会的竞争文化具有积极作用。

（二）发展不平衡

竞争文化在不同国家或者同一国家的不同地区间发展往往不平衡，这种不平衡程度与市场发展程度呈负相关关系。我国在市场机制的健全程度和市场发育程度上，存在东西部差异、沿海和内地差异、城乡差异以及不同产业的差异。开放度低的产业经营者，对于竞争的认同程度低于开放度高的产业经营者。此外，还存在群体差异。社会群体的背景也会影响群体对竞争文化的认同度。比如，部分政府官员看重经济增长与 GDP 发展，而放松了对经济发展质量和竞争环境建设的要求，通过打造地方冠军企业、扶持个别垄断企业等方式实现经济增长；而大部分市场经营者更倾向于完善的市场机制和规则建设。④

① 李胜利：《竞争文化·竞争宣导·反垄断执法——从美国反托拉斯法历史经验出发》，载《经济法论丛》2015 年第 1 期。

② 张占江：《政府反竞争行为的反垄断法规制研究》，上海三联书店 2020 年版，第 265—266 页。

③ 丁茂中：《“360 与 QQ 事件”凸显我国竞争文化的缺失》，载《法学》2011 年第 1 期。

④ 徐士英：《竞争推进及竞争文化建设的路径探寻》，载《中国价格监管与反垄断》2017 年第 10 期。

(三) 部分工具的法律地位亟待提高

人们普遍认为竞争倡导与竞争执法是建立竞争文化的两条主要路径。[①] 在我国现有竞争文化的建设路径中，公平竞争审查制度与竞争中立制度是两种重要的制度。在公平竞争审查制度方面，我国2022年修正《反垄断法》之前，主要依据的是国务院及市场监管总局等部门的规范性文件，规范依据效力偏低，效果也不够理想。2022年《反垄断法》的修正，正式将公平竞争审查制度纳入其中，但相关规定仍较为原则。不过，国务院于2024年发布了《公平竞争审查条例》，相信随着该条例的颁布，公平竞争审查制度的规范性和威慑力将进一步提升，对于向政府公职人员宣传竞争文化将有积极作用。

相比之下，竞争中立制度要得到形式和实质的双重确立可能要经过更长的道路。目前我国关于竞争中立制度的要求仍出现在政策当中，属于竞争倡导范畴，同时也呈现出要求原则性和贯彻非连贯性等不足。这些都影响了竞争文化体系的完整性，并将最终延缓竞争文化建设的进度。

第三节 竞争倡导与竞争文化的关系

竞争性市场不仅由正式制度支撑，个体行为还受到伦理、宗教和道德准则的影响。一方面，这些非正式的规则可能会阻碍竞争目标的实现。例如，关于年龄、种族、性别、宗教、特定身体健康指标等的歧视可能会阻碍某些群体参与某个职位或提供某种商品（服务）的竞争；另一方面，支持竞争的伦理、道德也可以推动竞争政策的实施。例如，在美国《联邦判决指南》公布前，联邦地区法院对固定价格和其他核心卡特尔的制裁较轻，极少予以刑事制裁，[②] 而在指南颁布后，因为绝大多数国家的社会伦理准则仍然不谴责固定价格，[③] 所以即便引入了核心卡特尔刑罚化的规定，也因欠缺与伦理和道德标准而导致法条虚置或者判决被搁置。

对竞争的看法受到包括社会文化、经济经验、个体背景、个体信仰在内的各种因素的影响。[④] 对于竞争的认识也一直存在争议。亚当·斯密乐观地认为“卓越源自竞争和超越”；托马斯·霍布斯（Thomas Hobbes）则尖锐地指责“竞争使人类堕落为贪婪的猛兽”。[⑤] 在现代市场经济国家，对竞争的认识仍存在分歧。竞争主管机构以外的其他机构及大众对竞争和竞争法认识不足，缺乏维护竞争的使命感。消费者为获得低价商品会支持竞争，但一旦涉及就业等问题，也会希望自身所在企业免于竞争的冲击。尤其是在转型经济国家，竞争文化的薄弱已经成为推进竞争的主要障碍。

---

① 鲁兹-克里斯汀·邬枫：《竞争倡导与竞争文化》，徐颖蕾译，载《中德法学论坛》2017年第1期；丁茂中：《“360与QQ事件”凸显我国竞争文化的缺失》，载《法学》2011年第1期；［日］伊从宽：《竞争文化和竞争法的目标》，赵斌译，载《经济法论丛》2005年第1期。

② Maurice E. Stucke，“Morality and Antitrust”，*Colum. Bus. L. Rev.*，Vol. 2006，No. 3（2006）.

③ Maurice E. Stucke，“Morality and Antitrust”，*Colum. Bus. L. Rev.*，Vol. 2006，No. 3（2006）.

④ R. Hayward，Markus Kemmelmeier，“How Competition Is Viewed Across Cultures：A Test of Four Theories”，*Cross-Cultural Research*，Vol. 41，No. 4（November 2007）.

⑤ R. Hayward，Markus Kemmelmeier，“How Competition Is Viewed Across Cultures：A Test of Four Theories”，*Cross-Cultural Research*，Vol. 41，No. 4（November 2007）.

竞争倡导的重要作用之一就是推动竞争文化的建设。竞争倡导使社会公众能够较为清晰地理解竞争政策的内容，为竞争主管机关坚定地执行竞争法律提供舆论支持，也给企图进行垄断和限制竞争的企业施加舆论压力。竞争文化建设会随着竞争推进的具体实施而逐步显现效果，在一个相对长远的周期里，竞争文化一旦扎根于一国的文化禀赋当中，它将对该国经济的可持续发展发挥难以估量的巨大作用。①

竞争倡导的主要目标之一是建立竞争文化，这已经成为理论界和实务界的广泛共识。② 但不能忽略的是，竞争倡导只是构建和加强竞争文化的主要支柱之一，竞争执法也不能被忽略。竞争执法针对私人领域，对违反竞争法的行为进行处罚，形成威慑，减少类似行为的发生。竞争倡导面向消费者、公共机构，意在提升所有相关主体对竞争益处、竞争法的认知，以及遵守竞争法的自觉性。日本竞争主管机关培育竞争文化的具体做法同时包括了竞争执法和竞争倡导。③ 鲁兹-克里斯汀·邬枫（Lutz christian Wolff）也特别强调这一观点，他认为，竞争倡导不可能取代监管措施（即制定和实施竞争法律法规以防止反竞争行为），而承担重要补充作用，使监管透明，产生认识及广泛接受的稳固基础，但不应被视为具有决定竞争文化的作用。④

本章思考题

1. 简述竞争倡导的含义及价值。
2. 简述竞争倡导的实现路径。
3. 试析影响竞争倡导效果的因素。
4. 试析竞争倡导与竞争文化的关系。
5. 如何发展中国的竞争文化？

拓展阅读　　即测即评

① 徐士英：《竞争政策研究——国际比较与中国选择》，法律出版社 2013 年版，第 17—18 页。

② 王健、汪望宇：《美国竞争倡导制度研究——兼论我国如何导入竞争倡导制度》，载《经济法论丛》2014 年第 2 期；李胜利：《竞争文化·竞争宣导·反垄断执法——从美国反托拉斯法历史经验出发》，载《经济法论丛》2015 年第 1 期。

③ 徐士英、应品广：《竞争文化的培育和发展——从日本竞争主管机关竞争执法、竞争推进谈起》，载《江苏大学学报（社会科学版）》2011 年第 5 期。

④ ［德］鲁兹-克里斯汀·邬枫：《竞争倡导与竞争文化》，徐颖蕾译，载《中德法学论坛》2017 年第 1 期。

第六章　外国竞争法及国际竞争法律制度

第一节　美国竞争法

一般认为，美国是最早进行竞争法专门立法的国家。美国竞争法以 1890 年《谢尔曼法》、1914 年《克莱顿法》和《联邦贸易委员会法》为基础，辅之以大量修正案及判例，构筑起了以反托拉斯法为中心的竞争法律制度，并在很大程度上影响了许多国家的竞争法律制度构建。

一、立法进程

（一）反垄断法

1865 年美国南北战争结束后，伴随着全美铁路网的建立和扩大，原本分散性的区域性市场演化为全国性的统一大市场，自由资本主义经济获得了更加迅猛的发展，生产不断集中，各种不正当竞争和垄断组织限制竞争的行为也随之产生。托拉斯是一种企业之间联合的垄断组织，通过整合采购和销售集中市场力量，它不仅破坏了市场的公平竞争秩序，更从整体上破坏了合理的市场结构，抑制了竞争机制作用的正常发挥，威胁到了市场经济的存在和发展。而当时普通法和州一级立法都不足以制止强大的托拉斯滥用经济力量的行为，于是，由国家制定反托拉斯法成为必然的选择。

为了打破垄断，促进竞争，1890 年，美国国会通过了《谢尔曼法》。该法旨在反对竞争过程中的垄断行为，其中第 1 条直接针对联合或共谋限制贸易活动，第 2 条则针对垄断或者图谋垄断行为。① 《谢尔曼法》的诞生对世界各国产生的影响十分深远，各国随后相继制定了类似的法律。垄断资本主义国家反垄断法的相继出台，奠定了反垄断法在现代竞争法中的核心地位。

由于《谢尔曼法》本身的规定不够具体，解释空间较大，加上当时放松了反托拉斯政策，美国在 1895 年到 1904 年间出现了第一次企业合并潮。1914 年，美国国会总结了《谢尔曼法》实施的经验教训，结合当时社会经济生活中进一步加强和完善反托拉斯立法的实际需要，制定了《克莱顿法》和《联邦贸易委员会法》。这两部法律扩充并强化了《谢尔曼法》的有关规定，补充了一些实体和程序规定，丰富了反垄断和制止其他不正当竞争行

---

① 《谢尔曼法》第 1 条规定，任何契约，以托拉斯形式或其他形式的联合、共谋，用来限制州之间与外国之间的贸易或商业，是非法的。任何人签订上述契约或从事上述联合或共谋，是严重犯罪。如果参与人是公司，将处以不超过 100 万美元的罚款，或 3 年以下监禁，或由法院酌情并用两种处罚。第 2 条规定，任何人垄断或企图垄断，或与他人联合、共谋垄断州之间或与外国间的商业和贸易，是严重犯罪。如果参与人是公司，将处以 100 万美元以下罚款；如果参与人是个人，将处以 10 万美元以下的罚款，或 3 年以下监禁，也可由法院酌情并用两种处罚。

为的法律原则，扩大了法律的调整范围，对限制竞争、垄断贸易的行为作出了明确的规定。特别是《联邦贸易委员会法》创设了反垄断和反不正当竞争的行政执法机关——联邦贸易委员会，并授予其采取行动的权力，对其职责和工作程序进行了具体的规定。自此，美国竞争法律制度基本形成。

后美国又于1936年通过《罗宾逊-帕特曼法》，扩大了《克莱顿法》中价格歧视条款的适用范围，并对此作出了更具体的规定，着重体现了对小企业的保护。1950年，美国颁布了《塞勒-凯弗威尔法》，实质修改《克莱顿法》第7条，禁止一切减少竞争的合并。后美国又通过了一系列相关的程序性法律，包括1962年《反托拉斯民事程序法》、1974年《反托拉斯诉讼程序和惩罚法》、1976年《哈特-斯科特-罗迪尼反托拉斯改进法》、1980年《反托拉斯诉讼程序改进法》等。

美国法院在适用反托拉斯法的过程中，确立了两项判断垄断行为是否违法的重要原则，即“本身违法原则”和“合理原则”，这两项原则后来被其他国家广泛借鉴，作为判断垄断行为是否违法的基本原则。此外，在一百多年的反垄断法实践中，美国还制定了大量的法律实施指南，例如，1992年司法部和联邦贸易委员会共同颁布的《横向合并指南》[①]，1995年颁布的《知识产权许可反托拉斯指南》和《国际经营反托拉斯执法指南》，以及2000年颁布的《关于竞争者之间合谋的反托拉斯指南》。2010年美国司法部和联邦贸易委员会再次联合发布更新后的《横向合并指南》，2020年发布《纵向合并指南》以取代1984年的《非横向合并指南》，2023年12月美国联邦贸易委员会和司法部联合发布2023年《合并指南》，代替了之前联合发布的《横向合并指南》和《纵向合并指南》。

（二）反不正当竞争法

美国建国之初，经济尚处于自由竞争阶段，因此在市场竞争方面的垄断问题尚不突出，主要矛盾是不正当竞争问题。对不正当竞争行为，并未形成反不正当竞争一般条款，主要依据普通法上的侵权行为制度来处理，特别是限制交易规则（restraint of trade doctrine）和仿冒之诉（action for passing-off）。前者禁止交易者对对方施以不合理的交易限制，如指定购买或销售渠道，要求对方不与其竞争等；后者主要保护商品包装，防止误导、假冒。此外，对于侵害性诋毁竞争者、通谋损害竞争者，以及侵犯商业秘密、诱使他人违约以损害竞争者、不正当干涉他人交易等行为，也都可按普通法上的各种侵权行为之诉予以禁止。

从立法体例上看，美国竞争立法属于分散式立法。整个竞争法体系以反托拉斯法为核心，没有对不正当竞争行为进行专门立法。美国在立法实践中，也基本上不使用“不正当竞争”这个概念，而更多使用“不公平贸易行为”（unfair trade practices）这一称谓。对不正当竞争行为进行规制的法律既有普通法规范，也有成文法规范，如《专利法》《版权法》《商标法》《商业秘密法》《联邦贸易委员会法》中的相关条款。1946年《兰哈姆法》第43条a款被公认为联邦反不正当竞争法的主要渊源，该条款被视为一个专门而有限的

①　这些指南对法院没有约束力，仅能起到参考的作用，一般是美国司法部和联邦贸易委员会联合颁布的具有指导意义和说明性意义的准则。

不正当竞争救济条款，用以保护行为人免受商业混淆等不正当竞争行为的侵害。[①]《联邦贸易委员会法》不仅禁止不正当的竞争方法，也制止对消费者不公正和欺骗性的做法，该法除规定设立具有准司法性质的联邦贸易委员会行使反贸易限制和保护消费者的权力外，第5条还规定了“对于商业活动中的各种不正当的竞争方法，均就此宣布为非法”。该法第5条经1938年和1975年两次修正后，将不正当竞争行为界定为“在商业中或影响商业的不公平的竞争方法、不公平或欺骗性的行为和惯例”。该条本身就是一般条款的表述模式，整部法案也没有列举任何具体的不正当竞争行为，而由联邦贸易委员会发布指导规则对不正当竞争行为予以明确。该法第12条和第14条对虚假广告的禁止也与其他国家反不正当竞争法中的虚假宣传条款近似。

美国法律禁止的不公平贸易行为主要包括欺骗性定价行为、欺骗性广告宣传行为、欺骗性销售行为、侵害商业秘密的行为、侵权性使用相似商标或商号的行为等，这些行为通常导致消费者利益受到损害。因此，禁止不公平贸易行为不仅是对经营者的要求，也是保护消费者权益的需要。

二、主要内容

（一）限制竞争的协议或行为

限制竞争的协议或行为集中规定于《谢尔曼法》第1条以及《克莱顿法》相关规定中。限制竞争的协议，即卡特尔，是指两个或两个以上企业，达成的意图限制贸易或者商业的协议或者决定。限制竞争的行为则是指各方用共同一致的行动默示而形成的卡特尔，即当事人只要具有共同的目的并实施了共同一致的行为，便可推断为联合一致。《谢尔曼法》第1条规定，任何契约，以托拉斯或其他形式的联合、共谋，用来限制州与州之间或与外国之间的贸易或商业，均属非法，任何人签订上述契约或从事上述联合或共谋，属于严重犯罪且应受惩罚。可见，《谢尔曼法》近乎涵盖了所有可能导致竞争受到限制的协议或行为，但此处仅指“不适当地”或者“以不公正的方式”限制竞争的行为，而不包括“合理”的协议或联合行为。[②] 其后，《克莱顿法》及相关立法规定对限制竞争的协议或行为进一步细化，将其分为价格歧视、独家交易、搭售、董事兼任和股份保有等具体行为。[③]

1. 价格歧视行为

价格歧视行为可分为直接价格歧视行为、间接价格歧视行为两类。前者是指对不同的买主直接规定不同的价格；后者则表现为对不同的买主规定不同的交易条件，间接地达到价格歧视，具体表现为差异性地提供回扣、佣金或者其他补偿等。《克莱顿法》第2条对价格歧视作出了直接规定，其后1936年《罗宾逊-帕特曼法》对第2条进行了全面修订，并被称为“价格歧视法”。

① See Colligan v. Activities Club of New York, Ltd., 442 F. 2d 686 (2d Cir. 1971).

② 种明钊主编：《竞争法》，法律出版社2005年版，第26页。

③ 王先林：《竞争法学》（第3版），中国人民大学出版社2018年版，第62页。

《克莱顿法》第 2 条规定，从事商业的人在其商业活动中，直接或间接地对同一等级和质量的商品购买者实行价格歧视，若价格歧视的结果实质上减少竞争或旨在形成对商业的垄断，或妨害、破坏、阻止同那些准许或故意接受该歧视利益的人之间的竞争，或者是同他们的顾客之间的竞争，均是非法的。《罗宾逊-帕特曼法》则进一步明确了价值歧视的构成要件：一是企业将同样质量的货物以不同的价格卖给了不同的顾客；二是有理由认为这种行为会导致竞争受到损害。[①] 同时，并非全部的价格歧视行为均构成本身违法，只要供货人能够证明其相应地降低了成本，实施差别价格便是合法的。《克莱顿法》也规定了适用例外，如腐烂易变质的商品、司法拍卖以及终止营业时善意地销售商品等行为不受该条限制。

2. 独家交易行为

独家交易行为是指销售商与供应商之间达成的前者只能销售该供应商而非其他竞争者的商品的协议。[②] 根据《克莱顿法》第 3 条的规定，任何人在使用、消费或零售、出租、销售商品，或者签订商品销售合同过程中，如果以承租人、买受人不使用其竞争者的商品作为条件，该行为若在实质上减少竞争或旨在形成商业垄断则为非法。此外，独家交易行为也可能构成《联邦贸易委员会法》第 5 条禁止的不正当竞争行为。

3. 搭售行为

搭售行为是指买受人或出租人在购买、出租某种商品或服务时必须同时接受另一种商品、服务或附加其他不合理的交易条件。[③] 因其违背了购买者的意愿，严重侵害了消费者的自主选择权，最早是按照本身违法原则处理的，适用《克莱顿法》第 3 条、《谢尔曼法》第 1 条和《联邦贸易委员会法》第 5 条的规定。

《克莱顿法》第 3 条仅规定了以商品为对象的搭售行为，即“如果这种协议能够导致实质上减少竞争或形成垄断趋势，则是非法的，必须予以禁止”。《谢尔曼法》第 1 条和第 2 条的一般规定则对以服务为对象的搭售行为进行了补充。搭售行为的构成需满足以下三个要件：其一，搭售行为缺乏合理的理由，即搭售完全出于经营者的利益而非消费者的意愿；其二，搭售行为具有限制竞争的效果；其三，搭售行为必须对企业的营业额有显著影响。

随着反垄断法的发展，人们认识到搭售在一定情况下也具有促进竞争的积极影响，因此法院也逐渐开始采用合理原则评判搭售行为，即只有从事搭售的经营者具有市场支配地位，且搭售行为使相关市场上的竞争受到重大限制的情况下，搭售行为才构成违法。

4. 董事兼任和股份保有

董事兼任是指两个或两个以上相互竞争的公司的董事会成员相互兼任，因其可能通过协调公司之间的经营活动从而影响相关行业的竞争而被反托拉斯法禁止。《克莱顿法》第

① ［美］霍温坎普：《联邦反托拉斯政策——竞争法律及其实践》（第 3 版），许光耀、江山、王晨译，法律出版社 2009 年版，第 630—633 页。

② 徐孟洲、孟雁北：《竞争法》，中国人民大学出版社 2008 年版，第 48 页。

③ ［美］霍温坎普：《联邦反托拉斯政策——竞争法律及其实践》（第 3 版），许光耀、江山、王晨译，法律出版社 2009 年版，第 433 页。

8 条明确禁止了董事兼任行为，即禁止从事商业的公司之间形成连锁董事会（其中一个公司的资本额必须在 100 万美元以上）。

股份保有是指一个企业不正当地占有另一个企业的股票、资产或者其他资本份额，也包括两个企业间互相占有彼此的股票、资产或者其他份额。《克莱顿法》第 7 条对股票或资产购买中出现的垄断行为进行禁止，其规定如果从事商业或者从事任何影响商业的活动，通过取得股份或资产等方式进行合并，合并的结果是实质性减少竞争或者趋于垄断，则这样的合并应当被禁止。

（二）垄断或者图谋垄断行为

垄断与图谋垄断是《谢尔曼法》第 2 条禁止的行为。根据该条规定，任何人垄断或图谋垄断，或与他人联合、共谋垄断州际或与外国间的商业和贸易，均属严重犯罪。据此，企业构成垄断或者图谋垄断不仅要具备垄断的实力条件，还需具有取得或者保持这种实力的故意。该标准也随着垄断政策的变化而变化。

《谢尔曼法》第 3 条对达到一定市场份额的处于垄断状态的企业原则上予以禁止，以实现阻止垄断力量的形成从而促进竞争的目的。可见，早期反托拉斯法规制下的垄断规制带有较为强烈的结构主义色彩，其后，纯粹结构主义的规制方法逐渐被摒弃，转向行为主义的规制方法。[①]

对垄断行为的认定依据集中于两个方面：其一，按照地域和商品划分的市场力量，即在相关市场具有垄断力量，主要体现为市场占有率，若市场占有率能达到 90%以上，则足以认定其具有垄断力[②]；其二，上述企业采取了某些掠夺性定价或排他性定价的行为，从而故意取得或维持垄断力量。

（三）企业合并行为

企业合并行为，即企业通过获得股份或取得资产的方式获取对其他企业的控制。企业合并行为可以分为横向合并行为、纵向合并行为和混合合并行为。[③] 横向合并是指生产或销售相同商品或服务的企业间的合并；纵向合并则是指处于不同生产阶段的企业间的合并，即上下游企业间的合并；混合合并即在相同或不同生产阶段的企业之间的合并。美国对企业合并行为的反垄断法规制集中于《联邦贸易委员会法》《克莱顿法》《塞勒-凯弗威尔法》《哈特-斯科特-罗迪尼反托拉斯改进法》以及相关案例与企业合并指南中。

（四）不正当竞争行为

美国竞争法中也规定了部分不正当竞争行为，但并没有形成统一的反不正当竞争法，在实践中也多使用“不公平贸易行为”。[④] 不公平贸易行为的适用范围更加广泛，不仅保护经营者权益，也保护消费者权益。对不公平贸易行为的禁止性规定集中体现在知识

---

① 种明钊主编：《竞争法》，法律出版社 2005 年版，第 26 页。

② ［美］霍温坎普：《联邦反托拉斯政策——竞争法律及其实践》（第 3 版），许光耀、江山、王晨译，法律出版社 2009 年版，第 297 页。

③ 徐孟洲、孟雁北：《竞争法》，中国人民大学出版社 2008 年版，第 47 页。

④ ［德］弗诺克·亨宁·博德维希主编：《全球反不正当竞争法指引》，黄武双、刘维、陈雅秋译，法律出版社 2015 年版，第 776 页。

产权法、商法、联邦贸易委员会法以及法院有关判例中。

商业贿赂行为、侵犯商业秘密行为、欺骗性不正当竞争行为均属于不公平贸易行为的主要类型。对商业贿赂行为的禁止可追溯至《克莱顿法》第2条，其规定“商人在其商业过程中，支付、准许、收取、接受佣金、回扣或者其他补偿的行为违法”。侵犯商业秘密行为则是在司法判例的基础上形成的，源自1918年国际新闻社诉美联社案（International News Service v. Associate Press）中最高院的判决意见①，因而其早期属于侵权行为法的延伸。其后，美国律师协会于1939年制定的《侵权行为法第一次重述》对商业秘密保护作出了相关规定，并于1978年再次制定了《统一商业秘密法》而广为美国各州立法所采用。欺骗性不正当竞争行为主要包括欺骗性定价行为、欺骗性广告宣传行为、欺骗性销售行为，具有欺骗性且损害消费者利益的特点，主要受《联邦贸易委员会法》规制。

（五）美国竞争法的适用除外

基于国家和社会利益的需要以及部分行业的特殊性，美国竞争法对部分特殊行业的限制竞争行为及其他特定内容的行为规定了除外适用。例如，针对美国国内市场出口的反竞争行为，根据1918年颁布的《韦布-波默林法》和1982年的《出口贸易法》可以除外适用反托拉斯法；大部分与农业相关的合作行为也据1922年颁布的《卡普-沃尔斯特德法》不受反托拉斯法的限制。此外，保险业、报纸合作社、研究与开发以及其他公用事业等特殊行业也可以不受反托拉斯法的规制。工会为促进会员利益从事的行为、小企业为研究开发和利用资源进行的协调行为、政府批准的为加强与外国企业竞争进行的协调行为等均属于具有特定内容的行为，也可以除外适用②。

三、执法机构

美国竞争法的实施主要由行政执法机构和司法机关互相配合与制约来完成。而联邦竞争行政执法机构最主要的特色是设立了司法部反垄断局和联邦贸易委员会两个职能机构，两者在职能上既有分工又有交叉，相辅相成，共同实施竞争法。两者有如下差异：在执法内容上，司法部反垄断局主要负责《谢尔曼法》和《克莱顿法》的执行，不负有执行《联邦贸易委员会法》的职责；联邦贸易委员会主要负责其他几个贸易法规的执行，如《联邦贸易委员会法》等，也负有执行《谢尔曼法》《克莱顿法》的职责。在诉讼程序上，司法部反垄断局对于违反反托拉斯法的行为，可以适用民事或刑事程序，且必须通过法院起诉；联邦贸易委员会则是独立的执法机构，是准司法机构，可以颁布具有法律效力的贸易法规，并解释和执行该法规。此外，州一级的司法总长下还设有反托拉斯处和消费者保护处。③

① ［德］弗诺克·亨宁·博德维希主编：《全球反不正当竞争法指引》，黄武双、刘维、陈雅秋译，法律出版社2015年版，第793页。

② 种明钊主编：《竞争法》，法律出版社2016年版，第28页。

③ 江帆主编：《竞争法》，法律出版社2019年版，第33页。

第二节 欧盟竞争法

欧洲经济共同体是根据《欧洲经济共同体条约》（以下简称《罗马条约》）在1958年成立的。在欧盟，通常意义上的竞争法仅指反垄断法，不包括反不正当竞争法。但欧盟也有一些有关不正当竞争行为的指令，如《欧洲议会与欧盟委员会2005年5月11日第2005/29/EC号关于内部市场中针对消费者的不正当商业竞争行为的指令》，对针对消费者的不正当竞争行为进行了统一规制，具体则由成员国修改法律以履行内国法转化指令的义务。[①] 欧盟竞争法由欧盟制定的条约、规则、指令，成员国制定的法律等成文法，以及欧洲法院和各成员国法院的判例组成，欧盟委员会的决定也起着一定的先例作用。欧盟竞争法的主要内容是反对限制竞争行为。在《罗马条约》实施后，欧盟又颁布了一系列调整竞争关系的单行法令。欧盟委员会与欧洲法院通过审查、处理案件作出了大量的决定，形成了若干判例。欧盟竞争法经过多年发展，已经形成了一个较为完善的法律规范体系。

一、立法进程

随着1958年欧洲经济共同体的创立，欧洲开始了一体化的进程，其中，竞争法起到了至关重要的作用。此进程又使得竞争法发挥了远超出维护有效竞争本身的作用。[②] 按照《罗马条约》的意图，在欧盟共同市场内所有的资源都应该能够自由流动而不受国家边界的阻碍，因此欧盟必须控制限制竞争的协议和行为，以形成欧盟范围内的单一共同大市场。欧盟竞争法立法始于1951年《欧洲煤钢共同体条约》中的竞争法规定[③]，这成为1958年《罗马条约》第85条和第86条竞争法规定的参照文本[④]，它们具有"立宪性"的色彩。[⑤] 1997年，《罗马条约》于阿姆斯特丹进行修改，修改后的《罗马条约》成为欧盟竞争法体系的基础性法律规范。2007年，《罗马条约》在里斯本进行了第二次修改，更名为《欧盟运行条约》，其中的具体竞争规则也由原来的第81条、第82条变更为第101条、第102条。《罗马条约》与《欧盟运行条约》中并无专门规制企业集中与合并的法律规定，欧盟对企业集中的竞争法规制始于1989年的《合并条例》。2004年欧盟出台了新的《合并条例》，接着于2004年和2007年先后公布了《横向合并评估指南》和《非横向合

---

① 王先林：《竞争法学》（第3版），中国人民大学出版社2018年版，第54页。

② ［美］戴维·J. 格伯尔：《二十世纪欧洲的法律与竞争》，冯克利、魏志梅译，中国社会科学出版社2004年版，第416页。

③ 《欧洲煤钢共同体条约》中的竞争法规定有两条：第65条针对禁止限制竞争协议的规定；第66条针对经营者集中和滥用市场势力的规定。

④ 《罗马条约》中的竞争法规定主要反映在第85条、第86条。第85条遵循了《欧洲煤钢共同体条约》第65条的基本架构，第86条关于禁止滥用市场支配地位的规定是在《欧洲煤钢共同体条约》第66条基础上发展而来的。参见［美］戴维·J. 格伯尔：《二十世纪欧洲的法律与竞争》，冯克利、魏志梅译，中国社会科学出版社2004年版，第430页。

⑤ ［美］戴维·J. 格伯尔：《二十世纪欧洲的法律与竞争》，冯克利、魏志梅译，中国社会科学出版社2004年版，第430页。

并评估指南》，自此，欧盟建立起完备的经营者集中控制制度并处于世界领先地位。[①]

随着数字经济的发展，欧盟于 2022 年出台《数字服务法》与《数字市场法》，为数字服务平台设定一系列禁止性与义务性规范，旨在推动单一市场的数字化转型[②]，确保数字经济行业的可竞争性和公平性。

欧盟竞争法深受德国法律影响，同时又对各成员国的竞争法立法、完善及趋同有直接的推动作用，如推动意大利于 1990 年颁布其第一部《竞争法》。近年来，德国、法国、英国、意大利、比利时等成员国按照欧盟竞争法制定或者修改本国的反垄断法，因而欧盟成员国的竞争规范基本趋于一致。[③] 同时，欧盟竞争法对世界许多国家都产生了重要影响。

在适用效力上，欧盟竞争法适用于整个欧盟共同市场，并具有高于成员国国内法的效力。成员国可以将欧盟竞争法作为国内法的一部分直接适用，当成员国国内法的规定与欧盟竞争法不一致时，应优先适用欧盟竞争法。

二、主要内容

（一）禁止限制竞争协议

《欧盟运行条约》第 101 条是规制限制竞争协议的基本法律依据，其中第 1 款与第 3 款为核心内容：第 1 款明确了该条规则的适用范围，第 3 款为豁免规定。《欧盟运行条约》第 101 条第 1 款禁止企业之间达成可能影响成员国间贸易的，以阻碍、限制或扭曲共同市场内的竞争为目的或有此效果的协议（agreement）、协会决定（decision by association）和协同行为（concerted practice）。在欧盟竞争法上，限制竞争协议有协议、协会决定及协同行为三种表现形式，以“协议”作为三者的总称，包括所有可能限制竞争的横向协议和纵向协议。将“可能影响成员国间贸易”作为规制限制竞争协议的前提条件，表明欧盟竞争法关注的是在不损害各成员国私有财产制度和国内竞争制度的前提下，在共同体层面上建立一个统一的共同市场和一套有效的统一竞争法制。[④] 关于限制竞争的判断，欧洲法院认为，目的和效果不必同时具备，只需证明二者之一即可。[⑤] “以限制竞争为目的”指向那些基于其性质非常有可能严重限制竞争的协议。[⑥] 一般而言，列入集体豁免条例黑色清单（black list）的协议，以及通告与指南中视为“核心限制”（hardcore restrictions）的协议，均属于以限制竞争为目的。[⑦] 此外，《欧盟运行条约》第 101 条第 1 款虽然对限制竞争协议作了初步列举，但并未就核心限制之外的纵向限制竞争协议进行类型列举。为此，欧委会出台了《纵向限制集体豁免条例》及配套《纵向限制指南》，就不同类型纵向协议对

① 孙晋、范舟：《欧盟〈非横向合并评估指南〉评析——兼论对我国非横向合并反垄断法规制的启示》，载《经济法论丛》2011 年第 9 卷。

② 王天凡：《数字平台的“阶梯式”监管模式：以〈欧盟数字服务法〉为鉴》，载《欧洲研究》2023 年第 2 期。

③ 孟雁北：《反垄断法》（第 2 版），北京大学出版社 2017 年版，第 52 页。

④ 许光耀：《欧共体竞争法通论》，武汉大学出版社 2006 年版，第 90—91 页。

⑤ 徐骁枫、孟晓非：《欧盟目的限制竞争协议认定的分析方法研究》，载《德国研究》2020 年第 3 期。

⑥ 兰磊：《论欧盟垄断协议规制制度的困境及其对我国的启示》，载《竞争法律与政策评论》2015 年第 1 期。

⑦ 许光耀：《欧共体竞争法通论》，武汉大学出版社 2006 年版，第 118—119 页。

竞争的影响予以详细阐明，成为规制纵向限制竞争协议的重要工具。

针对符合《欧盟运行条约》第101条第1款规定的限制竞争协议，第3款规定了可予豁免的条件：有利于改善商品的生产或销售，或促进技术、经济进步；能使消费者公平分享由此产生的利润；为实现上述目的的限制竞争是绝对必要的或者限制竞争没有大到排除市场竞争的程度。同时，该款还规定有两种豁免方式：一是个别豁免（individual exemption），即根据个案情况考虑是否豁免某个协议；二是集体豁免（block exemption），适用于普遍能够满足豁免条件的特定类型的协议。

（二）禁止滥用市场支配地位

《欧盟运行条约》第102条是调整市场支配地位滥用行为的基本法律依据。欧盟竞争法虽然采用了市场支配地位的术语，但并未明文规定市场支配地位的含义。在霍夫曼-拉罗氏案（Hoffmann-la Roche）中，欧洲法院将市场支配地位定义为“特定企业享有的经济地位，这种地位使其能够在相当程度上独立于其竞争者、客户，最终独立于消费者行事，从而阻碍相关市场上有效竞争之维持”[①]。该定义在欧盟竞争法实践中被反复适用。2009年欧盟委员会发布《关于排他性滥用市场支配地位行为的执法重点指南》，吸收了欧洲法院关于市场支配地位的定义，将市场支配地位的分析因素归为三类：一是占支配地位的企业及其竞争对手的市场地位；二是市场扩张或市场进入壁垒；三是抵消性买方力量。[②] 实践中，欧盟委员会和欧洲法院尤其重视市场份额标准，市场份额被认为是认定市场支配地位的核心要素。但是，欧盟竞争法并没有类似德国《反对限制竞争法》关于市场支配地位的推定。[③]

《欧盟运行条约》第102条中的“多个企业”表明，市场支配地位可以由多个在法律上相互独立的企业共同占有。此种制度设计意在规避意思联络的证明难题，尤其针对寡头垄断市场中的默示平行行为。[④] 欧盟判例法表明，多个企业只能以“共同实体”的形式拥有共同支配地位。欧洲法院在班轮公会案（Compagnie Maritime Belge Transports SA and Others v. Commission）中对“共同实体”进行了定义，即“从经济意义上讲，两个或两个以上在法律上独立的经济实体在特定市场上共同出现或行动”。随着相关司法与执法工作的推进，欧盟逐渐探索出经济联系与市场结构两条认定共同市场支配地位的分析路径。[⑤] 前者关注企业之间的经济或结构性联系，后者建立在寡头依赖理论之上。二者各有独立的分析价值，在具体适用时不可偏废。[⑥]

就行为方式而言，《欧盟运行条约》第102条列举了四种典型滥用行为：直接或间接施加不公平的买卖价格或其他不公平的交易条件；限制生产、市场或技术发展而损害消费

---

① See Case 85/76, Hoffmann-La Roche & Co. AG v. Commission [1979] ECR 461, para. 39.

② 李剑：《市场支配地位认定、标准必要专利与抗衡力量》，载《法学评论》2018年第2期。

③ 王晓晔：《论相关市场界定在滥用行为案件中的地位和作用》，载《现代法学》2018年第3期。

④ 胥智仁：《共同市场支配地位“共同实体”要件之认定研究——寡头垄断成员内部竞争状态的解构》，载《比较法研究》2021年第5期。

⑤ 张晨颖：《共同市场支配地位的理论基础与规则构造》，载《中国法学》2020年第2期。

⑥ 焦海涛、宋亭亭：《数字时代共同市场支配地位的认定标准》，载《上海财经大学学报》2021第3期。

者利益；对同等条件的交易相对人适用不同交易条件，从而使其处于竞争劣势；在缔约时要求交易相对人接受额外义务，且该义务均与合同标的无关。上述行为从性质上可以分成两类，即剥削性滥用（exploitative abuse）与排他性滥用（exclusionary abuse）。从欧盟竞争法实践来看，禁止滥用市场支配地位制度的规制重点始终是排他性滥用。在通过竞争法规制剥削性滥用这一问题上，欧盟委员会和欧盟法院均持审慎态度，认为竞争法对消费者利益的保护应当主要通过维护市场竞争而非直接干预价格或交易条件来实现。[①]

在合理性分析的问题上，《关于排他性滥用市场支配地位行为的执法重点指南》提供了两项抗辩理由：一是"客观必要性"；二是"提升经济效率"。若具有市场支配地位的企业能够证明存在上述两种情形之一，则可以认定其排他性滥用行为具有正当性。

（三）控制企业集中

不同于美国法中的"合并"（merger），欧盟竞争法采用"集中"（concentration）一词，表明其关注的是合并主体之间是否形成控制关系，而非公司法上的形式表现。[②]《合并控制条例》第 3 条将"集中"定义为"引发控制发生持久变化的行为"，并明确了组织合并、取得控制、设立合营企业三种情形。根据《合并控制条例》第 1 条第 1 项的规定，该条例适用于所有具有共同体规模（a community dimension）的集中。因此，发生于一个成员国内的集中、小企业之间的集中，以及在欧盟经营活动较少的企业的集中，通常不适用该条例。[③] 结合《合并控制条例》序言第 9、10 段以及第 1 条第 2、3 项，对"共同体规模"的判断依赖于销售额与地域范围两项标准。集中若达到条例所规定的标准，则应启动申报和审查程序。

欧盟的集中程序大致可分为申报与事前沟通、第一阶段审查和第二阶段审查三个阶段。依据《合并控制条例》第 4 条的规定，具有共同体规模的企业集中，拟实施交易前应向欧盟委员会申报，未经批准不得实施集中。欧盟委员会经审查评估后，可作出无条件批准、附加限制性条件批准或禁止集中的决定。常见的附加限制性条件有出售资产、许可协议、购买与供应义务等。

集中批准与否的关键在于，该集中是否与共同体市场相容。根据《合并控制条例》第 2 条第 3 款规定，集中若将严重损害共同体市场或其重大部分的有效竞争，特别是通过产生或加强市场支配地位的方式，则被视为与共同体市场不相容。据此，欧盟委员会首先需要界定与集中相关的市场，进而判断集中对相关市场的竞争影响，以及集中后企业的市场地位。

（四）禁止不正当商业行为

2005 年欧盟发布《不正当商业行为指令》，旨在提高欧盟成员国内消费者保护水平，统一各国相关立法。该指令第 3 条明确规定，指令只适用于在经营者和消费者之间的交易中损害消费者利益的不正当商业行为，而不适用于损害了消费者相对方利益的不

① 孟雁北：《反垄断法规制平台剥削性滥用的争议与抉择》，载《中外法学》2022 年第 2 期。

② 许光耀：《欧共体竞争法通论》，武汉大学出版社 2006 年版，第 38 页。

③ 许光耀：《欧共体竞争法通论》，武汉大学出版社 2006 年版，第 506 页。

正当商业行为；也不适用于经营者之间交易的不正当商业行为。可见，该指令着眼于经营者与消费者（Business-to-Consumer）的交易，主要制止经营者针对消费者的不正当商业行为。①

依据《不正当商业行为指令》第5条的规定，不正当商业行为是指违反职业注意程度（professional diligence）要求并实质扭曲或可能实质扭曲一般消费者经济行为的商业行为。《不正当商业行为指令》第2条第8款将“职业注意义务”定义为“经营者被期望的合理对待消费者的特殊技巧和注意程度的标准，这种标准与该经营者所在业务领域的诚实营销原则和诚实信用的一般性原则相当”。而对于“一般消费者”这一核心概念，指令却没有进行明确界定，而是交由各成员国确定，但要求成员国遵循欧洲法院的判例。② 就具体行为而言，指令将不正当商业行为分为错误诱导性商业行为和侵犯性商业行为两种类型，并分别明确了两类行为的定义与认定标准。在附件部分，指令列举了31种典型的不正当商业行为，包括未经授权使用标识、虚设奖项、诱导儿童等。

三、执法机构

（一）欧盟委员会

欧盟委员会是欧盟竞争法的主要执行机构。欧盟委员会通过31个总局开展工作，其中由竞争总局具体负责欧盟竞争政策与法律的实施。最初，欧盟委员会竞争总局按照企业或企业组织的违法形态划分为反托拉斯部、集中控制部与国家补贴部三个部门。机构改革后，原有的部门被按照经济产业进行重新划分，设立了计划与资源部、政策与战略支持部、能源水利食品与卫生部、信息通讯与传媒部、服务业工业和消费品部五个专业部门。近年来，竞争总局中增加了总经济学家职位，以期从专家角度提供独立的专业性意见供总局局长决策参考。此外，欧盟委员会还设有一名专门负责竞争事务的委员，领导竞争总局的工作。

欧盟委员会竞争总局主要享有以下职权：（1）制定豁免个别反竞争行为的法规；（2）对于某些类型的反竞争行为给予整体或个别豁免；（3）广泛的调查权（为主动获取信息，欧盟委员会的执法人员享有多项调查职权，包括检查企业的账册和其他商业记录，复制或摘录上述账册或记录的内容，现场进行提问并要求口头解答，进入任何建筑物、企业的土地或运输工具等）；（4）对实施反竞争行为的市场主体处以罚款，或者分割具有不适当垄断地位的企业；（5）在欧盟成员国违反欧盟竞争法的情况下，向欧洲法院起诉成员国政府；（6）制定促进竞争或者解除垄断的指令。

（二）成员国竞争执法机构

欧盟竞争法的实施并不完全由欧盟机构包办，成员国竞争执法机构也可以适用欧盟竞争法。实际上，欧盟委员会一直鼓励成员国利用其法院或竞争执法机构受理竞争法相关诉讼和举报，以减轻欧盟委员会的负担。因此，当事人既可以通过欧盟委员会，也可以通过

① 王文敏：《反不正当竞争法中的禁止盗用规则及其适用》，载《现代法学》2021年第1期。

② 杜志华：《欧盟不公平商业行为指令简介》，载《法学评论》2007年第5期。

国内法院或国内竞争执法机构解决竞争纠纷。欧盟委员会受理案件后，如果认定一项协议违反了欧盟竞争法，其处罚方式有两种：一是宣布该行为无效，要求当事人停止其违法行为；二是对其处以罚款。欧盟委员会不能采取单方面的禁令，也不能给原告补偿，此时受害方需要转而寻求成员国法院和竞争执法机构的救济。对于竞争纠纷，成员国法院不仅可以直接按竞争案件审理，也可以按其他侵权案件审理，给予受害人损害赔偿。

（三）欧洲法院

欧洲法院是实施欧盟竞争法的另一个重要机构。欧洲法院对欧盟委员会执行欧盟竞争法的行为拥有审查权，可以对欧盟委员会在审查违法事实过程中的所有决定进行复审，并酌情取消、改判。对于欧盟委员会的不作为行为，控告者可以要求欧洲法院作出裁决，责令欧盟委员会采取相应措施①。

第三节　德国竞争法

德国竞争法与美国竞争法在立法体例上有显著不同，是竞争法治发达国家的又一典范。德国不仅是世界上率先对不正当竞争行为予以专门立法的国家，而且其反不正当竞争法与反垄断法分别立法的体例为众多国家所效仿。德国现行竞争法律规范，集中规定在《反对限制竞争法》《反不正当竞争法》之中。

一、立法进程

（一）反垄断法

德国《反对限制竞争法》的出台比较曲折，因为德国曾是一个卡特尔非常发达的国家，曾认为卡特尔对自由竞争的限制是“契约自由”的组成部分，是自由贸易可以接受的。第一次世界大战前后，国家出面扶持卡特尔等垄断组织成长。后魏玛共和国虽于1923年颁布《卡特尔条例》，限制卡特尔滥用市场优势，但1934年希特勒上台后颁布的《强制卡特尔法》又利用卡特尔和其他垄断组织形式将国民经济变为统一的机制，准备为战争服务。直到20世纪50年代初德国才依据《波茨坦协议》解散了大部分垄断组织。同时，联邦德国于1955年着手制定自己的反垄断法，即《反对限制竞争法》，并于1957年通过该法。德国《反对限制竞争法》的制定深受德国弗莱堡学派秩序自由主义理论的影响，强调通过适当干预为市场竞争创造良好的秩序环境，最终促进经济发展和财富的合理分配，因此，竞争政策也是德国社会市场经济政策的核心。《反对限制竞争法》自1958年生效以来历经多次修订，其中，2005年的第七次修订使德国《反对限制竞争法》发生了根本性的变化，实现了德国法与欧盟竞争法的协调与对接，是一次比较彻底的“欧洲化”改革。② 此后修订皆是在2005年德国《反对限制竞争法》的基本框架内作相应变动，旨在

---

① 江帆主编：《竞争法》，法律出版社2019年版，第55页。

② 种明钊主编：《竞争法》（第2版），法律出版社2008年版，第36页。

减少与欧盟竞争法不一致之处，提高《反对限制竞争法》的执行效率。[①] 2017 年 6 月 9 日，《反对限制竞争法》第九修正案生效，该修正案明文规定了数字经济下认定多边市场经营者市场力量的方法，并在经营者集中审查中新增了“交易额条款”；此外，第九修正案还细化了反垄断民事赔偿规则，填补了《反对限制竞争法》中有关企业集团责任的法律漏洞。[②] 2021 年 1 月 19 日，《反对限制竞争法》第十修正案正式生效，这是近几次修订中力度最大的一次，将契合数字经济时代反垄断最新规制需求的规则纳入法案中，并在第九修正案的基础上提出了更系统的建议以应对面临的竞争监管挑战[③]，成为该法修订史上的里程碑事件。具体而言，第十修正案解析与重构了关于数字平台企业市场地位的认定标准，并细化区分与个别规制了由数字平台企业实施的“滥用市场支配地位行为”“滥用市场相对优势地位行为”“滥用在多边市场的显著竞争影响力的行为”。[④] 此后，在德国联邦经济与气候保护部的推动下，《反对限制竞争法》第十一次及第十二次修订被列入德国竞争法理论界与实务界探讨议程。2022 年 9 月，《反对限制竞争法》第十一次修订部长级草案发布，该草案聚焦于强化反垄断法律制度的执行，是德国采取更为积极的竞争政策的体现。[⑤]

（二）反不正当竞争法

德国在现代反不正当竞争立法方面是先驱者。自 1871 年德意志第二帝国建立后，营业自由政策加剧了市场竞争，活跃了经济，但营业自由权利的滥用导致各种不正当竞争手段层出不穷，不正当竞争行为愈演愈烈，构成了对竞争机制的扭曲，传统的民法等法律手段无法有效地解决这个问题。在迫切的现实需要面前，德国立法者于 1896 年出台了世界上第一部《反不正当竞争法》，以禁止虚假广告、商业毁谤、假冒商标、侵犯商业秘密等行为。但由于不正当竞争行为具有多样性，法律上简单的列举无法满足维持正当竞争秩序的要求，因此，德国立法者于 1909 年修订《反不正当竞争法》时引入了以“善良风俗”（Gute Sitten）为核心的一般条款作为第 1 条，明确禁止商业竞争中一切违背善良风俗的行为。[⑥] 德国 1909 年《反不正当竞争法》在现代竞争法领域确立了一个重要规则，即“在营业中为竞争的目的，采取违反善良风俗的行为是非法的”。根据这一规则，大量不正当竞争行为都能得到有效制止，德国的反不正当竞争立法对世界各国的竞争立法产生了深远的积极影响。

德国 1896 年制定《反不正当竞争法》“在原初意义上是为竞争者提供侵权法保护的”，但是“在 1909 年《反不正当竞争法》设立一般条款，尤其是 1930 年帝国法院开始强调保护公众利益之后，必须以竞争者的绝对权利作为保护客体的理论受到了质疑。取而代之的是反不正当竞争法的社会法思想：它保护包括竞争者、消费者和公众在内的多种主

---

① 孙晋、李胜利：《竞争法原论》（第 2 版），法律出版社 2020 年版，第 257—258 页。

② 周万里：《〈德国反限制竞争法〉的第九次修订》，载《德国研究》2018 年第 4 期。

③ 杨东：《德国最新反垄断修法动向及其对我国的启示》，载《中国市场监管研究》2021 年第 11 期。

④ 翟巍：《数字平台企业滥用市场力行为反垄断规制范式——基于德国反限制竞争法第十次修订视角》，载《上海法学研究》2021 年第 2 期。

⑤ 翟巍：《德国〈反限制竞争法〉第十一次修订部长级草案述评》，载《竞争政策研究》2023 年第 1 期。

⑥ 郑友德：《论德国反不正当竞争法对模仿行为的规制》，载《知识产权》1997 年第 4 期。

体的利益，而且不需要这些利益的权利化”。[①] 该法至今历经多次修订，其中，2004 年《反不正当竞争法》重点对立法目的、一般条款、不正当竞争行为列举、救济措施等规定作了修改，并将此前通过一般条款司法认定的不正当竞争行为予以类型化。第 1 条开宗明义，规定了《反不正当竞争法》的立法目的，即旨在保护竞争者、消费者及其他市场参与者免受不正当竞争，同时保护公众在未扭曲的竞争中的利益，从而改变了旧法纯粹的保护竞争者利益的目的；第 3 条不再使用原法第 1 条中“善良风俗”概念，以“不公平”（unfairness）概念取而代之。对于该条，一个合理的推测是，判断一项行为是否违反该法，可能会聚焦于市场和竞争相关的方面，而不是传统的伦理道德或法律原则。[②] 在此之后的修订，均旨在减少与 2005 年欧盟颁布的《不正当商业行为指令》的不一致之处，同时加强对消费者权益的保护。2008 年修订《反不正当竞争法》时，德国将竞争者、消费者以及其他市场参与者统统纳入立法保护的范围，并将享有请求权的主体从竞争者扩展至相关团体。2015 年，德国修订《反不正当竞争法》时，区分了落入《不正当商业行为指令》适用范围的损害消费者利益的行为与欧盟范围内还未被明确、由德国自主确定的损害竞争者利益的行为，并通过新设攻击性不正当行为之禁止规定等进一步与《不正当商业行为指令》达成了一致。[③] 2016 年，德国立法者从技术层面对《反不正当竞争法》再次进行修订，使得规范体系更加通透。[④] 2021 年对《反不正当竞争法》进行的修订旨在进一步促进消费者利益保护。

德国《反不正当竞争法》在消费者保护运动的强大影响下，已经从单纯地保护竞争者利益，发展为同时保护商业利益、消费者利益以及市场整体利益。[⑤]

二、主要内容

（一）反垄断法

1. 禁止卡特尔和协调市场行为

卡特尔原则上是被禁止的。《反对限制竞争法》规定：“企业或企业联合组织为达成共同的目的所订立的合同，以及企业联合组织所作出的决议，如果通过限制竞争而可以影响商品的生产或商品或工业服务交易的市场关系，则无效。”该条规制的对象具有如下特征：一是行为主体是独立的企业或企业联合组织（如行会组织、协会等）；二是存在正式且有法律约束力的协议；三是企业或企业联合组织之间存在限制其他企业利益以保护和扩大卡特尔成员企业利益的共同目的；四是客观上限制和排除了市场竞争；五是在结果上对市场竞争造成了实质损害。依照《反对限制竞争法》，违法企业或企业联合组织不仅将面

① 范长军：《德国反不正当竞争法研究》，法律出版社 2010 年版，第 59—60 页。

② Jan Peter Heidenreich, The New German Act Against Unfair Competition, http://www.iuscomp.org.

③ 安斯加尔·奥利、范长军：《比较法视角下德国与中国反不正当竞争法的新近发展》，载《知识产权》2018 年第 6 期。

④ 程子薇：《〈反不正当竞争法〉修订视野下的消费者保护研究——以消费者诉权为线索》，载《南京大学学报（哲学·人文科学·社会科学）》2018 年第 1 期。

⑤ 徐士英：《新编竞争法教程》（第 2 版），北京大学出版社 2020 年版，第 36 页。

临最高额可达100万元马克的罚款，还将被没收相当于违法所得3倍的营收。值得注意的是，该条责任主体并不局限于企业或企业联合组织，还包括了主要责任者（如董事、经理等）。

除了禁止卡特尔以外，《反对限制竞争法》还明确禁止企业间相互协调市场的行为，主要表现为价格协调行为，具体包括横向价格协调行为和纵向价格协调行为。横向价格协调行为指企业之间通过固定价格协议或协调各自的价格行为以达到获取高额利润的目的，此种价格协调行为直接损害了公平竞争；纵向价格协调行为指企业与下游的销售商达成的市场协调行为，主要表现为固定转售商品的价格、限定转售商品的最低价格等形式。①

2. 禁止滥用市场支配地位和市场力量

依据《反对限制竞争法》第18条，如一个企业在市场上没有竞争者、没有面临实质上的竞争或相对于其他竞争者具有突出地位即可构成市场垄断地位，突出地位的判断标准是达到市场份额的40%。若涉及多个企业组成的整体，德国立法者则认为3个或3个以下企业共拥有50%的市场份额或者5个或5个以下企业共拥有60%的市场份额即可被认定为具有市场支配地位。但在市场支配地位认定时不能仅仅考虑市场份额，还要兼顾企业的财务实力、进入销售和采购市场的能力、同其他企业的结合度、市场进入壁垒、消费者选择其他商品或服务的可能性等诸多因素。

《反对限制竞争法》禁止的滥用市场支配地位的行为主要有两大类：一是排他性滥用，典型例子是具有市场支配地位的企业以压低价格的方式排挤其他企业，进而保持或扩大其在市场上的地位；二是剥削性滥用，主要表现为强迫其交易相对方接受不合理的交易条件、实施不合理的低价或高价，从而牟取高额利润。卡特尔局一旦证实相关滥用行为，便可向涉嫌违法的企业发出警告予以禁止，或者宣布相关协议、合同不具有法律效力。

3. 控制企业兼并

《反对限制竞争法》重点关注大企业间的兼并或联合，防止形成垄断式市场结构，其目的是保护现有的市场竞争和促进未形成的或强度不足的市场竞争。②《反对限制竞争法》对企业兼并的控制方式主要有两种：一是事前控制，即企业兼并需要报卡特尔局审批，审批通过后才能进行兼并。《反对限制竞争法》规定，一个销售额在20亿马克以上的企业与另一个企业合并，或者两个将要合并的企业各自销售额达到10亿马克以上，在合并前须向卡特尔局提出申请。二是事后控制，即企业兼并后需要向卡特尔局报告、备案。《反对限制竞争法》规定，企业合并后的市场份额达到20%以上，或总员工数达到1万人以上或销售额在5亿马克以上均必须在企业兼并后向卡特尔局报告、备案。③

4. 域外效力

《反对限制竞争法》第98条第2款规定，该条款不仅适用于在德国境内可引起限制竞

① 陈秀山：《现代竞争理论与竞争政策》，商务印书馆1997年版，第161—164页。

② 陈秀山：《现代竞争理论与竞争政策》，商务印书馆1997年版，第154—156页。

③ 陈秀山：《现代竞争理论与竞争政策》，商务印书馆1997年版，第160—161页。

争后果的企业合并，也适用于所有影响德国境内市场竞争的行为。例如，在国外取得市场支配地位的企业，其滥用市场支配地位行为对德国境内市场已经或将要产生影响的，也适用该款规定。该款规定反映了德国对于本国市场秩序的维护采取较为严格的态度。

5. 适用除外

《反对限制竞争法》只是从原则上禁止卡特尔，对以下特定卡特尔的合法性也予以承认：一是"登记卡特尔"，即只需在卡特尔局登记后便为合法，具体有标准化和型号卡特尔、出口卡特尔等；二是"驳回卡特尔"，即卡特尔局未在 3 个月内予以驳回即为合法的卡特尔，具体有支付条件卡特尔、折扣卡特尔等；三是"许可卡特尔"，即在建立卡特尔组织之前需报卡特尔局审查批准后方能生效，具体有合理化卡特尔等；四是"部长卡特尔"，即联邦经济部长有权依法批准某些卡特尔组织，但此类组织只占极小比例，绝大部分集中于食品业、交通与远程通信业、矿产业等特定行业。

由于技术条件、产业结构、国家安全等各种原因，《反对限制竞争法》还规定了特殊行业的适用例外，主要是农业、信贷、保险、知识产权、体育等公用公益事业领域，这些领域大多是与国计民生密切相关的重要行业，存在首期投资大、回收周期长等特点，完全引入竞争机制可能导致社会资源浪费并损害消费者权益和社会公共利益，因而受《反对限制竞争法》的豁免。德国法对卡特尔的豁免规定体现了德国市场经济既强调竞争，又兼顾某些经济领域允许限制竞争的必要性；既充分发挥市场经济的调节作用，又保持国家宏观管理和经济干预的特点。① 然而，需要强调的是，上述领域实施的明显损害用户、消费者或其他经营者权益的行为仍受反垄断法的规制。近年来，德国也在不断加强对能源、电信业等传统垄断行业的竞争监管。

（二）反不正当竞争法

1. 立法技术

在立法技术上，德国《反不正当竞争法》采用了"一般条款"加"典型列举"的方式。"一般条款"在德国反不正当竞争法领域占有极其重要的支配地位，在《反不正当竞争法》适用实践中，各级司法机关根据此项授权规范，适应不断变化的市场竞争关系，并形成了大量的判例材料。②

2. 实体法内容

《反不正当竞争法》第 1—11 条为反不正当竞争实体法。其中，第 4—7 条在一般条款基础上详细列举了各类具体的不正当竞争行为，主要涉及损害竞争者利益、损害消费者利益等方面，可归纳如下：

（1）损害竞争者利益的不正当竞争行为。此类行为主要有贬损其他竞争者（第 4 条第 7 项），散布关于竞争者的虚假或未经证实的消息（第 4 条第 8 项），仿冒其他竞争者商品或服务（第 4 条第 9 项），通过有针对性的行为阻碍竞争者（第 4 条第 10 项），在比较广

① 陆周莉、李少鹏：《美德反垄断法适用除外制度比较》，载《内蒙古师范大学学报（哲学社会科学版）》2004 年 6 期。

② 邵建东：《德国反不正当竞争法研究》，中国人民大学出版社 2001 年版，第 36—38 页。

告中贬低竞争者（第6条第2款第7项），等等。

（2）损害消费者利益的不正当竞争行为。维护消费者利益在《反不正当竞争法》中占有重要地位，最典型的体现是该法禁止一切对顾客的“误导”行为①，包括不当损害消费者决定作出自由（第4条第1项），利用消费者弱点（第4条第2项），未明确阐明有奖销售条件（第4条第5项），将购买商品作为有奖销售条件（第4条第6项），骚扰、过度纠缠消费者（第7条），等等。

《反不正当竞争法》第8—11条具体规定了实施不正当竞争行为的法律后果，主要分为停止侵害和损害赔偿两方面。就停止侵害而言，根据《反不正当竞争法》第8条的规定，不仅受行为人不正当竞争行为直接侵害的经营者有权向法院提起停止侵害之诉，同一市场上经销同类或类似商品或服务的经营者、以促进工商利益为宗旨的适格团体、以维护消费者利益为宗旨的适格团体、工业和商业工会或手工业工会等也享有此权利。就损害赔偿而言，只有不正当竞争行为的直接受害者且遭受实际损害的情况下才有权主张。②

3. 程序法内容

《反不正当竞争法》第12—15条是有关程序性规定。其中，第12条第1款首次提出，提起停止侵害之诉的当事人在诉讼程序开始前负有向违法者提出警告的义务。第12条第2款规定，为确保该法规定的停止侵害请求权的实现，即便缺乏德国《民事诉讼法》第935条和第940条规定的呈验和释明条件，亦可发布临时裁定，这有助于审判前预先禁令的应用。第15条则对仲裁程序作了详细的规定。③

三、执法机构

在德国，由于不正当竞争行为的受害人一般可以通过法院诉讼或商会的仲裁获得救济，所以，此处所说的德国竞争法的实施，主要针对的是限制竞争和垄断行为。依照德国《反对限制竞争法》的规定，执行该法的主体除联邦和各州的卡特尔局、联邦经济与能源部、垄断委员会这些竞争主管机关之外，还有私人执行以及欧洲竞争执法网络之间的合作执行。

（一）联邦和州卡特尔局

联邦卡特尔局是德国主管反垄断工作的专门机构，它隶属于联邦经济与能源部，内设12个决议部门，负责企业合并审查、滥用市场支配地位的调查和处理、垄断协议的调查和处理、消费者保护。联邦卡特尔局的决定均由各个决议部门直接作出，不受局长和联邦经济与能源部的影响。此外，联邦卡特尔局局长有权颁布工作条例，规定联邦卡特尔局的业务分工和业务程序，该工作条例须得到联邦经济与能源部确认。各州设立的卡特尔局作为地方的主管机关，一般隶属于本州的经济部，依法处理本州范围内有管辖权的案件。

---

① 林燕平：《德国反不正当竞争法的发展与启示》，载《德国研究》1996年第4期。

② 邵建东：《德国反不正当竞争法研究》，中国人民大学出版社2001年版，第37—38页。

③ 孙蓉、曾晨珂：《德国〈反不正当竞争法〉对我国的立法启示》，载《中国农业银行武汉培训学院学报》2008年第2期。

德国《反对限制竞争法》明确规定了联邦卡特尔局与州卡特尔局的职责分工及权限。如果限制行为影响市场的效果超越一个州的范围，则由联邦卡特尔局进行处理。如果仅在联邦某州内有影响，该州的卡特尔局原则上即为主管机关。但特定案件也可移送管辖，既包括州卡特尔局将案件移送联邦卡特尔局，也包括联邦卡特尔局移送州卡特尔局。为保证卡特尔局履行职责，《反对限制竞争法》明确了其享有的职权，包括讯问权、查阅和检查权、搜查和扣押权、对已登记卡特尔的异议权、命令经济同业团体接纳特定企业的权力、许可废止权、命令企业变更卡特尔契约或协议的权力、企业结合的解散权、告诫权、对卡特尔契约或协议作出不准生效的处置权、禁止权、罚款权、不当利益没收权、卡特尔登记权等。

（二）联邦经济与能源部

联邦经济与能源部除了领导联邦卡特尔局以外，还管辖有关限制竞争的案件。其反限制竞争的主要职责有：（1）审批成立特别卡特尔；（2）当出口合同或决议的适用明显损害了国家对外经济利益时，指定成员企业修改合同或决议，或者宣布合同或决议无效；（3）当成员企业不能证明通过联合会产生更好竞争条件并因此改善、克服市场被控制的局面，且可以预见联合会出现控制市场或加强控制市场的地位时，禁止这种联合的产生。

（三）垄断委员会

德国垄断委员会是根据《反对限制竞争法》而设立的。《反对限制竞争法》对垄断委员会的任务、成员、决议、组织、成员的权利义务等作出了明确规定。垄断委员会一般由5位委员组成，包括法学家、经济学家和企业家，其主要职责是对德国的企业集中化现状和预期发展作出评估、对有关合并控制的法律规定的适用作出评价、对其他竞争政策方面的现实问题发表意见，并可以在个案中应联邦卡特尔局的请求提供鉴定意见。①

第四节　日本竞争法

一、立法进程

日本竞争法深受德国和美国竞争法的影响。第二次世界大战之前，日本的竞争立法仿效德国竞争法。第二次世界大战结束后，其竞争立法较多地体现了美国竞争法的色彩。日本竞争法采取反不正当竞争与反垄断分别立法的模式，二者都有相应的法典，日本在1934年就制定了《不正当竞争防止法》，在1947年制定了《禁止垄断法》。但是与《禁止垄断法》相比，日本的反不正当竞争法内容要简单得多，其主要内容包括对不正当混淆行为和不正当赠品等的规制，因此日本的竞争法也是以反垄断法为主。

（一）反垄断法

《禁止垄断法》是在高度发达的自由经济体制下，为了防止和消除经济集中的弊害，使经济机能够健康运转而制定的法律。1947年《禁止垄断法》的制定，受美国反托

① 江帆主编：《竞争法》，法律出版社2019年版，第58页。

拉斯法的影响很大，可以说从规制对象到执行机构的设置都效仿了美国的做法。该法的目的在于通过禁止私人垄断、不正当的交易限制以及不公正的交易方法，防止事业支配力的过度集中及其他限制竞争行为，促进公平和自由的竞争，发挥事业者的创造性，繁荣经济，提高工资及国民实际收入水平，以确保一般消费者的利益并促进国民经济健康发展。该法还设立了专门的执行机构——公平交易委员会。同时，由于日本有着大陆法系法典化传统，并有较完整的经济法理论作为基础，因而日本的《禁止垄断法》又有着自身的特色①。

日本《禁止垄断法》颁布以来进行过多次修改，以适应日本经济的变化发展。1949年，由于最初的《禁止垄断法》过于严苛，加之日本国内经济活动逐渐繁荣与国际形势的变化，日本对反垄断法进行了第一次修改，此次修改的主要内容为：（1）公司可以持有与之无竞争关系的另一公司的股份，只要这样的持股不在实质上限制竞争；（2）企业可以持有其他企业的债券，只要此种持有不对竞争产生实质性的影响；（3）允许在非竞争性行业中互相兼任企业管理人员；（4）将国际协议的事先审批制度修改为事前申报制度；（5）将企业合并和转让的事先审批制度修改为事前申报制度；（6）对竞争的定义规定得更为详细；（7）删除了有关“禁止将限制交换与事业活动所需的科学技术有关的知识、情报作为内容”的规定。本次修改对国内的经济结构产生了重要影响，打破了“集中控制、限制竞争”思想的束缚，其某些规定已经超过了当时美国立法的标准。②

1953年，随着经济萧条的到来，日本要求修改反垄断法的呼声也再度高涨。恰在此时，德国反垄断实践中对萧条卡特尔、合理化卡特尔和出口卡特尔等特殊情况下的卡特尔予以豁免的做法被介绍到了日本。这几个因素的综合作用使日本修改反垄断法的时机走向成熟，日本反垄断法的实施得到很大程度的缓和，对经营者集中的控制呈现出明显宽松的局面。1953年的修改内容主要包括：放松对经济力量集中的规制；降低认定实质性限制竞争行为的标准；设立卡特尔豁免制度；违法审查缓慢停滞；以“不公正交易行为”代替“不公平竞争方法”；废止了《事业者团体法》并将其实质内容纳入《禁止垄断法》。③ 除此之外，日本政府还于这一时期制定了《禁止垄断法》的特别法，如1956年制定《分包法》规范大企业的分包行为等，有效维护了市场竞争秩序。④

1977年日本反垄断法的修改内容包括：（1）导入了课征金制度；（2）导入了对于垄断状态的规制制度；（3）导入了寡头市场上企业同时提高价格时要报告提价理由的制度；（4）导入了公司股份保有的规制制度。

1989—1990年的《日美协议》对日本反垄断法的强化实施有着重要的推动作用。经过第二次世界大战后几十年的发展，一大批日本企业走向国际市场，对战后资本主义强国美国构成强有力的挑战。日美之间的贸易摩擦日益加剧，美国指责日本产业结构的封闭

① 江帆主编：《竞争法》，法律出版社2019年版，第43页。
② 徐士英：《日本反垄断法的理论与实践研究》，中南大学2006年博士论文，第25页。
③ 徐士英：《日本反垄断法的理论与实践研究》，中南大学2006年博士论文，第25—27页。
④ 王玉辉：《日本反垄断法的历史沿革与制度变迁（1947—2019）》，上海三联书店2021年版，第60—68页。

性，认为日本企业盛行的流通系列化、企业集团化以及共同行为等阻碍了外国企业进入日本市场，从而不正当地限制了竞争。在美国的强大压力下，日本政府承诺强化反垄断法的实施，提高对违法行为的罚款金额，加大对法人的惩罚，此后日本反垄断法真正朝着严格实施的方向转向。这一时期日本反垄断法的主要变动体现为：提高课征金征缴比率；强化对不正当交易与私人垄断的刑事制裁；明确《禁止私人垄断及确保公正交易法》的指导方针。

20 世纪 90 年代末，因应世界范围内信息技术发展和经济全球化的需要，放松管制成为日本政府执政政策的主题，日本政府大幅度削减反垄断法适用除外制度。1999 年日本废除了反垄断法中关于不景气卡特尔以及合理化卡特尔的豁免规定，对个别反垄断法的适用除外法令也进行了重新整理。

进入 21 世纪后，日本逐步确立了反垄断法的“经济宪法”地位。2005 年，日本再度对反垄断法进行重大修订，强化了反垄断法执行体制。本次修订是在响应欧美各国强化竞争法的实施、亚洲各国特别是中国经济快速崛起的背景下进行的。这次修订进一步细化了课征金制度，大幅度提高行政罚款的幅度并扩大适用对象，导入了欧美国家的责任豁免制度，依申请启动审判程序，扩大了公平交易委员会对涉嫌犯罪案件的刑事调查权限，大幅提高刑事罚金责任。

2009 年，日本为了加大反垄断制裁与强化反垄断法多元化的执法体系，再次对反垄断法进行修订。本次修订扩大了课征金征收对象的范围，引入了课征金加罚制度并提高刑事制裁力度，参考国际标准修改企业结合规制制度。日本反垄断法的修订与近年实施的经济结构改革的整体设计相一致，表明日本政府在 21 世纪更加重视竞争政策。①

2010 年后，日本又进行了两次大规模的反垄断法修订工作。2013 年日本反垄断法的修订内容主要包括：废止公平交易委员会审判程序；修改不服行政处罚决定的救济程序；完善排除措施命令等意见听取程序。2019 年日本政府为了提高反垄断执法效率从而更好地应对复杂的经济环境，对课征金的计算方法和课征金减免制度进行修订，增加了经营者与律师秘密通信的私密保护制度，提高了妨碍检查罪的罚金数额，进一步强化了反垄断监管。②

总体来说，日本《禁止垄断法》产生于第二次世界大战后的特殊背景，既有效仿美国反托拉斯法的特点，也因历史文化、政治经济等因素具有自身特色，如条款规定相对宽松、执行体制行政色彩较浓。进入 21 世纪后，为适应新形势，日本多次修改《禁止垄断法》，强化法律执行手段，提高执行机构的公正性、公开性，加强部门之间的协调和国民的监督，使之与普遍认可的竞争规则相接轨③。

（二）反不正当竞争法

针对 20 世纪初日本商业领域严重的假冒行为、虚假表示行为等，《不正当竞争防止

---

① 戴龙：《日本反垄断法实施中的竞争政策和产业政策》，载《环球法律评论》2009 年第 3 期。

② 王玉辉：《日本反垄断法的历史沿革与制度变迁（1947—2019）》，上海三联书店 2021 年版，第 60—68 页。

③ 徐梅：《战后日本〈禁止垄断法〉的发展轨迹及特点》，载《日本学刊》2017 年第 2 期。

法》主要就各种不正当竞争行为及其法律责任作出了规定。该法在1934年颁布后，历经了多次修改。1962年，为了防止经营者在商品和劳务的交易中利用不当的赠品和表示来引诱顾客，日本制定了《景品表示法》，在1972年修改后，该法也属于日本反不正当竞争法的范畴。

1993年日本对《不正当竞争防止法》进行大幅度修改，在第2条通过列举的方式对不正当竞争进行了定义，大致分为混淆行为、骗取商业秘密行为和散布诋毁其他竞争者行为。2005年，日本对《不正当竞争防止法》的修改集中于强化对商业秘密的保护，规定了更为严格的刑事处罚，延长了对法人犯罪的公诉时效期间。2018年，《不正当竞争防止法》再次修订，增加了数据保护方面的条款，以适应物联网和人工智能等信息技术日新月异的发展①。

总体来看，日本历次修改《不正当竞争防止法》，一是为了履行国际条约规定的义务；二是为了适应信息技术革命带来的变化；三是为了强化对商业秘密、商业标识、商品形态、大数据、技术保护措施的保护。②

二、主要内容

（一）日本《禁止垄断法》的主要内容

1. 垄断行为与垄断状态

垄断有垄断行为和垄断状态之分，两者都为法律所禁止。垄断行为，又称私人垄断，是指经营者单独或与其他经营者结合、通谋或采取其他方式，排除或支配其他经营者，违反公共利益，在一定的交易领域实质上限制竞争的行为。垄断状态是指政令所规定的同种商品或服务以及与该商品或服务的性能、效用等显著相似的商品或服务的国内供应价格，在1年内总额超过1 000亿日元，并在相关市场内造成特定市场结构和市场弊害的状态。《禁止垄断法》只对存在一定市场弊害的垄断状态进行规制。

2. 不正当交易限制

《禁止垄断法》中的不正当交易限制，是指企业以契约、协议及其他任何名义，与其他企业共同决定、维持或者提高交易价格，或者限制数量、技术、产品、设备或交易对象等，违反公共利益，对一定交易领域的竞争构成实质性限制的行为。只要使竞争受到实质性的限制以及损害了公共利益，根据《禁止垄断法》，这些活动都是非法的。《禁止垄断法》规定，禁止实质性的限制竞争的贸易协会活动。

3. 不公正交易方法

反垄断法对“私人垄断”的规制门槛较高，对于没有达到私人垄断的水平，尚不构成实质性限制竞争，但是具有阻碍公正竞争的可能性的行为无法规制，不公正交易方法正是为了防止该行为可能转化为具有市场支配力的行为而设置。

不公正交易方法规制实际上可以被理解成私人垄断的前期预防规制，是对尚没有达到

---

① 王先林：《竞争法学》（第3版），中国人民大学出版社2018年版，第60—63页。

② 李扬：《反不正当竞争法基本原理》，知识产权出版社2022年版，第14页。

"滥用"程度，但又具有一定的阻碍公平竞争的可能性的行为，在其萌芽时期就予以规制的一项制度。不公正交易方法规制涵盖了垄断协议和滥用市场支配地位以及尚没有达到垄断协议或者不具有支配地位企业的不正当竞争行为。就经营者的行为方式而言，不公正交易方法与日本反垄断法的不正当限制交易以及私人垄断之间并没有截然的不同，两者的区别仅在前者对于竞争的危害不及后者严重，两者存在不同的违法判断标准。在日本反垄断法中，不正当限制交易、私人垄断以及经营者集中规制都要求满足"实质性限制竞争"的违法要件；而不公正交易方法仅要求经营者的行为"具有阻碍公平竞争的可能性"即可①。

日本《禁止垄断法》于2009年对与不公正交易方法有关的条款进行了修订，列举了六种不公正交易行为，包括共同拒绝行为、差别性价格、不当廉价销售、限制转售价格、滥用优势地位和由公平交易委员会认定的行为。

4. 企业结合

在日本，经营者集中被称为企业结合。根据《禁止垄断法》，企业结合制度旨在预防由于市场集中出现非竞争性的市场结构，其企业结合的表现形式包括股份保有、合并、分割、共同股份转移、事业受让、职员兼任六种。对于前五种所有权变动的集中形式，反垄断法采用事前申报审查的方式进行规制，而对于职员兼任这一行为则采用事后报告制度。② 经过多年的完善，日本企业结合规制制度已较为成熟，日本政府适时根据社会经济调整竞争政策，广泛采取事前商谈机制，提升反垄断执法的透明度，对我国相关制度的完善具有借鉴意义。

5. 经营者团体限制竞争行为

经营者团体是指以增进经营者的共同利益为目的，由两个或两个以上的从事商业、工业、金融业及其他事业的经营者组成的自治性组织。经营者团体为非营利组织，类似行业协会，但其成员并不必然来自同一行业，相关行业的经营者（如上下游行业的经营者）组成的联合体也属于经营者团体。为了防止经营者团体滥用自治管理权，保证其行为合法合规，《禁止垄断法》明确了经营者团体的申报制度，规定经营者团体在设立、变更、解散时必须向公平交易委员会报告。同时，《禁止垄断法》明确规定了经营者团体禁止实施的行为，如实质性限制竞争、限制经营者数量、签订具有不正当交易限制内容的国际协议、不正当限制成员企业的机能或经营活动、促使成员经营者实施不公平交易等行为。

6. 《禁止垄断法》的除外适用

《禁止垄断法》制定之初，除外适用情形主要有：（1）自然垄断所固有行为；（2）基于行业法令的正当行为；（3）知识产权的行使行为；（4）一定的合伙行为；（5）维持再销售价格契约；（6）萧条卡特尔；（7）合理化卡特尔。这些行为应满足下列条件并事先经公平交易委员会许可：一是没有损害需求方的利益；二是不损害一般消费者及相关企业

① 戴龙：《日本反垄断法研究》，中国政法大学出版社2014年版，第58页。
② 戴龙：《日本反垄断法研究》，中国政法大学出版社2014年版，第58页。

的利益；三是并非不当的差别待遇；四是没有限制其他企业加入或退出以及限制参加者的生产。近年来，随着经济环境的变化以及对自由竞争价值理念的追求，日本陆续取消了一些传统的适用除外情形，如删除了对自然垄断行为、基于行业法令的正当行为、萧条卡特尔和合理化卡特尔、再销售价格维持等的适用除外。①

（二）日本《不正当竞争防止法》的主要内容

1. 混淆行为

《不正当竞争防止法》第 2 条第 1 款规定，混淆行为是指经营者使用相同或类似的，被消费者广为知悉的他人商品标志，从而与他人商品或经营混同的行为。该条规定禁止第三方对著名标志进行混淆性使用，这里的著名标志需要在全国范围内具有一定知名度，才能够被法律保护。

2. 商品形态模仿行为

《不正当竞争防止法》第 2 条第 3 款规定，商品形态模仿行为是指将模仿他人商品形态的商品予以转让、出租或者为转让、出租目的而展览、输出或输入的行为，但自最初销售之日起超过 3 年者除外。此外，同种商品（如果不是同种商品，则指与该他人商品在性能、效用上相同或相似的商品）通常具有的形态除外。② 3 年销售周期从在日本的第一个销售日开始计算。

3. 不正当获取商业秘密行为

不正当获取商业秘密行为是指以违法手段公然或采用不为公众所知的手段取得、使用、销售企业内部作为秘密管理（隐匿性）的制造技术、经验技术、顾客名单、销售手册等信息的行为。直接获取人或随后获取的第三方除非证明自己为善意获取商业秘密，否则都会受到《不正当竞争防止法》的规制。

4. 域名的不正当使用行为

《不正当竞争防止法》第 2 条第 12 款规定，禁止以谋取不正当利益或损害他人为目的，取得、拥有与他人的特定商品等相同或类似的域名的使用权，或使用其域名的行为。

5. 误导性行为

《不正当竞争防止法》第 2 条第 13 款规定，误导性行为是指在商品、服务及其广告、交易用文书、通信里，使用让人误认其商品的原产地、质量、内容、制造方法、用途、数量、服务相关的表示，并提供该表示的服务的行为。此外，日本《景品表示法》第 4 条也同样禁止就产品质量实施误导性行为。但在日本的司法实践中，由于竞争者个人难以举证证明其损害，鲜有此类案件出现。

6. 竞争者商业诽谤行为

竞争者商业诽谤行为是指为了损害竞争对手的信誉，宣布或者散布虚假事实的行为。《不正当竞争防止法》禁止可能危及竞争关系中另一方竞争者商业信誉的虚假事实主

① 江帆主编：《竞争法》，法律出版社 2019 年版，第 41—43 页。

② 杨琴：《日本市场规制法研究》，贵州大学出版社 2013 年版，第 120—122 页。

张，并规定由受损一方承担举证责任。①

7. 代理人等商标擅自使用行为

《不正当竞争防止法》禁止外国（在条约上被保护国）的商标，未经商标权人许可，其代理人在相同或类似的商品、服务上使用与权利人商标相同或类似的商标，或者对具有这样商标的商品进行转让、进口等，提供使用该类似商标服务的行为。②

三、执法机构

日本反垄断法规定了行政手段、刑事手段和民事手段三种执行手段。其中，行政手段由公平交易委员会独占行使。公平交易委员会可以通过颁布终止和停止命令要求违法者停止违法行为并且采取其他必要行动恢复竞争；公平交易委员会还可以采取其他措施制裁反垄断违法行为，如对某些卡特尔行为征收行政性课征金或给予没有法律约束力的警告等。③

日本公平交易委员会具有以下特征：（1）具有高度的独立性。日本公平交易委员会一方面作为国家的管理机构，在行政上归属首相直接领导，是首相办公室下的一个特别的部级机构，但不对首相负责。在执行反垄断法时，独立行使职权，不受任何组织和个人的支配。（2）具有高度且集中的权力。日本公平交易委员会享有准立法权、准司法权和行政权。（3）自上而下、合理精干的机构设置。日本公平交易委员会总部设在东京，下设其主要负责机关事务总局，通过事务总局建立分支机构。（4）组成人员专业化，公平交易委员会的委员长和委员均为年龄 35 岁以上、具有相关经验者，大多是经济或者法律方面的专家。

公平交易委员会是根据《禁止垄断法》的规定特别设立的执行机构，依法掌管下列事务：（1）有关私人垄断的规制；（2）有关不正当交易限制的规制；（3）有关不正当交易方法的规制；（4）有关垄断状态的规制；（5）就实质性限制一定交易领域竞争的行为的规制、对可能妨碍公平竞争的行为的规制、为防止行业支配力过度集中的规制以及其他对经营活动不正当限制的规制，进行有关经营活动及经济实际状况的调查或者调整经济法令等；（6）其他事务。

第五节　俄罗斯竞争法

一、立法进程

1991 年苏联解体后，俄罗斯宣布独立，成为主权国家。与此相适应，俄罗斯明确提出以市场经济为取向，迅速实行由计划经济体制向市场经济体制的转轨。自俄罗斯确定向市

① ［德］弗诺克·亨宁·博德维希主编：《全球反不正当竞争法指引》，黄武双、刘维、陈雅秋译，法律出版社 2015 年版，第 480—523 页。

② 杨琴：《日本市场规制法研究》，贵州大学出版社 2013 年版，第 121—122 页。

③ 王健：《日本反垄断法的私人执行制度——历史演进与最新发展》，载《太平洋学报》2007 年第 7 期。

场经济转轨以后，俄联邦实施了全方位的改革措施，其改革涉及经济领域的方方面面。可以说，俄罗斯的经济转轨是个十分复杂的过程，有着独特的政治、经济和历史背景。近年来，随着俄罗斯经济转轨的深入，不仅经济立法增多，所涉及的领域也较为广泛。与改革相伴随，俄罗斯的竞争制度也快速地实现了“与国际接轨”，相关立法得以快速颁布并实施。①

俄罗斯采用统一立法模式，将垄断行为和不正当竞争行为放置于一个法律规范中，突出两者之间的共性与联系。1991 年俄罗斯制定了《关于商品市场上的竞争和限制垄断行为的法律》（以下简称“1991 年俄联邦《反垄断法》”），主要规定商品流通和劳动力市场中的垄断和不正当竞争行为。② 自 1991 年俄联邦《反垄断法》颁布以来，经历了较为频繁的修改。随着经济体制改革目标的变化，《反垄断法》的任务也进行过 3 次调整。其变动过程和方向类似于 20 世纪中期开始的美国反托拉斯政策的变动情形，故俄罗斯理论界也将之分为三个时期。③

第一次转向被称为“莫斯科时期”，时间是从 1995 年到 2005 年。“莫斯科时期”的反垄断实施受到哈佛学派的深刻影响。哈佛学派主导下的反托拉斯政策被称为结构主义，其核心方法是建立了“结构—行为—绩效”的规制模式，即 SCP 范式（Structure-Conduct-Performance Paradigm）。俄罗斯在这一时期相继颁布了《自然垄断法》《金融市场竞争保护法》，强调对自然垄断和金融市场的控制。这一时期的反垄断政策体现为：既通过扶持市场主体进入以促进形成竞争性市场结构，也通过控制自然垄断行业的范围来防止损害竞争。

第二次转向被称为“芝加哥时期”，时间大致是 2006 年到 2011 年。一个政策的实施达到一个极点，必然进行适度回调。2006 年，俄罗斯反垄断法的修订幅度较大，奠定了竞争法的新结构。首先，将反垄断法名称修改为《竞争保护法》，增加了国家倡导竞争的内容；其次，废止了《金融市场竞争保护法》并将其实质内容纳入《竞争保护法》；最后，制定了《关于俄罗斯联邦行政违法行为准则变更的规定》。2009 年，反垄断法修订时增加了某些垄断行为的刑事责任制度与宽免制度，规定了更为严格的法律责任。④

第三次转向被称为“维也纳时期”，开始于 2012 年以后。之所以叫维也纳时期，是因为这一时期反垄断实施深受（美籍）奥地利著名经济学家熊彼特（Joseph Schumpeter）提出的动态竞争理论的影响。在他看来，资本主义本质上是一种经济变动的形式或方法，它不仅从来不是，而且也永远不可能是静止不变的。“不断破坏旧结构，不断地创造新结构。这个创造性破坏的过程就是资本主义本质性的事实。”⑤ 2011 年 12 月，俄罗斯通过了被称作“第三次反垄断的一揽子计划”的《俄罗斯联邦反垄断法修正案》（2012 年生

① 郭连成、刁秀华：《转轨国家的竞争政策与立法研究——以俄罗斯为例》，载《财经问题研究》2007 年第 7 期。

② 吕来明、熊英：《反不正当竞争法比较研究——以我国〈反不正当竞争法〉修改为背景》，知识产权出版社 2014 年版，第 11 页。

③ 刘继峰：《俄罗斯的经济转型与反垄断法规制目标的转向》，载《经济法研究》2018 年第 1 期。

④ 刘继峰：《俄罗斯反垄断法研究》，北京大学出版社 2022 年版，第 19—32 页。

⑤ ［美］约瑟夫·熊彼特：《资本主义、社会主义与民主》，吴良健译，商务印书馆 1999 年版，第 146—147 页。

效）。修正案改变了关于滥用支配地位案件的审议程序，创立了新的规制方法——警告。根据新法规定，涉及滥用市场支配地位的案件，如施加不公平的交易条件和拒绝缔结合同等，反垄断主管机关有权在立案前向涉案企业发出警告，让其在规定的时限内纠正违法行为①。

二、主要内容

（一）限制竞争协议

经济学上的限制竞争概念，通常在两种意义上使用：一是指限制竞争的行为，如固定价格、市场分割、滥用经济优势的卡特尔；二是指限制竞争的市场结构，如独家垄断或寡头垄断。世界各国的竞争法均对限制竞争行为作出了禁止性或限制性规定。② 俄罗斯《竞争保护法》禁止旨在限制竞争的横向协议和纵向协议。该法第 11 条规定了禁止经营主体之间限制竞争的协议，主要包括 5 种：确定或维持价格、折扣和红利的协议（固定价格）；提高、降低或维持拍卖价或投标价的协议（串通招投标）；依据所销售商品的买主或卖主的类型，按地区划分市场的协议（划分市场范围）；限制其他经济实体作为卖方或买方进入市场，或者将他们排除出市场的协议；拒绝与特定卖方或买方签订合同。③

（二）滥用市场支配地位

俄罗斯《竞争保护法》第 5 条对市场支配地位作了明确规定，即一个或若干企业在特定市场中拥有排他性地位，对相关市场中的一般商品流通条件可以施加决定性影响，或有可能阻碍其他实体进入这一市场。市场份额超过 50% 的企业被视为具有市场支配地位。第 10 条列举了企业市场支配地位的 5 种行为：出于制造或维持商品短缺或抬高价格的目的，从流通市场上撤回商品；向契约对方强加于其不利的契约条款或者强加与契约标的物无关的条款；以不平等条件向契约对方强加歧视性条款；维持垄断性高价或低价；妨碍其他经济主体进出市场。④

（三）不正当竞争

俄罗斯《竞争保护法》第 4 条指出，竞争是指经济实体之间的对抗，通过这种对抗，所有实体的自主行为相互限制了各实体在某一特定商品市场中单方面影响一般商品流通条件的能力。不正当竞争是指经济实体在企业活动中为获取优势的任何行为，与现行法规、商务惯例、公平性、合理性和公正性要求相抵触，并且可能造成或已经造成对竞争对手的损害，或者已经损害了竞争对手的商誉。该法还规定了以下 5 种行为均属于不正当竞争：散布损害其他企业及其商誉的虚假、不准确以及失真的信息；在商品性质、生产方式、产地以及质量方面误导消费者；在广告中对自己的商品与他人商品作不正当比较；未经允许使用他人商标或商号以及模仿他人商品的形状、包装及外观；未经允许获取、使用

---

① 刘继峰：《俄罗斯的经济转型与反垄断法规制目标的转向》，载《经济法研究》2018 年第 1 期。

② 金碚：《竞争秩序与竞争政策》，社会科学文献出版社 2005 年版，第 449—465 页。

③ 郭连成、刁秀华：《转轨国家的竞争政策与立法研究——以俄罗斯为例》，载《财经问题研究》2007 年第 4 期。

④ 黄晓权、夏明：《论俄罗斯反垄断法及其特点》，载《湖南医科大学学报（社会科学版）》2004 年第 1 期。

或泄露他人的科技、生产及商业信息；侵犯商业秘密[①]。

（四）经济集中

俄罗斯将经营者集中称为“经济集中的国家监管”。经济集中，是指能对竞争条件产生影响的交易或其他活动。俄罗斯《竞争保护法》第7章规定，商业组织的设立和重组，涉及股份、资产以及与商业组织或金融机构有关权利的交易，须经反垄断机构事先批准。对经济集中的监管方式分为事前申报和事后备案两种。事前申报的客体为商业组织的合并以及归并，强调对资本流动中权力状态的监管；事后备案主要针对不转移控制权的经济集中，如单个集团内成员间的行为，此种经济集中有利于加强经济共同体的紧密关系。[②]

（五）滥用权力限制竞争

俄罗斯反垄断法创建伊始，就将权力机关和地方自治管理机关破坏市场竞争的行为作为一种独立的限制竞争形式。滥用权力限制竞争，是指联邦权力执行机关、联邦主体权力执行机关和各市政当局所从事的与反垄断法相抵触的行为，以及会产生阻碍、限制和排除竞争之后果的行为。[③] 2006年至今，《竞争保护法》规定的滥用权力限制竞争的主体为联邦权力执行机关、联邦主体的国家权力机关、地方自治机关、其他执行政府职能的机关或组织、政府预算外基金、俄联邦中央银行。《竞争保护法》第三章列举了滥用权力限制竞争的形式，如限制经营主体自主权、职能混同、经营主体和权力主体联合实施的垄断行为等。

三、执法机构

俄罗斯在制定竞争法的同时，成立了专门机构负责竞争法的实施。俄罗斯联邦反垄断与促进新经济结构国家委员会是俄罗斯联邦成立的第一个竞争机构，它成立于1990年。1997年，该机构更名为国家反垄断委员会，次年又更名为反垄断与企业扶持部，2004年起改为俄罗斯联邦反垄断局。俄罗斯联邦反垄断局是俄罗斯反垄断的立法、执法和行政裁决机关，负责解决有关反垄断的行政管理争端，但不涉及经济纠纷。[④]

俄罗斯联邦反垄断局的负责人由俄联邦政府总理提名，并由俄联邦总统任免。联邦反垄断机构可建立地方代表机构，在其权限之内向地方代表机构授权。地方代表机构从属于联邦反垄断机构，并在联邦反垄断机构所制定条例的基础上依照俄联邦法律开展各项活动。俄联邦反垄断局包括总部和71个分支机构，在反垄断职能上是垂直的，总部和各分支机构按各自职责分别承担反垄断任务。俄罗斯《竞争保护法》赋予反垄断执法机构的权力有：发布指令权；行政处罚权；调查检查权；就有关违反反垄断法的事项向普通法院或者商事法院递交申请，对适用和违反反垄断法有关案件审查时参加普通法院或商事法院的

① 郭连成、刁秀华：《转轨国家的竞争政策与立法研究——以俄罗斯为例》，载《财经问题研究》2007年第4期。

② 刘继峰：《俄罗斯反垄断法研究》，北京大学出版社2022年版，第147—174页。

③ 刘继峰：《俄罗斯反垄断法研究》，北京大学出版社2022年版，第177—180页。

④ 种明钊主编：《竞争法》，法律出版社2005年版，第225—313页。

会议；发布市场调查结论，与其他机构实行资源信息共享；开展国际合作交流；建议权：就竞争发展问题向相应的联邦机构递交建议书；等等。[①]

第六节　国际组织的竞争法律制度

一、《保护工业产权巴黎公约》

《保护工业产权巴黎公约》（以下简称《巴黎公约》）是19世纪末知识产权领域最重要的国际条约，它于1883年缔结，后历经多次修改。《巴黎公约》自1967年开始由位于瑞士日内瓦的世界知识产权组织管理。[②] 目前，缔约国较多采用的也是1967年修改后的《巴黎公约》。

在1883年的最早版本中，《巴黎公约》并没有涉及反不正当竞争问题，这是因为《巴黎公约》最初签订的目标就是建立统一的保护工业产权规则，保护多国贸易中的工业产权而非推动公平竞争。在1900年布鲁塞尔修改会议上，达成了将制止不正当竞争行为的规定纳入体系当中的协议。修改后的《巴黎公约》第1条第2款规定，工业产权的保护对象有专利、实用新型、工业品外观设计、商标、服务标记、厂商名称、货源标记或原产地名称和制止不正当竞争。

在《巴黎公约》中，有关制止不正当竞争行为的规定集中在第10条之二和第10条之三，具体包括联盟国家保护正当竞争的义务、不正当竞争行为、不正当竞争行为的救济三个部分。其中有关不正当竞争行为的规定采取了“一般规定+列举”的范式。第10条之二第1款规定了联盟成员保证对不正当竞争行为予以制止的有效保护义务。第10条之二第2款就不正当竞争行为的定义进行阐述，认定“工商业事务中违反诚实的习惯做法的竞争行为”是不正当竞争行为。第10条之二第3款列举了需要重点关注的不正当竞争行为的三种类型：制造混淆可能性、以虚假陈述方式贬损竞争者、对他人产品进行误导性表达或说辞。[③] 但《巴黎公约》所指不正当竞争行为不限于此三类，其他符合第十条之二第2款一般规定的行为也可纳入制止范围当中。第10条之三规定了联盟国家承诺保证本联盟其他国家的国民获得有效制止公约规定的不正当竞争行为的适当的法律上的救济手段，以及规定了合法存在的联合会和社团的起诉权。

二、经济合作和发展组织

经济合作与发展组织（Organization for Economic Cooperation and Development，OECD，简称经合组织），是由38个市场经济国家组成的政府间国际经济组织，旨在共同

① 郭学兰：《中俄反垄断法比较研究》，载《俄罗斯中亚东欧市场》2013年第1期。

② ［德］弗诺克·亨宁·博德维希主编：《全球反不正当竞争法指引》，黄武双、刘维、陈雅秋译，法律出版社2015年版，第16—21页。

③ ［德］弗诺克·亨宁·博德维希主编：《全球反不正当竞争法指引》，黄武双、刘维、陈雅秋译，法律出版社2015年版，第27—28页。

应对全球化带来的经济、社会和政府治理等方面的挑战，并把握全球化带来的机遇。经合组织成立于 1961 年，总部设在法国巴黎。其较早就对反垄断的国际合作进行了探讨，可以算作世界上具有最悠久竞争立法历史和最先进立法经验的群体，其在国际竞争政策合作领域所取得的成果具有一定的前瞻性。①

1961 年，经合组织就成立了竞争法及竞争政策委员会，该委员会负责编制和研究各成员国的竞争政策。20 世纪 90 年代，该委员会与经合组织贸易委员会合并组成了贸易和竞争联合小组。成立该联合小组是为了平衡贸易和竞争，消除贸易和竞争之间潜在的冲突。1967 年，经合组织提出“成员间就影响国际贸易的限制性商业行为进行合作的推荐意见”，该推荐意见建议成员国之间通过协商的方式，事先将其所要控诉的跨境反竞争行为通知行为地国，同时，在对国际反竞争行为采取法律手段时，国家之间彼此相互合作、互通情报。1976 年，经合组织颁布了《跨国公司行动指南》，这也是其颁布的最具有影响力的文件之一。《跨国公司行动指南》具体规定了跨国公司应当遵守的行为规范。1998 年，经合组织又制定了《反对卡特尔的有效行动建议》，提出应当禁止核心卡特尔，即竞争者之间所达成的限制竞争的协议、合谋做法或者安排，如固定价格、操纵招投标等行为。1999 年，经合组织还编制了《关于跨国兼并通报的报告》，意图树立一个需要报告的跨国公司兼并标准。然而，经合组织的上述立法尽管具有先进性和前瞻性，但相关立法不具有强制性，仅仅作为建议、倡导或者指南使用。

三、世界贸易组织

世界贸易组织（World Trade Organization，WTO，简称世贸组织）是根据《建立世界贸易组织协定》成立的永久性国际组织。世贸组织的前身是 1947 年订立的《关税及贸易总协定》（General Agreement on Tariffs and Trade，GATT，简称关贸总协定）。与关贸总协定相比，世贸组织的管辖范围除传统的货物贸易之外，还包括知识产权、投资措施和服务贸易等领域，而且其在调解成员争端方面具有更高的权威性。

世贸组织作为多边贸易体制的代表，其核心是世贸组织的各项协定。通过这些协定，可以在很大程度上消除或降低关税等，推动建立一个完整、具有活力和永久性的多边贸易体制。

早在世贸组织成立之前，1993 年 1 月 10 日，联邦德国和美国反垄断法专家牵头成立的国际反垄断法典工作小组就向关贸总协定总干事提交了一份《国际反垄断法典草案》（Draft International Antitrust Code）。该草案内容十分详尽，涵括了垄断、兼并、水平与垂直限制竞争、救济措施与国际反垄断机制②等内容。然而该草案要求其优先于各国国内立法，这不符合当时的国际政治、法律和经济现实，因此未能提上议程。世贸组织成立后，1996 年，世贸组织贸易与竞争政策互动小组正式成立，并于第一次会议上提出了“建议研究项目清单”。世贸组织成立以来，每年都要出台一份工作报告，这些工作报告对

① 于立、吴绪亮：《国际竞争政策的分歧、互动与展望》，载《世界经济研究》2006 年第 9 期。

② 于立、吴绪亮：《国际竞争政策的分歧、互动与展望》，载《世界经济研究》2006 年第 9 期。

于在 WTO 框架下制定竞争政策具有重要作用，其中 1998 年工作报告的作用最为瞩目，其较为充分地论述了贸易政策和竞争政策之间的互补性，并且就 WTO 竞争政策的模式也作了一定的讨论。2001 年 11 月，世贸组织第四届部长级会议在多哈召开，会议发表了《多哈宣言》。《多哈宣言》进一步强调了建立一个多边规则来加强竞争的重要性，然而 2003 年在墨西哥召开的第五届部长级会议没有进一步推进建立统一竞争政策，至此 WTO 有关竞争政策的前景仍然扑朔迷离。

除 WTO 本身有关竞争政策的立法进程之外，下面也将简单介绍世贸组织内具有竞争法规则的协定[①]。

（一）WTO 的前身：《关税与贸易总协定》中的竞争法律制度

《关税与贸易总协定》（GATT）是一个在国际经济领域中引导公平竞争、反对不正当竞争的纲领性文件。GATT 对竞争问题关注由来已久，其对促进公平竞争理念的建设作出过巨大贡献。早在 1948 年的哈瓦那会议上，GATT 的 23 个缔约方就达成协议，要求通过透明、协商和调节的方式来控制限制性商业惯例的危害。旨在建立国际贸易组织（International Trade Organization，ITO）的《哈瓦那宪章》（Havana Charter）第五章就以“限制性商业惯例”为标题，对国际性的反竞争行为进行了规范。尽管《哈瓦那宪章》没有生效，但是第五章的规定是国际社会在竞争问题上的第一次立法尝试。之后，GATT 体制内还对制止国际反竞争行为进行多次立法讨论，不仅反映了国际社会对竞争问题的高度重视，也为此后 WTO 框架下制定公平竞争规则提供了立法经验。

1947 年签订的《关税与贸易总协定》的目的之一就是通过调整成员之间在经济贸易领域的竞争关系，制止和减少贸易领域违背诚信原则的商业行为。因此，GATT 涉及的竞争规则主要有：倾销与反倾销、补贴与反补贴、国营贸易及限制，以及知识产权领域的反不正当竞争行为。

GATT 的竞争规则具有以下特点：（1）提出建立贸易领域的公平竞争的国际环境；（2）提出国际竞争规则应首先规范成员和成员政府的经济行为，然后再规范企业的经济行为；（3）提出违反国际竞争规则的反竞争行为应受到有关机构的严厉制裁[②]。

反倾销、反补贴的协定授予了成员方在面临不公平的贸易行为时采取一定措施以维护正当贸易利益的权利，即可以分别针对出口价格低于正常价值的产品、对出口成员带来不利影响的补贴产品和对出口成员的国内同类产品或直接竞争产品造成严重损害或者严重损害威胁的产品加征关税，以限制此类产品的进口，维护进口成员方市场内的公平合理贸易不受损害。

《关于解释 1994 年关税与贸易总协定第 17 条的谅解》（以下简称《谅解协定》）第 1 条对国营贸易企业作出了解释。所谓国营贸易企业，是指被授予了包括法定的和宪法规定的权利在内的专营权或特殊权利的企业。这样的企业可以是政府拥有所有权的贸易企业，也可以是政府实施直接控制并赋予对外贸易中专营权或特权的非政府企业的私营贸易企业。此外，国营贸易企业还包括营销企业。GATT 对国营贸易企业的规制，主要是要求

---

① 江帆主编：《竞争法》，法律出版社 2019 年版，第 56—60 页。

② 林燕萍：《贸易与国际竞争法》，上海人民出版社 2005 年版，第 124—144 页。

其遵循非歧视原则和透明度原则。所谓非歧视原则，是指只对商业上的考虑进行购买或销售，包括价格、质量、货源情况、可推销性、运输及其他购销条件等，给予其他成员的企业适当机会参与购销竞争。关于透明度原则，GATT 以及《谅解协定》都作了规定，要求成员向货物贸易理事会通知从事国营贸易的企业及这些企业进口或出口的产品和其他信息，也要求对从事国营贸易的企业经营贸易的方式有清楚的了解。①

从 GATT 到 WTO，有关贸易领域的竞争规则得到进一步的发展完善。WTO 充分吸收和接纳了 GATT 的成果，并将贸易政策与竞争政策的互动关系列入了多边框架加以讨论，其后又将竞争规则扩展到投资、服务贸易与知识产权领域。②

（二）《与贸易有关的知识产权协定》中的竞争法律制度

《与贸易有关的知识产权协定》（Agreement on Trade-Related Aspects of Intellectual Property Rights，TRIPs，简称《知识产权协定》）是世贸组织管辖的一项多边贸易协定。

TRIPs 除在第 1 部分总则和基本原则中规定国民待遇原则和最惠国待遇原则外，在第 8 条第 2 款还原则性规定“只要与本协定的规定相一致，可能需要采取适当措施以防止知识产权权利持有人滥用知识产权，采取不合理的限制贸易或对国际技术转让造成不利影响的做法”。这说明 TRIPs 将公共利益放在重要位置，在保护知识产权的同时，也防止其被滥用，妨碍公平竞争。TRIPs 第 30 条明确规定了专利权的限制：“各成员可对专利授予的专有权规定有限的例外，只要此类例外不会对专利的正常利用发生无理抵触，也不会无理损害专利所有权人的合法权益，同时考虑第三方的合法权益。”这实际上赋予了成员方在一定情况下对专利专有权进行适当限制的权利，该协定还在第 31 条进一步规定了对专利权的强制许可使用。为应对公共健康危机，世贸组织总理事会于 2015 年 12 月 6 日通过了《修改〈与贸易有关的知识产权协定〉议定书》，规定在符合有关条件的情况下，世贸组织成员可以授予其国内企业生产并出口特定专利药品的强制许可，不受 TRIPs 关于强制许可使用应主要为供应国内市场的规定限制。

TRIPs 的规定具有如下特点：（1）协议的内容承认了滥用知识产权会对竞争产生有害影响，并且规定各成员可以各自采取行动对滥用知识产权的行为进行规制。这不仅有利于打击知识产权中的反竞争行为，还有利于培养反垄断的意识和文化，促进全球反垄断概念的形成。（2）知识产权协议是有拘束力的协议，其对各成员义务的规定既有现实性，又具有可执行性。协议还要求各成员就有关行为进行磋商，倡导各成员间进行国际合作。（3）TRIPs 代表了一系列的妥协。协议不仅满足了发达国家关于最低标准和保护程序的要求，也给予发展中国家一定的宽限期。（4）TRIPs 主要目的是规范贸易而不是竞争，因此并不能解决所有的反竞争的问题。③

（三）《服务贸易总协定》中的竞争法律制度

在《服务贸易总协定》（The General Agreement on Trade in Services，GATS）中，也有

① 江帆主编：《竞争法》，法律出版社 2019 年版，第 56—60 页。

② 林燕萍：《贸易与国际竞争法》，上海人民出版社 2005 年版，第 124—144 页。

③ 谢海霞：《论 WTO 与国际竞争法》，中国政法大学 2003 年博士论文，第 82—83 页。

限制在服务贸易领域内实施反竞争行为的规定，这些行为包括垄断和限制性商业惯例、补贴、政府采购。

GATS 第 2 条和第 3 条规定了约束所有成员方服务贸易的最惠国待遇规则和透明度规则。这两条规则的基本精神是，任何成员方引入修改或实施影响服务贸易的竞争政策，无论其形式为法律法规，还是一般适用的司法或行政措施，都必须履行这两条规定中的最惠国待遇和透明度义务。值得注意的是，GATS 中的最惠国待遇，还规定了一些豁免性或例外性的规定，凡是成员列出“免除最惠国业务清单”的措施，都属于“合法的例外”，不属于违反公平竞争的歧视性规定。

GATS 是 WTO 协议中涉及竞争规则较多的一个协议。在 1994 年达成《服务贸易总协定》之后，1997 年又进一步达成了《基础电信协议》和《金融服务协议》。其目的是防止在服务业中居于垄断地位的经营者有滥用市场支配地位的行为，从而阻碍服务贸易市场的自由进入。例如，GATS 第 2 条第 1 款规定，每一成员对于任何其他成员的服务和服务提供者，应立即和无条件地给予不低于其给予任何其他国家同类服务和服务提供者的待遇。第 8 条规定，每一成员应保证在其领土内的任何垄断服务提供者在有关市场提供垄断服务时，不以与其在第 2 条和具体承诺下的义务不一致的方式行事。一成员的垄断提供者直接或通过附属公司参与其垄断权范围之外且受该成员具体承诺约束的服务提供的竞争，则该成员应保证该提供者不滥用其垄断地位在其领土内以与此承诺不一致的方式行事。可见，处于垄断地位的经营者进行的歧视行为不仅可能违反最惠国待遇原则，也是竞争法禁止的行为。

四、《区域全面经济伙伴关系协定》

《区域全面经济伙伴关系协定》（Regional Comprehensive Economic Partnership，RCEP）是 2012 年由东盟发起，历时 8 年，由包括中国、日本、韩国、澳大利亚、新西兰和东盟十国共 15 方成员制定的协定。该协定第十一章“知识产权”第八节有关于知识产权反不正当竞争的规定，主要强调对《巴黎公约》的遵守和对有关域名及未披露信息的保护。第十三章“竞争”专章规定了竞争政策，本节重点介绍第十三章。

RCEP 采用的是宽严相济的竞争立法路径：一方面作出原则性规定，概括要求成员设立、维持竞争立法；另一方面又明确要求成员国竞争立法应当对特定的反竞争行为进行规制。例如，该协定第十三章第 3 条第 1 款规定“每一个缔约方应当采取或维持禁止反竞争活动的竞争法律和法规，并且应当相应地执行此类法律和法规”，概括性地规定了成员国的竞争立法义务；该条注释又特别指出，成员国国内竞争立法应当涵括反竞争协议、滥用支配地位以及反竞争性的兼并和收购三种反竞争行为。

RCEP 第十三章除规范各成员国的竞争立法外，还规定了各成员国竞争执法的义务：非歧视义务、程序公正义务和执法透明义务。RCEP 第十三章第 3 条第 4、5 款规定了缔约方不得因为国籍而歧视性地适用和实施竞争法律法规，还应当对所有从事商业活动的实体适用竞争法律和法规，不考虑其所有权。因此无论国籍如何、无论是国有企业还是私人企业，都应当平等适用竞争法律和法规，除非基于公共政策或者公共利益的理由才可以排除适用竞争法律和法规。该条第 6、7 款规定了执法透明义务，每一个缔约方除内部操作程序外，都应当确保其竞争法律和法规以及实施前述法律法规的指南可以公开获得，还应当确保基于其竞争法律和法规作出的有关处罚或救济的最终决定的理由，以及由此提出的任何上诉都可以公开获得。该条第 8—11 款则规定了程序公平义务，缔约方应当保证在对违法者进行处罚或者救济之前，向其提供受到指控的原因，并且该原因在可能的情况下适用书面形式告知，并向违法者提供公平的听取其意见和提交证据的机会。此外还规定了违法者对该处罚或者救济具有获得独立审查或者上诉的机会，每一个缔约方也应当认识到及时处理竞争案件的重要性。

以往大多数协定在消费者保护方面仅仅作出概括规定，而 RCEP 在第十三章竞争部分第 1 条就明确了需要保护消费者权利，此外还就跨区域消费者保护设立了具体条款，如第 7 条专门阐述了消费者保护的规定。此外，RCEP 还考虑到不同国家的发展水平，针对部分发展中国家以及最不发达国家给予了特殊和差别待遇，如给予当时尚未进行竞争立法的文莱、柬埔寨、老挝和缅甸特殊待遇：根据 RCEP 第十三章附件一至四的规定，给予尚未立法的前述 4 个国家一定的过渡期，要求前述国家在该协定生效之日起 3 年（文莱、老挝、缅甸）或者 5 年（柬埔寨）内完成竞争法的制定和实施工作，并且在过渡期内可以暂时不承担第十三章第 3 条和第 4 条中的相关义务。除了给予过渡期外，RCEP 第十三章还通过技术合作和能力建设两方面，为发展较慢的国家提供援助。最后还规定了违反该章规定时的争端解决方式为磋商。

本章思考题

1. 如何理解美国反托拉斯法对世界竞争法形成与发展的影响？
2. 简述欧盟竞争法的主要内容。
3. 简述德国竞争法体系的主要特点。
4. 简述日本竞争法的主要内容。
5. 简述俄罗斯竞争法的主要特点。
6. 如何理解世界贸易组织法中的竞争法内容？

拓展阅读　　即测即评

第二编 反不正当竞争法

第七章　反不正当竞争法概述

第一节　不正当竞争行为的内涵

一、不正当竞争行为的定义

不正当竞争（unfair competition）或者说不正当竞争行为是带有一定道德色彩的词汇，较难界定。在不同的国家和地区乃至不同的历史时期，法律及有关文献对其概念的使用也不尽相同。由于市场竞争中不正当竞争行为的表现极为多样且多变，域外学界常常将其形容为外形千变万化的“海神”或“模糊而变幻不定之云彩”，故而对其定义的规定也就各有不同。例如，《巴黎公约》认为“凡在工商业活动中违反诚实经营的竞争行为即构成不正当竞争”；《布莱克法律辞典》认为不正当竞争是指“在贸易和商业中不诚实或欺诈的竞争”；1986年瑞士《反不正当竞争法》规定：“不正当竞争是指任何欺骗性商业行为，或以其他手段，违反诚实信用原则的任何商业行为”；等等。

在我国，1993年《反不正当竞争法》出台前，有观点认为，“不正当竞争行为泛指商业活动中与诚实信用、公平交易的商业道德相背离的各种行为”[①]；1993年《反不正当竞争法》出台后，大多数学者都与该法第2条保持一致，认为不正当竞争行为是指经营者在市场竞争中，违反有关法律规定，采取一切违反诚实信用原则或其他公认的商业道德的手段，损害其他经营者和消费者合法权益，扰乱社会经济秩序的行为。[②]

以上关于不正当竞争的定义可谓形形色色，但它们有一个共同的特点，即所使用的核心词汇的语义均具有相当的模糊性或者说灵活性。而且，除去各自的具体表述和侧重点上的差异外，它们在实质内容和基本精神上都是基本一致的，即都包含了与以诚实信用为核心的商业道德相悖这样的基本要素[③]。亦即反不正当竞争法是以维系市场竞争中正常的商业道德为基础的。2017年修订后的《反不正当竞争法》并未对此作出根本性改变，仅对发生领域（从“市场交易中”改为“生产经营活动中”）和损害对象（从“其他经营者合法权益”改为“其他经营者或者消费者的合法权益”）作了一些变动，可以视为有扩大理解的趋势；同时更为关注市场竞争秩序而非一般的社会经济秩序的维持。

据此，本书认为，不正当竞争行为，就是指经营者在生产经营活动中，无视自愿、平等、公平、诚实信用等原则，采取违反法律和商业道德的手段去争取交易机会，损害其他

---

① 国家工商行政管理局条法司：《现代竞争法的理论与实践》，法律出版社1993年版，第22页。

② 可参见赵新华、冯彦君、董进宇：《市场管理法学》，吉林大学出版社1998年版，第65页。

③ 王源扩等：《经济效率与社会正义——经济法学专题研究》，安徽大学出版社2001年版，第243页。

经营者或者消费者的合法权益，扰乱市场竞争秩序的行为。

二、不正当竞争行为的特征和构成要件

（一）不正当竞争行为的特征

1. 不正当竞争行为是经营者在生产经营活动中从事的行为

根据《反不正当竞争法》的规定，不正当竞争行为是经营者在生产经营活动中从事的行为。所谓经营者，是指从事商品生产、经营或者提供服务的自然人、法人和非法人组织。从我国司法实践来看，此处的“经营者”，已经不仅限于从事商品生产、经营或者提供服务的公司企业，不限于那些具有合法的生产经营资格的市场主体，而扩张到包括不具有营利性的事业单位在内的其他社会主体，事实上存在着向“市场参与者”演化的趋势。

2. 不正当竞争行为是违法行为

这种违法性表现为违反《反不正当竞争法》的规定，亦即主要违反了该法第二章关于禁止不正当竞争行为的各种具体规定。当然，如果某种行为并未违反第二章各条款，但采取违反法律和商业道德的手段从事生产经营，产生较为严重的侵害其他经营者或者消费者合法权益、扰乱市场竞争秩序的后果，也有可能依据《反不正当竞争法》第 2 条被认定为一种新型的不正当竞争行为。

3. 不正当竞争行为是侵权行为

不正当竞争行为直接侵害了其他经营者或者消费者的合法权益，是一种典型的侵权行为，并最终破坏了良好的市场竞争秩序。从中外司法实践来看，不正当竞争行为往往被视为一种典型的或者特殊的民事侵权行为。

4. 不正当竞争行为是扰乱市场竞争秩序的行为

不正当竞争行为与一般的侵权行为的区别就在于，该行为会带来扰乱市场竞争秩序的后果。因此，从理论上看，如果经营者的某项行为损害了其他经营者或者消费者的利益，而对市场竞争秩序的侵害并不明显，则将其视为一般的侵权行为更为合理。

（二）不正当竞争行为的构成要件

由于长期以来不正当竞争行为均被视为一种特殊的侵权行为，故其构成要件与侵权行为的一般构成要件类似，即：第一，经营者存在违法行为；第二，经营者主观有过错；第三，该行为造成损害后果或可能造成损害；第四，行为与损害之间存在因果关系。

在域外，法国早期的判例与学说都认为构成不正当竞争应具备四个要件：行为人必须有过失；第三人受有损害；行为与损害之间须有因果关系；须有竞争要素。因而，不正当竞争行为被视为民事侵权行为。不过，晚期的判例已不同于早期的判例，不再强调“恶意”。而且在事实上，对于不正当竞争行为责任与一般民事责任的要件，在解释上仍有宽严之分。如对竞争损害的解释较一般侵权行为责任为宽，以鼓励正常竞争，尊重道德义务。另外，现在也不再强调只有同业者间才存在不正当竞争，而着重强调“不正当”的性质。在美国，由于其不正当竞争的观念是由判决经验推衍出来的，对于不正当竞争的构成要件，一般依每一案件的特殊事实与情况加以判断。美国对于不正当竞争的取缔，主要目的是保护诚实商人、处罚加害者以及保护消费者免受欺骗，而且多数判决特别强调保护消

费者。[①]

从上述法国和美国的司法经验来看，在主观要件的放宽、对损害的宽泛解释，以及注重对消费者利益保护等方面，颇值得我国借鉴。

三、不正当竞争行为的分类

由于不正当竞争行为的多样及多变，对其进行分类较为困难。有学者以损害对象（即其他经营者的合法权益）的不同为标准，将不正当竞争行为大致分为两类：一类是侵害绝对权利即法律上有明文规定的权利的行为，也可以称为侵害其他经营者的“特殊正当竞争权”的行为；另一类是侵害其他合法权益的行为，即侵害其他经营者的“一般正当竞争权”的行为。[②] 更多学者鉴于不正当竞争行为的特殊性，采取根据不同行为的市场表现进行分类的实用主义作法，如根据不正当竞争手段的性质，将其分为欺骗性交易行为、利诱性交易行为、强迫性交易行为和其他不正当竞争行为。[③] 这种作法在立法中广为采用。例如，《巴黎公约》第 10 条在对不正当竞争行为作出定义后，又列举了“特别应予以禁止”的三种行为——混同行为、诋毁竞争者行为和误导行为。世界知识产权组织国际局则在一份研究报告中将不正当竞争行为划分为两大组：一组是《巴黎公约》第 10 条之二明确的行为即前述之混同、诋毁和误导行为；另一组是第 10 条之二未明确描述的行为，包括侵犯商业秘密、不当利用他人成果、比较广告和其他不正当竞争行为。[④] 德国、日本的有关法律文件中也分别作了列举。我国亦有学者认为可以将不正当竞争行为分为虚假、欺诈类，诋毁、妨害类，贿赂、利诱类，以及侵犯商业秘密及其他泄密类等几类。[⑤]

在上述分类中，将不正当竞争视为侵犯其他经营者的正当竞争权的行为，从而将其分为侵犯一般正当竞争权的违法行为与侵犯特殊正当竞争权的违法行为的分类方法，理论性较强，概括全面，但适用还存在许多实际困难。就侵犯一般正当竞争权的行为而言，由于此类不正当竞争行为的受害人往往不是特定的，损害后果具有间接性和多样性，侵害行为与损害之间的因果联系也较难证明和认定，导致其法律适用存在困难，尚待从理论上予以解决。[⑥] 更重要的是，所谓的“竞争权”或“正当竞争权”理论目前尚未得到学界普遍认同，还存在若干颇有争议之处。至于其他几种分类方法，基本思路是完全一样的，都着眼于现实市场竞争中出现的各种不正当竞争行为，并予以归纳，故结论也具有较大的一致性。但是有些分类则存在较为明显的不能完全涵盖所有不正当竞争行为的缺陷。

本书认为，如果从理论上对不正当竞争行为进行归纳，可以将其归纳为误导行为、不

---

① 漆多俊主编：《经济法学》，高等教育出版社 2007 年版，第 147 页。

② 邵建东：《论正当竞争权》，载范健、邵建东、戴奎生主编：《中德商法研究》，法律出版社 1999 年版，第 270—275 页。

③ 种明钊主编：《竞争法》，法律出版社 1997 年版，第 170—171 页。

④ WIPO 国际局撰，郑友德、冯涛译：《世界反不公平竞争法的新进展》，载漆多俊：《经济法论丛》（第 1 卷），中国方正出版社 1999 年版，第 285 页。

⑤ 漆多俊：《经济法基础理论》（第 4 版），法律出版社 2008 年版，第 211 页。

⑥ 邵建东：《论正当竞争权》，载范健、邵建东、戴奎生主编：《中德商法研究》，法律出版社 1999 年版，第 270—275 页。

正当利诱行为、诋毁行为、混淆行为、侵犯商业秘密行为以及其他不当妨碍他人经营行为六类，如此基本上可以涵盖现实中发生的所有不正当竞争行为。

第二节 反不正当竞争立法

一、反不正当竞争立法概述

反不正当竞争法有广义、狭义之分。广义的反不正当竞争法是指调整在制止不正当竞争行为过程中发生的社会关系的法律规范的总称，是以《反不正当竞争法》为核心，辅之以其他有关法律、法规、规章等相关法律规范的总和。狭义的反不正当竞争法就是1993年通过并施行的《反不正当竞争法》，该法分别于2017年和2019年作了修改。

关于反不正当竞争法的调整对象，在我国一般包括两类：一是在市场竞争过程中发生的经营者之间的不正当竞争关系；二是有关国家机关在制止该不正当竞争行为过程中发生的社会关系即竞争管理关系。

关于反不正当竞争法的原则，根据现行立法，在生产经营活动中经营者应当遵循下列原则：(1) 自愿、平等、公平、诚信原则；(2) 遵守法律及商业道德的原则。前一项原则体现出该法具有很浓厚的民事立法或者说私法色彩；后一项原则体现出该法与一般民事立法的差异。

二、域外反不正当竞争立法历史

由于竞争是商业活动中必然存在的因素，所以人类早期的商业活动中就存在竞争和不正当竞争，古代各国立法中就已有若干关于不正当竞争行为的法律条款。

在现代反不正当竞争专门立法方面，德国具有典型意义。自1871年德意志帝国建立后，“营业自由”政策使市场竞争加剧，活跃了经济。但营业自由权利的滥用导致各种不正当竞争手段层出不穷，不正当竞争行为愈演愈烈，构成了对竞争机制的扭曲。而这些问题以传统的民法等法律手段无法有效加以解决。在迫切的现实需要面前，立法者于1896年出台了世界上第一部《反不正当竞争法》，以列举的形式禁止商业欺诈、滥用他人商标、诽谤等行为。但由于不正当竞争行为在现实生活中具有多样性，法律上简单的列举无法达到维持正当竞争秩序的要求。因此，德国立法者在此基础上制定了1909年《反不正当竞争法》，增加了“行为人在商业交易中以竞争为目的而违背善良风俗的，可向其请求停止行为和损害赔偿”作为第1条，明确禁止在商业竞争中一切违背善良风俗的行为。从颁布之日起，这一概括条款的功能随着市场竞争手段的变化而不断扩充，被奉为主宰整部法律的“帝王规则”，成为德国法系中法官依法造法活动的典范。[①] 为了转换欧洲议会和理事会1997年10月6日《关于修订欧共体第84/450号关于为规范比较广告之目的而规制引人误解的广告的指令》的第97/55号指令，以及转换欧洲议会和理事会2002年7月12日

① 郑友德：《论德国反不正当竞争法对模仿行为的规制》，载《知识产权》1997年第4期。

《关于在电子交易中与个人相关的数据的处理以及私人领域保护的 2002/58 号指令》的有关规定，2004 年德国对其《反不正当竞争法》进行了较大修改。新法第 1 条开宗明义地首次规定了保护目的，即本法旨在保护竞争者、消费者以及其他市场参与者免受不正当竞争，同时保护公众在未扭曲的竞争中的利益。该条规定改变了旧法纯粹的保护竞争者利益的立法目的。新法最核心的实体规定是第 3—7 条。第 3 条设置了一项新的一般条款，取代了旧法第 1 条的一般条款规定。新的一般条款通过第 4—7 条列举的一系列不正当竞争示例而予以具体化，且新列举之示例呈开放状态，并在法律救济措施和法律程序等方面有所创新。① 之后该法亦有修改，但基本格局没有重大改变。

日本反不正当竞争立法方面与德国较为近似。早在 1934 年，为了加入《巴黎公约》，日本就制定了《反不正当竞争法》，主要内容包括对各种不正当混淆行为和不当赠品等的规制。之后该法经过多次修订，不断扩大法律的适用范围，将更多的不正当竞争行为纳入其中，如侵犯商业秘密、商业贿赂、破坏技术保护措施、域名抢注等。② 与德国《反不正当竞争法》相比，该法缺少一般条款，并且尽管日本《反不正当竞争法》不要求当事人之间存在竞争关系，但该法只保护竞争者，不保护消费者。③ 另外，尚有《景品表示法》④ 以及其他法律中的相关条款涉及不正当竞争行为，如 2009 年《消费者基本法》第 15 条规定，国家应对虚假或误导性广告等采取必要的措施，以避免消费者因此作出错误决定。

在英美法国家，早在 16 世纪就出现了反对假冒的案件——“制衣匠案”。当时某个制衣匠衣服做工粗糙，但是他把另一个信誉良好的制衣匠的衣服标志缝在自己所做的衣服上。购买者发觉上当后，以“欺骗”为由诉诸法庭。结果，从侵权法“欺骗”行为中独立出一类新的行为——假冒，即商人以自己的低质或者劣质商品冒充他人的优质商品出售。

在美国，早期的反不正当竞争法源于传统的假冒之诉（passing-off）。在发生于 1842 年、被认为是英美法中第一起假冒之诉的案件中，法官龙代尔（Longdair）提出“一个人不能在出卖自己的货物的时候，将其伪装成另一个人的货物”。⑤ 1946 年《兰哈姆法》第 43 条 a 款被公认为联邦反不正当竞争法的主要渊源，该条款被视为一个专门而有限的不正当竞争救济条款，用以保护商业利益免受不正当的商业行为的侵害。⑥ 也有学者提出，《联

① 郑友德、万志前：《德国反不正当竞争法的发展与创新》，载《法商研究》2007 年第 1 期。

② 李胜利：《反不正当竞争法与反垄断法的关系：突然现状与应然选择》，载《社会科学辑刊》2019 年第 3 期。

③ ［德］弗诺克·亨宁·博德维希主编：《全球反不正当竞争法指引》，黄武双、刘维、陈雅秋译，法律出版社 2015 年版，第 424 页。

④ 值得注意的是，该法在日本通常被视为《禁止垄断法》的补充法，不当赠品及不当表示行为是“不公正的交易方法”的一种具体表现。

⑤ Perry v. Truefitt (1842) 6 Beav. 66, 49 E. R. 749.

⑥ See Germain, Kenneth B, “Unfair Trade Practices Under Section 43 (a) Lanham Act: You've Come a Long Way, Baby, Too Far, Maybe?,” *Indiana Law Journal*: *Vol.* 49: *Iss.* 1, Article 6. (1973); Colligan v. Activities Club of New York, 442 F. 2d 686 (2d Cir. 1971); Sara G. Serbin and George Baker, v. Ziebart International Corporation, Inc. and Ziebart corporation, sheilah Guarino, v. Sun Company, Inc., Sun Refining & Marketing Company, Robertmcclements, Jr., David Zebley and Wells, Rich, Andgreene, Inc., 11 F. 3d 1163 (3d Cir. 1993).

邦贸易委员会法》是联邦反不正当竞争法的渊源。为了既对众多的不正当竞争行为进行控制，又避免对普通法传统的背叛，美国1914年制定《联邦贸易委员会法》，以“不正当的竞争方法”（unfair method of competition）代替“不正当竞争”（unfair competition）一词。此后，鉴于“不正当的竞争方法”仅包括那些对竞争对手造成直接侵害的行为，而商业活动中大量的促销手段，如虚假或者令人误解的广告、有奖销售等，主要针对消费者进行，并不一定给竞争对手造成直接侵害，故美国于1938年在《联邦贸易委员会法》中增加了“不正当的或者欺骗性的做法和行为”这一概念。根据联邦贸易委员会制定的规则，“不正当的竞争行为”和“不正当的或者欺骗性的做法和行为”几乎涵盖了市场主体的所有不正当经营行为。① 例如，在1934年的一起案件中，联邦最高法院认为一家企业利用博彩式营销方法面向儿童销售糖果的行为是“不正当的”。② 这种对违反公共政策及商业道德行为的规范，可以说是典型的反不正当竞争法。除了第5条，该法第12条和第14条对于虚假广告的禁止，也与其他国家反不正当竞争法中的虚假宣传条款近似。③

三、我国反不正当竞争立法及修改历程

改革开放初期，我国就意识到了竞争及竞争立法的重要性，1980年，国务院发布了《关于开展和保护社会主义竞争的暂行规定》。此后，20世纪80年代制定的相当多的法律、法规、规章中，都出现了保护合法竞争、反对限制竞争及不正当竞争的条款，如1983年《国营工业企业暂行条例》、1987年《广告管理条例》、1987年《价格管理条例》等法律文件。就专门的竞争立法而言，也有1985年《武汉市制止不正当竞争行为试行办法》、1987年《上海市制止不正当竞争行为暂行规定》等。

1987年，国务院首次提出要制定全国性的制止不正当竞争法。1992年初，根据全国人大常委会的立法计划，原国家工商总局成立专门的起草小组，提出了《反不正当竞争法（征求意见稿）》；1993年6月，国务院常务会议通过了《反不正当竞争法（草案）》；1993年9月2日，第八届全国人大常委会审议通过了《反不正当竞争法》，并于1993年12月1日起实施。经过20多年的实施，该法暴露出一些问题，加之2007年我国通过了《反垄断法》，《反不正当竞争法》中部分垄断行为条款与之重合，也需要重新调整。为此，2017年11月4日第十二届全国人大常委会第三十次会议正式通过了修订后的《反不正当竞争法》，并于2018年1月1日起实施。为了进一步加强对公平竞争的市场秩序的维护，保护经营者的合法权益，2019年4月23日第十三届全国人大常委会第十次会议决定对该法再次修正，主要就侵犯商业秘密行为作了更为严厉的规定。

全国人大常委会通过的《产品质量法》《消费者权益保护法》《广告法》《价格法》

---

① 刘燕、蔡敏：《不正当竞争法的历史发展及其一般规律探讨》，载《中外法学》1992年第6期。

② FTC v. R. F. Keppel & Bro., Inc., 291 U. S. 304 (1934). 联邦最高法院在该案判决书的一个注释中还引用了立法时一位参议员回应对“不正当竞争”概念的批评时，提到有必要建立贸易中的道德标准（a standard of morals in trade），还提到德国人毫不犹豫地禁止违反善良风俗（contra bonos mores）行为，并由法院来决定何种行为是违反良好道德的（good morals）。

③ 李胜利：《反不正当竞争法与反垄断法的关系：突然现状与应然选择》，载《社会科学辑刊》2019年第3期。

《招标投标法》《电子商务法》等单行法亦包含维持竞争秩序、反对不正当竞争行为的条款。尽管国务院未就1993年《反不正当竞争法》制定专门的配套行政法规，但原国家工商行政管理部门陆续制定了不少配套法律文件。最高人民法院于2007年发布了《关于审理不正当竞争民事案件应用法律若干问题的解释》（后于2020年予以修正），于2022年被《最高人民法院关于适用〈中华人民共和国反不正当竞争法〉若干问题的解释》所取代；此外还有《最高人民法院关于审理侵犯商业秘密民事案件适用法律若干问题的规定》。经过数十年的努力，以《反不正当竞争法》为核心，辅之以其他大量有关法律、法规、司法解释、部门规章等，我国反不正当竞争法律体系已经基本形成，并在实践中取得了显著的效果。

四、我国反不正当竞争法的立法目的

我国《反不正当竞争法》第1条规定："为了促进社会主义市场经济健康发展，鼓励和保护公平竞争，制止不正当竞争行为，保护经营者和消费者的合法权益，制定本法。"依此规定，其立法目的有四个：促进社会主义市场经济健康发展；鼓励和保护公平竞争；保护经营者的合法权益；保护消费者的合法权益。其中，"促进社会主义市场经济健康发展"是所有经济立法的根本目的，不为《反不正当竞争法》所特有；而后三项则是《反不正当竞争法》要达到的直接目的。由此可以说，我国《反不正当竞争法》的保护对象是公平竞争或公平竞争的市场秩序、经营者和消费者。

现代竞争法的价值取向是不仅保护竞争者的利益，还保护其他市场参与者、消费者和公众的利益。我国1993年《反不正当竞争法》实质上游弋于现代与传统之间，2017年的修法则向前迈进了一步。在立法目的明示保护经营者和消费者的合法权益之余，第2条第2款对不正当竞争行为的界定也作了修订，从"经营者违反本法规定，损害其他经营者合法权益，扰乱社会经济秩序的行为"改为"经营者在生产经营活动中，违反本法规定，扰乱市场竞争秩序，损害其他经营者或者消费者的合法权益的行为"，在将"消费者的合法权益"纳入损害对象的同时，聚焦于"扰乱市场竞争秩序"这一竞争损害后果之上。但该法仍然只赋予受到不正当竞争行为侵害的经营者提起民事诉讼的权利，相对而言，《消费者权益保护法》则确立了消费者公益诉讼制度。① 由此，如何在反不正当竞争领域加强消费者权益保护，仍是一个值得讨论的课题。

第三节　反不正当竞争法中的竞争关系与一般条款问题

一、反不正当竞争法中的竞争关系问题

如前所述，对于《反不正当竞争法》的适用中，加害人与受损害人之间是否要求存在

① 理论上如何看待反不正当竞争法的消费者保护功能一直存在争议。对于该课题的晚近讨论，可以参见焦海涛：《不正当竞争行为认定中的实用主义批判》，载《中国法学》2017年第1期；李胜利：《从两个关系看〈反不正当竞争法〉的修订》，载《法治现代化研究》2017年第5期；张占江：《不正当竞争行为认定范式的嬗变，从"保护竞争者"到"保护竞争"》，载《中外法学》2019年第1期。

竞争关系，一直存在争议。[①]

（一）关于竞争关系的理论争议和实践做法

不少学者赞同狭义的竞争关系说，认为竞争关系是指生产经营相同、类似抑或可替代商品的经营者之间在特定的市场经营活动中为争夺市场份额而形成的社会关系，即直接竞争关系；所生产经营的商品互不相同、不具替代关系的经营者之间不存在竞争关系，亦不发生不正当竞争行为，此类争议不能适用反不正当竞争法处理。[②] 然而，亦有不少学者不同意这种狭义的理解。他们认为，反不正当竞争法上的竞争关系往往比反垄断法意义上的竞争关系的范围要广泛。在反垄断法中，竞争关系一般是指具有替代关系的商品的经营者之间相互争夺交易机会的关系，这是狭义上的竞争关系；而在反不正当竞争法中，竞争关系往往是广义上的竞争关系。[③] 因此有学者呼吁，应该改变"将存在竞争关系作为认定构成不正当竞争行为的前提"的褊狭观念，对竞争关系作广泛认定。竞争关系存在与否，不能仅取决于所提供的商品或服务是否相同，只要商品或服务存在可替代性，或者招揽的是相同的顾客群，抑或促进了他人的竞争，都应认定存在竞争关系。[④] 2004 年 11 月，最高人民法院原副院长在全国法院知识产权审判工作座谈会上的讲话中也曾提出，竞争关系是取得经营资格的平等市场主体之间在竞争过程中形成的社会关系。所谓竞争关系，一般是指经营者经营同类商品或服务，经营业务虽不相同，但其行为违背了《反不正当竞争法》第 2 条规定的竞争原则，也可以认定具有竞争关系。就其主旨而言，已经超越了对竞争关系的狭义理解，但仍坚持竞争关系的存在是认定构成不正当竞争行为的要件之一。

司法实践中，有关不正当竞争案件的判决书往往首先就原被告之间是否存在竞争关系作出论证，如北京百度网讯科技有限公司诉青岛奥商网络技术有限公司等不正当竞争纠纷案中，山东省高级人民法院的终审判决经过论证确认了原被告之间竞争关系的存在。[⑤] 然而，亦有一些判决采取了另一种做法。例如，在兰州金蝶软件科技有限公司与金蝶软件（中国）有限公司虚假宣传纠纷一案中，针对被告的"原告与答辩人之间系软件开发商和经销商的关系，系合资经营关系，不存在竞争关系"，故双方之间发生的纠纷不适用《反不正当竞争法》的抗辩理由，甘肃省高院以"《反不正当竞争法》是规范经营者行为的法律，同时保护其他经营者和消费者的合法权益，不以经营者之间是否存在竞争关系为前提"为由，否定了被告方的上诉理由。[⑥]

（二）关于反不正当竞争法中竞争关系的应有立场

由上可见，在《反不正当竞争法》的适用过程中，无论是理论界还是司法界，就这

---

① 本书以下有关"竞争关系"的讨论部分主要引自李胜利：《论〈反不正当竞争法〉中的竞争关系和经营者》，载《法治研究》2013 年第 8 期。此处有删改。

② 李国光主编：《知识产权诉讼》，人民法院出版社 1999 年版，第 678 页。

③ 漆多俊主编：《经济法学》，高等教育出版社 2007 年版，第 150 页。

④ 郑友德、杨国云：《现代反不正当竞争法中"竞争关系"之界定》，载《法商研究》2002 年第 6 期。

⑤ 该案详情及判决理由参见《最高人民法院公报》2010 年第 8 期。

⑥ 该案详情及判决理由参见甘肃省高级人民法院（2007）甘民三终字第 00007 号民事判决书。

一问题的认识均存在显著差异。对此，本书认为：

第一，从“竞争”或者“市场竞争”的本意来说，一般是发生于同行业竞争者之间对于顾客或者交易机会的争夺。因此竞争关系，究其本源来看，也是发生于同行业竞争者之间的关系。但是，现代市场经济的发展导致市场竞争态势复杂化（如网络经济时代的跨界竞争现象特别突出），出现了非同行业的市场参与人严重违反诚实信用原则、违背善良风俗，损害他人竞争能力，严重影响正常的市场竞争秩序的行为和现象。由于这些竞争行为对市场格局和竞争关系产生重大影响，也对正当守法的经营者造成了严重损害，适当拓展反不正当竞争法的适用范围，有助于更好地维护公平竞争的市场环境，符合社会现实和社会需要。

这方面有国际经验可循。《巴黎公约》没有规定认定不正当竞争需要以竞争关系为前提；英国的仿冒法和美国的《兰哈姆法》中亦未明文要求竞争关系的存在（尽管如果存在会更容易认定不正当竞争行为的成立）；[①] 在一个判例中，美国法院指出，“在现代不公平竞争原则的适用范围已经拓宽，其外延已扩及对不公平侵占或者侵害他人商誉的保护和救济，即使（被侵害的对象）不是一个竞争者，也不影响行为的构成”。[②] 欧盟各国反不正当竞争法对竞争关系的要求趋于淡化，诸如荷兰等国家的有关立法并没有对竞争关系的要求；[③] 德国《反不正当竞争法》第 1 条“适用范围”及第 3 条一般条款中，其语言表述也从“竞争行为”修订扩大为“商业行为”，以对竞争者、消费者以及其他市场参与者提供平等保护，从而避免公共利益受到扭曲的市场竞争的损害。至于瑞士，其 1943 年《反不正当竞争法》曾要求不正当竞争行为人与受害人之间必须具有直接的竞争关系，而 1986 年《反不正当竞争法》则抛弃了原来对竞争关系的要求，将其适用范围扩展到影响经营者与消费者之间关系的行为，并规定所有市场参与者，不管是竞争者还是消费者的行为，只要符合规定，都可以构成不正当竞争。[④] 域外制度的演化值得我们深入思考、借鉴。

第二，我国《反不正当竞争法》将不正当竞争行为定义为经营者在生产经营活动中，无视自愿、平等、公平、诚信等原则，采取违反法律和商业道德的手段去争取交易机会，损害其他经营者和消费者的合法权益，扰乱市场竞争秩序的行为。这一规定并未提及一定是竞争对手所为且必须存在竞争关系。该法第 17 条（损害赔偿条款）也并未提出不法行为人的损害赔偿责任需要以其与受损害人之间存在竞争关系为前提[⑤]；而在该法第二章所规范的 7 种不正当竞争行为中，仅有第 11 条规定“经营者不得编造、传播虚假信

---

① Lisa Logan, “The Emperor's New Clothes? The Way Forward: TV Format Protection under Unfair Competition Law in the United States, United Kingdom and France”. *Thomson Reuters* (*Legal*) *Limited and Contributors*, Vol. 20, no. 3 (2009).

② Galt House, Inc. v. Home Supply Company, 483 S. W. 2d 107 (Ky. Ct. App. 1972).

③ Frauke Henning-Bodewig, *Unfair Competition Law: European Union and Member States*. Kluwer Law International Press, 2006, p. 201.

④ Dennis Campbell, Susan Cotter, *Unfair Trading Practice Issue* 1996 (*Comparative Law Yearbooks*). Kluwer Law International Press, 1997, pp. 279-280.

⑤ 1993 年《反不正当竞争法》损害赔偿条款为第 20 条，亦未要求存在竞争关系。

息或者误导性信息，损害竞争对手的商业信誉、商品声誉”，明文限定于“竞争对手”。至于该法第 6 条混淆行为及第 12 条网络不正当竞争行为，更不能局限于竞争对手之间，甚至连广义上的竞争关系是否存在都难以认定。

第三，应从行为的角度理解不正当竞争和反不正当竞争法。经营者在市场竞争中获取竞争优势或者破坏他人竞争优势的行为就是竞争行为，是否构成不正当竞争应当以反不正当竞争法规定的正当性标准进行衡量。竞争关系仅用于确定损害对象以及该受损害者是否具有原告资格等。因此，竞争关系的存在并非不正当竞争行为的构成要件之一，更不是适用反不正当竞争法的前提条件。①

据此，从国内外实践经验及理论发展来看，本书认为，除有法律明文规定外，对于一般的不正当竞争案件，至少是某些类型的案件（如混淆行为及网络不正当竞争行为），原被告之间是否为竞争对手、是否存在竞争关系，完全可以不作要求。《最高人民法院关于适用〈中华人民共和国反不正当竞争法〉若干问题的解释》第 2 条也指出，与经营者在生产经营活动中存在可能的争夺交易机会、损害竞争优势等关系的市场主体，人民法院可以认定为《反不正当竞争法》第 2 条规定的“其他经营者”。就该条款而言，不正当竞争行为人显然并不局限于直接的竞争对手，原被告双方之间的竞争关系也是较为模糊的。

二、反不正当竞争法中的一般条款问题

关于我国《反不正当竞争法》中的一般条款的问题，学界和实务界一直存在着激烈的争论。就该问题，本书认为理论和实践中存在一定反差。②

（一）何为一般条款

一般条款（General Clause）与概括条款、一般性条款、概括性条款等系同义语。该概念在民商法领域被广为使用。谢怀栻在其《外国民商法精要》中不止一处提到德国《民法典》的一大特点是规定了“一般条款”即几个总的原则，如诚实信用、善良风俗、权利不得滥用等，这几项一般条款的确立，使得德国的司法工作者有了一种近乎立法者的权力。③ 梁彗星提出：“与开放的不确定概念类似的，是一般条款，如诚实信用原则、公共秩序与善良风俗、权利滥用之禁止、情势变更原则等”，并指出“立法者并没有为一般条款确定明确的特征，以使法官可据以进行逻辑操作。”④ 显然在民商法领域，二位学者均将一般条款与我们平时所说的民法基本原则等同起来。

但是，张新宝撰文提出：法国《民法典》第 1382 条和第 1383 条首创了侵权行为法的“一般条款”立法模式，即对过错（故意和过失）侵权责任的共同要件进行抽象，将其分别规定在两个条文中，不再对各种具体的过错侵权行为进行列举性规定。并

① 孔祥俊：《反不正当竞争法新原理（原论）》，法律出版社 2019 年版，第 25—26 页。

② 本部分内容主要引自李胜利：《论〈反不正当竞争法〉中的“一般条款”》，载《安徽大学法律评论》2004 年第 2 期。本处有删改。

③ 谢怀栻：《外国民商法精要》，法律出版社 2002 年版，第 96—198 页。

④ 梁彗星：《民法解释学》，中国政法大学出版社 2000 年版，第 287 页。

指出："采用一般条款对三种侵权（故意侵权、过失侵权和准侵权）责任做出概括性规定，避免列举各种具体侵权行为产生的遗漏，因此具有高度的包容性和扩张性。其缺点是给予法官的指示太少，使得后者在司法审判中享有过多的自由裁量权。"[①] 而杨立新则称："侵权行为法的一般条款，是指概括一般侵权行为的特点和构成要件的侵权行为法条款，它将一般侵权行为的基本构成要件和基本特征进行概括，作为一般侵权行为请求权的基础的条款。"[②] 二位学者虽然在侵权行为一般条款涵盖面的认识上存在不同，但是，对于侵权行为法中的"一般条款"概念自身的理解是一致的，即可以直接适用于有关案件的法条。

由此，我们可以发现，学者们文中的"一般条款"，在不同的场合有着不同的含义：第一种是将其直接等同于民法基本原则，其文义是空泛、抽象的，表达了立法者的价值倾向；第二种则将一般条款与民法基本原则区别开来，认为它是具有相当弹性的法律规则，是对某一类行为的较为具体的描述，即有明确的构成要件。对此，本书称第二种为严格意义上的"一般条款"，如我国《民法典》第 1165 条第 1 款和第 1166 条分别确立的过错责任、无过错责任条款。[③] 与法律的基本原则不同，它们在相当程度上脱离了道德规范的意义，为法律关系的参加者提供了具体的行为模式。这些条款是公认的法律规则，虽然高度概括，但并不空洞，有着实际内容，其中包含有较为明确、完整的民事行为的构成要件，具有较强的可操作性，故依法可由法院直接适用。由于法官在享有不小的自由裁量权的同时，要受到条款本身相当的约束，故能够较好地满足人们对法律的确定性及一定弹性的预期。

关于反不正当竞争法中的"一般条款"，学界公认最具代表性的是 1909 年确立、一直延续到 2004 年修订前的德国《反不正当竞争法》第 1 条："在商业交易中以竞争为目的而违背善良风俗者，可向其请求停止侵害和损害赔偿。"根据德国学说和判例，该一般条款的构成要件是：第一，不正当竞争的行为人包括自然人或法人；第二，行为主体从事的交易必须发生在商业交易即经济交易或市场交易之中；第三，行为人在商业交易中从事的行为必须以竞争为目的，即行为人从事某项行为旨在与其他特定的或不特定的竞争对手争夺市场相对人的交易机会；第四，该竞争行为违反善良风俗。[④] 由此可见，德国《反不正当竞争法》原第 1 条之所以被视为最典型的一般条款，是因为该条款不仅规定了不正当竞争行为的构成要件，还明确了违法者的法律责任，赋予受害人停止侵害请求权和损害赔偿请求权，从而毫无疑义地宣告了国家在这个方面的态度，并在实践中取得了良好的效果。2004 年修订后的德国《反不正当竞争法》将第 1 条改变为立法目的条款，但其第 3 条和第 5 条则被公认为是两个小的一般条款。

---

① 张新宝：《侵权法立法模式：全面的一般条款+全面列举》，载《法学家》2003 年第 4 期。

② 杨立新：《论侵权行为一般化和类型化及其我国侵权行为法立法模式选择》，载《河南省政法管理干部学院学报》2003 年第 1 期。

③ 《民法典》第 1165 条第 1 款："行为人因过错侵害他人民事权益造成损害的，应当承担侵权责任。"第 1166 条："行为人造成他人民事权益损害，不论行为人有无过错，法律规定应当承担侵权责任的，依照其规定。"

④ 邵建东：《德国反不正当竞争法研究》，中国人民大学出版社 2001 年版，第 38—56 页。

从以上列举可知，反不正当竞争法中的一般条款是具有明确的违法行为构成要件的法律规范，往往还同时规定了不法行为人应当承担的法律责任，因而与通常只是表明立法者的立场、极其抽象的法律基本原则有着质的区别。可以说，反不正当竞争法中的一般条款是立法者对实施法律者的明确而有约束的授权，是司法机关可以在个案中直接予以适用而不会引起过多争议的具有相当弹性的法律规则。另外，不正当竞争行为的实质也是民事侵权行为，本书前引张新宝、杨立新二位学者文中的一般条款亦是针对侵权行为的，故将反不正当竞争法中的一般条款理解为严格意义上的“一般条款”也正好与之契合。

综上所述，我们可以对反不正当竞争法的一般条款下这样一个定义：授权有关法律适用机关在法律具体列举的不正当竞争行为以外认定其他不正当竞争行为的要件及处罚规则的概括性规范，是认定和处罚法律没有明文列举的不正当竞争行为的法律依据。①

（二）我国《反不正当竞争法》中的一般条款

我国《反不正当竞争法》中是否存在一般条款，学者们见仁见智。但都将目光集中于该法（1993年立法）第2条第1款与第2款：“经营者在市场交易中，应当遵循自愿、平等、公平、诚实信用的原则，遵守公认的商业道德。本法所称的不正当竞争，是指经营者违反本法规定，损害其他经营者的合法权益，扰乱社会经济秩序的行为。”

对于该条款，不同学者的理解大相径庭，主要有以下两种：第一，具有有限的一般条款性质，“从行政执法实际来看，由于第2条没有对应的行政处罚条款，监督检查部门无从据此认定新的不正当竞争行为；从司法实践来看，不正当竞争行为主要是一种侵权行为，即使第二章没有规定的不正当竞争行为，法院也可以予以认定，并追究民事责任”，因此，该条“充其量只能算是有限的一般条款”。② 第二，该法第2条第2款不仅是对“不正当竞争”这一核心概念所下的定义，从立法宗旨及法律规定的文义出发，该条款应当具备一般条款的意义和功能，这是制止和预防经济生活中各类不正当竞争行为的需要。从我国《反不正当竞争法》的立法宗旨、国外立法经验以及法律的解释方法上（将该法第2条第2款及第20条中的“违反本法规定”理解为经营者违反整个《反不正当竞争法》，而不仅是违反第二章禁令），可以得出这一结论。③ 此外，也有学者认为我国《反不正当竞争法》不存在一般条款，理由是：该法第2条第1款等同于民法中诚信等基本原则，后面没有明确的授权性条款，故一般不可直接适用于个案，不能被视为可以直接适用的一般条款；第2款仅仅是立法者对不正当竞争下的一个定义，与人们公认的具有明确构成要件的一般条款差距明显。同时，我国奉行“议行合一”的原则，对于应否授予行政机关、司法机关如此之大的自由裁量权，应当由立法机关来决定，而不宜由行政机关、司法机关自行解释法律。④

当然，多年来理论界和实务界近乎一致地认为适用该法第2条认定新型不正当竞争行

① 该定义主要引自漆多俊教授主编的《经济法学》，但稍有调整。参见漆多俊主编：《经济法学》，高等教育出版社2007年版，第171页。

② 孔祥俊：《反不正当竞争法新论》，人民法院出版社2001年版，第183—211页。

③ 邵建东：《〈反不正当竞争法〉中的一般条款》，载《法学》1995年第2期。

④ 可参见李胜利：《论〈反不正当竞争法〉中的“一般条款”》，载《安徽大学法律评论》2004年第2期。

为是对一般条款的应用。例如，吴峻通过对最高人民法院裁判或公告的38件适用该法第2条的案例进行总结分析后提出，一般条款为司法机关发展和充实反不正当竞争法体系提供了重要的法律依据；[①] 兰磊认为，司法实践中将《反不正当竞争法》第2条视为兜底性的一般条款，用以处理不属于（1993年立法）第二章所列举11种不正当竞争行为的案件。[②] 司法实践中，特别是在网络不正当竞争等新型案件中，将《反不正当竞争法》第2条作为一般条款予以适用的数量及比重均相当高。[③]

2017年修订后的《反不正当竞争法》第2条，与修订前的第2条相比没有发生质的变化，对其理解与适用具有很大的延续性，仍被法院作为一般条款予以对待并适用。

至于该一般条款的司法适用，在2010年的“海带配额案”中，最高人民法院指出应满足三个条件[④]：一是法律对该种竞争行为未作出特别规定；二是其他经营者的合法权益确因该竞争行为而受到了实际损害；三是该种竞争行为因确属违反诚实信用原则和公认的商业道德而具有不正当性或者说可责性。对于该条款适用中的重要概念“商业道德”，《最高人民法院关于适用〈中华人民共和国反不正当竞争法〉若干问题的解释》指出，对于特定商业领域普遍遵循和认可的行为规范，人民法院可以认定为《反不正当竞争法》第2条规定的“商业道德”。人民法院应当结合案件具体情况，综合考虑行业规则或者商业惯例、经营者的主观状态、交易相对人的选择意愿，以及对消费者权益、市场竞争秩序、社会公共利益的影响等因素，依法判断经营者是否违反商业道德。人民法院认定经营者是否违反商业道德时，可以参考行业主管部门、行业协会或者自律组织制定的从业规范、技术规范、自律公约等。

案例研习

1. 合一信息技术（北京）有限公司诉金山公司猎豹浏览器不正当竞争案[⑤]

合一信息技术（北京）有限公司（以下简称“合一公司”）是优酷网的经营者，为终端用户提供在线网络视频点播服务，并向行业广告客户提供在线网络视频的广告制作和发布服务。金山公司开发的一款猎豹浏览器具有屏蔽广告的功能，主要针对强制用户观看的片头广告，但用户可根据自身需求来决定开启或关闭该功能。猎豹浏览器屏蔽了优酷视频加载的广告，合一公司因此向北京市海淀区人民法院起诉金山公司等三家公司（以下合并称为“金山公司”），请求判定金山公司的行为构成不正当竞争，并要求停止侵权和赔

---

① 吴峻：《反不正当竞争法一般条款的司法适用模式》，载《法学研究》2016年第2期。

② 兰磊：《比例原则视角下的〈反不正当竞争法〉一般条款解释——以视频网站上广告拦截和快进是否构成不正当竞争为例》，载《东方法学》2015年第3期。

③ 曹丽萍、张璇：《网络不正当竞争纠纷相关问题研究——〈反不正当竞争法〉类型化条款与一般条款适用难点探析》，载《法律适用》2017年第1期。

④ 参见最高人民法院（2009）民申字第1065号民事裁定书。

⑤ 参见北京市第一中级人民法院（2014）一中民终字第3283号民事判决书。

偿损失。

合一公司在起诉状中称：其经营的网站优酷网为国内知名的视频网站，优酷网的营利模式包括收费模式和广告模式两种。前者即付费用户每月支付 7.5 元可在观看视频时选择不观看优酷网提供的广告，但该模式并非网站主要的营利模式。而广告模式为主要营利模式，针对的是免费用户，免费用户观看视频时需观看优酷网站中投放的广告，而无法跳过广告直接观看视频。自 2012 年起，金山公司旗下的猎豹浏览器通过技术手段恶意拦截视频网站合法贴片广告，侵害了视频网站及其广告客户的正当权益并导致其巨大的经济损失。而猎豹浏览器凭借这一卖点迅速获益，吸引了海量的用户进行下载并使用，对优酷网造成了极为恶劣的影响和巨大的经济损失。合一公司认为，金山公司的行为已构成不正当竞争行为。

金山公司辩称：浏览器具备过滤网络广告的功能属于行业惯例，且猎豹浏览器的广告过滤功能默认关闭，需要用户主动开启才发生作用。浏览器仅是提供给用户使用的工具，具有技术中立特点，并未代替用户选择过滤广告。用户对于优酷网片头广告难以接受，而被诉猎豹浏览器的视频广告过滤功能有利于满足用户需求，故该行为系基于公共利益，具有合法性。

北京市海淀区人民法院经审理认为：广告与视频节目的结合提供使网站经营者、网络用户与广告主之间各取所需，形成有序的利益分配与循环。这种商业模式也被市场普遍接受而成为当前视频网站乃至整个互联网内容服务行业较多采用的经营模式。因此，优酷网视频广告属于合一公司正当商业模式下所提供的整体服务之一，此种广告形式与恶意广告具有本质上的不同，合一公司对其经营的优酷网提供广告加免费视频的商业模式具有可受法律保护之利益。被告金山公司通过猎豹浏览器过滤优酷网视频广告的行为具有不正当性，应当承担相应的法律责任。据此该法院判决被告金山公司刊登声明消除影响，赔偿原告经济损失及合理支出共计 30 万元。

金山公司不服一审判决，向北京市第一中级人民法院提起上诉，被终审驳回上诉、维持原判。

问题：

（1）本案中双方是否存在竞争关系？如何认定？

（2）被诉行为是否构成不正当竞争行为？如何选择适用的条文？

（3）金山公司的相关抗辩主张是否成立？

2. 北京百度网讯科技有限公司、百度在线网络技术（北京）有限公司诉北京奇虎科技有限公司、奇智软件（北京）有限公司不正当竞争案[①]

2012 年 2 月和 3 月，北京奇虎科技有限公司（以下简称“奇虎公司”）的 360 安全卫士在百度网（www.baidu.com）的搜索结果页面上有选择地插入了红底白色感叹号图标作为警告标识，以警示用户该搜索结果对应的网站存在风险，即使搜索结果对应的

① 参见《最高人民法院公报》2010 年第 8 期。

为同一个网站，对 Google 等其他搜索引擎网站的结果页面却没有进行插标。而且，奇虎公司不仅进行了插标，还逐步引导用户点击安装 360 安全浏览器，通过百度搜索引擎服务对其浏览器产品进行推广。2012 年 3 月和 4 月，奇虎公司在其网址导航网站（hao.360.cn）网页上嵌入百度搜索框，改变了百度网在其搜索框上向用户提供的下拉提示词，引导用户访问本不在相关关键字搜索结果中靠前位置的，甚至与用户搜索目的完全不同的奇虎公司经营的影视、游戏等页面，以获得更多的用户访问量。并且在网络用户仅设置搜索方向并未输入相关关键词时，也引导其进入奇虎公司的相关网页。北京百度网讯科技有限公司、百度在线网络技术（北京）有限公司以不正当竞争为由诉至北京市第一中级人民法院。

该法院经审查认为，为了保护网络用户的合法利益，应当允许和鼓励网络安全软件经营者通过某种手段识别损害网络用户利益的信息并以适当的方式警示网络用户。本案中，奇虎公司并未证明其进行插标的搜索结果中的电话号码会损害网络用户的利益，也没有证明插标是保护网络用户免受此类信息损害的必要手段。因此，奇虎公司没有证明其在百度搜索结果网页上进行插标具有公益必要性。奇虎公司被诉与修改下拉提示词和劫持流量相关的行为并不限于在百度搜索框中自行设置下拉提示词，其在自行设置下拉提示词的同时，还采取了以下行为：在用户设置其他搜索方向的情况下插入与用户设置的搜索方向关联性很小的下拉提示词；引导用户访问本不在相关关键字搜索结果中靠前位置的，甚至与用户搜索目的完全不同的奇虎公司经营的影视、游戏等页面；点击奇虎公司设置的下拉提示词，不进入百度搜索结果网页，直接进入奇虎公司经营的影视、游戏等页面；网络用户在仅设置搜索方向并未输入相关关键词时会进入奇虎公司经营的相关网页。上述行为不仅干扰了网络用户对百度搜索的正常使用，还减少了使用百度搜索框的网络用户对百度搜索结果网页的访问。奇虎公司干扰他人互联网产品或服务正常运行的上述行为并非出于保护公共利益的目的，也不产生保护公共利益的效果，明显违反了非公益必要不干扰原则，损害了百度搜索服务提供者的合法权益，扰乱了互联网的正常经营秩序。

最终，该法院判决：奇虎公司立即停止涉案不正当竞争行为；奇虎公司连续 15 日在 360 网首页显著位置刊载消除影响的声明；奇虎公司赔偿北京百度网讯科技有限公司、百度在线网络技术（北京）有限公司经济损失 40 万元及合理支出 5 万元。

问题：

（1）被诉行为是否构成不正当竞争行为？如何选择适用的条文？

（2）被诉行为是否违反了诚实信用等商业道德？

本章思考题

1. 试析不正当竞争行为的特征。
2. 试析不正当竞争行为的构成要件。
3. 试析我国反不正当竞争法的立法目的对于理解和实施该法的意义。

4. 试析反不正当竞争法中的竞争关系。
5. 试析反不正当竞争法中的一般条款。

拓展阅读　　即测即评

第八章 禁止市场混淆行为

第一节 市场混淆行为概述

在市场竞争中，常常有企业或者其他经营者为了招揽更多顾客，不是通过改善自己商品或者服务的质量、降低成本以降低价格等合法、正当的手段，而是采取盗用他人良好商业声誉和形象，将自己的商品或者服务与他人有市场声望的商品或者服务相混淆的手段，使消费者对商品来源产生误会，这就是市场混淆行为。各种利用商业标识进行市场混淆的行为，给正当合法的经营者、用户、消费者带来了巨大的经济损失，也严重地冲击了正常的市场秩序。

2017 年修订的《反不正当竞争法》第 6 条规定："经营者不得实施下列混淆行为，引人误认为是他人商品或者与他人存在特定联系：（一）擅自使用与他人有一定影响的商品名称、包装、装潢等相同或者近似的标识；（二）擅自使用他人有一定影响的企业名称（包括简称、字号等）、社会组织名称（包括简称等）、姓名（包括笔名、艺名、译名等）；（三）擅自使用他人有一定影响的域名主体部分、网站名称、网页等；（四）其他足以引人误认为是他人商品或者与他人存在特定联系的混淆行为。"与 1993 年立法相比，2017 年《反不正当竞争法》删去了"假冒他人的注册商标"和"在商品上伪造或者冒用认证标志、名优标志等质量标志，伪造产地，对商品质量作引人误解的虚假表示"两项规定，删去前者使《反不正当竞争法》与《商标法》界限明确，删去后者使得第 6 条成为更加鲜明的反混淆条款，与该法有关虚假宣传行为的规定明确界分。同时根据过往经验和现实需要完善了相关规定，并特别增加了兜底条款。

市场混淆行为或者商业混淆行为，也称仿冒行为、商业假冒行为、商业混同行为、欺骗性市场交易行为、假冒仿冒行为等，学者们给其下的定义各不相同。本书认为，市场混淆行为是指在市场交易活动中，经营者擅自使用与他人商业标识相同或者近似的标识，致使与他人的商品或者营业活动产生混淆的不正当竞争行为。对于竞争对手来说，该行为直接不正当地挤占了其市场，使其市场地位受损；对于那些与之并不构成直接竞争关系的经营者来说，该行为也是不正当地利用了他人的商业声望，可能会对其良好声誉造成不良影响，并对其今后进入这一市场造成困难。

市场混淆行为的构成要件包括：（1）行为主体是经营者；（2）行为人主观心态上具有与他人的商品或服务或者商业活动产生混淆的意图；（3）侵犯对象包括但不限于他人商品或服务的商标、商号、名称、包装、装潢等商业标识；（4）客观上采取了对他人商品或服务的模仿或仿冒行为，具有误导性，已经或可能造成市场混淆的后果。

关于市场混淆行为的种类，根据导致混淆的对象的不同，可以将其分为营业主体的混淆；商品或者服务质量的混淆；其他形式的混淆。从行为性质划分，可将其分为搭便车行为；淡化商标行为；依样模仿行为。而根据我国《反不正当竞争法》的规定，大致可以将其分为仿冒有一定影响的商品的名称、包装、装潢的行为；擅自使用他人的企业名称、社会组织名称或者姓名的行为；擅自使用他人有一定影响的域名主体部分、网站名称、网页等行为；其他类型的混淆行为。

第二节 针对“有一定影响”的商业标识的混淆行为

在市场交易中，商标作为能够区分商品或者服务不同来源的手段得到了最大程度的重视。然而，除商标外，在长期的市场竞争中还发展出许多其他能够有效区分商品或者服务来源的手段，这些商业标识通过经营者的推广和广告活动，获得了类似于商标的区别性功能，有时甚至具有超越商标的市场作用。基于保护消费者和用户利益以及维持良好的市场秩序的目的，现代反不正当竞争法也对这些商业标识提供保护。

我国《反不正当竞争法》第 6 条第 1 项规定，经营者不得实施下列混淆行为，引人误认为是他人商品或者与他人存在特定联系：（1）擅自使用与他人有一定影响的商品名称、包装、装潢等相同或者近似的标识。就该条款而言，有三大重点需要明确：有一定影响、混淆（相同或近似）、特定联系。

一、“有一定影响”的商品的判定

2017 年修订的《反不正当竞争法》提出了“有一定影响”，并将之作为判断是否构成几乎所有的市场混淆行为的基本要件，而不仅仅局限于商业标识。但法律本身没有对“有一定影响”进行界定。

1993 年《反不正当竞争法》第 5 条使用的概念是“知名商品”。1995 年《关于禁止仿冒知名商品特有的名称、包装、装潢的不正当竞争行为的若干规定》第 3 条第 1 款规定：“本规定所称知名商品，是指在市场上具有一定知名度，为相关公众所知悉的商品。”2007 年《最高人民法院关于审理不正当竞争民事案件应用法律若干问题的解释》第 1 条规定，在中国境内具有一定的市场知名度，为相关公众所知悉的商品，应当认定为《反不正当竞争法》规定的“知名商品”。

至于修法后提出的“有一定影响”的判定，2022 年《最高人民法院关于适用〈中华人民共和国反不正当竞争法〉若干问题的解释》第 4 条指出，具有一定的市场知名度并具有区别商品来源的显著特征的标识，人民法院可以认定为《反不正当竞争法》第 6 条规定的“有一定影响的”标识。人民法院认定《反不正当竞争法》第 6 条规定的标识是否具有一定的市场知名度，应当综合考虑中国境内相关公众的知悉程度，商品销售的时间、区域、数额和对象，宣传的持续时间、程度和地域范围，标识受保护的情况等因素。相较于之前的司法解释，增加了“具有区别商品来源的显著特征”的要求。

为了进一步澄清何为“具有区别商品来源的显著特征”，新的司法解释还以多个条款反向作了澄清。该解释第 5 条提出，《反不正当竞争法》第 6 条规定的标识有下列情形之一的，人民法院应当认定其不具有区别商品来源的显著特征：（1）商品的通用名称、图形、型号；（2）仅直接表示商品的质量、主要原料、功能、用途、重量、数量及其他特点的标识；（3）仅由商品自身的性质产生的形状，为获得技术效果而需有的商品形状以及使商品具有实质性价值的形状；（4）其他缺乏显著特征的标识。前款第（1）、（2）、（4）项规定的标识经过使用取得显著特征，并具有一定的市场知名度，当事人请求依据《反不正当竞争法》第6条规定予以保护的，人民法院应予支持。该解释第6条规定，因客观描述、说明商品而正当使用下列标识，当事人主张属于《反不正当竞争法》第6条规定的情形的，人民法院不予支持：（1）含有本商品的通用名称、图形、型号；（2）直接表示商品的质量、主要原料、功能、用途、重量、数量以及其他特点；（3）含有地名。第7条则提出，《反不正当竞争法》第6条规定的标识或者其显著识别部分属于《商标法》第10条第1款规定的不得作为商标使用的标志，当事人请求依据《反不正当竞争法》第6条规定予以保护的，人民法院不予支持。

二、混淆（相同或近似）的判定

关于争议商品的名称、包装、装潢等标识之间是否相同或者相似以及是否构成市场混淆的具体判断标准，《反不正当竞争法》亦未规定。《最高人民法院关于适用〈中华人民共和国反不正当竞争法〉若干问题的解释》第12条第1款指出，人民法院认定与《反不正当竞争法》第6条规定的“有一定影响的”标识相同或者近似，可以参照商标相同或者近似的判断原则和方法。

根据《最高人民法院关于审理商标民事纠纷案件适用法律若干问题的解释》第10条的规定，商标相同或者近似的判定原则为：（1）以相关公众的一般注意力为标准。（2）既要进行对商标的整体比对，又要进行对商标主要部分的比对，比对应当在比对对象隔离的状态下分别进行；判断商标侵权中的近似不限于商标整体的近似，还包括主要部分的近似。（3）判断商标是否近似，应当考虑请求保护注册商标的显著性和知名度。

当然，仅仅是近似，还不足以证明不正当竞争行为的存在，还需要有市场混淆的后果或者表现。需要指出的是，足以造成相关公众混淆，并不意味着原告必须提供实际混淆的证据，只需证明存在混淆的可能性即可。《最高人民法院关于适用〈中华人民共和国反不正当竞争法〉若干问题的解释》第12条第3款指出，在相同商品上使用相同或者视觉上基本无差别的商品名称、包装、装潢等标识，应当视为足以造成与他人有一定影响的标识相混淆。

三、存在特定联系的判定

具有特定联系，在很大程度上是指存在误认的情形。具体而言，特定联系具有两方面的内容：一是指容易造成商品来源混淆，如A生产的商品却声称是B生产的商品；二是指造成关联关系混淆，如A并未声称自己生产的商品为B生产，但声称采用与B同样的技术、工艺流程或受到B的直接管理等，明示或者暗示A与B之间存在紧密联系，使用户、消费者受到误导的，也可以视为“傍名牌”“搭便车”的不法行为。

《最高人民法院关于适用〈中华人民共和国反不正当竞争法〉若干问题的解释》第12条第2款指出，《反不正当竞争法》第6条规定的“引人误认为是他人商品或者与他人存在特定联系”，包括误认为与他人具有商业联合、许可使用、商业冠名、广告代言等特定联系。

第三节 针对他人企业名称、社会组织名称或姓名的混淆行为

一、概述

在商业活动中，为了将自己提供的商品或者服务与那些市场反响热烈的他人商品或者服务相混淆，行为人往往会实施擅自使用他人企业、社会组织或自然人名称或者姓名的不正当竞争行为。我国《反不正当竞争法》第6条第2项禁止“擅自使用他人有一定影响的企业名称（包括简称、字号等）、社会组织名称（包括简称等）、姓名（包括笔名、艺名、译名等）”。

对此，《最高人民法院关于适用〈中华人民共和国反不正当竞争法〉若干问题的解释》第9条作了进一步解释：市场主体登记管理部门依法登记的企业名称，以及在中国境内进行商业使用的境外企业名称，人民法院可以认定为《反不正当竞争法》第6条第2项规定的“企业名称”。有一定影响的个体工商户、农民专业合作社（联合社）以及法律、行政法规规定的其他市场主体的名称（包括简称、字号等），人民法院可以依照《反不正当竞争法》第6条第2项予以认定。

对于市场竞争中不当使用他人姓名以造成市场混淆的行为，除了《反不正当竞争法》的规定外，另有不少法律亦有相应规定。如《民法典》第110条规定，自然人享有姓名权，法人、非法人组织享有名称权。《著作权法》第10条指出，署名权即表明作者身份、在作品上署名的权利，是著作权的核心内容之一；第53条规定，制作、出售假冒他人署名的作品的行为，构成违反《著作权法》的侵权行为。《市场主体登记管理条例》第10条第1款规定，市场主体只能登记一个名称，经登记的市场主体名称受法律保护。这些法条共同构成了我国企业名称权保护的法律体系。

二、侵犯他人企业名称权的市场混淆行为

根据我国现行法律规定，企业名称一般由“地域+字号+行业+组织形式”四个部分组成。其中字号是最为重要、应用最为广泛、最能够对商品或者服务来源进行区分的商业标记之一。目前，只要两个企业名称的某一部分不同，特别是前三个部分的某一部分不同，登记机关一般就不认为两个企业名称相同或相似。

企业以自己的名称开展经营活动，而字号是企业信誉的载体。字号的信誉同样主要来源于企业的智力劳动，因此，字号也是知识产权。《巴黎公约》明确地将商标与商号（含字号）纳入知识产权范围。

多年来，我国市场监督管理部门查处了大量侵犯他人企业名称权的不正当竞争行

为，全国法院系统也受理了不少此类争议，并在审判实践中有所发展。例如，在“山起”企业名称案中，最高人民法院认为，对于具有一定的市场知名度、为相关社会公众所熟知并已经实际具有商号作用的企业或者企业名称的简称，可以视为企业名称并根据《反不正当竞争法》加以保护[①]，从而将1993年《反不正当竞争法》未曾提及的企业名称的简称纳入保护范围；在广东星群公司与广州星群公司不正当竞争案[②]中，最高人民法院认为，恶意使用他人具有一定市场知名度、为相关公众所知悉的企业名称中的字号，因处于同一地域而极易导致相关公众误认，不停止使用则不足以防止市场混淆后果的，人民法院可以直接判决该经营者承担停止使用其企业名称的民事责任。另外，在《关于对杭州张小泉剪刀厂与上海张小泉刀剪总店、上海张小泉刀剪制造有限公司商标侵权及不正当竞争纠纷一案有关适用法律问题的函》（〔2003〕民三他字第1号）中，最高人民法院也表达了如下观点：在先取得企业名称权的权利人有权正当使用自己的企业名称，不构成侵犯在后注册商标专用权行为。企业名称权和商标专用权各自有其权利范围，均受法律保护。企业名称经核准登记以后，权利人享有在不侵犯他人合法权益的基础上使用企业名称进行民事活动、在相同行政区划范围内阻止他人登记同一名称、禁止他人假冒企业名称等民事权利。使用与他人在先注册并驰名的商标文字相同的文字作为企业名称或者名称中部分文字，该企业所属行业（或者经营特点）又与注册商标核定使用的商品或者服务相同或者有紧密联系，客观上可能产生淡化他人驰名商标，损害商标注册人的合法权益的，人民法院应当根据当事人的请求对这类行为予以制止。但是对于那些因长期的历史原因形成的企业名称字号与注册商标乃至驰名商标的冲突纠纷案件，需要根据全案事实以及被告是否存在其他不正当竞争行为等情况，来判断是否构成侵权或者不正当竞争及赔偿等问题。该复函体现了最高院尊重历史、对历史遗留情况谨慎判断的态度。类似的做法在“狗不理案”中也有体现。[③]

三、侵犯他人姓名权的市场混淆行为

如前所述，对于市场竞争中不当使用他人姓名或者名称以造成市场混淆的行为，除了《反不正当竞争法》第6条第2款规定外，《民法典》第110条也可适用。不过，前者与后者之间存在较大差异：前者适用于市场竞争或者市场交易中，侵权者往往以营利为目的，是为了不正当地获取市场地位或竞争优势；而后者则是从保护公民姓名权角度出发，并不考虑是否存在竞争、是否存在营利目的，因而对在市场交易中发生的有关姓名侵权行为的适用就显得有些不足。这一点在冒名作品以及名人姓名的商品化权等不正当竞争案件的审理中均有体现。

所谓冒名作品，是指为推销作品，在出版的作品上标记他人姓名的行为。在自己创作的作品上署以他人姓名，究竟侵犯了他人的什么权利？有观点认为侵犯了被署姓名之

① 参见最高人民法院（2008）民申字第758号民事裁定书。

② 参见最高人民法院（2008）民申字第982号民事裁定书。

③ 参见最高人民法院（2008）民三监字第10-1号民事裁定书。

人的著作权；也有观点认为该行为只是侵犯了他人的姓名权。第二种观点的理由是，按照著作权的定义，著作权是基于作品产生的权利。作品一定是具体的，没有抽象的作品。著作权也是具体的，是指就特定作品而生之权利。离开了作品，并不存在抽象的著作权。被冒用姓名者，对一件不是他创作的作品并不享有著作权，当然也就不存在可供被侵犯的权利。故将此类行为定性为侵犯著作权，在逻辑上不能成立，在实践上也令人费解。①

尽管存在上述争论，1990 年《著作权法》第 46 条规定，“制作、出售假冒他人署名的美术作品的”，系侵权行为；2001 年修正的《著作权法》第 47 条对适用范围进一步扩大，规定“制作、出售假冒他人署名的作品”的行为，属于侵权行为；2020 年修正的《著作权法》也延续了这一规定（第 53 条第 8 项）。

1993 年发生的吴冠中诉上海朵云轩、香港永成古玩有限公司出售假冒其署名的美术作品纠纷案引起了学术界的争议。1993 年两被告联合在香港拍卖出售了一幅《毛泽东肖像》，落款为“吴冠中画于工艺美院一九六二年”。拍卖前，原告曾通过有关单位转告被告这幅画系假冒原告署名的伪作。两被告在接到通知和书面函件后，仍联合拍卖，甚至出具专家鉴定意见称此画系原告作品，该伪作后被他人以港币 52.8 万元购得。原告认为两被告的行为侵犯了原告的著作权，使其声誉和真作的出售均受到了不应有的损害。为此，请求法院判令被告停止侵害、消除影响、公开赔礼道歉，赔偿经济损失港币 52.8 万元。上海两级法院均认为公民在其作品上的署名权受法律保护，同时，法律禁止制作、出售假冒他人署名的作品的行为。该幅假冒的肖像画并非被告所作，因此可以认定被告属于出售假冒他人署名美术作品的侵犯著作权行为。②

对于该案的判决，包括德国知识产权专家迪兹（Dizzy）在内的部分学者认为，认定侵犯著作权是不妥当的。刘春田认为，认定此类行为侵犯姓名权，只是逻辑上的结论。联系此类行为的各种因素，无论是作者还是出版公司，之所以冒他人之名，显然无意借用他人之姓名而亵渎其人格，其动机不外乎是提高竞争力，增加出版物的市场销量，以获得比真实署名更多的财产收益。这种手段违反诚实信用的商业准则，因而更符合不正当竞争行为的构成要件。因此，法院将此类行为认定为不正当竞争行为更为妥当。③

此后于 2004 年发生的湖南王跃文诉河北王跃文等侵犯著作权、不正当竞争纠纷案有所转变。法院认为被告是正当行使著作权中的署名权，不是《著作权法》第 47 条第 8 项所指的假冒他人署名，不侵犯湖南王跃文的著作权。同时认为各被告的行为均违反了诚实信用原则，构成对湖南王跃文的不正当竞争。④ 该裁判立场体现于《最高人民法院关于审理不正当竞争民事案件应用法律若干问题的解释》之中。

① 刘春田：《司法对〈反不正当竞争法〉的补充和整合》，载《法律适用》2005 年第 4 期。

② 参见上海市第二中级人民法院（1994）沪中民（知）初字第 109 号民事判决，上海市高级人民法院（1995）沪高民终（知）字第 48 号民事判决书。

③ 刘春田：《司法对〈反不正当竞争法〉的补充和整合》，载《法律适用》2005 年第 4 期。

④ 参见湖南省长沙市中级人民法院（2004）长中民三初字第 221 号民事判决书。

四、侵犯社会组织名称权的市场混淆行为

如前所述，社会组织的名称权依法受到法律保护。社会组织名称是各种不同社会组织的区分标志，能够用于辨别不同的商品或服务来源。相关公众基于社会组织的商品或服务质量而对其名称、简称产生认同。因此，社会组织的名称、简称代表着社会组织的良好声誉，甚至给社会组织的商品或服务带来广告效应，蕴含着很大的商业利益，使之成为名称权人的一种无形财产与宝贵财富。在实践中，擅自利用社会组织名称或简称的市场混淆行为并不少见。

2010 年发生的浙江大学诉浙江大学科慧软件有限公司侵犯名称权纠纷中，就涉及了擅自使用社会组织名称的问题。1999 年 5 月 20 日，浙江大学快威科技产业总公司将其持有的浙江大学科慧软件有限公司的股权全部转让给自然人叶某丹，至此，浙江大学与浙江大学科慧软件有限公司不再存在任何投资关系。浙江大学多次要求浙江大学科慧软件有限公司在企业名称中停止使用“浙江大学”名称未果。经审理，一审法院认为，“浙江大学”校名系原告宝贵的无形资产，没有合法理由，任何单位和个人不得擅自冠名使用。现被告在企业名称中继续使用“浙江大学”名称，必然会误导公众，给原告信誉带来严重损害。被告在无原告许可授权亦已无其他合法依据的情况下，使用包含有“浙江大学”名称的企业名称，该事实极易在社会上引起关于被告与原告存在某种隶属关系的联想，使消费者产生误认，客观上会造成市场的混淆，影响原告的声誉，使原告无法控制自己这一项无形财产并从中受益。杭州市中级人民法院指出：名称权是法人及特殊的自然人组合依法决定、使用和改变自己名称的权利，是重要的人格权。法人名称是区别不同企事业单位的标志，进而可以区别不同的商品或服务来源。法人名称与该法人的商业信誉、商品或服务质量紧密相连，可以在相关公众中产生一定的影响力，甚至给法人的商品或服务带来广告效应。法人名称权系一种财产权，可以构成在先权，对法人名称进行攀附性使用的行为，可能导致淡化乃至消除他人法人名称的区别性特征，损害或者可能损害他人法人名称的社会评价。在商品经济社会中，由于名称的这种属性能够带来商业上的利益，使名称成为名称权人的一项无形财产。任何人想通过使用他人名称获取商业利益，必须经过名称权人的同意，否则构成对名称权的侵权。在发生权利冲突时，要遵循保护在先权利的原则和知名度原则解决权利冲突。一方面，法人名称的知名度越高，相关公众对于相近似的法人名称产生混淆、误认的可能性就越大；另一方面，当法人名称发生冲突时，法律也会保护知名度更高的法人名称。这不仅有利于制止他人攀附或利用其知名度谋取更多的商业机会和获得不当的商业利益，也可以避免其法人名称的显著性和公众识别度受到淡化，以保护其在消费者心目中独特的商业价值和良好的社会评价。[①]

在更早发生的中国药科大学诉福瑞科技公司不正当竞争纠纷案中，南京市中级人民法

---

① 参见杭州市西湖区人民法院（2010）杭西知初字第 174 号民事判决，浙江省杭州市中级人民法院（2010）浙杭知终字第 111 号民事判决。

院认为，根据《反不正当竞争法》第2条的规定，经营者违反法律规定，损害虽不直接从事商品经营、但通过附属企业经营活动间接从市场获利的事业法人的合法权益，扰乱市场经济秩序的行为，构成不正当竞争。①

由上述可见，尽管1993年《反不正当竞争法》仅规定禁止“擅自使用他人的企业名称或者姓名，引人误认为是他人的商品”，但司法实践中基于现实需要，还是将保护范围扩大到了高等学校等事业单位和社会团体的名称保护。2017年《反不正当竞争法》则直接将其纳入法律保护范围，很好地体现了对过往司法经验的总结。

第四节　对域名、网站名称、网页等的混淆行为

一、概述

从技术角度而言，域名被广泛运用于互联网中以解决IP地址对应问题。简言之，域名是Internet网络上的一个服务器或一个网络系统的名字。因此，在世界范围内域名具有唯一性。在信息时代的互联网商业模式中，域名正在发挥着类似于商标的重要作用。由于不少互联网企业的营利模式较为单一，网站的点击量对其而言非常重要，只有点击量积累到了一定的程度，变现才具有可能。而域名是互联网企业走向成功的前提。现在，域名已被称为“企业的网上商标”。

网站名称一般出现在网站首页上，以便于用户识别。在国外，网站名称与域名有时重合；在中国，由于网站名称一般是中文，而域名不能使用汉字，两者虽然可能存在对应关系，但并不完全相同。

2001年《最高人民法院关于审理涉及计算机网络域名民事纠纷案件适用法律若干问题的解释》② 第5条第1款第2项规定，被告的行为被证明为商业目的注册、使用与原告的注册商标、域名等相同或近似的域名，故意造成与原告提供的产品、服务或者原告网站的混淆，误导网络用户访问其网站或其他在线站点的，人民法院应当认定其具有恶意。该规定明确了擅自使用与他人域名相同或近似的域名导致市场混淆构成侵权。该司法解释的第8条规定：“人民法院认定域名注册、使用等行为构成侵权或者不正当竞争的，可以判令被告停止侵权、注销域名，或者依原告的请求判令由原告注册使用该域名；给权利人造成实际损害的，可以判令被告赔偿损失。”③ 在2017年《反不正当竞争法》修改以前，这为规制擅自使用他人域名或域名主体部分进行不正当竞争的行为提供了法律依据，弥补了法律的不足与空缺。

2017年《反不正当竞争法》第6条第3项规定，经营者不得擅自使用他人有一定影

① 参见《最高人民法院公报》2005年第6期。

② 该司法解释后于2020年修正。

③ 该条在2020年修正后改为第7条：人民法院认定域名注册、使用等行为构成侵权或者不正当竞争的，可以判令被告停止侵权、注销域名，或者依原告的请求判令由原告注册使用该域名；给权利人造成实际损害的，可以判令被告赔偿损失。侵权人故意侵权且情节严重，原告有权向人民法院请求惩罚性赔偿。

响的域名主体部分、网站名称、网页等，引人误认为是他人商品或者与他人存在特定联系，明确了对于域名及网站名称的反不正当竞争法保护。

二、侵犯他人域名、网站名称、网页的市场混淆行为

在网络时代，具有一定知名度的域名蕴含着无限商机，因此擅自使用他人域名主体部分、仿冒他人域名进行不正当竞争的行为层出不穷。单纯的域名抢注纠纷一般可以提交中国互联网络信息中心认可的争议解决机构[①]，通过争议解决程序进行裁决。而现实中，围绕域名产生的纠纷却非常复杂。因为有些域名在该企业成立或者知名之前，就已被别人注册，而后又被其他企业合法受让。这些企业获得该域名之后，通过模仿该知名企业的经营模式、网页设计等元素，使得部分公众产生混淆，从而截获这部分客户流量，获得生存空间。这种情况下，围绕域名产生的纠纷，已经不是上述域名争议解决机制能够完全解决的，因为诸多问题涉及不正当竞争的范畴，需要诉诸民事诉讼程序。在互联网商业领域，已经出现过多起与域名有关的不正当竞争案件。

2009 年 4 月，原告北京开心人信息技术有限公司（以下简称“开心人公司”）以侵犯商标权及不正当竞争为由将北京千橡互联科技发展有限公司（以下简称“千橡公司”）告上法庭，该案件与域名有直接关联。2008 年 3 月，开心人公司成立并开发了社交网站“开心网”。开心人公司在注册域名时发现，kaixin. com 域名已被他人注册，于是开心网的域名成了 kaixin001. com。与此同时，开心人公司还于 2008 年 12 月通过受让取得了“开心”的文字注册商标。2008 年 10 月，千橡公司从他人处受让取得了“kaixin. com”域名，并于当月开通了同样名为“开心网”（kaixin. com）的社交网站。该案的一审判决认定，“kaixin. com”域名与“kaixin001. com”域名、“开心网”名称之间虽具有一定关联，但仍有一定差异。在通常情况下，单纯基于上述关联，不足以导致网络用户对经营者提供的不同网络服务产生误认，不构成不正当竞争。该案件上诉后，北京高院最终维持原判，并对此增加了这一阐释：从注册时间上看，开心人公司“kaixin001. com”域名要晚于千橡公司“kaixin. com”域名注册时间，因而千橡公司受让并使用“kaixin. com”域名的行为不属于侵权或不正当竞争。[②]

2011 年的真假去哪儿网之争同样是涉及域名的不正当竞争纠纷。北京趣拿信息技术有限公司（以下简称“北京趣拿公司”）创业团队于 2005 年初研究开发针对机票、酒店等旅游服务信息的搜索引擎，并以“去哪儿”作为服务名称，于 2005 年 5 月注册使用相应的拼音域名 www. qunar. com，2006 年 10 月申请注册了 20 余个包含“去哪儿”“qunar. com”及骆驼图形的图文商标。争议域名（quna. com）由某案外人于 2003 年 6 月注册。广州市去哪信息技术有限公司（以下简称“广州去哪公司”）成立于 2003 年 10 月，成立之初名称为“广州市龙游仙踪旅行社有限公司”。2009 年初，该企业通过受让取得该争议域名，2009

① 目前，经中国互联网络信息中心（CNNIC）授权，中国国际经济贸易仲裁委员会、香港国际仲裁中心、世界知识产权组织仲裁与调解中心三家机构是国家顶级域名争议解决机构。

② 参见北京市第二中级人民法院（2009）二中民初字第 10988 号民事判决书。

年6月，该企业正式更名为“广州市去哪信息技术有限公司”，并于当月正式推出代理机票和旅游信息的“去哪网（quna. com）”。北京趣拿公司曾于2010年8月向“亚洲域名争议解决中心”投诉，请求专家组裁决将广州去哪公司的争议域名（quna. com）转移给其所有。但该请求并未得到专家组的支持。2011年5月，原告北京趣拿公司向广州市中级人民法院起诉被告广州去哪公司不正当竞争。2013年6月，广州市中院一审判决认定，原告北京趣拿公司提供的去哪儿旅游搜索引擎服务系知名服务，被告广州去哪公司有攀附原告知名度的故意，被告已造成消费者的混淆，构成对原告的不正当竞争。2014年广东省高院二审判决认定，广州去哪公司使用域名“quna. com”“123quna. com”“mquna. com”的行为有合法依据，不构成侵权。本案双方当事人均享有来源合法的域名权益，双方需要彼此容忍，互相尊重，长期共存。一方不能因为在经营过程中知名度提升，就剥夺另一方的生存空间；另一方也不能恶意攀附知名度较高一方的商誉，以谋取不正当的商业利益。据此，广州去哪公司虽然有权继续使用“quna. com”“123quna. com”“mquna. com”域名，但是也有义务在与域名相关的搜索链接及网站上加注区别性标识，以使消费者将上述域名与北京趣拿公司“去哪儿”“去哪儿网”“qunar. com”等知名服务特有名称相区分。①

这两起案件的审理结果表明，在先注册的域名以及合法受让取得的域名有合法依据，不能认定该争议域名与原告域名具有混淆性相似。并且在《反不正当竞争法》修订前，针对有关域名的不正当竞争纠纷，通常将域名视为商品或服务的特有名称，根据1993年《反不正当竞争法》第5条第2项的规定进行市场混淆行为的认定。

网站名称是区分各类不同网站商品与服务的重要标志。网站名称凝聚着互联网企业的商业声誉，具有知名度的网站名称更是在市场竞争中占据较大优势。因此，实践中不乏为了追逐利益而擅自使用他人网站名称的行为。

涉及擅自使用他人网站名称的案件，较早的是原告福州福房传媒有限公司与被告福州福房网房产代理有限公司等不正当竞争纠纷案。原告成立于2002年1月18日，其经营范围为房产经纪服务、房产居间服务、房产中介服务、房产营销策划、房产代理、房产投资咨询、室内外装饰装修设计。2007年6月27日，原告设立名为“福房网”的网站。被告成立于2009年6月24日，易某波为其法定代表人，2009年7月设立名为“福房网”的网站。该网站设有“资讯、新房、房源、家居生活、房产社区”等栏目。二审法院认为，原告的“福房网”网站2007年建立并备案，易某波于2009年7月建立“福房网”，其作为房地产行业从业人员，知道或应该知道原告设立的以提供房地产信息为主的网站名称为“福房网”、域名为www. ffw. com. cn，但其仍注册相近似的域名，且无注册、使用该近似域名的正当理由。易某波为商业目的使用域名，还将网站名称起名为“福房网”，提供房地产方面的信息，故意造成与原告的网站混淆，引导网络用户访问其网站。上述行为违反了公平竞争的经济秩序，侵犯其他经营者的合法权益，构成对原告的不正当竞争。② 该案

① 参见广东省高级人民法院（2013）粤高法民三终字第565号知识产权裁判文书。

② 参见福建省高级人民法院（2010）闽民终字第193号民事判决书。

判决的实体法律依据是1993年《反不正当竞争法》第2条第2款、第20条，2001年《最高人民法院关于审理涉及计算机网络域名民事纠纷案件适用法律若干问题的解释》第4条、第5条第2项、第8条，事实上是根据反不正当竞争法一般条款将其认定为一种新型不正当竞争行为。

从上述案件可以看出，在2017年修法之前，有关网站名称的不正当竞争纠纷中，往往将网站名称作为知名商品或服务的特有名称进行保护，或者在知名商品难以认定的情况下，直接以一般条款进行判断，具有较大的不确定性。2017年《反不正当竞争法》的修订完善了对市场竞争中网站名称的保护。

第五节　其他类型的市场混淆行为

随着经济社会的发展，实践中能够形成具有一定影响的商业标识，除了商品名称、包装、装潢、企业名称、社会组织名称、姓名、域名主体部分、网站名称、网页等商业标识外，还有不少其他类型的商业标识会出现，并且也会越来越多，单纯列举难以穷尽。比如，就常常有利用电视频道、节目、栏目的名称及标识进行市场混淆、不正当竞争的案件。例如，2008年湖南电视台娱乐频道、上海天娱传媒有限公司诉广东美洁卫生用品有限公司等在卫生巾上使用“超级女声”节目名称不正当竞争纠纷案①，就是利用“超级女声”节目名称、标识的市场混淆行为。

2014年，湖南三辰影库卡通节目发展有限责任公司诉南安市篮猫体育用品有限公司等商标侵权及不正当竞争纠纷案中，涉及利用科普卡通片《蓝猫淘气三千问》的名称、标识进行市场混淆。被告南安市篮猫体育用品有限公司在产品及其包装上突出使用卡通猫图形，该卡通猫的主要颜色为蓝色；将其产品称之为“蓝猫系列童鞋”，并突出使用“蓝猫”二字。被告擅自在其童鞋产品、包装及广告宣传中使用和原告注册商标相近似的图形作为其产品与服务的标识，并恶意利用原告品牌的知名度，将侵权产品在全国范围内销售，获取非法利益。从整体而言，当被告把一只蓝色卡通猫称之为蓝猫时，足以引起相关公众的合理联想，认为使用该图形的商品与原告存在特定的联系。该卡通猫与原告来源于卡通形象“蓝猫”的图形商标相比对，足以引起消费者的混淆和联想，因此构成近似。原告在第25类商品上持有“蓝猫淘气”文字注册商标，被告在童鞋产品上使用的“蓝猫”文字与“蓝猫淘气”中的主要文字相同；从整体而言，使用“蓝猫”文字的产品与“蓝猫淘气”注册商标同样使人产生联想，造成混淆，使消费者误认为该产品与“蓝猫淘气”商标一样，与原告存在特定的联系，两者亦构成近似。被告刻意使用“蓝猫”命名其童鞋产品，足见其侵权的主观恶意，构成对原告“蓝猫淘气”注册商标的侵害。② 虽然当时的《反不正当竞争法》未对擅自利用电视节目名称、标识进行市场混淆的行为进行规范，但

---

① 参见湖南省长沙市中级人民法院（2007）长中民三初字第0246号民事判决书，湖南省高级人民法院（2008）湘高法民三终字第47号民事判决书。

② 参见湖南省长沙市中级人民法院（2004）长中民三初字第231号民事判决书。

法院仍以一般条款作为判决依据，认定该类行为违反诚实信用的市场竞争原则。

当然，通过知识产权法对诸如电视频道、节目等名称及标识提供保护也是一种可供选择的路径，如2015年湖南省版权局对“超级女声”图形颁发了作品版权证；又如2006年江西电视台的《传奇故事》节目在江西省版权保护中心进行了版权登记，成为江西省首个依法进行版权保护登记的电视栏目。当然，也有通过商标注册寻求保护的。但综观世界主要发达国家和地区对包括电视节目名称在内的作品名称的非形象商品化权的法律保护，一般以反不正当竞争法保护为主，著作权法与商标法保护为辅。这些国家和地区认为，商业性使用他人作品名称的行为，虽在利用目的上不是歪曲和破坏原作品的内容及完整性，但的确是在利用他人作品的市场声誉搭便车，是一种典型的不正当竞争行为，应适用反不正当竞争法。世界知识产权组织制定的《反不正当竞争示范法》亦要求保护商标或商标以外的商业标识，其中就包括对作品名称的保护。[①] 除了目的性考虑外，著作权法或商标法往往因其“权利法”或“赋权法”的特点，保护门槛较高，也与当事人制止不正当竞争的要求有一定差距，因而在这一领域，反不正当竞争法相对于知识产权法很好地发挥了补充保护作用。

案例研习

1. 北京伊诺登医疗科技有限公司与（株）DIO商品名称、包装、装潢纠纷案[②]

（株）DIO公司开业于1988年，原名为（株）DSI。该公司于2002年在韩国申请、2004年注册“DIO”文字及右上角加点的商标（以下简称“DIO加点标识”）。2005年，该公司注册dioimplant. com的域名。在国内，DIO公司于2011年向我国国家工商行政管理总局商标局（以下简称“商标局”）申请第10347424号DIO加点标识商标，2013年商标局核准该商标的注册。该商标核定使用的商品类别为第10类，核定使用的商品包括电动牙科设备、假牙、全口假牙、外科仪器和器械、牙科器械、牙科设备、牙套、医疗器械和仪器、医用导管、装牙环等。2015年，伊诺登公司对该商标提出无效宣告请求。2016年，原国家工商行政管理总局商标评审委员会（以下简称“商评委”）作出裁定，宣告该商标无效。

2007年，由DIO公司作为股东投资的北京迪斯艾科贸有限公司（以下简称“迪斯艾公司”）注册成立，并取得北京市药品监督管理局颁发的医疗器械经营企业许可证，经营范围包括口腔科材料、医用X射线设备、口腔科设备及器具等。其后，迪斯艾公司变更名称为北京迪耀科贸有限公司（以下简称“迪耀公司”）。

DIO公司及其子公司迪耀公司对所生产的商品进行了大量宣传，产品宣传手册中大量使用了“DIO”加点，“DIO”加点与“IMPLANT”组合的标识，且多数使用了粉红色作

---

① 郑友德、焦洪涛：《反不正当竞争的国际通则——WIPO〈反不正当竞争示范条款〉述要》，载《知识产权》1999年第2期。

② 参见北京知识产权法院（2019）京73民终3302号民事判决书。

为主色调印刷，"DIO"中的"O"均为使用不同于"DI"的粉红色字体。宣传册中有标有"DIO"字样的建筑大厦作为宣传配图。部分宣传手册中对其产品所使用的牙科手术工具盒、工作台的样式及工作台中工具的样式亦有所展现。

北京伊诺登医疗科技有限公司（以下简称"伊诺登公司"）于2012年成立，法定代表人为玄某培，其曾担任迪耀公司监事成员。2007年，玄某培申请并于2009年经商标局核准注册第5870659号"DIO IMPLANT"商标（DIO右上角加点）（以下简称"DIO IMPLANT"加点商标），该商标核定使用的商品类别为第10类，包括医用导管、外科仪器和器械、医疗器械和仪器、牙套环、装牙环、假牙、牙科设备、假牙套、全口假牙、电动牙科设备等。伊诺登公司成立后，该商标的现注册人为伊诺登公司。在该公司域名为yinuodeng.com的网站首页右上角标注了"DIO IMPLANT"加点商标，其中"DIO"的字体明显大于"IMPLANT"的字体，商标下方标有"中国区域代理"汉字。网站首页的"公司介绍"栏目显示："伊诺登公司成立于2012年，是一家致力于口腔科领域，专注服务与销售的高成长性的专业化经营公司……公司现为DIO种植系统中国区域代理，产品以韩国DIO种植系统为主，韩国INOD纤维系统产品为辅……"上述介绍的页面顶部使用了一张带有"DIO"标识的建筑大楼。

DIO公司向法院提出诉讼请求：(1) 判令伊诺登公司立即停止其不正当竞争行为，包括但不限于停止使用该公司知名商品特有名称"DIO""DIO IMPLANT"以及相应的包装、装潢，停止在商业活动中虚假宣传其系该公司的中国代理商、经销商等；(2) 判令伊诺登公司赔偿经济损失250万元。

伊诺登公司辩称：我公司系"DIO IMPLANT"加点商标的注册人，DIO公司曾在中国商标局获准注册的商标已经被宣告无效，我公司有权使用"DIO IMPLANT"加点商标，我公司的行为不构成不正当竞争，请求法院判决驳回DIO公司全部诉讼请求。

一审与二审法院均认定被告伊诺登的被诉行为构成包装、装潢等商业标识的混淆和虚假宣传不正当竞争行为，对原告DIO公司主张的商品名称混淆不正当竞争行为不予支持。

问题：

(1) 应当如何理解《反不正当竞争法》第6条中"有一定影响"的概念意涵？

(2) 应当如何理解《反不正当竞争法》和《商标法》中"有一定影响"的联系和区别？

2. 天津中国青年旅行社诉天津国青国际旅行社有限公司擅自使用他人企业名称纠纷案①

原告天津中国青年旅行社（以下简称"天津青旅"）是从事国内及出入境旅游业务的国有企业，直属于共青团天津市委员会。2007年，《今晚报》等媒体在报道天津中国青年旅行社承办的活动中已开始以"天津青旅"简称指代天津中国青年旅行社。天津青旅在报价单、旅游合同、与同行业经营者合作文件、发票等资料以及经营场所各门店招牌上等日常经营活动中，使用"天津青旅"作为企业的简称。被告天津国青国际旅行社有限公司（以下简称"天津国青"）于2010年7月6日成立，是从事国内旅游及入境旅游接待等业

① 参见天津市高级人民法院（2012）津高民三终字第3号判决书。

务的有限责任公司。

2010年年底，天津青旅发现通过 Google 搜索引擎搜索“天津中国青年旅行社”或“天津青旅”，在搜索结果的第一名并标注赞助商链接的位置，显示“天津中国青年旅行社网上营业厅 www. lechuyou. com 天津国青网上在线营业厅，是您理想选择，出行提供优质、贴心、舒心的服务”或“天津青旅网上营业厅 www. lechuyou. com 天津国青网上在线营业厅，是您理想选择，出行提供优质、贴心、舒心的服务”，点击链接后进入的网页是标称“天津国青国际旅行社乐出游网”的网站，网页顶端出现“天津国青国际旅行社-青年旅行社青旅/天津国旅”等字样，网页内容为天津国青旅游业务信息及报价，标称网站版权所有：乐出游网-天津国青，并标明了天津国青的联系电话和经营地址。同时，天津青旅通过百度搜索引擎搜索“天津青旅”，在搜索结果的第一名并标注推广链接的位置，显示“欢迎光临天津青旅重合同守信誉单位，汇集国内出境经典旅游线路，100%出团，天津青旅 400-611-5253 022. ctsgz. cn”，点击链接后进入的网页仍然是上述标称天津国青乐出游网的网站。

原告诉称：被告天津国青在其版权所有的网站页面、网站源代码以及搜索引擎中，非法使用原告企业名称全称及简称“天津青旅”，违反了《反不正当竞争法》的规定，请求判令被告立即停止不正当竞争行为、公开赔礼道歉、赔偿经济损失10万元，并承担诉讼费用。被告天津国青辩称：“天津青旅”没有登记注册，并不由原告享有，原告主张的损失没有事实和法律依据，请求驳回原告的诉讼请求。

该案件经过天津市第二中级人民法院审理后，被告天津国青提出上诉。天津市高级人民法院经审理认为：《最高人民法院关于审理不正当竞争民事案件应用法律若干问题的解释》① 第6条第1款规定：“企业登记主管机关依法登记注册的企业名称，以及在中国境内进行商业使用的外国（地区）企业名称，应当认定为反不正当竞争法第五条第（三）项规定的‘企业名称’。具有一定的市场知名度、为相关公众所知悉的企业名称中的字号，可以认定为反不正当竞争法第五条第（三）项规定的‘企业名称’。”因此，对于企业长期、广泛对外使用，具有一定市场知名度、为相关公众所知悉，已实际具有商号作用的企业名称简称，也应当视为企业名称予以保护。“天津中国青年旅行社”是原告自1986年成立以来一直使用的企业名称，原告享有企业名称专用权。“天津青旅”作为其企业名称简称，于2007年就已被其在经营活动中广泛使用，相关宣传报道和客户也以“天津青旅”指代天津中国青年旅行社，经过多年在经营活动中使用和宣传，“天津青旅”已享有一定市场知名度，为相关公众所知悉，已与天津中国青年旅行社之间建立起稳定的关联关系，具有可以识别经营主体的商业标识意义。所以，可以将“天津青旅”视为企业名称，与“天津中国青年旅行社”共同加以保护。

同时，根据《反不正当竞争法》第5条第3项②的规定，经营者不得采用擅自使用他人的企业名称，引人误认为是他人的商品等不正当手段从事市场交易，损害竞争对手。因

① 现已被《最高人民法院关于适用〈中华人民共和国反不正当竞争法〉若干问题的解释》替代。

② 现为《反不正当竞争法》第6条第2项。

此，经营者擅自将他人的企业名称或简称作为互联网竞价排名关键词，使公众产生混淆误认，利用他人的知名度和商誉，达到宣传推广自己的目的的，属于不正当竞争行为，应当予以禁止。天津国青作为从事旅游服务的经营者，未经天津青旅许可，通过在相关搜索引擎中设置与天津青旅企业名称有关的关键词并在网站源代码中使用等手段，使相关公众在搜索“天津中国青年旅行社”和“天津青旅”关键词时，直接显示天津国青的网站链接，从而进入天津国青的网站联系旅游业务，达到利用网络用户的初始混淆争夺潜在客户的效果，主观上具有使相关公众在网络搜索、查询中产生误认的故意，客观上擅自使用“天津中国青年旅行社”及“天津青旅”，利用了天津青旅的企业信誉，损害了天津青旅的合法权益，其行为属于不正当竞争行为，依法应予制止。天津国青作为与天津青旅同业的竞争者，在明知天津青旅企业名称及简称享有较高知名度的情况下，仍擅自使用，有借他人之名为自己谋取不当利益的意图，主观恶意明显。依照《民法通则》第 120 条①的规定，天津国青应当承担停止侵害、消除影响、赔偿损失的法律责任。

问题：

（1）企业长期、广泛对外使用的具有一定市场知名度的企业名称简称是否可以视为企业名称予以保护？

（2）被告的行为是否使相关公众产生混淆误认？是否属于不正当竞争行为？

本章思考题

1. 试析市场混淆行为的构成要件。
2. 如何判定商品“有一定影响”？
3. 试析混淆（相同或近似）的判定。
4. 试析侵犯社会组织名称权的市场混淆行为。

拓展阅读　　即测即评

① 现为《民法典》第 179 条第 1 款。

第九章　禁止商业贿赂行为

第一节　禁止商业贿赂制度概述

一、商业贿赂的概念、特点和危害

商业贿赂是贿赂行为在商业活动和市场经济中的表现，具体来说，商业贿赂就是指在商业活动中经营者通过贿赂手段来获取交易机会或者经济利益的行为。1996 年《关于禁止商业贿赂行为的暂行规定》（以下简称《商业贿赂暂行规定》）规定，商业贿赂是指经营者为销售或者购买商品而采用财物或者其他手段贿赂对方单位或者个人的行为。在 2006 年，原国家工商行政管理总局开展了整治商业贿赂专项工作，并发文对正常的商业行为和商业贿赂进行了区分，指出：商业贿赂是经营者为销售或者购买商品而采用财物或者其他手段贿赂对方单位或者个人的行为。① 此外，2019 年《反不正当竞争法》中虽然没有直接出现"商业贿赂"这一说法，但其第 7 条实质上规定了商业贿赂的情形。商业贿赂本质上属于贿赂行为的一种，除了违反《反不正当竞争法》相关规定之外，还可能触及我国《刑法》的相关规定。最高人民法院、最高人民检察院 2008 年发布的《关于办理商业贿赂刑事案件适用法律若干问题的意见》第 1 条指出，商业贿赂犯罪涉及《刑法》规定的以下 8 种罪名：（1）非国家工作人员受贿罪；（2）对非国家工作人员行贿罪；（3）受贿罪；（4）单位受贿罪；（5）行贿罪；（6）对单位行贿罪；（7）介绍贿赂罪；（8）单位行贿罪。

从行为的本质来看，商业贿赂是一种不正当竞争行为。受贿赂一方利用自己的职务便利进行非法利益交易，从而破坏市场竞争的正当秩序。虽然商业贿赂名为贿赂，但作为不正当竞争行为的一种形式，商业贿赂也呈现出了和一般贿赂不同的特点：一是商业贿赂行为具有多发性。商业贿赂伴随商业而生，并随着经济的发展日益呈现增长的趋势。在经济全球化的今天，商业贿赂在世界范围内都普遍常见，并呈现出了跨国贿赂的特点。二是商业贿赂具有行业性。虽然商业贿赂在各行业都普遍存在，但在某些特定行业却更加常见，如建筑领域、医药购销领域就是商业贿赂多发的领域，我国也加强了对这些特定领域商业贿赂的监管，出台了一系列规定。例如，原国家卫生计生委在 2013 年就发布了《关于建立医药购销领域商业贿赂不良记录的规定》的通知。三是商业贿赂具有长期性。和一般的贿赂行为大部分是一事一贿的情况不同，商业贿赂往往在行贿方和受贿方间形成了

---

① 《在商务领域开展治理商业贿赂专项工作的实施方案》第 3 条第 2 款规定，商业贿赂是指：经营者为销售或者购买商品而采用财物或者其他手段贿赂对方单位或者个人的行为。

一种长期、稳定的“合作”关系，行贿方会通过不断向受贿方进行贿赂来谋求较长时间的经济利益。四是商业贿赂具有隐蔽性。一般的贿赂行为往往采取“以财换权”的行为模式，其行为的违法性较之商业贿赂更容易识别。但商业贿赂则会和正常的市场行为混杂在一起，并在违法行为上冠以“回扣”“手续费”“利息”“返利”之名，不仅难以被辨认，更给审判中的行为定性带来了困难。

改革开放以来，我国市场化进程再度加快，经济开放程度日益提升，但商业贿赂也随之增加，特别是在某些行业更加严重，如医药、保险等领域，逐步成为我国经济生活中的一大危害因素。商业贿赂造成的危害是多个方面的。商业贿赂作为一种不正当竞争行为，首要危害就是破坏了正常的交易秩序，阻碍了市场竞争机制作用的正常发挥。采取这种手段的经营者可能并不具备竞争实力，而采用破坏诚实信用原则、投机取巧的方式获得竞争优势，导致那些真正具有实力的经营者难以获得应有的市场地位和相应的市场资源，进而导致优胜劣汰的市场机制受到影响，妨碍技术升级、质量提高甚至经济健康发展。其次，商业贿赂最终会导致经营者的成本转嫁给消费者，让本来就处于弱势的消费者群体负担增加；还可能使得一些劣质产品流入市场，伤害消费者的合法权益甚至损害消费者的生命健康。此外，商业贿赂还会严重影响国家机关的公信力、损害国有资产，并滋生腐败和经济犯罪，使得政府难以实现对市场活动的有效监督。更甚者，商业贿赂还会影响国际社会对我国投资营商环境和商业活动的评价，破坏我国的国际形象，不利于我国有效应对和参与更加激烈的国际竞争。因此，为了维护公平竞争秩序，营造公平和透明的市场竞争环境，确保市场竞争机制正常发挥作用，必须大力禁止商业贿赂行为，规制市场主体行为。

需要注意的是，进入21世纪以来，跨国公司贿赂案件在我国频频发生。特别是2013年跨国药企葛兰素史克部分高管在中国的贿赂案件，引起了国际社会的广泛关注。其实该事件也并非孤例，之前辉瑞制药、摩根士丹利、IBM、沃尔玛、罗克韦尔、力拓等多家知名跨国企业都曾在华涉嫌商业贿赂。上述在华跨国公司商业贿赂案件以及国内某些行业中较为普遍存在的商业贿赂现象，对我国进一步加强商业贿赂治理提出了新的要求。

二、商业贿赂相关法律规定

商业贿赂行为是市场交易双方的自愿行为，甚至在某些时候还披着合同自由的外衣，但这种行为实际上破坏了市场竞争的秩序，使得市场竞争难以充分和公平，进而会损害社会公共利益，因此各国都把商业贿赂作为一种不正当竞争行为加以规制。美国国会在辩论《反海外贿赂法》时曾提出，贿赂并非成功市场活动的要素之一，市场经济的内涵在于通过竞争提供最优价格和质量的产品或服务，贿赂恰恰导致资源配置的扭曲，破坏了市场的正常运行，而这正是政府干预的理由之一。①

在美国，商业贿赂行为主要作为间接价格歧视的一种而受到《克莱顿法》第2条的规制。其第2条（c）规定，商人在其商业过程中，支付、准许、收取、接受佣金，回扣或

① 彭岳：《竞争规制腐败——美国〈反海外贿赂法〉（FCPA）评注》，载《国际商报》2004年7月5日。

者其他补偿是非法的。《联邦贸易委员会法》第 5 条赋予了当事人将商业贿赂作为不公平竞争行为提起诉讼的权利。该条的第 1 款规定：商业中或影响商业的不公平竞争方法是非法的；商业中或影响商业的不公平或者欺骗性行为及惯例是非法的。虽然没有直接规定，但从该款内容可以看出，美国对卖方和买方经纪人的支付回扣行为予以禁止，因为该行为会影响到商业的不公平竞争。此外，为了维护国内企业在域外市场上的公平竞争，美国国会在 1977 年通过了《反海外贿赂法》，规定任何美国企业，包含企业的董事、经理、职员、代理人或者股东，为了取得或维护业务关系，而向外国官员、政党或者外国政党候选人支付金钱或者送礼，或者允诺这种行为，都是违法的。1988 年通过的《综合贸易与竞争法》则对该法进行了修订：一方面加大处罚力度，如提高了违法公司和个人的处罚额度，并且规定个人的罚款不得由公司补偿；另一方面也规定了众多的豁免，或者是将众多从前被认定为违法的行为合法化，或者是增加了抗辩条款以及修改实体要求以提高起诉和证明的难度。进入 21 世纪以来，我国发生的一系列带有明显涉外因素的商业贿赂案，如 2005 年的“天津德普案”就与该法有关。①

《反海外贿赂法》是美国的国内法律，主要适用于美国国内的公司和个人。美国公司为了确保自身在国际贸易市场上也能公平交易，故要求美国政府在国内适用的基础上，向外输出这一法律。该法国际化的一个主要途径就是通过国际组织形成多边公约，如 1996 年 3 月美洲国家组织通过的《美洲反腐败公约》，1997 年 11 月经合组织通过的《反对在国际商事交易中向外国官员行贿公约》，以及 2003 年 12 月联合国通过的《联合国反腐败公约》。根据《反对在国际商事交易中向外国官员行贿公约》，美国又对《反海外贿赂法》进行了修订，从 1998 年起，该法对于在美国境内向国外政府官员行贿的外国公司和个人也适用。

德国 1909 年《反不正当竞争法》将商业贿赂行为作为一种独立的不正当竞争行为加以规制。该法第 12 条规定，在商业交易中，行为人以竞争为目的给工业企业的职员或者受托人提供、允诺或者给予某种利益，以使其在采购商品或者服务时以不正当方式优待自己或者某个第三人的，处 1 年以下监禁或罚金。同时，也对商业活动中的受贿行为规定了同样的刑事责任。但是在 1997 年，德国为了加大惩治腐败行为的力度，颁布了专门的《反腐败法》，该法包含有规制商业贿赂的条款。此后，德国《反不正当竞争法》就废除了关于商业贿赂的内容。目前德国对于商业贿赂行为的规制，主要表现在《刑法典》第二十六章“反竞争的犯罪行为”之中，其第 299 条就是“商业活动中的索贿和受贿”。

其他一些国家，比如日本、英国，也各自以不同的方式对商业贿赂进行规制。英国颁布了《反贿赂法》，日本在其刑法和《反不正当竞争法》中对商业贿赂作出了规定。

---

① “天津德普案”的大致情况是：2005 年 5 月 20 日，美国司法部作出了一份对其全球最大的专业性诊断试剂公司——美国德普公司（DPC）的处罚报告。报告指出，从 1991 年到 2002 年的 11 年间，美国德普公司的子公司天津德普诊断产品有限公司向中国的医疗机构和医生行贿了 162.3 万美元的现金，用来换取这些医疗机构购买其母公司 DPC 的产品，并从中赚取了 200 万美元。美国司法部认定该行为触犯了美国《反海外贿赂法》有关“禁止美国公司向外国有关人员行贿”的规定，德普公司被罚向美国司法部支付 200 万美元的罚款和向美国证券交易委员会上缴 204 万美元的非法所得，并同时缴纳 75 万美元的预审费等费用。

我国早期主要通过国务院的有关政策文件和刑法规定对商业贿赂进行规制，但这显然不足以有效遏制在发展市场经济过程中日益突出的商业贿赂行为。1993 年《反不正当竞争法》明确规定了商业贿赂是不正当竞争行为之一，其第 8 条规定：经营者不得采用财务或者其他手段进行贿赂以购买或者销售商品。在账外暗中给予对方单位或者个人回扣的，以行贿论处；对方单位或者个人在账外暗中收取回扣的，以受贿论处。经营者销售或者购买商品，可以以明示方式给对方折扣，可以给中间人佣金。经营者给对方折扣、给中间人佣金的，必须如实入账。接受折扣、佣金的经营者必须如实入账。为了让这一条款更具有操作性，原国家工商行政管理局于 1996 年发布《商业贿赂暂行规定》，对商业贿赂进行了规范性定义，对作为我国商业贿赂主要表现形式的暗中收取回扣行为作出了解释。同时，1997 年修订的《刑法》第 163 条、第 164 条分别规定了非国家工作人员受贿罪和对非国家工作人员行贿罪。

在 2006 年前后，为了治理商业贿赂行为，国家集中开展了治理商业贿赂的专项工作。2006 年 2 月 8 日，中共中央办公厅、国务院办公厅印发了《关于开展治理商业贿赂专项工作的意见》，对治理商业贿赂作出了总体指示。中央治理商业贿赂领导小组还发布了《关于在治理商业贿赂专项工作中正确把握政策界限的意见》。这一行动集中了各个部门的力量，集中指挥，统一行动，打击遏制了当时的商业贿赂行为。但要想从根本上遏制商业贿赂行为，必须要依靠完善全面的立法和常态化的有效执法。

我国《反不正当竞争法》在修订前关于商业贿赂的规定在内容上存在一些明显问题：第一，商业贿赂的规定范围过窄，将商业贿赂行为的发生限制在了商品的购买和销售环节，但实际情况是，商业贿赂行为在商业活动的各个环节都广泛存在，这种规定遗漏了大量本应被界定为商业贿赂行为的情况，使违法者得不到相应的惩罚。第二，原本的规定仅仅采用了“回扣”这样的词汇对行为进行描述，而忽视了商业贿赂的其他表现形式，也没有出现“商业贿赂”这一法律术语。第三，原本的规定对于商业贿赂的行政罚款规定最高不超过 20 万元人民币，这一标准放在当下社会经济发展水平来看显然过低，不能起到应有的震慑效果。第四，原本的规定过于模糊，使得司法实践中对于商业贿赂的具体构成在理解上产生了巨大的分歧，一些做法存在偏差，背离商业贿赂的本质。

我国 2017 年《反不正当竞争法》第 7 条规定：“经营者不得采用财物或者其他手段贿赂下列单位或者个人，以谋取交易机会或者竞争优势：（一）交易相对方的工作人员；（二）受交易相对方委托办理相关事务的单位或者个人；（三）利用职权或者影响力影响交易的单位或者个人。经营者在交易活动中，可以以明示方式向交易相对方支付折扣，或者向中间人支付佣金。经营者向交易相对方支付折扣、向中间人支付佣金的，应当如实入账。接受折扣、佣金的经营者也应当如实入账。经营者的工作人员进行贿赂的，应当认定为经营者的行为；但是，经营者有证据证明该工作人员的行为与为经营者谋取交易机会或者竞争优势无关的除外。”

与修订前相比，修订后的规定有着多方面的完善和变化：首先，明确了商业贿赂受贿方的范围，揭示了商业贿赂的本质属性；其次，对商业贿赂的表现形式作出了一般规定，即“以财物或者其他手段贿赂有关单位或者个人，以谋取交易机会或者竞争优势”；

再次，确立了经营者工作人员的商业贿赂也归属于经营者的推定制度；最后，在法律责任部分加大了对商业贿赂的行政处罚力度。

第二节 商业贿赂行为的认定

一、商业贿赂行为的构成要件

在《反不正当竞争法》修订之前，由于1993年《反不正当竞争法》第8条的规定较为模糊，导致了我国理论界对于如何界定商业贿赂的争论。争论点主要集中在商业贿赂的本质是“不正当的利益引诱交易”还是“收买”，进而将商业贿赂和同样具有利诱属性的有奖销售区分开。[①] 修订后的《反不正当竞争法》第7条相对明确地规定了商业贿赂行为的基本构成要件，具体包括主体要件、目的要件和手段要件。

（一）商业贿赂行为的主体

贿赂由行贿和受贿两个方面的行为组成，而贿赂行为的主体自然就包含行贿方和受贿方。商业贿赂作为贿赂的一种，其主体也包含两者。

商业贿赂的行贿者是经营者，主要包括从事商品生产、经营或者提供服务的自然人、法人和非法人组织。此处经营者的范围很广，并不局限于直接从事交易行为的经营者本身，还包括代表交易且对交易有影响的主体（单位或个人），即利益代表者。这种利益代表者可能来自委托代理关系，如经营者的代理人，也可能来自关联隶属关系，如经营者上级或下属单位，还有可能来自合同关系，如中介机构。这三种情况中，来自委托代理关系的利益代表者比较容易被认定，但另两者由于联系隐蔽，难以被察觉。为了防止行为人以合法形式掩盖非法目的，《商业贿赂暂行规定》第3条明确规定职工行为单位负责的原则，如果职工是法定代表人，那么就和单位为代表关系，两者系同一法律人格，法定代表人的职务行为即为单位的行为；如果只是普通职工，则与单位之间为代理关系，普通职工以单位的名义从事职务行为的，效果归属于单位。这和《民法典》第170条关于职务代理的规定也是一致的。[②] 在认定职工行为是否属于代理行为时，应该综合考察职工行为是否为职务行为、有没有单位的授权、是否为了单位的利益实施。如果职工实施商业贿赂行为只是为了和单位无关的人获利，这种行为就很难被认定为单位行为。在实践中，经营者无论将这种利益直接给予对方，还是给予和交易行为密切相关的其他人，也不论给予或者收受的这种利益是否入账，只要这种行为以争取交易机会为目的，且影响了其他竞争者开展质量、价格、服务等方面的公平竞争，就会构成《反不正当竞争法》禁止的商业贿赂。

《反不正当竞争法》第7条第3款规定：“经营者的工作人员进行贿赂的，应该认定为

① 李剑：《反思“雪花”啤酒案：商业贿赂本质的误读》，载《上海财经大学学报》2009年第3期。

② 《民法典》第170条规定：执行法人或者非法人组织工作任务的人员，就其职权范围内的事项，以法人或者非法人组织的名义实施的民事法律行为，对法人或者非法人组织发生效力。法人或者非法人组织对执行其工作任务的人员职权范围的限制，不得对抗善意相对人。

经营者的行为；但是，经营者有证据证明该工作人员的行为与为经营者谋取交易机会或者竞争优势无关的除外。”这一规定明确了，如果员工的贿赂行为可以被认定为职务行为，其后果应该归属于经营者。这有助于经营者为避免受到针对商业贿赂的惩罚，而加强对员工的管理；同时也给了经营者抗辩的空间，防止经营者承担过重的责任。在现实生活中，经营者往往需要通过其职工或者代理人来实施贿赂等违法行为，但在认定职工的行为是否为代理行为时，应该区分职工的个人行为和代理行为。

对于商业贿赂的受贿方，修订前的《反不正当竞争法》仅仅规定了“对方单位或者个人”，但实际上不应该局限于直接交易行为的对方单位或者个人，还应该包括虽然处于交易之外，但对交易有重要影响的单位或个人。正如原国家工商行政管理总局《关于旅行社或导游人员接受商场支付的“人头费”、“停车费”等费用定性处理问题的答复》（工商公字〔1999〕第170号）所指出的，经营者无论将这种利诱给予对方单位或者个人，还是给予与交易行为密切相关的其他人，也不论给予或收受这种利益是否入账，只要这种利诱行为以争取交易为目的，且影响了其他竞争者开展质量、价格、服务等方面的公平竞争，就构成《反不正当竞争法》第8条的商业贿赂。修订后的《反不正当竞争法》第7条也正式将受贿方的主体固定下来，包括以下三类：一是交易对方的工作人员；二是受交易相对方委托办理相关事务的单位和个人；三是利用职权或者影响力影响交易的单位或者个人。这说明，修订后的《反不正当竞争法》并没有将商业贿赂的受贿方局限于代理关系，而更多考虑到了商业贿赂“权钱交易”的本质，规定的三类主体的共同特征是能够影响到相关交易。

在实践中，“能够影响交易的人”有很多，可能是交易相对方的职员、经理、代理人等。在某些情况下，中介从业者、实报实销专款专用的财政专项资金使用者、公立医院的药品采购商，或者是为学生代理购买学习用品或校服的中小学校等，都可能成为商业贿赂行为的受贿主体。这些特殊主体虽然以自己的名义参与市场交易，但实际上是交易的关系人，是相关利益方的代理人，他们对于交易的达成往往有着不可或缺的影响力。这种影响力可能来自他们以专业知识或者特殊地位能为交易相对方提供的服务，也可能来自他们与交易相对人之间存在的行政管理关系。

（二）商业贿赂行为的目的

商业贿赂行为的目的是获得更多的交易机会，以扩大自己的竞争优势。从主观角度来讲，行为必然以实现这一目标为目的，很难出现行为人放任行为发生（间接故意），或者是行为人不小心（过失）造成了这一结果的情况，商业贿赂行为在主观上只能是直接故意，目的是排除其他竞争者，获得竞争优势，这种故意也是商业贿赂区别于其他贿赂行为的本质。

（三）商业贿赂行为的手段

商业贿赂的手段是多种多样的，表现为财物或者其他手段。“财物”一词，不仅指现金和实物，也包含了经营者以各种名义为对方输送利益、给付对方各种财物的方式，如为对方报销赞助费、科研费、咨询费等费用。而这里提到的“其他手段”，是指提供财物以外的其他利益，如邀请对方国内外旅游，以考察之名邀请对方参观，等等。对于这里的

“其他利益”，实践中也有各种不同的理解，但一般应该认为限定于经济性利益或者可转换为金钱进行衡量的利益。需要注意的是，做账不合格不应该是认定商业贿赂的依据。

现实交易中的商业贿赂行为形式复杂，手法隐蔽，合法行为和非法行为之间的界限往往不明显。而且商业贿赂行为往往表现多种多样，如回扣、折扣、佣金和附赠等。如何将这些行为清晰划分，是认定商业贿赂行为的一个重要问题。以下将根据我国相关法律规范分析回扣、折扣、佣金和附赠等商业贿赂行为。

二、商业贿赂与相关行为的比较

（一）回扣与商业贿赂

“回扣”是否违法在我国商业交易中始终没有一个统一的答案，有的人主张应无差别地禁止回扣，理由是回扣会损害国家和社会利益，妨碍市场公平竞争；也有人认为应该允许回扣，因为回扣实际上是一种让利行为，是一种价格竞争，且在国际贸易往来过程中，支付和收取回扣都是一种惯例，回扣还是我国一些中小企业、乡镇企业在竞争中获得优势的手段；还有人认为，回扣不能给个人，但是可以给单位。出现这种情况的原因可能是之前学者翻译外文资料时，将和回扣相关几个词语都翻译为回扣，但实际上这些词语之间的意思差距很大。我国修订前的《反不正当竞争法》没有考虑到这一点，在第 8 条对回扣作了笼统规定，容易使人产生回扣就是商业贿赂的误解。修订后的第 7 条没有再规定回扣，而是从商业贿赂的本质出发进行规定。但无论如何，回扣仍是我国商业贿赂行为中最典型的一种方式，值得了解。

《商业贿赂暂行规定》将回扣局限于“账外暗中”的形式，不是“账外暗中”就不能称为回扣。这里的“账外暗中”是指，未将本来依照财务会计制度应该计入账内的收支如实记载，而采用包括不计入财务账、转入其他财务账或者是做假账等方式隐藏真实交易。回扣在实践中的表现形式多种多样，往往以折扣、让利、广告费、宣传费、包装费等名义出现，同时采用更加隐蔽的支付交易方式，使人难以辨认和察觉。判断是否属于回扣，不能仅看其形式，还应究其实质。

（二）折扣和商业贿赂

修订前后的《反不正当竞争法》都明确规定了折扣。修订后的规定是：经营者在交易活动中，可以以明示方式向交易相对方支付折扣；经营者向交易相对方支付折扣的，应当如实入账；接受折扣的经营者也应当如实入账。折扣是指在购销商品时，以明示并如实入账的方式给予或接受的价格优惠。换句话说，折扣是指在市场交易活动中，卖方在所成交的价款上给买方的一定比例的减让，是退还给对方的一种交易上的优惠。在会计上折扣有两种表现形式，即现金折扣和商业折扣。从本质上来说，折扣就是一种价格让利。

折扣和回扣在形式上十分相似，但又存在本质区别：一是折扣是合法的商业行为，被《反不正当竞争法》第 7 条所承认；但回扣是一种商业贿赂行为，是非法行为。二是折扣要求“明示”和“如实入账”；但回扣则以“账外暗中”的方式进行。明示和如实入账就是指根据合同约定的金额和支付方式，在依法设立的反映其生产经营生活或者行政事业经费收支的财务账上按照会计财务制度规定明确如实记载。这也是判断回扣与折扣最主要的标准。三是折扣的接收方只能是交易对方当事人，而不能给其他的经办人员；但回扣可能给对方的主管或者交易的经手人。四是折扣的形式往往只有商业折扣和现金折扣两种；但回扣往往借助名目繁多的形式，如手续费、会议费等。五是折扣通常发生在日常消费品领域；但回扣可以发生在各个领域和各个经济层次。除了以上判断标准以外，还要结合实际分辨折扣和回扣：一般来说，折扣都是有正当理由的，如老客户回馈、提前支付等。目前我国对于折扣的立法还存在空白，应予进一步细化。

（三）佣金与商业贿赂

修订前后的《反不正当竞争法》都明确规定了佣金，修订后的规定是：经营者在交易活动中，可以以明示方式向中间人支付佣金；经营者向中间人支付佣金的，应当如实入账；接受佣金的经营者也应当如实入账。佣金是商业活动中的一种劳务报酬，是具有独立地位和经营资格的中间人在商业活动中为他人提供服务所得到的报酬。佣金一般不支付给交易双方，而支付给交易活动的中间人。这笔费用可能由买方支付，可能由卖方支付，还可能由双方共同支付。合法收取佣金与商业贿赂行为之间的区别主要有二：一是合法收取佣金的“中间人”必须具备合法经营资格，而商业贿赂行为往往表现为不具有合法经营资格的中间人为他人提供服务、收取佣金；二是合法收入佣金应明示入账，但需要注意的是，并非所有没有明示或者如实入账的佣金都是商业贿赂，有些可能会构成违反财务合规的行为，应该进行具体分析。

案例研习

1. 葛兰素史克商业贿赂案件[①]

葛兰素史克（中国）投资有限公司成立于2001年（以下简称“葛兰素史克公司”），总公司位于北京，是我国当时规模最大的跨国制药企业之一，公司业务涉及处方药、非处方药、疫苗和消费保健品四个领域。葛兰素史克公司因其领先的制药技术，在业界一直享有极高声誉。

2013年上半年，公安部门在工作中发现，包括上海临江国际旅行社（以下简称“临江旅行社”）在内的几家旅行社几乎不从事旅行业务，而是与一些药企联系频繁。以临江旅行社为例，在没有旅游业务的情况下，其年营业额从成立之初的几百万元飙升至案发前的数亿元。这一事件引起了公安机关的关注。经过查证，葛兰素史克公司部分高管和旅行社的部分高层人员涉嫌严重的商业贿赂犯罪。具体而言，是以梁某为首的葛兰素史克公司的部分高管与临江旅行社等多家旅行社“合作”，由旅行社承接葛兰素史克的部分会议、培训等项目（项目涉嫌造假），再由旅行社通过虚报项目、费用及虚开发票等手段从葛兰素史克公司处套取现金，然后再返还给葛兰素史克公司的部分高管。这些钱部分流入高管腰包，部分用于向政府部门官员和医药企业协会、基金会、医院、医生等行贿。

① 参见《葛兰素史克“贿赂门”》，http://news.cntv.cn。

2014 年 9 月 19 日，湖南省长沙市中级人民法院依法对葛兰素史克公司和相关人员进行了不公开审理并当天宣判。审理查明：被告单位葛兰素史克公司为谋取不正当利益，采取贿赂销售模式，以多种形式向全国多个医疗机构及从事医务工作的非国家工作人员行贿，数额巨大。被告人马某等公司高管作为直接负责的主管人员，积极组织、推动、实施贿赂销售。被告单位及被告人的行为已经构成对非国家工作人员行贿罪。被告人黄某利用职务便利非法收取他人财物并为他人谋取利益，其行为还构成非国家工作人员受贿罪。

法院以对非国家工作人员行贿罪判处被告单位葛兰素史克公司罚金人民币 30 亿元；判处被告人马某有期徒刑 3 年，缓刑 4 年，并处驱逐出境；判处被告人张某有期徒刑 3 年，缓刑 3 年；判处被告人梁某有期徒刑 2 年，缓刑 3 年；判处被告人赵某有期徒刑 2 年，缓刑 2 年；以对非国家工作人员行贿罪判处被告人黄某有期徒刑 2 年，以非国家工作人员受贿罪判处其有期徒刑 2 年，决定执行有期徒刑 3 年，缓刑 4 年。

问题：

（1）被诉行为是否构成不正当竞争行为？

（2）《反不正当竞争法》规定的商业贿赂行为与《刑法》规定的贿赂罪应当如何区分？

2. 刘某强等人生产、销售伪劣（香油）产品、对非国家工作人员行贿案①

2006 年，被告人刘某强、郭某波共同出资成立哈尔滨希强调味品有限公司。二人为降低生产成本，谋取非法利益，从被告人薛某民处购入香油香精和粗制棉籽油后，指使被告人唐某友等人将香油香精、粗制棉籽油与色拉油勾兑成伪劣香油，或在香油中按一定比例掺入伪劣香油，经灌装、包装后销售，销售金额人民币 1 000 余万元。2012 年 8 月，刘某强在蜂蜜中掺入购买的麦芽糖浆，制成伪劣蜂蜜进行销售，销售金额人民币 20 余万元。刘某强为向天手公司二厂、天手公司饺子厂销售其生产的伪劣香油，指使他人按照销售数量向天手公司二厂采购员曹某、天手公司饺子厂厂长于某（另案处理）行贿 4 万余元。

绥化市中级人民法院一审判决认定被告人刘某强犯生产、销售伪劣产品罪，判处有期徒刑 15 年，并处罚金人民币 600 万元，犯对非国家工作人员行贿罪，判处有期徒刑 2 年，决定执行有期徒刑 16 年，并处罚金人民币 600 万元；被告人薛某民犯生产伪劣产品罪，判处有期徒刑 8 年，并处罚金人民币 50 万元；对被告人唐某友、郭某波以生产伪劣产品罪和销售伪劣产品罪分别判处刑罚。宣判后，刘某强、薛某民提出上诉。黑龙江省高级人民法院经审理，裁定驳回上诉，维持原判。

问题：

（1）被诉行为是否构成不正当竞争行为？

（2）商业贿赂行为包含哪些构成要件？

---

① 参见黑龙江省绥化市中级人民法院（2014）绥中法刑二初字第 6 号。

本章思考题

1. 试析商业贿赂行为的含义。
2. 试析反不正当竞争法规制商业贿赂行为的必要性。
3. 商业贿赂行为的主体要件是如何规定的？
4. 商业贿赂有哪些典型的表现形式？
5. 如何认定回扣、折扣和佣金的性质？

拓展阅读　　即测即评

第十章　禁止虚假或者引人误解的商业宣传行为

第一节　禁止虚假或者引人误解的商业宣传制度概述

一、虚假或者引人误解的商业宣传行为的概念

在现代社会的市场竞争中，借助广告进行商业宣传是经营者吸引顾客、增加销量，进而赢取商业优势的重要方式。商业宣传旨在向消费者提供与商品相关的信息，辅助消费者区分不同商品，从而作出购买决策。此外，商业宣传还能起到普及商品知识、促进消费、树立品牌形象等多重作用。因此，商业宣传是经营者获取竞争优势的有力手段，具有增加经济收益的积极作用。

无论以何种方式或途径进行商业宣传，经营者都必须以信息真实和准确为前提条件。进行虚假或者引人误解的商业宣传，不但不能产生前述积极效用，还可能产生破坏竞争秩序、损害消费者和其他经营者合法权益的消极作用。

所谓虚假或者引人误解的商业宣传，是指在商业交易中，经营者利用广告、商品或者其他手段，对其商品或者服务作与实际情况不符的公开宣传，导致或者足以导致消费者形成错误认识的行为。对此定义可作进一步阐述。

首先，特别的工具要件。虚假或者引人误解的商业宣传的手段是广告、商品或者其他方法。根据媒介和宣传方式的不同，商业宣传可分为广告宣传、商品宣传和其他方式宣传。广告宣传作为主要的宣传手段，是指经营者借助一定载体和媒介直接或间接推广商品或者服务的商业广告活动。广告宣传包含多种形式，其中，通过报纸、期刊、广播、电视等传统媒介进行商业推广影响最大，而当下各种形式的互联网广告也发挥着传统媒介无法比拟的宣传效果。商品宣传是指在商品及商品外包装上通过文字、图形或两者的组合来开展宣传。在商业实践中，商品宣传既包含在商品及其外包装上进行标识，也包含将标注有商品信息的标签粘贴在商品或者其包装上或者直接附随商品的情况。其他方式宣传是指前两种宣传方式之外的其他商业宣传，例如，雇用或者伙同他人进行表演式销售误导；张贴、派发、邮寄虚假的产品说明书或者其他广告材料；通过互联网媒介进行变相虚假宣传；采取律师“严正声明”进行虚假宣传；等等。

其次，特定的行为要件。虚假或者引人误解的商业宣传的内容是对商品或者服务的市场信息作出不符实际的或者引人误解的传播与宣传。这些信息囊括商品或服务的质量、功能、销量、客户评价、曾获荣誉等诸多方面，并且会直接或间接地影响消费者的购买行为。经营者实施悖逆商业道德、公平诚信原则的行为，对这些重要信息进行散播就会引致不正当竞争的效果。实践中已经出现很多新型的虚假或者引人误解的商业宣传行为，如对

企业资产和客户群体、保证人的资历等方面作虚假陈述，虚构知识产权与荣誉，甚至在公益、社会慈善、环保节能方面进行虚假陈述等，从而取得虚假的社会声誉。譬如，2019 年 3 月，富迪健康科技有限公司在长沙市召开业绩表彰大会，宣称国家领导人服用其研发的“富迪小分子肽”产品，且国家部委负责人称赞该产品的效果，后经查实该宣传是富迪公司虚构的。湖南省长沙市开福区市场监管局依据《反不正当竞争法》第 20 条下达处罚决定，责令当事人停止虚假宣传行为，并处罚款 200 万元。①

最后，特定的结果要件。虚假或者引人误解的商业宣传的后果是促使或者足以促使消费者产生误解，进而作出错误的交易决策，并且损害了竞争对手的权益，破坏了正常的市场竞争秩序。在当今市场经济中，商品的科技含量不断提高，生产技艺不断改进，商品种类日益纷繁复杂，商业宣传作为一种主要的促销和竞争工具，成为消费者获取商品或者服务信息的重要途径。经营者实施虚假或者引人误解的商业宣传，一方面，会导致购买者产生认知错误，作出错误的交易行为，利益遭受损失；另一方面，在市场容量既定的前提下，通过虚假或者引人误解的商业宣传攫取商业利润或优势，将会削减其他经营者的竞争优势，扰乱自由公平的交易秩序。因此，虚假或者引人误解的商业宣传行为在本质上属于一种不正当竞争行为，应当受到反不正当竞争法的规制。

二、虚假或者引人误解的商业宣传行为的法律规制

针对虚假或者引人误解的商业宣传行为，各个国家和地区的竞争法以及相关的国际规范都作出了一定的调整。

国际规范通常将虚假或者引人误解的商业宣传称作误导公众（misleading the public）。《巴黎公约》第 10 条之二第 3 项中针对误导行为作了特别规定，明确禁止“在经营商业中使用会令公众对商品的性质、制造方法、特点、使用目的或数量发生混乱的表示或说法”；1996 年世界知识产权组织《反不正当竞争示范法》在前述基础上进行了扩充性规定，其第 4 条第 1 款规定：“凡在工商业活动中对企业或其活动，尤其对此种企业所提供的产品或服务误导或可能误导公众的行为或做法，应构成不正当竞争。”第 2 款对误导行为作了列举，即误导可能产生于广告或宣传，尤其是下列事项：产品的制造过程；产品或服务对特定目的的适合性；产品或服务的质量、数量或其他特性；产品或服务的地理来源；对产品或服务所承诺或提供的条件；产品或服务的价格或者其价格的计算方式。其注释 4.02 第 1 款规定，误导行为可采用任何言论的形式，包括关于某企业或某产品或某服务，或关于某企业的工商业活动的误导性表示或说法。这里关于误导的概念并不局限于本身就是虚假的言论，或促使购买者已经形成虚假印象的言论。只要相关言论易于产生误导作用即满足条件，甚至表述正确的言论也可能具有欺骗性。譬如，如果商业宣传使消费者形成广告内容非同一般的误导性印象，则缺失的信息也可能潜在性地具有误导作用。

在欧盟，目前尚未形成统一的反不正当竞争法，但欧盟范围内存在特别规制引人误解的广告（misleading advertising）的规范，如有关比较广告和误导性广告的 1997 年第 55 号

① 参见《公安部发布整治食品安全问题十大典型案例》，http://www.gov.cn。

指令（其吸纳了 1984 年禁止误导性广告的指令），2005 年的反不正当商业行为指令也有针对消费者不正当商业宣传的规定。在美国，规制虚假或者引人误解的商业宣传可以适用《联邦贸易委员会法》第 5 条。在德国，2016 年修订的《反不正当竞争法》第 4 条关于不正当竞争行为的列举虽然没有涵盖虚假或者引人误解的商业宣传，但该法第 5 条、第 6 条分别规定了“误导性商业宣传行为”和“比较广告”的内容，第 16 条还专门规定了“可罚性广告”。依据该法第 5 条的规定，实施误导性商业宣传行为，构成该法第 3 条规定的不正当商业行为。该法条还对误导性商业宣传行为的认定作了具体规定。

在我国，虚假或者引人误解的商业宣传行为受到多部法律的规制。例如，《产品质量法》中多个条款禁止通过伪造或冒用质量标志、伪造产地等方法对商品品质作虚假表示。《消费者权益保护法》从消费者权益保护和经营者义务履行的角度在第 20 条规定：“经营者向消费者提供有关商品或者服务的质量、性能、用途、有效期限等信息，应当真实、全面，不得作虚假或者引人误解的宣传。经营者对消费者就其提供的商品或者服务的质量和使用方法等问题提出的询问，应当作出真实、明确的答复。经营者提供商品或者服务应当明码标价。”《广告法》则对商业广告作出全面规范，该法第 3 条规定：“广告应当真实、合法，以健康的表现形式表达广告内容，符合社会主义精神文明建设和弘扬中华民族优秀传统文化的要求。”第 4 条规定：“广告不得含有虚假或者引人误解的内容，不得欺骗、误导消费者。”该法其他章节也规定了大量禁止性规范和义务性规范，以防广告出现误导性效果。《价格法》第 14 条亦将“利用虚假的或者使人误解的价格手段，诱骗消费者或者其他经营者与其进行交易”规定为不正当价格行为之一，并予以禁止。

诚然，虚假或者引人误解的商业宣传行为在性质上属于不正当竞争行为，因此从反不正当竞争法角度予以规制具有重要和普遍的意义。1993 年《反不正当竞争法》第 9 条第 1 款规定：“经营者不得利用广告或者其他方法，对商品的质量、制作成分、性能、用途、生产者、有效期限、产地等作引人误解的虚假宣传。”2017 年修订后的《反不正当竞争法》第 8 条规定：“经营者不得对其商品的性能、功能、质量、销售状况、用户评价、曾获荣誉等作虚假或者引人误解的商业宣传，欺骗、误导消费者。经营者不得通过组织虚假交易等方式，帮助其他经营者进行虚假或者引人误解的商业宣传。”这次修订与《广告法》衔接，规定处罚发布虚假广告的行为优先适用《广告法》；在违法行为的认定上扩大了范围，特别规定违法行为不仅包括虚假宣传和虚假信息，还包括引人误解的宣传和误导性信息；并且，组织虚假交易等方式协助其他经营者进行虚假或者引人误解的商业宣传行为也受该法约束，这为规制互联网电商平台领域的“刷单”等行为提供了法律依据。

第二节 虚假或者引人误解的商业宣传行为的认定

依据 2017 年《反不正当竞争法》第 8 条的规定，虚假或者引人误解的商业宣传行为的构成要件较为明确，即主体为经营者；手段为利用广告、商品或者其他方法；内容为对商品的性能、功能、质量、销售状况、用户评价、曾获荣誉等作虚假或者引人误解的商业宣传；后果是欺骗、误导消费者，引起或者足以引起购买人对交易标的情况的误解。但是，在对虚假或者引人误解的商业宣传行为进行具体认定时，仍需明晰一系列问题。

一、“引人误解”与“虚假”的关系

1993年《反不正当竞争法》第9条关于“引人误解的虚假宣传”的规定中，将“引人误解”和“虚假”作为并列要件，从字面意义上看两者均为“宣传”的限定词，因此宣传内容的“虚假”是引人误解的虚假宣传的必备条件。实际上，引人误解的宣传与虚假宣传是交叉关系，在大多数情况下，虚假宣传本身是引人误解的，但在某些情况下，内容本身真实的宣传也会引人误解，而虚假宣传有时未必引人误解。如果严格依照字面含义进行理解，真实的但引人误解的宣传和虚假的但不会引人误解的宣传，都无法受到《反不正当竞争法》的调整。但前一种情况免受反不正当竞争法的规制并不符合立法的初衷和本意。从反不正当竞争法规制的重点领域以及一些国家和地区的规定来看，对虚假宣传行为的规制要着重强调其引人误解的后果，而宣传内容本身是否真实并非问题的关键所在。因此，这类行为通常被表述为“引人误解”或者“引人误解或虚假的宣传”。我国台湾地区的“公平交易委员会”在其制定的“处理虚伪不实或引人错误之表示或表征原则”中认为，“引人错误”意指“表示或表征不论是否与事实相符，足以引起相当数量之一般或相关大众错误之认知或决定”，即不论商业广告的内容真实与否，只要足以令人产生错误认知，则满足引人误解的构成要件。

如果对“引人误解”与“虚假”之间的关系作如上梳理，内容真实但令人误解的商业宣传也应当被认定为虚假宣传行为。譬如，日本东京法院曾于1983年作出一个判决：被告销售假冒的路易·威登提包，并在宣传中提及这些提包并非由路易·威登公司制造，法院仍认定该广告是引人误解的，即广告目的是促使消费者形成错误认知，并误解被告刊登的广告和销售行为是合法的。

针对“虚假”与“引人误解”的要件判断，《最高人民法院关于适用〈中华人民共和国反不正当竞争法〉若干问题的解释》专门作出了规定。其第16条规定：“经营者在商业宣传过程中，提供不真实的商品相关信息，欺骗、误导相关公众的，人民法院应当认定为反不正当竞争法第八条第一款规定的虚假的商业宣传。”并在第17条第1款规定了4种可认定为“引人误解的商业宣传”的行为：（1）对商品作片面的宣传或者对比；（2）将科学上未定论的观点、现象等当作定论的事实用于商品宣传；（3）使用歧义性语言进行商业宣传；（4）其他足以引人误解的商业宣传行为。相较于《最高人民法院关于审理不正当竞争案件应用法律若干问题的解释》第8条第1款，该司法解释就“引人误解的商业宣传”增设了兜底条款，以适应复杂多变的商业环境与不断创新的宣传方式。值得注意的是，鉴于引人误解的虚假宣传的本质属性是“引人误解”，虚假的但不引人误解的宣传可不认定为该条的“虚假宣传”。理由在于，那些夸大事实的宣传，由于过分夸张或进行艺术性创造而无法让消费者相信其是真实的，因而不会产生令人误解的效果，比如，某化妆品广告宣称的“今年二十，明年十八”即属于该情形。对此，《最高人民法院关于审理不正当竞争案件应用法律若干问题的解释》第8条第2款规定：“以明显的夸张方式宣传商品，不足以造成相关公众误解的，不属于引人误解的虚假宣传行为。”

另外，最高人民法院在指导性案例“成都同德福合川桃片有限公司诉重庆市合川区同德福桃片有限公司、余某华侵害商标权及不正当竞争纠纷案”中指出：与“老字号”无历史渊源的个人或企业将“老字号”或与其近似的字号注册为商标后，以“老字号”的历史进行宣传的，应认定为虚假宣传，构成不正当竞争。该判例对类似案件的审理起到了重要的指导作用。

2017年《反不正当竞争法》第8条针对该问题进行了较大的改善，将相关表述修订为“虚假或者引人误解的商业宣传”。这种修改是符合实践经验和逻辑构造的。但需要注意的是，引人误解是误导行为的关键要素，而虚假表示只是引人误解的情形之一。在对“虚假但并不引人误解”的行为进行法律分析时，仍应当通过法律解释的进路进行认定。借助过分夸张方式宣传商品，不足以促使相关公众产生误解的，不属于引人误解的虚假宣传行为。

二、“引人误解”的判断标准

既然虚假或者引人误解的商业宣传行为的本质是“引人误解”，那么界定会产生误解的人的范围对于行为的违法性判断尤为重要。在判定一项商业宣传行为是否引人误解时，应当以其目标宣传对象的理解为标准，而不能以宣传行为的实施者的理解为标准。以美国为代表的众多国家均将一般消费者的普通注意力作为判断标准。我国2017年《反不正当竞争法》在第8条第1款的后半段增加了“欺骗、误导消费者”的表述，此次完善一方面是基于法律体系内在一致性的需要，与《广告法》第4条的相关表述保持一致；另一方面实际上确立了在认定虚假或者引人误解的商业宣传行为时以一般消费者理念为判定标准。

所谓一般消费者，是指按照市场观念理解可能购买该商品的人。其范围的确定应当以消费内容为准：对于普通的商品和服务，应依一般消费者的普通注意力进行判断；对于专业性的商品或服务，则要结合专业人士的普通注意力进行判断。同时，商品选购的注意力程度应当是选购这类商品的一般注意程度。这种注意程度因性别、年龄、职业、教育程度，以及对某些环境和事物的兴趣和敏感程度不同而异。我国台湾地区的“处理虚伪不实或引人错误之表示或表征原则”中规定的判断原则就清晰指出，表示或表征应当以交易相对人的认知为准，一般商品或服务以一般大众的普通注意力为准，专业性产品则以相关大众的普通注意力为准。

针对这个问题，我国《反不正当竞争法》并未规定一个具体的判断标准，但《最高人民法院关于适用〈中华人民共和国反不正当竞争法〉若干问题的解释》第17条第2款规定了判断“引人误解”的一般性因素：“人民法院应当根据日常生活经验、相关公众一般注意力、发生误解的事实和被宣传对象的实际情况等因素，对引人误解的商业宣传行为进行认定。”这表明，判断是否构成引人误解，主要根据相关社会经济生活的日常生活经验和商业宣传的实际情形，结合相关公众中的一般主体是否形成错误认识进行。这种判断标准虽然赋予法官一定的自由裁量空间，但不能离开一般的社会生活基础，受到社会客观条件的约束。

另外，在判定商业宣传行为是否引人误解时，还应当持有整体观察与比较主要部分的标准。一方面，判断需要从宣传内容的整体出发，采用整体观察标准；另一方面，因为广告中的主要部分是构成元素中最引人注目的部分，主要部分以外的要素是附属部分，所以假如主要部分易于使人在观念上、名称上、外观上产生误解，那么即使附属部分的内容真实，仍应认定为引人误解的虚假宣传。不仅如此，在进行具体的比较时，还应当采用隔离观察的方法。

三、比较广告中的虚假或者引人误解的商业宣传行为

比较广告是一种特殊表现形式的广告。德国《反不正当竞争法》第 6 条第 1 款规定，比较广告，是指任何一种直接或间接指明竞争者或由某个竞争者提供的商品或服务的广告。在比较广告中，广告主将自己的商品或者服务与同一行业内的其他商品或服务作比较，目的在于凸显自己商品或服务的优势，从而影响购买者消费决策或其他经济行为。比较广告本身不具有违法性，而且内容真实、手段正当的比较广告不但是经营者行使言论自由的行为，也有利于公众获取商品或者服务的真实信息。通过比较不同产品的特点，比较广告能够使购买者更深入地了解相关市场和商品，降低搜索成本，还可以提升市场透明度，维持良好的市场竞争秩序。但是，如果比较广告违反了广告的基本准则，越过了底线进而侵害了其他竞争者的合法权益，则很可能构成不正当竞争行为。然而，比较广告并非一类独立的不正当竞争行为，也不是虚假或者引人误解的商业宣传行为中的独立类型，它经常出现于虚假或者引人误解的商业宣传和商业诋毁中，成为这两类不正当竞争行为的表现形式之一。

对于比较广告是否构成虚假或者引人误解的商业宣传行为，需要根据其内容是否真实或者引人误解进行判断。对于内容虚假的比较广告，认定其为虚假宣传是不难的。但是，对于内容真实或部分真实却引人误解的比较广告，则需要结合具体情况进行分析。首先，在比较广告中使用未确定事实的情形。未确定事实包括尚未发生的事实及未有定论的事实。鉴于未确定事实的真实性存疑，因此不能轻易认定其真伪。但是比较广告中使用的数据或调查结论必须有科学依据和证明，尚未被国家权威机构认可的未确定事实，不能当作真实的事实。所以，若在比较广告中使用未确定事实，则违背了公平竞争原则。其次，在比较广告中使用部分真实事实的情形。在比较广告中仅使用部分真实的信息，也许不会损害消费者的权益，但是刻意隐去重要信息，意在歪曲事实真相、误导消费者的，对于竞争对手而言是不公平的。因此，在比较广告中使用未确定事实抑或部分事实，对事实的披露是真实、全面、客观，且不会导致消费者误解的，则使用未确定事实或部分事实是合法正当的。若意在造成购买者产生错误认知，使用的未确定事实或部分事实与真实情况不相一致，且导致或足以导致误解的后果，则相关比较广告可被认定为虚假宣传行为，有鉴于此，《最高人民法院关于适用〈中华人民共和国反不正当竞争法〉若干问题的解释》

第 17 条第 1 款列举的虚假宣传行为就包括“对商品作片面的宣传或者对比”和“将科学上未定论的观点、现象等当作定论的事实用于商品宣传”这两种行为表现。

四、虚假或者引人误解的商业宣传与商业诋毁的竞合

《反不正当竞争法》第 8 条规定的虚假或者引人误解的商业宣传行为与该法第 11 条规定的商业诋毁行为既有所区别，又相互联系。二者的差异主要体现在：一是行为针对的对象存在差异。前者通常没有明确的对象，针对的是不特定的同类竞争对手；后者一般有特定的对象，针对同类经营者中的某一个主体。二是行为内容涉及的范围存在差异。前者只涉及自身的商品或服务，即对自己的商品或服务开展不同形式的虚假或者引人误解的宣传；而后者不但涉及自己的商品或服务，还涉及竞争对手的商品或服务，并且一般是借助片面陈述、过分吹嘘、歪曲商品优劣等手段来贬损其他经营者的商品或服务，从而达到减损竞争对手商业信誉、削弱竞争对手竞争优势的目的。

然而，两者在本质上都是经营者通过传播某种虚假信息来误导消费者，从而取得有效竞争力和经济效益的不正当竞争手段。商业诋毁的实施者正是通过向不特定主体，尤其是对竞争力和经济效益有决定性作用的目标消费群体传递虚假或者引人误解的信息，通过减损竞争对手的社会声誉，引致消费者产生错误决策认知从而不正当地获取商业利润。因此，两者在行为属性、行为内容上有着根本的一致性。如此，两者存在竞合关系：一方面，商业诋毁行为通常满足虚假或者引人误解的商业宣传行为的构成要件，商业诋毁事实上是不当提升商誉的一种手段，并进而形成了对特定竞争对手的诋毁；另一方面，如果使用虚假或者引人误解的信息来贬损或诋毁竞争对手的产品质量，则可以认定为衬托性宣传自己的商品，也可以认定为虚假或者引人误解的商业宣传行为。

由于虚假或者引人误解的商业宣传行为与商业诋毁行为存在规范竞合，所以，如果经营者通过传播虚假信息来贬损竞争对手的商业信誉、商品声誉，达到宣传或凸显自己的商品或服务、使消费者作出错误决策的目的，这种行为同时构成虚假或者引人误解的商业宣传行为和商业诋毁行为。其中，商业诋毁行为应当是虚假或者引人误解的商业宣传行为的特别形式，根据特别法优于普通法的原则，在司法实践中应当优先适用关于商业诋毁行为的法律规范。

五、帮助型虚假或者引人误解的商业宣传行为

2017 年《反不正当竞争法》第 8 条第 2 款规定：“经营者不得通过组织虚假交易等方式，帮助其他经营者进行虚假或者引人误解的商业宣传。”该条款是新增的关于帮助型虚假或者引人误解的商业宣传行为的规范。

虽然该法第 8 条第 1 款明令禁止经营者在经营过程中实施虚假或者引人误解的商业宣传行为，并明晰了虚假或者引人误解的商业宣传行为的构成要件，但在实践中，虚假或者引人误解的商业宣传行为通常并非由单一的经营者实施，行为背后往往存在协助违法行为开展的其他经营者。经营者直接实施虚假或者引人误解的商业宣传行为对竞争秩序的损害是十分明显的，协助实施虚假或者引人误解的商业宣传的经营者同样破坏了竞争秩序。在

民事责任的承担上，这种协助行为的责任一般可以通过“共同侵权”的侵权范式进行追究，但是在行政责任的承担上，行政机关受制于“法无规定不可为”的执法原则，导致虚假或者引人误解的商业宣传行为协助者在过去往往难以得到有效规制。正是基于此，2017年修订的《反不正当竞争法》增加了帮助型虚假或者引人误解的商业宣传的禁止性条款并确立了相应的法律责任。

《反不正当竞争法》第8条第2款规定的“组织虚假交易等方式”，是指经营者协助他人进行虚假或者引人误解的商业宣传的行为方式。这是在《反不正当竞争法》上首次对“虚假交易”进行规定。该规定是对我国业已存在的一些不良行为的立法回应，尤为典型的是互联网平台交易中的“刷单”行为。虽然法律规范此前没有对这类虚假交易行为进行特别规制，但在商业惯例中已经对虚假交易的内涵进行了较为完整的阐释，如天猫平台的《平台规则》第31条规定，虚假交易，是指会员通过虚构或隐瞒交易事实、规避或恶意利用信用记录规则等不正当方式，获取虚假的商品销量、店铺评分、信用积分、商品评论或成交金额等不当利益的行为。[①] 当然，法律规范不可能列举所有帮助型虚假宣传的行为方式，因此进行了兜底性规定。

虚假交易行为本身是一种违法的商业行为，出现在特定的经营者之间，并不会直接损害市场交易秩序和消费者权益。但是，虚假交易的背后通常潜藏着帮助型虚假或者引人误解的商业宣传的目的，进而牟取不法利润。反不正当竞争法打击的是借由虚假交易等方式实施的虚假或者引人误解的商业宣传行为。

案例研习

1. 北京爱奇艺科技有限公司与杭州飞益信息科技有限公司等不正当竞争纠纷案[②]

杭州飞益信息科技有限公司（以下简称“飞益公司”）是一家专门提供视频刷量服务的公司，其与吕某、胡某通过分工合作，运用多个域名，不断更换访问IP地址等方式，连续访问爱奇艺网站视频，在短时间内迅速提高视频访问量，达到刷单成绩，以牟取利益。北京爱奇艺科技有限公司（以下简称“爱奇艺公司”）诉称，飞益公司的行为已经严重损害了其合法权益，破坏了视频行业的公平竞争秩序，飞益公司、吕某、胡某构成共同侵权，请求法院判令飞益公司和吕某、胡某立即停止不正当竞争行为、刊登声明、消除影响，并连带赔偿爱奇艺公司经济损失500万元。飞益公司和吕某、胡某辩称，爱奇艺公司与飞益公司的经营范围、盈利模式均不相同，不具有竞争关系，并且涉案的刷量行为未在《反不正当竞争法》禁止之列，故飞益公司的刷量行为不构成不正当竞争。

上海市徐汇区人民法院认为，访问数据对于视频网站经营者而言，既直接影响经济收入，也能经过系统分析后作为运营决策的重要考量因素，蕴含着巨大的商业价值，能给视

① 参见《天猫平台虚假交易的规则及实施细则》，https://rule.tmall.com。
② 参见上海知识产权法院（2019）沪73民终4号民事判决书。

频网站经营者带来竞争优势，爱奇艺公司依托于视频访问数据获取的商业利益应受法律保护，其他经营者可以与视频网站经营者开展自由竞争，但不得对访问数据施加超出合理界限的干扰、破坏，这不仅是视频网站经营者，也是与之相关的诸如从事著作权交易、信息网络广告等业务的经营者所公认的商业道德。本案中，飞益公司、吕某、胡某明知爱奇艺公司采取技术手段防范无效的视频访问数据，也应知晓视频访问数据对于爱奇艺公司存在重大的商业价值，仍然通过技术手段增加无效的爱奇艺网站视频点击量，以获取不当利益，并通过信息网络宣传推广该业务，持续大范围地干扰、破坏爱奇艺网站统计数据的真实性和完整性，主观恶意明显。被告不尊重他人合法权益的肆意而为，显然与公认的商业道德相悖，并损害了爱奇艺公司以及消费者的合法权益，构成不正当竞争，故依据《反不正当竞争法》第2条判令飞益公司、吕某、胡某向爱奇艺公司连带赔偿50万元，并刊登声明，消除影响。一审判决后，爱奇艺公司、飞益公司、吕某、胡某均不服，向上海知识产权法院提起上诉。

上海知识产权法院经审理后认为，经营者的市场交易行为受《反不正当竞争法》规制，经营者之间是否构成同业竞争关系，并非判断是否构成不正当竞争行为的法定要件，故涉案视频刷量行为作为一种市场交易行为，是否属于不正当竞争行为，仍应当根据《反不正当竞争法》的具体规定进行判断。本案中，虚构视频点击量的行为，实质上提升了相关公众对虚构点击量视频的质量、播放数量、关注度等的虚假认知，起到了吸引消费者的目的，因此，虚构视频点击量仅是经营者进行虚假宣传的一项内容，应当按照虚假宣传予以处理，涉案视频刷量行为属于《反不正当竞争法》所规定的“虚假宣传”不正当竞争行为。根据查明的事实，飞益公司、吕某、胡某系分工合作，共同实施了涉案视频刷量行为，应承担连带赔偿责任。一审法院酌情确定50万元的判赔数额合理，应予维持。据此，判决驳回上诉，维持原判。

问题：

（1）本案中双方是否存在竞争关系？如何认定？

（2）本案中的视频刷量行为是否损害竞争？

2. 车王诉“瓜子”二手车不正当竞争纠纷案①

原告车王公司系一家从事二手车经营的公司，在全国设有30余家实体店。其主要经营模式为传统模式，即规模化购入二手车，翻新后出售给消费者。被告车好多公司同为二手车经营公司，其通过“瓜子二手车直卖网”等平台，在经营活动中高频次使用“没有中间商赚差价”“比车商多卖××元”等宣传用语，引起较大社会关注。车王公司诉称：车好多公司将其运营的瓜子二手车平台与包括车王公司在内的经营者进行片面的对比宣传，“无差价”“多卖××元”等宣传用语并无事实依据，易造成误导，使消费者相信在瓜子平台上可以实现“车主多卖钱，买家少花钱”的双赢局面，严重影响了消费者对二手车交易渠道的判断和选择，贬损了包括原告在内的传统车商在消费者心目中的形象与声

① 参见上海普陀区人民法院（2018）沪0107民初15944号民事判决书。

誉，导致原告流失了大量二手车车源和顾客群体，构成虚假宣传。故诉请要求被告停止侵权并赔偿经济损失 1000 万元及合理开支 6.8 万元。被告车好多公司答辩称：其从事的是二手车经纪服务，作为平台方，仅提供居间服务，促成交易后按照比例收取服务费，该模式与原告模式不同，故“没有中间商赚差价”是对其自身商业模式的客观描述；“多卖××元”亦来源于相关大数据分析，不属于虚假宣传，且相关宣传并未指向车王公司，亦未造成车王公司的损失，故损害赔偿等诉请并无事实和法律依据。

上海市普陀区人民法院经审理后认为，根据《反不正当竞争法》及相关司法解释的规定，经营者不得对其商品的性能、功能、质量、销售状况、用户评价、曾获荣誉等作虚假或者引人误解的商业宣传，欺骗、误导消费者；对商品作片面的宣传或者对比可以认定为引人误解的虚假宣传行为。具体而言，首先，判定对比广告是否构成虚假宣传，应分析该对比广告本身是否有事实依据，是否构成虚假陈述以及是否达到引人误解的程度，是否会影响消费者的判断，进而影响公平竞争的秩序和其他经营者、消费者的合法权益。其次，虚假宣传并不以被侵权人受到直接损害为构成要件，泛主体有权提起诉讼；但对于损害赔偿的认定，仍应以其是否遭受直接损失为判断标准。

本案中，被告提供二手车居间服务，广告语“没有中间商赚差价”基本符合其商业模式，不属于虚假陈述。对于一个商业主体而言，其在进行宣传推广时必然会趋向于选择最能体现其商业模式、产品、服务最大优势的表述方式，法律并未要求其在与其他商业主体进行对比宣传时，必须全面展示自己商业模式、产品、服务的所有优缺点，并与他方逐一进行比较说明。只要该宣传没有明显超出合理范围，未达到引人误解的程度，即不具有法律上的可苛责性。汽车不同于生活中一般的低值易耗品，相关消费者在进行交易时，必然会对交易条件、交易平台、交易对象、交易安全施以更全面、更审慎的合理注意义务，一般也不会将“没有中间商赚差价”误解为瓜子平台系提供免费服务。故上述宣传用语尚未达到“引人误解”的程度，不构成虚假宣传。而广告语“比车商多卖××元”，逐车精确到数字，被告无法提供相关数据的来源，在宣传时亦未标明系采取比较同时段、同类型二手车交易数据的方式，基于二手车一车一价的特性，可能使消费者误解系同一辆二手车在不同平台的询价结果，构成虚假宣传。基于此，车王公司作为泛主体具备诉讼资格，有权就被告的虚假宣传行为提出停止侵权的诉请。但对于其损害赔偿的主张，由于其未能举证证明其合法权益因该虚假宣传行为受到直接损害，故对该诉请不予支持。据此，法院判令车好多公司立即停止使用“比车商多卖××元”宣传用语的不正当竞争行为，并赔偿车王公司合理支出 6.8 万元，驳回车王公司的其他诉请。

问题：

（1）本案被诉行为是否构成不正当竞争行为？如何选择适用的条文？

（2）本案车好多公司的相关抗辩主张是否成立？

本章思考题

1. 试析“引人误解”与“虚假”的关系。

2. 试析“引人误解”的判断标准。
3. 试析比较广告中虚假或引人误解的商业宣传行为。
4. 试析帮助型虚假或引人误解的商业宣传行为。

拓展阅读　　即测即评

第十一章　禁止侵犯商业秘密行为

第一节　商业秘密概述

一、商业秘密的概念

现代商业秘密法律制度起源于英美法系国家，由于当时对商业秘密的界定和保护主要体现在判例中，因而在20世纪以前不存在统一的成文法规定。20世纪后，各国开始尝试对商业秘密以成文法的形式进行定义。[①] 尽管各国（地区）对商业秘密概念的表述并不完全一致，但不难发现其中的共性之处：（1）秘密性，即其不被商业秘密所在领域及相关领域的人普遍掌握，又难以通过正当合法手段获得；（2）价值性，即对商业秘密权利人有实际的或潜在的经济利益和商业价值；（3）保密性，即商业秘密权利人采取了合理的保密措施。

在美国，商业秘密主要规定在1939年《侵权法重述》、1979年《统一商业秘密法》、1995年《法律重述》、1996年《经济间谍法》，以及2016年《保护商业秘密法》中。其中，1939年美国法律学会在研究和总结大量司法判例的基础上制定了《侵权法重述》（第一版），该法第757条对商业秘密采用非穷尽列举的定义方式："商业秘密可以是任何配方、模型、设计或信息汇编，它可以使得使用者在商业活动中获得相对于不知或未使用该秘密信息的竞争者更多的竞争优势。其可以是一种化学物质的配方，一道制造、加工或保存某种材料的工序，一种机器或其他涉及的模型，或者一份顾客名单。"日本1990年修订的《反不正当竞争法》第2条将商业秘密规定为"有关制造或销售，在商业上具有实用性，作为秘密进行保守，不为一般公共所知悉的技术信息与经营信息"。我国台湾地区的"营业秘密法"第2条将营业秘密界定为方法、技术、制程、配方、程式、设计或其他可用于生产、销售或经营的资讯，并符合下列要件者：（1）非一般涉及该类信息的人所知道；（2）因为它的秘密性因而具有实际或潜在的经济价值；（3）权利人已采用合理的保密措施。

1994年世界贸易组织《与贸易有关的知识产权协议》，将第7节命名为"对未披露信息的保护"，并在第39条规定了商业秘密的概念和构成要件："只要此类信息：（a）属于秘密，即作为一个整体或就其各部分的精确排列和组合而言，该信息尚不为通常处理所涉信息范围内的人所普遍知道，或不易被他们获得；（b）因属于秘密而具有商业价值；（c）由该信息的合法控制人，在此种情况下采取合理的步骤以保持其保密性。"此外，世

① 王先林：《竞争法学》（第3版），中国人民大学出版社2018年版，第145页。

界知识产权组织于1996年公布的《反不正当竞争示范法》对商业秘密的定义与《与贸易有关的知识产权协议》基本一致。

我国1991年《民事诉讼法》最早规定了商业秘密的概念[①]，1993年《反不正当竞争法》首次将商业秘密界定为“不为公众所知悉、能为权利人带来经济利益、具有实用性并经权利人采取保密措施的技术信息和经营信息”。2019年《反不正当竞争法》则规定：“本法所称的商业秘密，是指不为公众所知悉、具有商业价值并经权利人采取相应保密措施的技术信息、经营信息等商业信息。”

二、商业秘密的法律性质及特征

（一）商业秘密的本质是财产权

商业秘密本质是一种财产权，该观点最早被美国1868年皮博迪诉诺福克案（Peabody v. Norfolk）所确认。该案的审理法官格雷（Gray）认为，如果一个人发明了一套生产程序，无论是否适合申请专利，其对公众、善意获得该方法的人都没有真正的专有权，但是他可以拥有其中的财产，法院将保护其免受那些违反合同和保密承诺而自己适用或向第三人披露的人的侵害，由此承认了Peabody对其所发明的生产程序享有财产权。

从法理上讲，一项利益要成为民法上的财产，应当具备有用性、稀缺性、可支配性、不属于物质性的人格要素四项构成要件。[②] 商业秘密符合财产构成的四项要件：第一，商业秘密具有有用性和价值性，其本身是权利人为了获得自身竞争优势而投入较多的成本研发和制造而成的，并可以通过使用该商业秘密为权利人带来经济利益；第二，商业秘密具有稀缺性，其稀缺性正是其秘密性所在，由权利人投入研发并为权利人自己和特定保密关系的人所掌握，并不为同领域的其他人或者一般公众所随意取得；第三，商业秘密可支配，商业秘密权利人可以最有利的方式占有、支配该商业秘密，并享有从中获取的利益；第四，商业秘密不具有物质性人格要素，商业秘密虽然与人格利益一样具有无形性，但是商业秘密并非特定公民、法人、非法人所专有，其可以通过转让、继承等方式与原权利主体的实体相分离。

商业秘密作为一项财产权利，与传统财产权的不同之处在于商业秘密不具有绝对的排他性，他人可以通过合同方式从商业秘密权利人处直接受让该商业秘密，也可以通过反向工程等合法途径获取该商业秘密。当商业秘密遭受侵害时，权利人也不必然丧失其对商业秘密的所有权。

（二）商业秘密是一种知识产权

传统理论将商业秘密排除在知识产权体系外，而自20世纪50年代开始，大多数学者普遍接纳了商业秘密作为一种特殊的知识产权的观点。[③] 因为商业秘密是一项凝聚了权利

---

① 1991年《民事诉讼法》第66条：“证据应当在法庭上出示，并由当事人互相质证。对涉及国家秘密、商业秘密和个人隐私的证据应当保密，需要在法庭出示的，不得在公开开庭时出示。”

② 张俊浩主编：《民法学原理》，中国政法大学出版社1997年版，第12页。

③ 吕鹤云等：《商业秘密法论》，湖北人民出版社2000年版，第57页。

人所投入的大量物质成本以及脑力和体力活动而形成的智力成果，属于知识产权的客体范围。目前，该观点已被国际组织和我国所认可和采纳，具体表现在《与贸易有关的知识产权协议》第 7 节将商业秘密当作七类知识产权之一的“未披露信息”加以保护，我国《民法典》第 123 条也认可商业秘密为知识产权的一类客体，对其适用知识产权的保护模式。因此，我国目前对商业秘密保护的理论基础没有太大争议，无论是《反不正当竞争法》还是《民法典》等其他法律，无论认定为违反合同还是侵权行为，其背后的基础都是将商业秘密作为知识产权。①

（三）商业秘密的特征

商业秘密是研发者创新的成果。同商标权、著作权、专利权制度一样，商业秘密制度旨在通过对创新成果的保护来鼓励发明创造。商业秘密在知识产权体系中具有独特地位，体现在商业秘密的性质特征、认定方式和保护路径都与其他知识产权存在显著差异，具体如下：

第一，产生方式的自发性。商业秘密往往在发现或发明的事实完成、满足商业秘密要件之日起就可以受法律保护，这与专利权、商标权在完成审批或批准时产生和受到法律保护不同。可见，专利权、商标权的成立门槛相较商业秘密更高，因此对专利权和商标权会提供更强有力的保护。

第二，权利主体的非唯一性。商业秘密不具有绝对的排他性，由此延伸出权利主体往往是非唯一的，即权利主体的商业秘密受到法律保护，禁止他人非法获取、使用和披露，但是在他人通过自主研发或反向工程等合法正当的方式取得、使用和披露该商业秘密时，商业秘密权不具有排他效力。在此基础上，一个商业秘密会从一个权利主体变成由两个甚至多个合法权利人享有。

第三，保护期限的不确定性。与著作权、专利权、商标权的保护期限受到法律限制不同，商业秘密的保护期限具有不确定性。只要商业秘密的基本特征没有消失，权利人可以将商业秘密一直保持下去，权利人也可以根据实际状况，为商业秘密规定适当的保护期限。

第四，权利保护的非公开性。商业秘密的保护具有秘密性，这要求商业秘密不为公众所知悉，且权利人采取了合理正当的必要措施进行保密，以实现其独有的经济利益和竞争优势。而专利权和商标权均需向有关机关申请并获批准后以公开的方式进行保护，由于具有较强排他性和法律保护力度，公开并不会降低或消灭其价值。但是，无论什么原因导致商业秘密被公之于众，一旦“秘密性”不复存在，也就不能作为商业秘密继续获得保护。

三、商业秘密保护的必要性

商业秘密和著作权、专利权、商标权共同组成知识产权体系的核心部分，与之相适应的，在知识产权法体系内，商业秘密制度与著作权、专利权、商标权制度相辅相成，商业秘密制度能够对后三者无法保护的创新成果起到兜底保护的作用，为权利人带来经济利益

① 孔祥俊：《反不正当竞争法新原理（分论）》，法律出版社 2019 年版，第 357 页。

和竞争优势，并最终实现促进社会创新进步的立法目的。商业秘密保护的必要性如下：

第一，从国家层面来讲，保护商业秘密是保护国家经济和贸易安全的需要。在当前的国际竞争环境下，科技创新能力愈发成为综合国力竞争的决定性因素。保护中国企业的商业秘密、防止其对外泄露，就是保护中国企业在对外贸易时的交易安全，从而保护中国经济的发展成果，为增强国家竞争力、建设创新型国家提供制度保障。例如，中国宣纸技术、景泰蓝技艺、蚕药技术、碳纳米管制造技术等就曾遭到外国窃取，这不仅给我国企业造成巨大的经济损失，也对我国的国家利益和国际竞争力产生了负面影响。

第二，从社会层面来讲，保护商业秘密是鼓励发明创作、维护公平竞争秩序的需要。商业秘密的产生通常意味着企业投入了巨大的人力物力成本，为防止市场的无序竞争和恶性竞争，我们不得不对商业秘密进行保护，避免他人肆意窃取，以维护企业的投入成本和竞争优势，鼓励企业不断发明创造，维护有序的市场竞争秩序。

第三，从企业层面来讲，保护商业秘密是帮助企业获得和维护竞争优势的有效途径。当前，企业越来越重视高新技术的创新研发，尽管通过申请专利可以在特定的期限内对研发成果进行强有力的排他性保护，但专利权保护毕竟受到保护效率、保护期限和保护成本的限制，商业秘密保护提供了另一可行的途径。作为一种财产权的保护方式，商业秘密制度以秘密泄露的风险为代价，换取了更低的保护成本、更长的保护期限和不向社会公开的特权。可口可乐公司对其配方历经百余年的成功保护，便是一个非常典型的例子。

第二节 商业秘密的认定及保护模式

一、反不正当竞争法下商业秘密的认定

市场经营活动中充斥着各式各样的商业信息，但并非所有的商业信息都能成为商业秘密，只有满足相应的构成要件才能被认定为商业秘密并受到法律的保护。根据我国《反不正当竞争法》和《最高人民法院关于审理侵犯商业秘密民事案件适用法律若干问题的规定》（以下简称《禁止侵犯商业秘密规定》），商业秘密的三个构成要件是“不为公众所知悉”“具有商业价值”“采取相应保密措施”，即秘密性、价值性、保密性。

（一）不为公众所知悉

不为公众所知悉，是指商业秘密是非公开的、不为公众所了解和掌握的。《禁止侵犯商业秘密规定》第3条进一步将“不为公众所知悉”分成两个构成要件，即在被诉侵权行为发生时不为所属领域的相关人员普遍知悉和容易获得。前一要件反映了商业秘密并不具有绝对的对世性，只要求不被商业秘密所属领域的相关人员普遍知悉即可，并非禁止权利人以外的所有人知悉；后一要件要求取得该商业秘密是有一定难度的，因此不付出必要劳动就可以较为容易取得的信息不宜被认定为商业秘密。

此外，《禁止侵犯商业秘密规定》第4条从反面列举了不具有秘密性即“为公众所知悉”的若干情形：（1）该信息在所属领域属于一般常识或者行业惯例的；（2）该信息仅涉及产品的尺寸、结构、材料、部件的简单组合等内容，所属领域的相关人员通过观察上

市产品即可直接获得的；（3）该信息已经在公开出版物或者其他媒体上公开披露的；（4）该信息已通过公开的报告会、展览等方式公开的；（5）所属领域的相关人员从其他公开渠道可以获得该信息的。另外，将为公众所知悉的信息进行整理、改进、加工后形成的新信息，符合《禁止侵犯商业秘密规定》第3条有关“不为公众所知悉”规定的，应当认定该新信息不为公众所知悉。

（二）具有商业价值

具有商业价值，是指该技术信息或经营信息应用于生产、经营中，能为权利人带来经济利益和竞争优势。具体的认定标准上，这些信息不仅包括已经存在并可以直接应用以带来现实经济利益的信息，也包括还未能被现实应用，但是可以期望在将来使用并带来经济利益的信息。更进一步来讲，这种信息既可以为权利人带来经济利益，如企业收入的增加或成本的减少，也可以为权利人带来竞争优势，如权利人因此获得更优于其他竞争者的竞争地位或者更强的竞争力。

需要注意的是，商业秘密的价值性要求这种信息必须是现实的、具体的、确定的，即将高度抽象的想法、观念、理论等现实化为一个具体可行、边界清晰的方案、模型、规划等形式。此外，法律只要求这种直接现实的信息可以提高或者维持权利人的竞争优势，并不要求其对于权利人来讲必须具有创新价值和正面效用。比如，失败的实验数据对于竞争对手来说减少了一个错误方案，提高了行动的准确性，从而减少时间、人力、物力等成本的投入，而对于权利人来说，如果竞争对手获取了该信息便可以少走弯路并更快速地追赶自己，不利于维持当前的竞争优势，这种信息被称为消极信息，仍属于商业秘密的一部分。①

（三）采取相应保密措施

保密性要求权利人“采取相应保密措施”，即权利人采取了一系列合理的保护措施以维持该信息的秘密性。权利人采取了保密措施的行为也能从另一角度反映出该信息对于权利人的重要性和价值性，即权利人不仅在主观上要有避免该信息泄露而采取保密措施的意思，在客观上针对该信息的具体情况和性质也采取了合理的保护措施。认定权利人是否采取保密措施的参考因素包括所涉信息载体的特性、权利人保密的意愿、保密措施的可识别程度、他人通过正当方式获得的难易程度等。

具体来讲，对于“经权利人采取相应保密措施”，应当从保密方式和保密程度两个维度去理解。在此基础上还要把握保密措施和商业秘密之间符合商业活动的“经济合理性”要求。② 从保密措施方式来看，《禁止侵犯商业秘密规定》第6条规定，具有下列情形之一，在正常情况下足以防止商业秘密泄露的，人民法院应当认定权利人采取了相应保密措施：（1）签订保密协议或者在合同中约定保密义务的；（2）通过章程、培训、规章制度、书面告知等方式，对能够接触、获取商业秘密的员工、前员工、供应商、客户、来访者等提出保密要求的；（3）对涉密的厂房、车间等生产经营场所限制来访者或者进行区分管理

① 孔祥俊：《反不正当竞争法新原理（分论）》，法律出版社2019年版，第377—380页。

② 王瑞贺、杨红灿主编：《中华人民共和国反不正当竞争法释义》，法律出版社2018年版，第30页。

的；（4）以标记、分类、隔离、加密、封存、限制能够接触或者获取的人员范围等方式，对商业秘密及其载体进行区分和管理的；（5）对能够接触、获取商业秘密的计算机设备、电子设备、网络设备、存储设备、软件等，采取禁止或者限制使用、访问、存储、复制等措施的；（6）要求离职员工登记、返还、清除、销毁其接触或者获取的商业秘密及其载体，继续承担保密义务的；（7）采取其他合理保密措施的。

（四）属于商业信息

《反不正当竞争法》将商业秘密客体表述为“技术信息、经营信息等商业信息”。技术信息，是指可以应用于工业生产活动中，能为权利人带来经济利益和竞争优势的专业性知识和方法。经营信息，是指技术信息以外的，可以应用于商业经营贸易活动并为权利人带来经济利益和竞争优势的信息。经营信息涉及的领域很广，并且存在较大的不确定性。对此，《禁止侵犯商业秘密规定》第 1 条进行了列举：与技术有关的结构、原料、组分、配方、材料、样品、样式、植物新品种繁殖材料、工艺、方法或其步骤、算法、数据、计算机程序及其有关文档等信息，人民法院可以认定构成《反不正当竞争法》第 9 条第 4 款所称的技术信息。与经营活动有关的创意、管理、销售、财务、计划、样本、招投标材料、客户信息、数据等信息，人民法院可以认定构成《反不正当竞争法》第 9 条第 4 款所称的经营信息。前述客户信息，包括客户的名称、地址、联系方式以及交易习惯、意向、内容等信息。

二、国内外商业秘密法律保护模式

（一）我国的商业秘密保护

我国 1985 年《技术引进合同管理条例》首次提及“对供方提供的技术中尚未公开的秘密部分承担保密义务”，即对商业秘密中的技术秘密予以保护。1987 年《技术合同法》将技术情报和资料的保密作为合同的债权和合同的必备条款予以保护，该规定后来被写入《合同法》。我国第一次以法律形式初步建立商业秘密保护体系是 1993 年的《反不正当竞争法》，该法列举了侵犯商业秘密行为的几种类型，规定了侵犯商业秘密应承担的法律责任。

在此之后，我国商业秘密保护的相关立法不断完善。1994 年《劳动法》将雇员的保密义务作为劳动合同条款之一，并对违反该义务所应承担的法律责任作出规定，同年实施的《公司法》规定了董事、高级管理人员的保密义务。1997 年《刑法》正式规定了侵犯商业秘密构成犯罪及其相应的刑事责任。2019 年《反不正当竞争法》规定，教唆、引诱、帮助他人侵犯商业秘密的行为，以及经营者以外的其他自然人、法人和非法人组织以不正当手段获取商业秘密的行为也属于侵犯商业秘密行为。

此外，相关的部门规章和司法解释也相继出台。原国家工商行政管理局于 1995 年制定、1998 年修订了《关于禁止侵犯商业秘密行为的若干规定》，目前国家市场监督管理总局正在起草新的部门规章。最高人民法院于 2007 年出台、2020 年修订的《关于审理不正当竞争民事案件应用法律若干问题的解释》中有不少关于商业秘密保护的条款，目前已被废止，但《禁止侵犯商业秘密规定》仍在适用。我国建立起以《反不正当竞争法》为主，以其他法律规范为辅的商业秘密保护法律制度体系，为我国的商业秘密提供全面、系统、规范的保护途径。

（二）英美法系下的商业秘密保护

追根溯源，最早给予商业秘密司法保护的是英国，目前学者认可的有商业秘密保护含义的首例是1817年的纽伯里诉詹姆斯案（Newbery v. Jemes）。此后两百年英国一直没有进行商业秘密的单独立法，而是在总结大量司法判例的基础上，以侵权责任为主要责任形式，形成了一套成熟的商业秘密保护体系。[①] 直到2018年，英国才出台第一个关于商业秘密保护的专门法——《商业秘密条例》。[②]

美国商业秘密的保护模式与早期的英国模式一脉相承，同样是采用判例法对商业秘密进行保护，首个涉及商业秘密的案例是1837年的维基诉韦尔奇案（Vickey v. Welch）。由于采用判例法的保护模式存在一定的缺陷，如缺乏统一性、商业秘密概念没有形成统一的界定以及对于侵犯商业秘密的行为要件和责任承担存在不同的标准，法官自由裁量的空间很大，美国意识到需要采用单行立法的规制方式。1939年，美国法律学会《侵权法重述》（第一版）对商业秘密作出规定；1979年，美国统一州法律委员会发布《统一商业秘密法》。相比《侵权法重述》，美国《统一商业秘密法》更能反映社会科技进步所带来的法律需求变化，赋予商业秘密更全面、更精确的界定方式。尽管该法对各州不具有普遍约束力，仅有建议效力，但目前已经被大多数州所采纳。

1996年，美国国会通过《经济间谍法》，首次以联邦成文法的形式对商业秘密提供强制力的法律保护。该法首次确认侵犯商业秘密构成犯罪，为商业秘密提供了刑事救济手段，其打击的范围包括国内的商业秘密犯罪以及来自其他国家的商事主体对美国公司、企业的商业秘密犯罪。2016年，美国《保护商业秘密法》正式生效。相较于《经济间谍法》提供的刑事保护，《保护商业秘密法》更重视民事救济手段的保护，该法不排斥州法的效力，重在为跨州商业秘密案件的受害者提供向州法院或联邦法院提起诉讼的选择权，并且适用统一的行为认定和赔偿标准。

（三）大陆法系下的商业秘密保护

法国是较早为商业秘密提供保护的国家，并根据商业秘密的性质不同将其分为工业性商业秘密（关于产品和设备的工业设计、生产、制造等秘密信息）和商业性商业秘密（关于企业经营活动中的秘密信息）。工业性商业秘密由《民法典》提供救济，而商业性商业秘密由《商业秘密保护法案》提供救济，同时还通过《刑法典》制裁实际披露或对工厂商业秘密造成威胁的董事或雇员的犯罪行为。[③]

长期以来，德国主要通过《反不正当竞争法》对商业秘密提供刑事和民事救济。2019年，德国出台《商业秘密法》，旨在将欧洲议会和理事会《关于保护未披露的专有技术和

---

① 刘晓兵、王和民：《论我国商业秘密领域的公共利益抗辩制度——以英国为参照》，载《吉首大学学报（社会科学版）》2021年第2期。

② 郑友德、钱向阳：《论我国商业秘密保护专门法的制定》，载《电子知识产权》2018年第10期。

③ 郑友德、钱向阳：《论我国商业秘密保护专门法的制定》，载《电子知识产权》2018年第10期。

商业信息（商业秘密）不被非法获取、使用和披露的指令》转化为国内法。该法对商业秘密的定义、侵权赔偿、诉讼及刑事责任等作了较以往更为系统的规定。

日本在1990年以前对于商业秘密的保护，主要通过《民法典》予以规定，一方面通过违反保密义务时的违约责任进行规制，另一方面通过侵权责任予以规制。1990年以后主要通过《不正当竞争防止法》提供商业秘密保护。2015年，日本修订《不正当竞争防止法》，通过扩大处罚对象的范围等增强刑事处罚力度，并通过减轻原告的举证负担、延长诉讼时效等方式完善民事程序。①

（四）国际组织对商业秘密保护的规定

1994年《与贸易有关的知识产权协议》通过第7节“对未披露信息的保护”中第39条对商业秘密进行保护。其中通过“自然人和法人应有可能防止其合法控制的信息在未经其同意的情况下以违反诚实商业行为的方式向他人披露，或被他人取得或使用”的规定，对商业秘密的概念及其构成要件进行界定。此外，还在附注中列举了违反诚实商业的行为，如行为人违反合同、泄密和违约诱导；第三方取得未披露的信息，并且该第三方明知或应知该信息是他人以不正当手段取得的。值得肯定的是，《与贸易有关的知识产权协议》第一次在国际上强调商业秘密保护的重要性，对商业秘密作出了较为全面的界定，规定了商业秘密保护的最低标准，并将其纳入知识产权的保护领域，对于推动缔约各方建立商业秘密保护制度发挥了重要作用。

除了《与贸易有关的知识产权协议》，1996年《反不正当竞争示范法》也规定“侵犯商业秘密”是一种不正当竞争行为，其内容与《与贸易有关的知识产权协议》基本一致。而较早在区域范围内明确提出保护商业秘密的国际组织公约是美国、加拿大、墨西哥于1993年签订的《北美自由贸易协定》。

三、商业秘密保护模式的发展趋势

世界主要国家或者地区对商业秘密的法律定义并无较大分歧，因此对商业秘密的认定差异不大，商业秘密保护的区别主要集中于保护模式上。对上述英美法系、大陆法系以及一些国际组织所制定的法律法规及条约进行总结和划分，商业秘密的保护制度主要可分为四种模式：第一种是判例法保护模式，主要为英美法系国家所采用。这种模式重视司法判例的作用，以大量的司法判例为依托，将合同法和侵权行为法作为保护商业秘密的依据；第二种是民法保护模式，以法国为典型。该模式主要以民法的侵权法和合同法作为商业秘密保护的依据，重视成文法的制定；第三种是反不正当竞争法保护模式，主要为日本和我国所采用，认为商业秘密保护的主要目的是防范市场恶性竞争和规范商业道德，将商业秘密保护纳入单行的反不正当竞争法中予以保护；第四种是专门法保护模式，如俄罗斯《联邦商业秘密法》，强调商业秘密的重要性和特殊性并制定专门的法律规范予以保护。②

无论采用何种商业秘密保护模式，都存在着一些共性。从总体上来说，商业秘密保护

---

① 郑友德、钱向阳：《论我国商业秘密保护专门法的制定》，载《电子知识产权》2018年第10期。

② 王先林：《竞争法学》（第3版），中国人民大学出版社2018年版，第50页。

是从判例法到成文法不断发展的，目前越来越多的国家或者地区重视商业秘密的保护，认可成文法有利于统筹立法、执法、司法工作，能够统一、全面和系统地对商业秘密提供保护。从各国或者地区法治发展来看，商业秘密的内容和范围必将不断扩展和延伸，侵犯商业秘密行为的类型也远不止存在于市场竞争中。因此，仅在《反不正当竞争法》中予以规制恐将难以涵盖商业秘密的具体内容和范围，在立法条件允许时，可以考虑采用单行立法的模式进行规定，使商业秘密保护更加全面和体系化。

第三节　侵犯商业秘密行为的认定

一、侵犯商业秘密行为的构成要件

（一）主体要件

根据《反不正当竞争法》第 9 条的规定，侵犯商业秘密的主体通常为经营者；经营者以外的其他自然人、法人和非法人组织实施侵犯他人商业秘密行为的，视为侵犯商业秘密；第三人明知或者应知商业秘密权利人的员工、前员工或者其他单位、个人实施侵犯他人商业秘密行为，仍获取、披露、使用或者允许他人使用该商业秘密的，视为侵犯商业秘密。

（二）主观要件

民法上侵权责任的归责原则主要有过错责任原则、过错推定责任原则、无过错责任原则和公平责任原则。由于过错推定责任原则和无过错责任原则以法律明确规定为前提，所以一般认为应当以过错作为认定侵犯商业秘密行为的主观要件，即要求侵权行为人在实施侵犯商业秘密的行为时具有故意（包含明知和应知）或过失（包含一般过失和重大过失，疏忽大意的过失和过于自信的过失）。此外，依据知识产权侵权认定的一般原理，过错往往是要求行为人承担侵权损害赔偿责任时的主观要件。当行为人实施了侵害权利人商业秘密的侵权行为时，商业秘密权利人就可以要求侵权人承担停止侵害、排除妨碍、恢复原状、消除影响等侵权责任。但仅当侵权人对于侵害权利人商业秘密并造成权利人损失的侵权行为具有故意或过失时，才可以要求其承担侵权损害赔偿责任。

（三）行为要件

从客观方面来看，行为人实施了法律所禁止的、侵犯他人商业秘密的行为，表现为《反不正当竞争法》第 9 条规定的以盗窃、胁迫等非法手段获取权利人商业秘密的行为，或者未经权利人同意而自己使用、披露、允许他人非法使用权利人商业秘密的行为。当然，认定是否构成侵犯商业秘密的行为，必须以该行为人侵犯的信息符合商业秘密的构成要件为前提。

二、侵犯商业秘密的行为类型

（一）以不正当手段获取商业秘密的行为

根据《反不正当竞争法》第 9 条第 1 款第 1 项的规定，行为人不得“以盗窃、贿赂、欺诈、胁迫、电子侵入或者其他不正当手段获取权利人的商业秘密”。以不正当手段获取商业秘密是行为人使用或披露商业秘密的前提行为。

盗窃，是指行为人以各种隐秘手段规避权利人的管控而占有该商业秘密。可以是直接窃取商业秘密的原载体，也可以是通过复印、照相、模拟等方式记录商业秘密原载体而形成复制品，还可以是通过大脑记忆原载体的方式进行储存记忆。贿赂，是指通过许诺给予掌握商业秘密的人员某种好处或财产性利益的方式，换取秘密信息的行为。欺诈，是指以故意告知虚假事实或隐瞒真相的方式，使商业秘密权利人或知悉商业秘密的有关人员产生错误认识而告知行为人秘密信息的行为。胁迫，是指以给他人造成人身伤害、重大财产损害为由进行恐吓、要挟，迫使商业秘密权利人或知悉商业秘密的有关人员告知秘密信息的行为。电子侵入，是指行为人未经商业秘密权利人的授权或超越商业秘密权利人的授权范围，在不具有相应访问权限的情况下，以爬虫、黑客、植入病毒等电子信息技术手段非法获取秘密信息的行为。其他不正当手段，是指使用与盗窃、贿赂、欺诈、胁迫、电子侵入危害性相当的其他非法手段，未经商业秘密权利人同意而获取商业秘密的行为。但是，行为人必须使用上述非法手段从商业秘密权利人或掌握商业秘密的相关人员处取得商业秘密，若商业秘密权利人或掌握商业秘密的相关人员自陷不利状态而主动告知，则不属于以不正当手段获取商业秘密的行为。

（二）以非法手段取得商业秘密后的不正当行为

根据《反不正当竞争法》第 9 条第 1 款第 2 项的规定，行为人不得“披露、使用或者允许他人使用以前项手段获取的权利人的商业秘密”的行为，即行为人不得在以不正当手段获取商业秘密的基础上，去披露、使用或允许他人使用该商业秘密。

披露是指行为人将通过非法手段取得的商业秘密以告知第三人或者向社会公布的方式使商业秘密公开化。披露的方式不作限制，可以是口头传述的方式，也可以是利用网络进行上传或通过新闻媒体进行公布的方式。披露的对象可以是特定的少数人，也可以是不特定的社会公众。使用是指行为人在工业生产或商业经营活动中，径自使用通过非法手段取得的商业秘密。允许他人使用是指行为人在以非法手段取得商业秘密后，有偿或无偿将商业秘密告知第三人，并允许其用于工业生产或商业经营活动中。

（三）合法取得商业秘密后的不正当行为

根据《反不正当竞争法》第 9 条第 1 款第 3 项的规定，行为人不得“违反保密义务或者违反权利人有关保守商业秘密的要求，披露、使用或者允许他人使用其所掌握的商业秘密”。

此种侵权行为的主体是商业秘密权利主体以外、负有保密义务的人。一般情况下，根据合法取得商业秘密的方式不同，主要分为四种类型：（1）权利人所在单位中知悉或掌握商业秘密的劳动者，与权利人签订劳动合同或保密协议从而负担保密义务；（2）权利人所在单位中知悉或掌握商业秘密的有关人员从单位中调出或离职后，与权利人签订保密协议而负担保密义务；（3）依据商业秘密许可使用合同取得商业秘密的使用人，基于双方合同约定而负担保密义务；（4）因生产、经营活动而知悉权利人商业秘密的有关主体，依据合同约定或权利人要求而负有保密义务。

行为人所违反的义务可以进一步划分为两种类型：（1）双方当事人通过合同约定而产生的保密义务。通常情况下主要是双方通过签订许可使用合同、劳动合同、保密协议而使得双方或一方负担保密义务。（2）应权利人要求而产生的保密义务，通常是基于双方之间的法律行为性质、习惯或其他原因而产生的保密义务。比如，双方因买卖合同关系而在交易过程中知悉对方的商业秘密，根据民法的诚实信用原则产生的保密义务。

（四）第三人基于故意或重大过失实施间接侵害商业秘密的行为

《反不正当竞争法》第9条第3款规定："第三人明知或者应知商业秘密权利人的员工、前员工或者其他单位、个人实施本条第一款所列违法行为，仍获取、披露、使用或者允许他人使用该商业秘密的，视为侵犯商业秘密。"该款规定了第三人侵权的情形，即直接侵权人以外的第三人明知（故意）或应知（重大过失）前人以非法手段获取商业秘密，或合法取得但违反法律规定将该商业秘密予以泄露，仍获取、披露、使用或者允许他人使用该商业秘密的情形。

此外，2019年《反不正当竞争法》还规定"教唆、引诱、帮助他人违反保密义务或者违反权利人有关保守商业秘密的要求，获取、披露、使用或者允许他人使用权利人的商业秘密"的，也属于侵犯商业秘密的行为。

三、不属于侵犯商业秘密的行为类型

构成侵犯商业秘密行为必须符合前述的侵犯商业秘密行为的三个构成要件，反之，如果行为人没有以不正当手段获取商业秘密，没有违反合同约定、权利人要求的保密义务获取商业秘密，也没有实施其他披露、使用、允许他人使用商业秘密的行为，就不构成侵犯商业秘密行为。《禁止侵犯商业秘密规定》第14条规定，通过自行开发研制或者反向工程获得被诉侵权信息的，人民法院应当认定不属于《反不正当竞争法》第9条规定的侵犯商业秘密行为。前述所称的反向工程，是指通过技术手段对从公开渠道取得的产品进行拆卸、测绘、分析等而获得该产品的有关技术信息。被诉侵权人以不正当手段获取权利人的商业秘密后，又以反向工程为由主张未侵犯商业秘密的，人民法院不予支持。

案例研习

1. "香兰素"1.59亿赔偿案①

"香兰素"是一种被广泛使用的可食用香料。2002年至2007年，本案原告嘉兴中华化工公司与上海欣晨新技术有限公司共同研发出生产香兰素的新工艺，并作为技术秘密加以保护。本案侵权行为发生前，嘉兴中华化工公司是全球最大的香兰素制造商，占

① 参见最高人民法院（2020）最高法知民终1667号民事判决书。

据全球香兰素市场约60%的份额。但2010年，原告前员工傅某根伙同案外人冯某义窃取“香兰素”技术秘密并披露给被告王龙集团公司及其关联企业使用，批量生产同类产品。由于被告系非法获取涉案技术秘密，没有实质性的研发成本投入，能以较低价格销售香兰素产品，对嘉兴中华化工公司的原有市场形成了较大冲击，导致嘉兴中华化工公司的全球香兰素市场份额从60%滑落至50%。2018年5月，两原告向浙江高院起诉，请求法院判令王龙集团公司等五被告停止侵害其商业秘密，赔偿原告经济损失及合理费用5.02亿元。

本案一审浙江高院判赔300万元，最高院在二审判决采纳了以销售利润计算的赔偿额作为实际损失的认定依据，纠正了一审判决因原告提交的证据不足以证明其因侵权行为受到的实际损失，适用法定赔偿方式计算赔偿数额的错误观点。最高人民法院依法按照香兰素产品的销售利润计算出本案侵权损害赔偿数额1.59亿元，彰显了最高院严厉惩处恶意侵害技术秘密的行为、充分保护技术秘密权利人的合法利益的司法态度。

问题：

（1）商业秘密案件中，商业秘密权利人应当承担哪些举证责任？

（2）在与企业没有明确约定的情况下，企业高级管理人员在离职后是否还应承担竞业禁止义务？

2. “微博”诉“脉脉”反不正当竞争案①

北京微梦创科网络技术有限公司（以下简称“微梦公司”）是新浪微博（以下简称“微博”）的经营人。微博网站对自己的业务介绍为：“微博已经成为一个重要的社交媒体平台，用户可通过该平台进行创作、分享和查询信息……2013年12月，微博的月活跃用户数达到1.291亿人……”用户使用手机号或电子邮箱注册微博账号，手机号需要验证，大量微博用户均通过手机号码注册登录；用户头像、名称（昵称）、性别、个人简介向所有人公开，用户可以设置其他个人信息公开的范围，职业信息、教育信息默认向所有人公开，互为好友的微博用户能看到对方的职业及教育信息。

北京淘友天下技术有限公司（以下简称“淘友技术公司”）、北京淘友天下科技发展有限公司（以下简称“淘友科技公司”）共同经营脉脉软件及脉脉网站（网址为http://maimai.cn）。脉脉网站对脉脉软件的介绍为：淘友技术公司“致力于为中国网民打造更有意义的交友平台……这是一款基于移动端的人脉社交应用，通过分析用户的新浪微博和通讯录数据，帮助用户发现新的朋友，并且可以使他们建立联系……应用提供了职场动态分享、人脉管理、人脉招聘、匿名职场八卦等功能，致力于帮助职场用户轻松管理和拓展自己的人脉，帮助创业者和企业高管轻松找靠谱人才，帮助求职者精确找靠谱工作”。《脉脉用户协议》约定用户通过微博等第三方平台账号注册登录的，将视为用户完全了解并同意收集、统计、分析其微博等第三方平台上公布的全部信息。

① 参见北京市海淀区人民法院（2015）海民（知）初字第12602号民事判决书，北京知识产权法院（2016）京73民终588号民事判决书。

微梦公司与淘友技术公司、淘友科技公司曾签订《开发者协议》，通过微博开放平台OpenAPI进行合作，合作期间自2013年9月11日起至2014年8月15日止。《开发者协议》第1.6条表明，“用户数据”是指用户通过微博平台提交的或因用户访问微博平台而生成的数据。用户数据是微博的商业秘密。第2.5条约定开发者应用或服务需要收集用户数据的应当符合以下条件：2.5.1开发者应用或服务需要收集用户数据的，必须事先获得用户的同意，仅应当收集为应用程序运行及功能实现目的而必要的用户数据和用户在授权网站或开发者应用生成的数据或信息。开发者应当告知用户相关数据收集的目的、范围及使用方式，以保障用户的知情权。……2.5.15一旦开发者停止使用开放平台或微梦公司基于任何原因终止对开发者在微博开放平台的服务，开发者必须立即删除全部从微博开放平台中获得的数据。

从双方合作期间脉脉获取微博用户信息的接口权限可知，淘友技术公司、淘友科技公司仅为普通用户，可以获得微博用户的ID头像、好友关系（无好友信息）、标签、性别，其在OpenAPI“合作级”中没有获得属于“高级”内容的职业信息、教育信息和手机号的权限。淘友技术公司、淘友科技公司亦认可其并没有就获得读取职业信息和教育信息的权限单独提交申请。另外，微梦公司也未授权淘友技术公司、淘友科技公司使用新浪微博用户的手机号。

脉脉与微博合作时，仅能通过新浪微博账号注册登录或通过手机号码注册登录，且脉脉用户注册登录需要上传手机通讯录联系人，脉脉账号的一度人脉来自脉脉用户的手机通讯录联系人和新浪微博好友，二度人脉为一度人脉用户的手机通讯录联系人和微博好友。合作终止后，仅能通过用户手机号注册脉脉账号，手机号需要验证，注册时要求用户上传手机通讯录，脉脉账号的一度人脉仅是脉脉用户的手机通讯录联系人，一度人脉不一定是脉脉用户。

后微梦公司发现，在合作期间，淘友技术公司、淘友科技公司在脉脉软件中展现微博用户的头像、基本信息、教育信息、职业信息、个人标签等，且大部分信息与在微博上查看的用户信息一致或基本一致。在双方合作终止后，微梦公司关闭向脉脉软件的OpenAPI接口。但合作终止数月后，淘友技术公司、淘友科技公司依然在脉脉软件中显示大量非脉脉用户的微博用户头像、昵称、职业、教育、个人标签等信息。

针对脉脉软件中显示大量微博的用户信息，微梦公司主张淘友技术公司、淘友科技公司的不正当竞争行为有二：

第一项行为是非法抓取、使用微博用户信息，用户信息包括头像、名称、职业信息、教育信息、用户自定义标签等内容。具体而言，在双方合作期间，淘友技术公司、淘友科技公司非法抓取并使用了微博用户的教育信息、职业信息；双方合作结束后，淘友技术公司、淘友科技公司不仅未及时删除双方合作期间获取的微博用户信息，还非法抓取并使用微博用户的头像、名称、教育信息、职业信息、标签信息等。

第二项行为是非法获取并使用脉脉注册用户手机通讯录联系人与微博用户的对应关系。具体而言，淘友技术公司、淘友科技公司采取技术措施在双方合作期间及合作结束后，非法获取脉脉用户手机通讯录联系人与微博用户的对应关系，并将该对应关系用于脉脉用户一度人脉中。微梦公司认为，淘友技术公司、淘友科技公司若未使用手机号进行匹配，不可能有如此高的匹配度。

一审法院认为，鉴于双方曾经存在合作关系，在淘友技术公司、淘友科技公司明确了解需要通过申请获得微博用户相关信息的接口权限，且合作终止后应当及时删除从微博获取的用户信息的情况下，仍在合作期间超出许可范围抓取并使用微博用户职业信息、教育信息，并在合作终止后较长一段时间内仍然使用来自微博的用户信息作为脉脉软件中非脉脉用户的相关信息；同时，两公司非法获取并在一度人脉中展示用户手机通讯录联系人与微博用户的对应关系，使大量非脉脉用户的微博信息及好友关系展现在脉脉软件中，便于脉脉软件拓展自身用户群，淘友技术公司、淘友科技公司的行为主观故意明显。淘友技术公司、淘友科技公司的行为违反了诚实信用原则，违背了公认的商业道德，危害到微博平台用户信息安全，损害了微梦公司的合法竞争利益，对微梦公司构成不正当竞争。

二审法院认为，针对淘友技术公司、淘友科技公司的第一个行为，其获取微博信息的行为存在主观过错，违背了在OpenAPI开发合作模式中，第三方通过OpenAPI获取用户信息时应坚持“用户授权”+“平台授权”+“用户授权”的三重授权原则，上诉人淘友技术公司、淘友科技公司并没有基于《开发者协议》在取得用户同意的情况下读取非脉脉用户的微博信息，其获取前述信息的行为没有充分尊重《开发者协议》的内容，未能尊重用户的知情权及自由选择权，违反了诚实信用原则和互联网中的商业道德，故上诉人淘友技术公司、淘友科技公司获取并利用微博用户信息的行为不具有正当性。针对淘友技术公司、淘友科技公司的第二个行为，其在未经微博用户的同意及微博授权的情况下，获取、使用脉脉用户手机通讯录中非脉脉用户联系人与微博用户对应关系的行为，违反了诚实信用原则及公认的商业道德，破坏了OpenAPI的运行规则，损害了互联网行业公平合理有序的市场竞争秩序，一定程度上损害了被上诉人微梦公司的竞争优势及商业资源，根据《反不正当竞争法》第2条的规定，上诉人淘友技术公司、淘友科技公司展示对应关系的行为构成不正当竞争行为。

问题：

（1）微梦公司与淘友技术公司、淘友科技公司是否存在竞争关系？互联网时代下“竞争关系”的认定思路是否发生了转变？

（2）微博的用户数据是否构成微梦公司的商业秘密？如果是，淘友技术公司、淘友科技公司的行为是否侵犯了微梦公司的商业秘密？

（3）淘友技术公司、淘友科技公司的行为是否构成互联网不正当竞争行为？如果是，应当如何适用法律条文？

本章思考题

1. 什么是商业秘密？
2. 试析商业秘密的特征。

3. 如何认定商业秘密？
4. 试析商业秘密的保护模式。
5. 试析侵犯商业秘密行为的构成要件。
6. 试析侵犯商业秘密行为的类型。

拓展阅读　　即测即评

第十二章　禁止违法有奖销售行为

第一节　违法有奖销售行为概述

一、有奖销售的含义、分类及其利弊

（一）有奖销售的含义及其分类

有奖销售，国外多称为悬赏式或抽彩式有奖销售，是指经营者销售商品或者提供服务时，附带性地向购买者提供物品、金钱或者其他经济上利益的行为。根据《规范促销行为暂行规定》第 11 条第 1 款的规定，有奖销售，是指经营者以销售商品或者获取竞争优势为目的，向消费者提供奖金、物品或者其他利益的行为，包括附赠式有奖销售和抽奖式有奖销售等。

附赠式有奖销售是指经营者对购买指定商品或达到一定购买金额或满足其设定条件的所有购买者提供奖金、物品或者其他利益的有奖销售行为。其特点是达到同一购买水平的购买者均能获得相同的奖励，但一般奖品价值或奖金金额较小。一般而言，附赠式有奖销售往往需要消费者先履行购买一定数量商品的义务，而此义务的履行同时使买卖合同得以成立。[①] 而消费者的购买行为具有任意性，是赠与合同生效的条件。[②] 因此，对于附赠式有奖销售合同一般可以定性为以买卖合同成立为条件的附条件赠与合同。

抽奖式有奖销售是以抽签、摇号、游戏、对号码等带有偶然性或者不确定性的方法，决定购买者是否中奖以及奖励等级的有奖销售。其特点是奖励分为若干等级，达到同一购买水平的购买者所获奖励情况差别较大。抽奖式有奖销售的情况有三种：一是商品本身有编码，经营者销售一段时间后，通过既定的方式和程序确定中奖号码；二是消费者购买商品的同时，可得到与购货金额相应的若干张奖券，在一定时间之后开奖，或事先确定了中奖号码，消费者可当场核对是否中奖；三是在少数商品内装有奖品、奖券或中奖标志，购买者凭奖券或标志可得到奖品或奖金。与附赠式有奖销售不同，抽奖式有奖销售合同具有比较明显的射幸合同的性质，其奖励能否最终获得完全取决于购买者是否中奖，无法像附赠式有奖销售那样保证参与者均得到同等奖励。

（二）有奖销售的利弊

在商品的销售活动中，有奖销售作为一种有效促销的手段，对于企业而言，在发挥一定宣传作用的基础之上，更能在一定程度上激发购买者的购买欲望，给经营者带来一定

---

① 王世威：《有奖销售的法律问题研究》，载《菏泽学院学报》2013 年第 3 期。

② 陈朝阳：《有条件的赠与——对一起有奖销售纠纷的再思考》，载《法学》1993 年第 8 期。

经济利益。对于某些行业来说，有奖销售是一种投入成本较低，但经济收益见效较快的商业营销手段，可以压低商品和原材料的库存率，在一定程度上改善企业的现金流状况。从经济运行的角度来看，有奖销售可以直接刺激消费增长，使潜在货币购买力变为现实购买力，加快商品流通。

但有奖销售终究是一种短期行为，对于企业而言，其商品或服务本身并没有实质上的提升，只是通过商业手段提升了其销量而已。因此，有奖销售所带来的消极影响也十分明显，主要表现在四个方面：一是给正常的商业经营带来混乱，扭曲了建立在商品质量、性能、价格等因素上的公平、有效的竞争，造成竞争结构失衡和竞争秩序混乱。二是可能损害消费者利益。其利用普通大众的消费心理进行诱导促销[①]，迷惑消费者对商品的判断，使购买者增加消费支出，进而可能造成消费者的非必要或非理性消费。同时有不法商人利用消费者的投机心理推销商品，抢占市场，甚至趁机销售假冒伪劣商品。三是违法有奖销售损害其他企业公平交易的合法权益。由于有奖销售的竞争日趋激烈，特别是经济实力雄厚的大型商业企业推出规模更大、金额更高的有奖销售时，就会引起增加成本、提高销售价等后果，使本来应以质量、价格和服务等开展的正常竞争被扭曲。中小经营者因资金不足而无力设奖，造成顾客流失，制约了中小经营者的发展，破坏了市场的正常竞争秩序。四是违法有奖销售危害公平、有序的竞争秩序和商业秩序甚至整个宏观经济秩序，损害消费者合法权益和其他合法经营者的权益。

二、禁止违法有奖销售的立法

（一）国外有关禁止违法有奖销售的立法情况

运用法律手段规范有奖销售行为，明确合法有奖销售与违法有奖销售的界限，抑制有奖销售的消极作用是十分必要的。世界上大多数国家或地区的竞争法对有奖销售进行了规定，有的国家还颁布了专门法规。例如，德国于 1932 年颁布的《附赠法令》，规定商业往来中凡带“馈赠”“奖励”“凭票赠送”“免费”“赠品”等词语的广告宣传，均在禁止之列（该法在 2001 年 6 月 29 日被德国联邦议会废止而不再适用）。德国 2004 年《反不正当竞争法》第 3、4 条对于违法有奖销售的情形进行了列举。除了禁止抽奖式有奖销售之外，对于未明确优惠条件的促销活动，未明确参与条件的具有广告性质的有奖销售活动，以及将消费者购买商品或使用服务设定为参与有奖销售条件的有奖销售活动（有奖销售依其性质即与商品或服务发生联系的除外），均被视为违法有奖销售。

在美国，1914 年《联邦贸易委员会法》第 5 条（a）（1）规定，“商业中或影响商业的不公平的竞争方法是非法的；商业中或影响商业的不公平或欺骗性行为及惯例，是非法的”。美国对有奖销售的规制即适用该法，认为有奖销售属于不公平的或欺骗性的商业行为，在实践中需要执法者或者司法人员在个案中具体考量。美国司法实践则指出：“欺骗指以手段迫使消费者承担比其所预期的风险更大的风险。其构成要件有：（1）该行为具有

① 诱导促销的应用形式主要有低价诱导、折扣诱导、好奇心诱导、套餐诱导、以旧换新服务诱导、饥饿营销诱导、有奖型诱导等，是利用消费者在购买过程的求实、求廉、求名、求新、求美和求阔好胜的心理动机进行促销。

误导性；（2）能够误导相当数量消费者；（3）该行为必须具有重要性。而不公平是指以某种手段迫使消费者承担相较有效率的市场所要求的风险更大的风险，其构成要件有：（1）侵害消费者；（2）违反公共政策；（3）违反伦理肆无忌惮。”①

（二）我国禁止违法有奖销售的立法情况

在 1993 年《反不正当竞争法》之前，全国范围内没有对有奖销售进行统一规定的法律，只有一些地方性法规、规章或规范性文件作了一些规定，但对有奖销售的态度不尽一致，有的一概予以禁止，如 1989 年江西省人民政府发布的《江西省制止不正当竞争试行办法》；有的则对有奖销售进行区别对待，允许合理的有奖销售存在，而对不正当有奖销售进行禁止，如原河北省定州市工商局发布的《有奖销售活动监督管理的暂行规定》。

为了在全国范围内统一规范有奖销售，制止有奖销售中的不正当竞争行为，维护公平竞争秩序，促进社会主义市场经济的健康发展，1993 年《反不正当竞争法》对此作了规定。2019 年修正的《反不正当竞争法》第 10 条规定，经营者进行有奖销售不得存在下列情形：（1）所设奖的种类、兑奖条件、奖金金额或者奖品等有奖销售信息不明确，影响兑奖（含混性有奖销售）；（2）采用谎称有奖或者故意让内定人员中奖的欺骗方式进行有奖销售（欺骗性有奖销售）；（3）抽奖式的有奖销售，最高奖的金额超过 5 万元（巨奖性有奖销售）。在此基础上，2020 年国家市场监督管理总局公布的《规范促销行为暂行规定》，对有奖销售行为进行了较为全面的规定。

另外，我国台湾地区的“公平交易法”第 23 条规定“事业不得以不当提供赠品、赠奖之方法，争取交易之机会”，并授权主管机关对赠品、赠奖种类、不当提供之额度及其他相关事项进行进一步具体规定。此外，我国台湾地区“公平交易委员会”还通过了“处理赠品赠奖促销案件原则”，其第 2—4 条分别对赠品与赠奖种类、单次销售中赠品价值的上限及全年赠品总额的上限加以明确规定。

三、违法有奖销售的概念及其构成要件

（一）违法有奖销售的概念

违法有奖销售，是指经营者违反诚实信用和公平竞争原则，违反法律规定，利用物质、金钱或其他不正当手段引诱购买者与之交易，排挤竞争对手的不正当竞争行为。由于有奖销售在促进交易的达成、加快商品流通等方面有效果，所以法律对于有奖销售活动并不一概否定。但是违法有奖销售行为超越了商业习惯和法律的边界，对市场竞争秩序、经营者的公平竞争权和消费者的合法权益均易造成损害，因而为各国竞争法所禁止。

（二）违法有奖销售的构成要件

1. 行为主体特定性

违法有奖销售的主体一般是商品的卖方或服务提供者。违法有奖销售发生于销售环节，一般由推销或提供商品或服务的经营者所组织和实施，故其主体一般为卖方。通常情况下，有奖销售行为发生于经营者和购买者之间，但实践中也存在一些例外情况，如一些

① 陈信勇、董忠波：《论附赠式有奖销售的法律规制》，载《浙江大学学报（人文社会科学版）》2005 年第 4 期。

买方在收购过程中采用有奖收购的方式，对出售者进行奖励。对这种主体行为的认定目前虽有一定争议，但本书认为，该行为在本质上也属于有奖销售。此外，存在违反诚实信用原则和公平竞争原则方式进行的有奖销售，也应认定为违法有奖销售，只有如此，才能全面、有效地规制违法有奖销售行为。

因此，在分析违法有奖销售行为的构成要件的过程中，应当突出"有奖"这种销售手段，只要一方通过有奖销售促销商品或促进交易达成而实现获取不正当利益的目的，损害同业竞争者的合法利益，就可能构成违法有奖销售行为。

2. 主观故意性

行为人主观上存在违法的故意。有奖销售是一种有计划、有步骤实施的行为，其目的就是通过有奖销售促销商品或促进交易达成进而获取相关利益。违法有奖销售仅是在有奖销售行为基础之上，在实施进程中采用了不正当的手段。因此，从事违法有奖销售的行为人主观上存在违法的故意，目的是以不正当的手段促进销售，获得不正当利益。

3. 行为方式违法性

行为人在客观上实施了法律禁止的有奖销售行为。只要行为人实施了《反不正当竞争法》第 10 条禁止的三种行为，即属于违法有奖销售。只有在实施有奖销售的场合，才会有违法有奖销售存在。这与欺骗性交易、商业贿赂等不正当竞争行为不同，也有别于合法的让利、打折行为。

在实际生活中，没有销售行为而发生的抽奖行为比比皆是，如利用微博平台转发抽奖，在直播平台通过答题抽奖，再如现今火爆的购物平台抽奖，这些行为的主体通常不是一对一的购物者和经营者关系，但同样是利用普通大众的消费心理进行的诱导促销，提高消费者对自己的关注度，扩大平台的接触面和影响力，从而达到提升竞争力的效果，也属于有奖销售行为。此外，日常生活中常见的超市抽奖行为，顾客往往不需要购买物品，只需要持有该超市的会员卡即可参与抽奖，这种抽奖行为实际上是变相的促销行为，顾客为了参与抽奖而办理会员卡，同样可能干扰其他同业经营者的经营活动。根据《规范促销行为暂行规定》的规定，有奖销售的奖品可以是积分、礼券、兑换券、代金券等形式；经营者为了推广移动客户端、招揽客户、提高知名度、获取流量、提高点击率等，附带性地提供物品、奖金或者其他利益，也属于有奖销售。

4. 行为的危害性

违法销售行为通过采取不合法的奖励方法或奖励幅度，如谎报有奖、人为控制奖励过程、奖额超出法律规定等行为，严重损害消费者和同业竞争者的利益或存在这种损害的潜在可能，进而影响或破坏正常的市场竞争秩序。

第二节　违法有奖销售行为的认定

一、违法有奖销售行为的种类

有奖销售并不全都违法，但当超过一定的限度，有奖销售就会扰乱市场竞争秩序。我国反不正当竞争法在原则性肯定和允许有奖销售的前提下，禁止含混性有奖销售、欺骗性有奖销售、巨奖性有奖销售等有奖销售行为。

（一）含混性有奖销售

含混性有奖销售，是指经营者对所设奖的种类、兑奖条件、奖金金额或者奖品等有奖销售信息不明确，影响兑奖的情形。根据《规范促销行为暂行规定》第 13、14 条的规定，经营者在有奖销售前，应当明确公布奖项种类、参与条件、参与方式、开奖时间、开奖方式、奖金金额或者奖品价格、奖品品名、奖品种类、奖品数量或者中奖概率、兑奖时间、兑奖条件、兑奖方式、奖品交付方式、弃奖条件、主办方及其联系方式等信息，不得变更，不得附加条件，不得影响兑奖，但有利于消费者的除外。在现场即时开奖的有奖销售活动中，对超过 500 元奖项的兑奖情况，应当随时公示。奖品为积分、礼券、兑换券、代金券等形式的，应当公布兑换规则、使用范围、有效期限以及其他限制性条件等详细内容；需要向其他经营者兑换的，应当公布其他经营者的名称、兑换地点或者兑换途径。而含混性有奖销售违反了以上规定，使中奖者无法正常、合理或公平地兑奖，或无法获得明确奖励。

（二）欺骗性有奖销售

欺骗性有奖销售行为是指经营者所承诺的有奖销售情形与事实不相符，或采用谎称有奖或者故意让内定人员中奖的欺骗方式进行有奖销售。欺骗性有奖销售一方面损害了消费者的利益，侵害了消费者应有的获得奖品或奖金的权利，另一方面也破坏了正常的竞争秩序，使其他正当竞争的经营者可能处于不利地位。欺骗性有奖销售行为可分为以下两种情况。

1. 谎称有奖

谎称有奖如有的经营者在奖券号码上做手脚，带有中奖号码的奖券根本不存在或滞留在经营者手中，任何消费者都不可能成为中奖者。谎称有奖主要表现为经营者在进行有奖销售时，采用如下谎称有奖实则无奖或无法按约定中奖的情形：虚构奖项、奖品、奖金金额等；仅在活动范围中的特定区域投放奖品；在活动期间将带有中奖标志的商品、奖券不投放、未全部投放市场；将带有不同奖金金额或者奖品标志的商品、奖券按不同时间投放市场；未按照向消费者明示的信息兑奖；其他谎称有奖的方式。这种有奖销售，我们可以称为绝对式欺骗性有奖销售。

2. 内定中奖

内定中奖是指故意让内部员工、指定单位或者个人等内定人员中奖。其内定人员可能是经营者本身、指定单位或者个人，也可能是其亲友或其他特定的消费者。这种舞弊行为的结果，虽然获奖者可能是消费者，但由于属事先内定，对于其他消费者来讲同样是不可能获得的。这种有奖销售，我们可以称为相对式欺骗性有奖销售。

（三）巨奖性有奖销售

我国对于数额过高的抽奖式有奖销售有明确限制。抽奖式有奖销售种类繁多，其范围随着经济社会的发展也在不断丰富。根据《规范促销行为暂行规定》第 11 条第 2 款的规定，抽奖式有奖销售是指经营者以抽签、摇号、游戏等带有偶然性或者不确定性的方法，决定消费者是否中奖的有奖销售行为。

抽奖式有奖销售具有如下特点：其一，抽奖式有奖销售具有很强的射幸性，即使每一位购买者都具备抽奖资格，也无法保证最终中奖。其二，抽奖式有奖销售赋予消费者抽奖资格，这与直接将商品赠与消费者的附赠式有奖销售存在明显差异。其三，抽奖式有奖销售的获得者只是部分购买者，并不及于全体购买者。抽奖式有奖销售如果运用不当，尤其是巨奖性有奖销售，容易扭曲消费者的消费选择，滋生消费者投机心理，消费者为了获得奖品，很有可能购买不必要的商品，造成资源的浪费；同时，也会干扰其他经营者正常的生产经营活动，对于不设置奖项的小生产经营者而言，无形中会对其产生排挤的竞争效果。因此，有必要禁止有损消费者和经营者合法权益的抽奖式有奖销售。

基于此，《反不正当竞争法》第 10 条第 3 项规定，抽奖式有奖销售的最高奖金额超过 5 万元，属于不正当竞争行为。《规范促销行为暂行规定》第 17、18 条规定，抽奖式有奖销售有下列情形之一的，认定为最高奖的金额超过 5 万元：最高奖设置多个中奖者的，其中任意一个中奖者的最高奖金额超过 5 万元；同一奖券或者购买一次商品具有两次或者两次以上获奖机会的，累计金额超过 5 万元；以物品使用权、服务等形式作为奖品的，该物品使用权、服务等的市场价格超过 5 万元；以游戏装备、账户等网络虚拟物品作为奖品的，该物品市场价格超过 5 万元；以降价、优惠、打折等方式作为奖品的，降价、优惠、打折等利益折算价格超过 5 万元；以彩票、抽奖券等作为奖品的，该彩票、抽奖券可能的最高奖金额超过 5 万元；以提供就业机会、聘为顾问等名义，并以给付薪金等方式设置奖励，最高奖的金额超过 5 万元；以其他形式进行抽奖式有奖销售，最高奖金额超过 5 万元。经营者以非现金形式的物品或者其他利益作为奖品的，按照同期市场同类商品的价格计算其金额。上述规定可以减轻抽奖式有奖销售给市场经济带来的不确定性，有力地保护了消费者以及其他经营者的合法权益。

二、违法有奖销售实践认定中应注意的问题

在实践中，违法有奖销售的认定标准、有奖销售与有奖募捐的差异、违法有奖销售与传销的区分等问题，涉及是与否、此与彼的问题，应当首先予以解决。

（一）违法有奖销售的认定

执法部门和执法人员在认定不正当有奖销售时，应考虑以下几个问题：（1）是否有排挤他人和损害消费者的目的和动机，所称“有奖”是否真实。（2）中奖人员与经营者是否有特定关系。（3）抽奖式有奖销售最高奖的金额是否超过 5 万元，这个限额包括现金和奖品折价后的金额。经营者以非现金形式的物品或者其他利益作为奖品的，按照同期市场同类商品的价格计算其金额。

（二）有奖销售与有奖募捐

有奖募捐是政府或政府部门为了某种公共利益，以抽奖的方式向社会筹集所需资金，并从所筹资金中抽取部分资金奖励中奖参与者的行为。例如，我国的彩票，就是国家为筹集社会公益资金，促进社会公益事业发展而特许发行、依法销售，自然人自愿购买，并按照特定规则获得中奖机会的凭证。在有奖募捐初期，奖项的内容与有奖销售几无

区别，商品、货币、经济上的利益等均可作为奖品。但后来，发现很多质次价高甚至是假冒伪劣的商品充斥在有奖募捐之中，挫伤了募捐者的热情和积极性，扰乱了正常的募捐市场秩序。于是，为了维护良好的募捐市场秩序，国家明确规定，有奖募捐的奖项内容只能为货币，商品以及其他经济上的利益等均不得作为奖项内容出现在有奖募捐领域。

有奖销售和有奖募捐是有着本质区别的两个概念，很容易混淆。二者的区别主要表现在以下几个方面。

（1）设奖的目的不同。有奖销售设奖的目的是销售产品；有奖募捐是为了某种公共利益，如体育事业等。

（2）设奖的主体不同。有奖销售的设奖主体为经营者；有奖募捐的设奖主体为政府部门或者特定的社会公益机构。

（3）设奖的内容不同。有奖销售的奖项可以是实物、现金或者经济上的利益等；有奖募捐只能以现金为奖项内容。

（4）奖金的限额不同。在抽奖式的有奖销售中，最高奖的奖金额不得超过 5 万元；在有奖募捐中，最高奖的奖金额法律没有最高额度限制，但在具体操作中，我国对福利彩票与体育彩票有最高额度限制。

（三）传销与违法有奖销售

传销也是以奖励消费者为基点进行的一种销售方式，这一点与违法有奖销售相似。因此，我们在研究违法有奖销售的时候，也有必要研究一下法律所禁止的传销活动。

在我国，传销或者变相传销行为是国家明令禁止的非法经营活动。传销是由商品直销演变而来的一种形式，是指传销组织者或者经营者以发展多层级的上下线人员的方式，按照被发展人员直接或间接发展的人员数量或者销售业绩计算和给付报酬，或者要求被发展人员以交纳一定费用为条件取得加入资格等方式，牟取非法利益，扰乱经济秩序的违法经营行为。其具有“拉人头”“入门费”“金字塔结构”三个典型特征。

传销对社会经济秩序危害巨大，是近些年我国严厉打击的违法行为。传销的危害主要表现在以下几方面：（1）严重侵犯消费者以及被发展人员的合法权益。在传销中，商品价格与商品价值严重背离，往往要高出商品真正价值的几倍、十几倍甚至更多。为了吸引更多的人加入传销的行列，传销人员一般通过虚构事实、营造狂热气氛等方式进行推销，直接侵害消费者的公平交易权、知悉真情权、财产安全权。同时，传销组织给被发展人员灌输“一夜暴富”的思想，以洗脑、胁迫、限制自由等方式，使其听从上游人员的指令，并经常通过要求被发展人员向其亲朋好友推销和发展下线的方式“杀熟”，造成人与人之间的信任危机，破坏社会伦理道德，并造成被发展人员的人身损害、财产损害和精神损害，更有甚者会导致家破人亡的结局。（2）严重扰乱市场秩序。传销商利用传销行为，以高昂的价格销售假冒伪劣产品，推销质次价高商品，甚至从事其他违法犯罪活动，造成市场秩序混乱，市场管理难度加大。（3）涉及多种违法犯罪行为，社会危害大。传销行为涉及地域范围广、涉案人员多、涉案资金大，还经常伴有非法集资、诈骗、制售假冒伪劣商品、非法拘禁、非法伤害、侵害消费者权益等违法犯罪行为，严重破坏了社会主义市场经济的健康发展，社会危害巨大，是国家重点打击的违法犯罪行为。

传销行为与违法有奖销售行为同为国家明令禁止的销售行为，两者相比有以下几点区别：

（1）销售方式不同。传销通过发展“金字塔”式销售网络来从事经营活动，即在销售中存在层级关系；违法有奖销售则是在销售过程中采用了法律禁止的有奖销售方法。

（2）销售对象不同。传销由上一层次的传销商将销售对象发展为下一层次的传销商，发展对象具有消费者和传销商的双重身份；违法有奖销售以普通消费者为销售对象，销售对象只具有消费者身份。

（3）目的不同。传销的目的在于通过层级方式高价销售产品，通过不断发展下级人员扩大销售网络，从而获得巨额不正当利益；违法有奖销售则通过法律禁止的有奖销售方法促进销售，从而排挤竞争对手，损害消费者权益，获取不正当利益。

（4）奖金获取方式不同。在传销中，被发展人员须以高价认购商品或交纳入会费等方式获得进入销售网络的资格，处于上位的人员从其所发展的下线人员认购的商品或所交纳的费用中按比例获得奖金，发展的下线人员越多、层级越高，所获奖金比例越高，底层人员为最终受害者。违法有奖销售中消费者所获得的奖金由经营者提供，但因经营者采用违法方式进行有奖销售，所以消费者的奖金或奖品无法兑现、不易兑现、不公平兑现，或者奖金和奖品与经营者的承诺不相符，奖额超出法律规定，等等。

案例研习

1. 南京世茂房地产开发有限公司不正当有奖销售行政处罚案①

2014 年 6 月，南京市工商行政管理局接到群众举报，反映南京世茂房地产开发有限公司发布的世茂 · 君望墅售楼宣传内容涉嫌违规。经查证：当事人在 2014 年 6 月以“世茂 · 君墅邀您坐宝马”等为标题在江苏“三六五地产家居网”和“搜房网”的网站登出多条楼盘有奖销售信息，并在珠江路等地段登出“十载倾城，世茂 10 辆宝马献金陵”的楼盘销售广告，举办了一个针对其在售楼盘商品房的有奖促销活动。具体为：凡在 2014 年 6—8 月间购买当事人所开发的世茂—外滩新城和君望墅楼盘商品房的客户，均有机会参加由当事人组织的抽取宝马 X1 轿车的活动。奖品通过世茂集团下属的南京硕天投资管理有限公司从南京宝利丰汽车销售服务有限公司采购，单价为 262 200 元，两辆轿车合计 524 400 元。该抽奖活动于 2014 年 9 月 2 日结束，共抽取了 2 辆宝马 X1 轿车，其中外滩新城楼盘参与抽奖者 444 人，中奖率 0. 2%。君望墅楼盘参与抽奖者 52 人，中奖率 1. 9%。

江苏省南京市工商行政管理局认为：当事人举办购买其楼盘商品房抽取宝马轿车作为奖品的行为，属于抽奖式有奖销售，但其奖品金额超过了法律所规定的上限 5 000 元，违

① 参见南京市工商行政管理局宁工商案［2014］01880 号行政处罚决定书。

反了 1993 年《反不正当竞争法》第 13 条第 3 项的规定。[①] 因当事人在案件调查时不予配合，且不停止违法行为，应当对当事人从重处理。根据《反不正当竞争法》第 26 条的规定[②]，决定对当事人处理如下：（1）责令停止违法行为；（2）罚款 80 000 元，上缴国库。

问题：

（1）本案南京世茂房地产开发公司的行为是否属于巨奖式有奖销售？

（2）巨奖式有奖销售具有哪些特点？

2. 滴滴打车有奖销售案[③]

2014 年 4 月，滴滴打车所属的北京小桔科技有限公司，同北京良物珍品电子商务有限公司旗下的珍品网联合举办了抽奖活动。活动期间，只要用户使用滴滴打车并付费后，手机上就会弹出一个抽奖界面，用户可以参与抽奖活动。抽奖活动的奖品有爱马仕、香奈儿、LV 等多款奢侈品牌的商品，更吸引人眼球的是，还有一辆奥迪轿车。如此丰厚的奖品也确实吸引了很多用户使用滴滴打车，也的确有用户幸运地抽到了奥迪轿车的大奖。

北京市工商局海淀分局也关注到了这场吸引公众眼球的抽奖活动，并最终以此次抽奖式有奖销售活动违反了《反不正当竞争法》的规定，作出了行政处罚决定。海淀分局经检科相关负责人对媒体表示，北京小桔科技有限公司由于刚成立不久，没有专门的法务部门，导致了上述问题，综合考虑该公司的违法行为，最终给予滴滴打车 3 万元罚款的处罚。

2014 年 8 月 1 日，滴滴打车公关部工作人员在接受《法治周末》记者采访时表示，公司已经缴纳了罚款，且成立了法务部，现在公司推出的营销推广活动方案、对外签署的合同等都会事先交由法务部审核，以防范和控制法律风险。此外，该工作人员还介绍，在通过补贴和抽奖的方式培育和抢占市场后，公司会暂缓考虑推出类似的活动，而是通过增加"红包"等互动性良好的营销方式来争取用户。

根据当时的《反不正当竞争法》的规定，抽奖式有奖销售最高奖金金额不得超过 5 000 元，否则构成不正当竞争，滴滴打车的这一行为明显违反了该项规定。

问题：

（1）滴滴打车的行为是否属于巨奖式有奖销售？

（2）该公司行为是否构成不正当竞争行为？如何选择适用的条文？

本章思考题

1. 试析有奖销售的含义及其分类。

2. 试析违法有奖销售的构成要件。

---

① 现为《反不正当竞争法》第 10 条第 3 项，且奖金金额上限调至 5 万元。

② 现为《反不正当竞争法》第 22 条，且罚款额度调整为"5 万元以上 50 万元以下"。

③ 参见《滴滴打车抽奖涉不正当竞争，工商分局调查》，http://auto.people.com.cn。

3. 试析违法有奖销售行为的认定。
4. 试析竞争法规制违法有奖销售行为的意义。

拓展阅读　　即测即评

第十三章　禁止诋毁商誉行为

第一节　诋毁商誉行为概述

有市场竞争的地方，就有可能发生不法商人针对竞争对手的诋毁行为。特别是在正常的市场竞争中无法依靠自身提供的商品或者服务的质量、价格等因素取胜，乃至居于劣势之时，为了挽回败局、打击竞争对手，一些不法商人往往会采用捏造编造、散布传播不实消息，抬高自己压低别人等方式，毁坏竞争对手的商誉，以取得不正当的竞争优势。

一、诋毁商誉行为的概念及有关立法

诋毁商誉行为，也可称为商业诋毁行为、商业诽谤行为，是指经营者编造、传播虚假信息或者误导性信息，损害竞争对手的商业信誉、商品声誉的不正当竞争行为。该行为具有如下特点：（1）有明确贬低竞争对手的主观意图，直接打击、削弱竞争对手与其进行竞争的能力，谋求自己的市场竞争优势。一般来说不存在因过失而导致诋毁他人的情形。（2）行为本身表现为编造捏造、传播散布与真实情况不符的虚假信息，既可以是无中生有，也可以是对真实情况的歪曲。经营者无论是捏造、编造还是散布传播虚假事实，都可以构成诋毁商誉行为。（3）有特定的诋毁对象，即行为所诋毁的对象必须是与行为人存在竞争关系的同业经营者，即竞争对手，而非其他经营者。所谓有特定的诋毁对象，是指有关虚假言词必须明确指向一个或几个竞争对手，或者虽无明确所指，但他人可以从中推测其指向。诋毁的对象既可以是单个，也可以是多个，如某个行业中除该不法行为人之外的所有经营者。（4）行为后果损害的是竞争对手的商业信誉或商品声誉。由于这种不正当竞争行为往往会给守法经营的经营者带来巨大的打击，甚至是无可挽回的毁灭性损失，也是一种从根本上违反诚实信用原则的行为，严重破坏了正常的市场竞争秩序，所以各国或者地区的立法都对此给予了高度关注，严厉禁止各种针对竞争对手的诋毁商誉行为。

从国际上看，《巴黎公约》第10条规定，成员国有义务禁止在工商业活动中诋毁竞争对手的营业所、商品或者工商业活动商誉的行为。1996年《反不正当竞争示范法》第5条提出，凡在工商活动中损害或可能损害他人企业或其活动，尤其是对该企业提供的产品或服务的信誉的虚伪或不正当的说法，构成不正当竞争行为。

在美国，诋毁商誉行为属于侵权法的调整范围，1946年《兰哈姆法》第43条对于商业诽谤行为提供成文法救济，该条规定，对他人商品、服务或者商业活动进行虚假宣传的人，应当承担责任。除《兰哈姆法》外，《有线电视和卫星广播法》也通过限制行为主体

来间接调整商业诽谤行为。[①] 美国联邦宪法第一修正案有关言论自由的规定有时也被适用于该领域。

在德国，其《反不正当竞争法》第 4 条规定如下行为属于不正当竞争行为：诋毁或诽谤竞争对手的具有显著性的标志、商品、服务、活动、个人状况或经营状况；在不能证明是真实的情况下，以损害企业家的业务或信用的方式声明或散播有关竞争对手的商品、服务或业务的说法，或者关于企业家或企业管理人员的说法；如果通信是保密的并且交流或接受通信的人有合法的利益，那么只有在陈述或传播的事实违背真相的情况下，这种行为才是不正当的。该法第 6 条比较广告条款也规定：如果一个人以损害竞争对手显著性的商业标识的名誉，或者以诋毁竞争对手的商品、服务、行为、个人状况或经营状况等方式进行比较广告，则为不正当。此外，德国《民法典》第 824 条规定，违背真相主张或传播妨害他人的信用或对他人的生计或前途造成其他不利益的事实的人，即使其虽不明知、但应知不真实，仍应向他人赔偿由此而发生的损害。该规定是对商誉或信用的保护，事实上也就禁止了那些包括商业诽谤行为在内的各种对他人信用的诋毁。

在日本，其《反不正当竞争法》第 2 条第 21 项就是关于诋毁商誉行为的，即“告知或者散布损害商业竞争者商业声誉的虚假指控的行为”是不正当竞争行为。根据该法第 14 条，受损害人可以请求法院责令具有故意或者过失的加害者采取必要措施恢复商业声誉，并可请求损害赔偿。根据该法第 21 条，加害者还可能承担刑事责任，被处 5 年以下有期徒刑或 500 万日元以下罚金，或两者并罚。

在我国，鉴于实践中出现了大量的通过损坏竞争对手商业信誉和商品声誉的方法来进行不正当竞争的案件，1993 年《反不正当竞争法》第 14 条规定，经营者不得捏造、散布虚伪事实，损害竞争对手的商业信誉、商品声誉。2017 年《反不正当竞争法》第 11 条规定，经营者不得编造、传播虚假信息或者误导性信息，损害竞争对手的商业信誉、商品声誉。后者吸取了我国司法实践经验，明确了“虚伪事实”包括“虚假信息”和“误导性信息”，使得法律规制更具周延性。同时，在用词上也进行了完善，使用“编造”和“传播”代替了原先的“捏造”和“散布”。

二、商誉

我国《反不正当竞争法》中的商业信誉和商品声誉可以合称为“商誉”。商誉是一个古老的概念，早在 1620 年，英国法院就在判例中将商誉定义为“顾客的友善看法和惠顾”[②]，也可称之为企业的良好名声、声誉，与经营相联系的利益和优势，是吸引顾客的力量[③]。

---

① 杨立新、蔡颖雯：《论商业诽谤行为及其民事法律制裁》，载《河南省政法管理干部学院学报》2004 年第 5 期。

② 转引自程合红：《商事人格权论——人格权的经济利益内涵及其实现与保护》，中国人民大学出版社 2002 年版，第 75 页。

③ 王禹：《商业诋毁行为的法律思考》，载《科技与法律》2004 年第 1 期。

商誉是人们对经营者本身以及经营者提供的商品或服务的一种总的积极的社会评价。其外在表现形态主要有以下几种：（1）商业道德；（2）商业质量；（3）服务质量；（4）资信；（5）价格。一般而言，商誉的表现形态总是具体和多种多样的，它们相互配合，密切联系，处于一个完整的动态的统一体中，共同反映和影响商誉。①

根据我国《反不正当竞争法》的规定，商誉可以分为商品声誉和商业信誉两部分，对于某企业产品质量优劣和价格高低的评价显然是关于他人商品声誉的评价；而对于某企业商业道德、资产状况、履约情况乃至履行社会责任等方面的评价，则可归属于商业信誉之列。

无论是商业信誉还是商品声誉，均为经营者名誉权的一部分，两者之间关系极为紧密。例如，一家企业的产品质量存在严重问题，以至于造成了消费者人身财产的重大损害，该企业的商品声誉固然不佳，其商业信誉同样受到影响。

当然二者也有区别，如无端指责某一企业无力归还到期贷款，有破产之虞，或者经常无故违约的，显然可能构成对他人商业信誉的侵犯，而不能视为对他人商品声誉的侵犯。

三、商誉权

根据有关学者的见解，经营者捏造编造、散布传播虚伪事实，损害竞争对手的商业信誉、商品声誉的行为，损害的是被诋毁人的商誉权。商誉权是民事主体对其在工商业活动中所创造的商誉享有利益而不受他人非法侵害的权利。② 关于其性质，有人格权说和复合权说等不同学说。目前基本上均承认其为知识产权的一种，受知识产权法和反不正当竞争法的保护。

吴汉东教授赞成商誉权之说，认为其具有一般知识产权的无形财产的特点，也有自己的一些不同于其他知识产权的特殊之处：（1）非确定的地域性，即其效力并不具有严格的领土性；（2）非法定的时间性，是指商誉权具有一般人格权的某种属性，即与特定主体相联系而存在，因此该项权利无法律限定的保护期间；（3）非恒定的专有性，商誉权是一种没有恒定保护范围的无形财产权。由于商誉与特定企业相伴而生，在主体的生产经营活动中始终处于不断的优劣变化的循环之中，难以固定。③

但是也有学者认为，把商誉作为合法利益之一种已足以获得充分合理的保护，不宜再专设为绝对权，理由如下：（1）作为民法上的合法利益，商誉已经可用来对抗他人的非法侵害，受害人可据以对加害人主张侵权责任。（2）从以上对商誉特点的分析可以看出，商誉随着企业经营活动的变化而变化，是一个动态的概念，具有极大的不确定性，如果权利所指的对象具有不确定性，则权利本身无法界定。而且，商誉的载体是多元化的，并不同于商标、地理标识等知识产权保护的客体，这使得独占性保护根本无从入手。（3）一种排

---

① 梁上上：《论商誉和商誉权》，载《法学研究》1993 年第 5 期。

② 吴汉东：《论商誉权》，载《中国法学》2001 年第 3 期。

③ 吴汉东：《论商誉权》，载《中国法学》2001 年第 3 期。

他性很强的绝对权的设置就意味着对不特定的义务人课以较高的注意义务。一旦将商誉确立为一种专有权，即经营者专有并排斥他人干涉，他人（包括消费者、投资者、毫无关联的第三人及其竞争对手）即丧失了对商誉权所有人即经营者评价或更改评价的权利，这显然是不合适的，甚至可能侵犯《宪法》所赋予的言论自由权。更何况在知识产权权利体系之内再专设商誉权是对现有体系的重大挑战，这在世界各国也没有先例。①

我国目前尚无一部法律提出“商誉权”这一名词，因此，是否存在或者应否承认这一权利的存在一直争议不断。不过，我国有关立法中早已规定了名誉权和荣誉权的概念，事实上作为经营者而言，有关商誉权的内容基本可以通过名誉权制度和荣誉权制度体现出来。《民法典》第 110 条第 2 款规定，法人、非法人组织享有名称权、名誉权和荣誉权。第 990 条第 1 款规定，人格权是民事主体享有的生命权、身体权、健康权、姓名权、名称权、肖像权、名誉权、荣誉权、隐私权等权利。第 1024 条规定，民事主体享有名誉权。任何组织或者个人不得以侮辱、诽谤等方式侵害他人的名誉权。名誉是对民事主体的品德、声望、才能、信用等的社会评价。第 1025 条规定，行为人为公共利益实施新闻报道、舆论监督等行为，影响他人名誉的，不承担民事责任，但是有下列情形之一的除外：(1) 捏造、歪曲事实；(2) 对他人提供的严重失实内容未尽到合理核实义务；(3) 使用侮辱性言辞等贬损他人名誉。可以说，商誉权的保护，基本上可以借助上述法条得以实现。在没有急切的现实需求的情况下，进一步厘清商誉权的理论内涵与外延，然后再写入法律，是更为稳妥的办法。

第二节　诋毁商誉行为规制的具体问题

一、诋毁商誉行为的构成要件

一般来说，诋毁商誉行为的构成要件如下：

（一）行为主体一般为竞争者

诋毁商誉行为一般发生于同行业竞争者之间，诋毁商誉行为的主体一般是与经营者处于同一经营领域的竞争者，行为人与受害人之间存在竞争关系。故我国《反不正当竞争法》第 11 条明确诋毁商誉行为是对“竞争对手”商品声誉和商业信誉的损害，这是一种传统反不正当竞争法的做法。《最高人民法院关于适用〈中华人民共和国反不正当竞争法〉若干问题的解释》第 19 条也坚持了这一立场：当事人主张经营者实施了商业诋毁行为的，应当举证证明其为该商业诋毁行为的特定损害对象。日本《反不正当竞争法》也对双方之间存在“竞争关系”有所要求；我国台湾地区的“公平交易法”中“为竞争之目的”的用语则存在扩大解释的空间。

（二）行为人具有主观过错

行为人主观上必须是故意。行为人明知商誉对于经营者以及市场竞争的重要性，故

① 王禹：《商业诋毁行为的法律思考》，载《科技与法律》2004 年第 1 期。

意、有预谋地诋毁其竞争对手的商誉，目的在于贬损竞争对手商誉从而排挤其竞争，占领市场。至于不法行为人诋毁他人商誉是出于何种目的，并不重要，如为了打击报复而公然诋毁他人，由此给市场秩序造成破坏，损害了公平竞争，适用反不正当竞争法亦无不可。有学者指出，在司法实践中，对于当事人主观过错的判断也主要基于客观行为的表现进行分析，综合考虑其行为本身的正当性基础、行为主体身份特点以及所附注意义务、行为过程的审慎和合理性等因素。[①]

（三）行为人实施了诋毁行为

行为人实施了诋毁行为，即行为人实施了捏造、编造、散布传播虚伪事实，损害竞争对手的商业信誉的行为。实践中，诋毁商誉行为有多种表现形式，如利用散发公开信、召开新闻发布会、刊登比较广告、播发声明广告等形式，诋毁竞争对手；利用商品说明书，抬高自己，贬低别人；向业务客户和消费者诋毁竞争对手；唆使他人诋毁竞争对手，组织有关人员以顾客或消费者的名义向相关经济管理监督部门作虚假投诉，促使相关部门查处竞争对手；等等。[②]

实践中存在一种现象：有经营者以未定论的事实作为定论的事实进行宣传，将科学上尚不能确证的理论观点作为权威消息予以发布。润田天然饮料食品有限公司诉赣南华康食品厂在广告中引用个别专家意见否定其同类商品的不正当竞争案即如此[③]，21 世纪初由农夫山泉发动的有关纯净水和天然水之争也属于这一情形。本书认为，任何影响到市场竞争秩序和其他经营者利益的宣传行为均应慎重，需要有足够的依据，特别是面向普通用户和消费者时更应如此。如果依靠某一未定论的观点或者科学争论中某一方的观点来影响市场竞争，以此打击竞争者，其宣扬的至少不能称为“真正的”事实，在可能会对普通用户和消费者造成误导、影响到其市场选择的情况下，将其视为散布传播虚伪事实当无不可。

实践中，散布传播司法未决事项也可能构成诋毁商誉。在宣达实业集团有限公司与孟莫克公司、孟山都（上海）有限公司诋毁商誉纠纷案中，上海市第一中级人民法院认定，未经司法程序认定的争议事实可以构成 1993 年《反不正当竞争法》第 14 条规定的虚伪事实，仅向行业内特定成员陈述上述虚伪事实，也可构成该条规定的散布传播虚伪事实。[④]

发送知识产权侵权警告函也可能构成诋毁商誉。学界对于知识产权侵权警告函的性质认定不一，一般均肯定被侵权人有权利用这种方式维护自身的权益。现有理论基本主张通过区分警告函的发送对象、发送方式、函件内容三个方面，认定发送行为的合法性。向侵权嫌疑人单向发送警告函，通常更容易被认为是正常维权行为；向侵权嫌疑人的交易相对方发送警告函，通常更容易被认为具有不法性；未指明专利权范围、对专利

① 沈强：《对商业诋毁纠纷案件的审理》，载《人民司法》2011 年第 13 期。

② ［日］吉田庆子：《中日反不正当竞争法比较研究》，西南政法大学 2006 年博士论文。

③ 最高人民法院中国应用法学研究所编：《人民法院案例选》，人民法院出版社 2007 年版，第 243—246 页。

④ 郑军欢、范静波：《就司法未决事实向特定对象发函可构成商业诋毁》，载《人民司法》2012 年第 12 期。

权的存续或范围作虚假表示的警告函具有不法性；以广告、新闻报道等方式通过媒体向公众发出警告函，容易对市场造成“悬置”效应，发函者的实质在于阻碍竞争者争夺市场，而不是解决侵权纠纷，具有不法性。① 在深圳市理邦精密仪器股份有限公司诉深圳迈瑞生物医疗电子股份有限公司诋毁商誉纠纷案中，一审、二审、再审法院都判定被告向原告经销商发送专利权侵权警告函的情况不构成对原告的诋毁商誉。最高院在再审民事裁定书中指出：“发送侵权警告既可以是权利行使行为，可被用以行使和保护权利；又可以是市场竞争行为，可被用以进行市场竞争或者不正当竞争。正当的侵权警告与不正当竞争的划分涉及权利保护与维护公平竞争之间的利益平衡，要求既允许正当的侵权警告行为及保护权利的行使，又有效防止滥用侵权警告及保护竞争对手的合法权益。侵权警告是属于正当维权还是构成不正当竞争，应当根据发送侵权警告的具体情况和有关法律规定进行认定。”发函者在发送侵权警告时应当善尽谨慎注意义务，充分披露据以判断涉嫌构成专利侵权的必要信息的，一般不构成诋毁商誉。为有效发挥专利侵权警告的纠纷解决功能和维护当事人之间的利益平衡，需要适当限制侵权警告的发送条件、发送内容、发送对象范围、发送方式等，并由权利人承担不正当侵权警告行为的法律责任。②

（四）该诋毁行为侵害了他人商誉

这是诋毁商誉行为的结果要件。只要诋毁行为在社会公众中引起了任何不利于竞争对手的后果，就可以认定侵害了他人商誉。具体认定标准既不能以行为人的主观意图为准，也不能以受害人的主观理解为准，而应该根据中立的相关交易者对该行为的判断为准。只要该行为在相当一部分相关交易者中引起了他人商誉受到损害的印象，即可认为该行为侵害了他人商誉。③ 至于是否发生实际的营业损失，对于是否构成违法来说并不重要，而仅仅影响到损害赔偿的确定。

二、比较广告的法律规制

在诋毁商誉行为中，不当的比较广告占据重要地位。

（一）比较广告的概念和种类

所谓比较广告，也称对比式广告、挑战性广告或竞争性广告，是指广告主通过将自己的产品或服务与同业竞争者的产品或服务进行全面或某一方面的比较，从而突出自己商品或服务的特性，进而影响目标消费者的消费决策或其他经济行为的一种广告形式。

比较广告按不同的标准，可划分为不同的种类：（1）以是否提及竞争对手的名称为标准，可将其分为直接比较广告和间接比较广告。指名道姓地与竞争对手的商品或服务进行比较的广告为直接比较广告；不指明对方而仅针对不特定的同一行业的竞争对手的商品或服务予以比较的广告为间接比较广告。与前者相比，后者一般是一种类比，故前者的目标

① 刘维：《知识产权侵权警告函的正当性边界》，载《比较法研究》2016 年第 2 期。

② 参见最高人民法院（2015）民申字第 191 号民事裁定书。

③ ［日］吉田庆子：《中日反不正当竞争法比较研究》，西南政法大学 2006 年博士论文。

性更强，相对来讲风险较后者为小，但需要有明确的科学依据或事实。间接比较形式容易招致竞争对手的群体性攻击，因此要求广告主有强大的抗拒风险能力。(2) 以对竞争对手的态度不同，可将其分为批评性比较广告和依附性比较广告，也可称为区分性比较广告和寄生性比较广告。区分性比较广告指广告主对竞争对手的产品或服务持一种负面的、批评性的态度，通过揭示对方在质量、价格等方面的缺陷来抬高自己。寄生性比较广告指广告主对竞争者的产品持积极的赞赏态度，并在广告中使之与自己的产品相关联，期望借助对方的良好品牌来提升自己的形象，如“A 牌子的产品与 B 牌子的产品一样好”即属此类。(3) 按比较内容是否具有客观性，可将其分为客观性比较广告与主观性比较广告。前者以客观事实或科学依据为比较基础，如彩电的清晰度和耗电量、冰箱的体积和制冷性能等。后者则以主观态度评价与感受作为比较的基础。(4) 根据广告内容所指称的对象不同，也可将比较广告分为指称竞争对手个人性质的比较广告和指称竞争对手经营的商品或服务的比较广告。前者指广告主在广告中指出其竞争对手的某些个人性质，而这些性质足以影响或损害竞争对手的商业信誉，如声称竞争对手有犯罪前科、信用欠佳等[①]。后者则无需赘述。此外，以比较广告的传播媒介为标准，还可将其分为电视比较广告、录音比较广告、文字比较广告、网络比较广告等。

(二) 关于比较广告的立法

由于比较广告是采用对比的方式运作的，所以不可避免地会或多或少带有攻击对手、抬高自身的成分，而这极易伤及被比较企业的声誉。现实中比较广告也常常被用来贬低竞争对手，沦为某些经营者不正当竞争的手段，比较广告也因此背上了“贬低他人产品的广告”的恶名，被认为违背了诚实商业惯例甚至诚信商业道德。这也正是 20 世纪 80 年代以前世界各国普遍在立法和司法上对比较广告持怀疑甚至否定态度的主要原因。[②] 正因如此，对比较广告的合法性问题，一直争议不休。

肯定说认为比较广告能提供给消费者最想了解的消费信息，增强了同类产品的相互竞争，有利于促进产品质量的提高和加速产品的升级换代，对社会财富的积累具有积极作用，而且比较广告也是广义上的一种言论，若对其加以限制和约束，便是对言论自由的限制和干预，故任何限制比较广告的做法都有损于社会公共利益。而否定者则坚持，比较广告的固有性质（即突出自己商品的优点强调竞争对手的缺点）决定了其不可能克服自身的主观性过强的缺陷，且企业的商誉不容侵犯，被比较企业有拒绝被比较的权利。另外，比较广告也易使消费者面对大量冲突的信息无所适从，最终影响整个同类产品的销售。也有人主张限制说，认为比较广告利弊共有，但总体而言是利大弊小，故应确认比较广告的合法性，对其可能存在的非客观公正的一面，给予必要的法律规制，扬其长而避其短。[③]

与以上争议相应，各国对比较广告的态度也不尽一致。传统上欧陆国家往往认为比较广告有害于公平竞争，因而倾向于“一禁了之”。但是随着国际经济一体化和欧洲经济

① 邵建东：《德国竞争法如何评价比较广告》，载《南京大学法律评论》2001 年春季刊。

② 谢晓尧：《竞争秩序的道德解读：反不正当竞争法研究》，法律出版社 2005 年版，第 356—357 页。

③ 谭玲、夏蔚：《论比较广告的法律规制》，载《法学评论》2001 年第 2 期。

一体化的推进，1997 年欧共体颁布了第 97/55 号指令，规定比较广告原则上是合法的，并责成欧共体成员国在 2000 年 4 月前完成各自立法的修改。之后的《误导和比较广告指令》(2006/114/EC) 则进一步统一了成员国在比较广告方面的立场，“将比较广告视为向对象提供相关信息进而使后者做出理性决策的手段”，并要求成员国不得制定更为严格的国内法。[①] 此后欧盟各国均根据指令调整了国内法。例如，1998 年 2 月 5 日，德国联邦最高法院在一则判例中首次确立了原则上允许比较广告的新立场。[②] 在遵守以下规则的情况下，法国允许比较广告的合法存在[③]：比较必须涉及满足相同需求或具有相同目的的商品或服务；比较必须是客观的，不包括任何主观标准的参考，如味道、气味或视觉外观；必须客观地比较商品或服务的一项或多项基本、准确、可验证和主要定义特征（如价格）；不得误导或企图误导公众；不得无正当理由利用竞争对手的商标或名称中的任何商誉；不得贬低竞争对手的商标、商号或其他著名品牌；不得导致广告商与其竞争对手之间的混淆。

相对来说，英美法系国家对比较广告持较宽松的态度，对比较广告限制较少，但也应遵循一定的规则，如加拿大《广告标准准则》规定：“比较的商品必须确定是相互竞争的且应由研究数据支持，使用最高级形容词应与任意比较广告遵循同样的准则，应尽可能具体，若无法证明，就不应使用。”

在我国，最早关于比较广告的法规是 1987 年 10 月的《广告管理条例》，该条例第 8 条规定：“广告有下列内容之一的，不得刊播、设置、张贴：……（六）贬低同类产品的。”此后多个有关药品、医疗器械、化妆品等产品的广告管理办法中均有禁止比较广告内容的出现。1993 年 7 月，原国家工商总局颁布的《广告审查标准（试行）》第四章对比较广告作了专章规定，内容包括比较广告的原则、形式、范围和内容等，具体如禁止采用直接比较方法，必须符合公平、正当竞争原则，禁止药品、农药、医疗器械、化妆品等广告的对比，等等。1994 年 10 月通过的《广告法》并没有直接使用比较广告这个概念，但其中有多个条款与比较广告有关。

目前，《广告法》第 13 条规定，广告不得贬低其他生产经营者的商品或者服务；第 16 条规定，医疗、药品、医疗器械广告不得含有包括“与其他药品、医疗器械的功效和安全性或者其他医疗机构比较”在内的内容；第 18 条规定，保健食品广告不得含有包括“与药品、其他保健食品进行比较”在内的内容；第 28 条规定，广告以虚假或者引人误解的内容欺骗、误导消费者的，构成虚假广告；第 31 条规定，广告主、广告经营者、广告发布者不得在广告活动中进行任何形式的不正当竞争。

由上可见，我国广告法对比较广告的立法态度具有较好的延续性，采取的是“原则允许，例外禁止”的立法方式，没有一概否定比较广告，但明确禁止在医疗、药品、医疗器

---

① ［德］弗诺克·亨宁·博德维希主编：《全球反不正当竞争法指引》，黄武双、刘维、陈雅秋译，法律出版社 2015 年版，第 78 页。

② 邵建东：《德国反不正当竞争法研究》，中国人民大学出版社 2001 年版，第 153—154 页。

③ Bernard-Hertz-Béjot, Misleading advertising practices in France, https://www.lexology.com.

械广告和保健食品广告中作比较广告，并禁止虚假的和贬低竞争对手的比较广告。

从反不正当竞争法角度来看，如果经营者在比较广告中编造、传播虚假信息或者误导性信息，以此损害竞争对手的商业信誉、商品声誉，意图获取竞争优势，则构成不正当竞争，应依据《反不正当竞争法》承担相应的行政及民事责任。

（三）关于比较广告合法性之判定①

比较广告作为广告的一种，首先应当符合法律法规对一般广告的规定，具备一般广告的基本特征：（1）公平，即广告主不得利用其强势地位欺骗或误导消费者，亦不得进行不正当竞争。（2）真实，即广告主在广告中的任何表达都是客观真实的，其所依据的数据、资料都是客观存在、合法有效的。（3）诚实信用，一方面是指广告主在广告活动中保持善意、诚实和恪守信用，不得利用在市场信息资源方面的优势对消费者进行误导欺骗；另一方面是指在同行业竞争者之间，不得相互贬低、诋毁而破坏正常的市场秩序。

借鉴国际立法经验，可将比较广告具体的合法性标准归纳如下：

（1）比较内容具有可比性。可比性是指被比较的商品或服务与广告所宣传的产品或服务属于同一种类或同一类型，用以比较的部分必须是该类产品所具有的共同特征，如基本成分、制作方法、使用功效等。被比较的产品必须是市场中现存的产品，对现实不存在的过往产品、换代产品、淘汰产品、禁止产品的比较，以及同一品牌新旧型产品的纵向比较，并非真正意义上的比较广告。

（2）比较内容具有可求证性。关于比较商品或服务的产地、用途、质量、商标、标识、荣誉、价格、售后服务、优惠等比较因素，比较者应提供合法有效的证据、检测结果或调查报告。证据作出的主体应当是行业权威检验机构或鉴定组织，证据作出的方法必须符合法律的规定，该证据应当是权威机构或组织运用现有科学技术和专业方法作出的正确结论。如果是应用试验报告，必须全面反映和准确表述报告中的试验数据和结论，不得片面地、局部地、断章取义地引用，不得仅引用有利部分而忽视对缺陷的警示，不得采用不注明出处和不附说明的引用，等等。

（3）比较方式具有适当性。首先，比较广告必须针对产品的具体部分进行比较，不得对泛指的、没有参照物的、缺乏明确比较内容的产品进行比较；其次，比较广告必须针对产品的共同特征、共同条件进行比较，并非只对个性进行比较或者在不同条件下进行比较；最后，比较广告必须对消费具有实际的影响作用，即属于产品共同特征中能够决定消费者的消费行为的比较。

（4）比较具有客观性、真实性。比较不能通过想象、推论或艺术的夸张甚至弄虚作假来进行，比较内容要求客观、真实和公正，所以比较广告不得含有虚伪或误导消费者的成分，更不能损害竞争对手的商誉。对竞争对手的弱势应当列举客观真实的证据，但不能在抹杀对手长处的情况下进行比较。

---

① 此处主要引自孙晋、柴瑞娟的《比较广告的合法性问题研究》一文，载漆多俊主编：《经济法论丛》第14卷，中国方正出版社2008年版，引用时有所删改。

（5）比较用语具有规范性、准确性。比较广告使用的语言、文字，应当准确并且能够使消费者理解，不得以联想方式误导消费者，不得使消费者产生不使用该产品将会有严重损失或有不良后果的感觉。

案例研习

1. “不粘锅”商业诋毁纠纷案——商业诋毁行为的认定①

浙江省苏泊尔股份有限公司（以下简称“苏泊尔公司”）认为，浙江巴赫厨具有限公司（以下简称“巴赫公司”）在多个媒体平台通过主持微博话题讨论、召开新闻发布会等形式明示或暗示苏泊尔公司生产、销售的“X 晶盾不锈钢炒锅”侵害其“蜂窝不粘锅”专利权，损害苏泊尔公司的商业信誉，构成商业诋毁。浙江中康厨具有限公司（以下简称“中康公司”）与巴赫公司在人员、业务、财务等方面交叉混同，应对被诉行为承担连带责任。苏泊尔公司遂诉至法院，请求判令巴赫公司、中康公司停止侵害、消除影响、赔偿经济损失及合理费用。一审法院认为，巴赫公司将未定论的状态作为已定论的事实进行宣传散布，宣称苏泊尔公司模仿其专利，超出了正当维权的范畴，构成商业诋毁。遂判令巴赫公司停止侵害、消除影响并赔偿苏泊尔公司经济损失及合理支出共 300 万元。苏泊尔公司与巴赫公司均不服，提起上诉。浙江省高级人民法院二审判决维持关于判令巴赫公司消除影响、赔偿损失的判项，并加判巴赫公司立即停止传播、编造虚假信息或误导性信息的行为（立即删除相应平台发布的内容）。二审判决生效后，巴赫公司推诿执行、消极执行，人民法院对其处以 30 万元的罚款。

本案是规制经营者实施商业诋毁行为的典型案例。涉案商业诋毁行为的传播渠道既包括传统媒体，也包括微博、直播等网络途径。本案从裁判内容到判决执行乃至采取司法处罚等各环节，充分体现了人民法院依法严厉制裁商业诋毁行为、维护公平竞争市场秩序的司法导向。

问题：

（1）编造行为的判断标准为何？以未定论状态作为已定论事实宣传散布是否构成商业诋毁？

（2）构成商业诋毁中散布的形式有无要求？

2. 宣达实业集团有限公司与孟莫克公司、孟山都（上海）有限公司商业诋毁纠纷案②

2009 年 11 月 12 日，原告宣达实业集团有限公司（以下简称“宣达公司”）诉称：其是国内著名的特种阀门、化工成套设备和耐腐蚀材料生产企业，是硫酸行业重要的特种材料供应商。2004 年以来原告成功研发出了一系列耐硫酸腐蚀特种材料，并据此首家开始

① 浙江省高级人民法院（2021）浙民终 250 号民事判决书。

② 上海市第一中级人民法院〔2019〕沪一中民五（知）初字第 228 号民事判决书。

设计推广应用于硫酸生产线的国产热能回收装置。2005年原告通过其下属企业上海奥格利环保工程有限公司（以下简称“上海奥格利公司”）为位于浙江省上虞区的浙江龙盛控股有限公司（以下简称“龙盛公司”）与日本伊藤忠商事株式会社（以下简称“伊藤忠公司”）合资设立的浙江忠盛化工有限公司（以下简称“忠盛公司”）成功提供了一套全国产化的低温热能回收系统。被告孟莫克公司、孟山都公司系原告的竞争对手。两被告在明知原告的技术线路完全不同于被告产品的情况下，于2006年在上海市第一中级人民法院提起针对原告的侵犯商业秘密诉讼。在该案件判决生效之前，被告委托律师向包括忠盛公司及其股东伊藤忠公司在内的原告用户或潜在客户、相关地方政府部门持续大量地公开邮寄、散发书面资料，指责原告在硫酸行业“没有任何技术和经验”“盗窃、窃取了其公司的技术并恶意、持续侵权”，并声称“很快会在相关诉讼中胜诉”“相关设施会被拆除”“相关工程的质量存在重大隐患”甚至“要求客户终止与原告的合作”。在侵犯商业秘密诉讼一审判决其败诉后，两被告改换口径后仍继续诋毁原告。被告的上述行为严重破坏了原告的商业信誉，导致已建成的工程迟迟不能正式投入使用，所有缔约谈判中的客户均流失，近4年未能达成任何新的热能回收工程合同，给原告带来巨大经济损失，构成商业诋毁行为。故诉至法院，请求判令：(1) 确认两被告的行为构成不正当竞争，诋毁原告的商业信誉，禁止两被告继续从事相同或类似行为；(2) 两被告连带赔偿原告经济损失人民币1 800万元；(3) 两被告在《浙江日报》上公开消除影响。

被告辩称：(1) 被告向有关方呈递的函件内容都在商业秘密诉讼民事起诉状的范围内，被告为此还提供了相应的证据。被告对于商业秘密诉讼的进展情况及可能的法律后果的描述并无不妥之处，也未“捏造虚伪事实”。(2) 被告没有“散布虚伪事实”的行为，相关函件仅仅发给相对的收件人，并未在公众中公布或扩散，也未向任何媒体提供任何关于商业秘密的诉讼材料。

上海市第一中级人民法院经审理认为：(1) 关于两被告在本案之前提起的侵犯商业秘密诉讼，两被告在该案中向本院提供了其据以主张技术秘密的HRS技术资料以及指控侵权的初步证据，虽然该案因被控侵权的DWHS技术的工艺流程与被告孟莫克公司提供的HRS工艺流程不相同而被本院驳回其诉讼请求，但本案原告也没有提供证据证明两被告的该诉讼行为主观上具有恶意以及该诉讼行为的不正当性，因此，两被告的该诉讼行为并不构成对原告的商业诋毁。(2) 关于被告孟莫克公司向杭州湾精细化工园区管委会、上虞区发改局发送关于“孟莫克公司商业秘密被侵权案件”的函件，以及两被告向中国硫酸工业协会和中国化工学会无机酸碱盐专业委员会发送的律师函是否构成商业诋毁。被告发送函件的对象为地方职能部门和行业协会，如果只是向这些部门反映情况，旨在督促处理存在的问题，没有商业竞争上的不当企图，不能仅仅由于激烈的言辞等而认定其散布了虚伪的事实。但是，如果向这些部门表达意见时超出了正常反映问题的范围，其不当的语言极有可能会损害被反映一方的商业信誉。本案中，被告发送的上述函件的内容除了被告孟莫克公司提起侵犯商业秘密诉讼所依据的事实及理由外，还包括了原告及上海奥格利公司向忠盛项目提供的DWHS技术设备“存在重大安全隐患”、原告是被诉至法院的“侵权者”，以及阻止原告在2007年5月中国硫磺市场及硫磺制酸座谈会和第26届硫酸技术交流会上宣传 DWHS 技术和产品，取消安排与会代表参观忠盛项目的议程等内容。虽然硫酸化工行业是安全重点防护行业，但被告在没有任何证据的情况下发表忠盛项目“存在重大安全隐患”这样明示问题严重程度的否定性表述，显然已经超出了正常反映问题的范围，会对原告的生产经营产生不良影响，从而损害原告的商业信誉。(3）关于两被告的委托律师向忠盛公司的外方股东伊藤忠公司和无锡东沃公司发送的律师函中指称原告侵犯其商业秘密是否构成商业诋毁。两被告发送该律师函时法院对其提起的侵犯商业秘密诉讼尚未作出判决，两被告在没有提供相关事实依据以及司法机关未对原告等是否侵犯其商业秘密作出权威认定的情况下，擅自发布上述对原告不利的否定性评价，被告的行为已经对原告的正常经营造成了实质性影响，足以损害原告的商业信誉。虽然原告与无锡东沃公司最终就 DWHS 技术签约成功，但这一结果并不影响两被告前述行为不正当性的认定。综上所述，两被告的行为构成对原告的商业诋毁，依法应承担停止侵权、消除影响、赔偿损失等民事责任。

问题：

（1）就司法未决事实向行业内特定对象陈述是否构成商业诋毁？

（2）对涉及诋毁商誉不当行为人的行政处罚，主要包含哪些措施？

本章思考题

1. 什么是商誉？什么是商誉权？
2. 试析诋毁商誉行为的构成要件。
3. 试析规制比较广告的意义。
4. 试析竞争法规制诋毁商誉行为的意义。

拓展阅读　　即测即评

第十四章　禁止网络不正当竞争行为

第一节　网络不正当竞争行为概述

一、互联网领域不正当竞争行为概述

（一）互联网领域市场竞争的特点

随着信息网络的快速发展，互联网技术手段和商业模式不断推陈出新，使得互联网领域的市场竞争相对于传统行业呈现出新的特征。2017 年《反不正当竞争法》修改后，增设了第 12 条互联网条款。近些年，司法实践中涉及互联网不正当竞争行为的案件与日俱增，这些行为中有些是传统不正当竞争行为在互联网领域的延伸，更多的是互联网领域独有的不正当竞争行为。

与传统市场相比，互联网市场转移至线上，不再拘泥于实体环境，因此互联网领域的准入门槛较低，竞争自由度和竞争效率更高。按照学界的通常观点，互联网领域的市场竞争具有以下特点：

第一，注意力与流量争夺。注意力与流量是互联网市场的核心竞争资源。在快节奏社会下，时间的稀缺性、重要性愈加凸显，用户的注意力以及由此而产生的流量是有限的，如何争夺用户群体有限的注意力关系到互联网经营者的生死存亡。注意力能够为经营者带来流量，而流量意味着交易机会，流量的多少与经营者收益的高低正相关。互联网市场上，经营者采用免费服务、现金激励、邀请有礼、好评返现等方式吸引用户，实质都是对注意力和流量的争夺。

第二，双边市场特性。双边市场是一个经济学概念，指两组参与者通过中间层或者平台进行交易，一组参与者加入平台的收益取决于另一组参与者加入平台的数量。互联网平台属于典型的双边市场，为存在不同需求且相互依赖的不同类型群体提供平台并满足他们需求。例如，淘宝既为用户提供购物平台，又为商家提供销售平台；微信一方面提供免费的在线社交服务，另一方面又为经营者提供付费广告服务。

第三，网络外部性。互联网产品的价值并不完全取决于自身的质量，而与用户的数量紧密相关。网络外部性包括直接网络外部性与间接网络外部性，直接网络外部性是指双边市场的其中一边用户对其所在一边的其他用户产生的网络效应。例如，当某个购物平台聚集了更多商家，形成庞大的供应规模时，这种规模相较于商家单独推销，提升了商家自身的可见度。间接外部性则是指一边用户影响另一边用户产生的网络效应即消费者与生产商之间的交叉效应。例如，当某品牌手机用户增多时，用户的聚集将激励软件开发者开发更多软件。

第四，锁定效应。锁定效应是指互联网平台多采取跨界提供全方位产品的形式，形成用户黏性，用户试图更换产品时将不得不放弃巨大的既得利益和付出高昂的学习成本，最终用户基于使用习惯、转移成本等原因被锁定在产品网络之中。以微信为例，用户的社交网络基本依附于该软件之上，如果使用其他社交软件将付出巨大的转移成本，微信衍生服务中的支付功能、公众号、小程序等也是用户决定是否转移时慎重考虑的因素。

（二）互联网领域不正当竞争行为的新特征

市场竞争中不正当行为几乎是不可避免的。互联网不正当竞争行为的新特征是由互联网新技术、新模式下市场竞争的特点决定的，互联网市场竞争的特点必然要求我们确立不同于传统市场的竞争规则。因此，那些传统不正当竞争行为在互联网领域的延伸（如虚假宣传、商业诋毁等），并不在本节讨论的范围之内。从实践来看，互联网领域不正当竞争行为具有以下特征。

1. 跨界竞争下竞争关系的泛化

跨界竞争是互联网领域普遍的商业模式。互联网平台在面向用户时往往不只提供一种服务，而是尽可能涵盖多重领域。这不仅可以保障平台所推出的在先产品落伍时仍有其他产品活跃于市场，还能通过用户账号联结等方式让用户感受到便利，以增加用户对平台的信任与黏性，产生锁定效应。跨界竞争下互联网领域竞争关系的界限正不断模糊和淡化。在传统的不正当竞争行为认定之中，原告需要证明其与被告之间存在竞争关系，但在互联网竞争纠纷案件之中，原告对于二者的竞争关系承担更少的举证责任。有别于传统领域的同行业竞争，互联网竞争往往是跨界竞争，因此司法实践中对于竞争关系的认定较为宽松。司法实践一般认为对竞争关系的理解不应限定为特定细分领域的同业竞争关系，而应着重从是否存在经营利益此消彼长、用户注意力争夺、流量争夺等角度出发进行考察。①

2. 竞争损害的认定

首先，注意力争夺成为衡量互联网不正当竞争损害的重要因素。注意力是经营者在互联网领域获得竞争优势的关键，经营者实施不正当竞争行为往往以争夺注意力为动机。在司法实践中，如果涉案不正当竞争行为能够造成行为人与受害人注意力层面的此消彼长关系，通常会被法院认定为不具有正当性。

其次，认定竞争损害时愈发重视社会公共利益。1993 年《反不正当竞争法》第 1 条即规定，为保障社会主义市场经济健康发展，鼓励和保护公平竞争，制止不正当竞争行为，保护经营者和消费者的合法权益，制定本法。在 2017 年《反不正当竞争法》的修订中，立法者将竞争秩序、经营者权益、消费者权益作为保护法益，并将竞争秩序置于经营者权益之前，意在突出保护竞争秩序而非保护竞争者的价值取向。其中竞争秩序、消费者权益正是公共利益的延伸。尤其在互联网领域，不正当竞争纠纷案件常常涉及经营者利益与社会公共利益（如消费者福利、技术创新等）之间的价值衡量关系。此时司法裁判在评判竞争行为正当性时，社会公共利益往往是重要参考环节。例如，最高院在奇虎公司诉腾

① 参见合一信息技术（北京）有限公司诉金山安全软件有限公司等不正当竞争纠纷案，北京市第一中级人民法院（2014）一中民终字第 3283 号民事判决书，杭州市中级人民法院（2018）浙 01 民终 231 号民事判决书。

讯公司案件中指出："是否属于互联网精神鼓励的自由竞争和创新，仍然需要以是否有利于建立平等公平的竞争秩序、是否符合消费者的一般利益和社会公共利益为标准来进行判断，而不是仅有某些技术上的进步即认为属于自由竞争和创新。"①

二、《反不正当竞争法》互联网专条理解与适用

20世纪以来，我国互联网平台经历了"门户之战""搜索之战""入口之战""算法之战""数据之战"等多轮激烈竞争，《反不正当竞争法》在维护互联网竞争秩序、促进市场健康有序竞争方面发挥了重要作用。2017年立法者在修订《反不正当竞争法》时，对于既往互联网领域出现的不正当竞争行为进行总结，最终汇总为《反不正当竞争法》第12条，又名"互联网专条"。该条一方面以列举的方式警醒互联网经营者禁止实施特定的不正当竞争行为；另一方面以兜底的方式为规制未来新环境下出现的新型不正当竞争行为留下空间。互联网专条表达出立法者对于过去司法实践的总结与肯定，也体现了立法者对于互联网领域不正当竞争行为与传统不正当竞争行为存在明显差异的认识。

（一）互联网专条中的总则条款

《反不正当竞争法》第12条第1款为宣示性条款，与该法第2条相互呼应，指明互联网领域经营者应当遵守商业道德。第12条第2款则通过对既往司法实践进行总结和类型化，将互联网领域不正当竞争行为总结为：利用技术手段，通过影响用户选择或其他方式，实施妨碍、破坏其他经营者合法提供的网络产品或服务正常运行的行为。

由于互联网不正当竞争行为更为隐蔽，因此本条款旨在突出利用"网络技术手段"对实施妨碍、破坏经营者合法提供的网络产品或者服务正常运行的行为进行否定性评价。实践中存在经营者利用技术手段实施《反不正当竞争法》中第6—11条的传统不正当竞争行为，如经营者通过在社交媒体上发布损害他人商誉的内容，并不属于本条款的规制范围。这是因为考虑到该行为效果并非只能利用网络技术手段才能实现，且该行为本质上还是商业诋毁，因此不适宜用互联网专条进行规制。

"通过影响用户选择"强调的是经营者利用网络从事生产经营活动应当尊重和保障用户的知情权和自主选择权。在互联网竞争中，经营者提供的网络产品或服务除了避免造成用户对其来源的混淆或误认、不正当攫取他人产品或服务的商业机会外，还应当尊重用户的自主选择。即便经营者实施行为的每一步操作均经过了用户授权，也不必然意味着该行为是用户自主选择的结果，具体判断时还应当关注用户在进行选择时是否对其选择内容全面知情。例如，经营者通过误导、欺骗等手段取得了用户同意，由于违背了用户对特定网络产品或服务选择使用的意愿，干扰或影响了用户的自主选择，相关行为仍属于不正当竞争行为。目前司法实践中，"其他方式"可以表现为经营者针对他人合法提供的网络产品或服务实施的行为未经得该网络产品或服务经营者的同意。

"妨碍、破坏"指的是对其他经营者产品或服务整体或者具体功能的破坏，影响到正常功能、服务的实现。该行为既阻碍了他人合法经营产品的正常运营，亦影响了消费者的

① 参见最高人民法院（2013）民三终字第4号民事判决书。

体验。具体可以表现为：妨碍、破坏产品或服务中各项功能的正常使用；给他人产品或服务的正常运行造成额外的负担或增加不必要的运营成本；影响他人因运营其产品或服务本可获得的合法、正常经营收益，等等。例如，市面上曾出现一些“搜索助手”，安装该软件后会在搜索结果的页面上方强行嵌入搜索条，不仅挤占搜索引擎网站原有的广告位，而且在用户继续调出网页时会导致搜索系统自动关闭。法院认为，该软件未经他人许可按照自己的意志和操作指令在他人的网站页面上强行修改，破坏了他人的商业运作模式，减少了他人网站的访问流量，增加了对自身及其所链网站的访问量，且极易导致用户对被修改过页面的提供者产生误解，构成不正当竞争。[①]

此处“合法提供的网络产品或服务”中的“合法”可以分为形式合法与实质合法两种。形式合法指的是获得行政机关的许可，如网络内容提供商（ICP）应当具备官方的电信与信息服务业务经营许可证；实质合法指的是该网络产品与服务除了获得行政许可外，其提供产品服务内容还应当不违反其他法律规定。

（二）互联网专条中的类型化条款

1. 插入链接、强制跳转

根据《反不正当竞争法》第 12 条第 2 款第 1 项规定，经营者不得利用技术手段，未经其他经营者同意，在其合法提供的网络产品或者服务中，插入链接、强制进行目标跳转，妨碍、破坏其他经营者合法提供的网络产品或者服务正常运行。

学界对于“插入链接、强制跳转”的认定，即本条款的规制对象是插入链接并强制进行目标跳转行为，还是插入链接或强制进行目标跳转行为存在不同的解读。部分观点认为，插入链接是强行跳转的前提，强行跳转是结果，二者是递进关系，单独的行为不足以构成违法行为。[②] 另有观点认为，二者可以单独构成违法行为，在修订过程中曾经将二者以逗号相连接，但后来考虑到行为人只要不实施目标跳转就可以规避了法律条文，于是最终以顿号相连接，表明强制跳转并非必要条件。[③] 本书认为后者更为合理。首先，未经其他经营者许可，在其提供的产品服务中插入链接，本身就是对原有产品服务的一种破坏行为。在未经许可的情况下，插入链接常常通过绕过、破坏其他经营者产品服务设施等网络技术手段实现，这种行为既损害了经营者的合法权益，亦破坏了产品服务的安全性，构成不正当竞争行为。其次，即便是链接还未跳转，用户体验下降、产品服务展示受阻等情况便足以损害其他经营者利益。因此，只要未经其他经营者同意在其提供产品服务中插入链接就足以认定构成不正当竞争。

“强制进行目标跳转”中的强制对象既包括用户又包括其他经营者，而非仅限于用户。质言之，目标跳转行为既要获得消费者的同意，也要获得经营者的同意。这是因为：首先，用户无法在市场环境下时刻作出理智、目光长远的选择，若纵容市场经营者以不正当

① 参见北京中搜在线软件有限公司与北京珠穆朗玛网络技术有限公司、北京珠穆朗玛电子商务网络服务有限公司、北京珠峰万维科技发展有限公司不正当竞争和侵犯著作权案，北京第一中级人民法院（2005）一中民初字第 5454 号民事判决书。

② 刘继峰：《竞争法学》（第 3 版），北京大学出版社 2018 年版，第 382 页。

③ 王先林：《竞争法学》（第 3 版），中国人民大学出版社 2018 年版，第 188 页。

方式满足用户短期偏好，会使得市场经营者追求近利，技术创新与市场竞争秩序将遭受潜移默化的破坏。其次，在未经其他经营者允许的情况下，在其提供的产品服务中插入链接，不正当地攀附他人已有的商业成果，属于“搭便车”行为，此种行为将助长经营者不劳而获的心态，破坏市场竞争秩序。因此，在判断目标跳转不正当性时，应当综合考虑用户长久利益、经营者合法利益、长期的竞争性秩序等因素。

2. 不当干扰

根据《反不正当竞争法》第 12 条第 2 款第 2 项规定，经营者不得利用技术手段，误导、欺骗、强迫用户修改、关闭、卸载其他经营者合法提供的网络产品或者服务，妨碍、破坏其他经营者合法提供的网络产品或者服务正常运行。

该规定更强调用户的知情权与选择权，缘由在于：首先，网络技术的专业性较强，涉及技术多样复杂，用户在使用产品或服务的过程中往往更依赖于经营者提供的信息作出决定；其次，用户在使用互联网平台提供的产品或服务时，议价能力较弱，用户与平台之间不平等的地位容易滋生强迫行为。该种行为还可以再细分为误导、欺骗与强迫三种类型，其本质上都是违背了用户的真实意思表示。

误导行为，即经营者采取一定行为使得用户作出违背自己真实意愿的行为，主要体现为不法经营者在产品服务中以难以注意到或认识到的方式使用户作出修改、关闭、卸载的行为。欺骗行为，即经营者通过一定行为使得用户产生错误认识，进而作出违背自己真实意愿的行为，主要体现为不法经营者通过向用户传递不实消息、过分夸大潜在风险等方式，使用户基于这一错误认识作出修改、关闭、卸载的行为。误导、欺骗行为在表面上获得了用户的同意，但实质上违背了用户的真实意思，损害了用户的知情权与选择权。强迫行为，即一方以威胁为手段，使另一方作出与其意志、自身利益不相符的决定。这种行为明显剥夺了用户的选择权，损害了市场竞争秩序。传统上的互联网竞争中的强迫常为恶意不兼容，即要求用户卸载其他竞争者提供的产品服务。近年来，互联网双边平台之间的竞争更为激烈，出现了平台强迫用户“二选一”的行为。这种强迫行为更多针对商家用户，个别外卖平台会以搜索结果降权、要求其支付不合理的高手续费等手段强迫商家用户签署独家排他性授权协议。

3. 恶意不兼容

恶意不兼容是指网络产品服务提供者无正当理由，恶意对其他经营者合法提供的网络产品或者服务实施不兼容。

不兼容行为随着互联网的发展，呈现出不同态式。在互联网发展初期，不兼容行为更多体现在杀毒软件与其他软件之间的冲突。随着智能设备的普及，互联网平台的不兼容行为还可能表现为以社交平台为代表的互联网巨头对其他竞争对手之间的限制。例如，腾讯公司与抖音公司之间，腾讯公司的微信软件以维护社区规范对抖音公司的飞书软件实施了关闭 API 接口、禁止其链接在微信分享等行为，使得微信用户无法正常使用该产品。

这里的恶意可以从诚信原则、商业道德、行业惯例等因素进行判断。例如，2013 年《互联网终端安全服务自律公约》第 16 条“禁止恶意排斥”提出，恶意排斥是指互联网终端安全服务产品在设计、安装、运行过程中，无正当理由，故意给其他合法产品设置障碍，妨碍用户安装或者使用其他合法产品的行为。可见行为人是否存在“恶意”，构成了判断不兼容行为是否合法的重要标准。

当该不兼容行为实施者存在正当理由时，则不可认定实施者具有恶意，亦不构成不正当竞争。存在正当理由作为一项抗辩事由，实施者需要更为积极地举证其不兼容行为的正当性。例如，苹果手机所使用的 iOS 系统在过去一段时间采取的是封闭系统，对于其他操作系统无法兼容。但考虑到这种缺乏互通性的行为是基于系统稳定运行、用户隐私保护等原因，故该行为不可认定为《反不正当竞争法》中的恶意不兼容行为。

恶意不兼容的判断还可能涉及法条竞合的问题，即《反不正当竞争法》下的“恶意不兼容”与《反垄断法》中的“拒绝交易”之间的重叠。考虑到此前我国实践中对于互联网经营者是否符合《反垄断法》中具有市场支配地位的认定较为谨慎，原告举证较为困难，因此原告往往通过《反不正当竞争法》寻求救济保护。

4. 互联网专条兜底条款

《反不正当竞争法》第 12 条第 2 款第 4 项属于该条款的原则性规定，适用时应同时满足以下条件：（1）经营者实施的行为不属于《反不正当竞争法》第 6—11 条及第 12 条第 2 款前 3 项具体条款的规制范围。（2）经营者实施的行为因违反诚信原则和商业道德，破坏了互联网环境中的公平竞争秩序而具有不正当性或可责性。（3）经营者实施的行为损害了反不正当竞争法保护的法益。

《反不正当竞争法》作为行为规制法，时刻警醒着经营者什么行为将受到规制。在互联网专条出现后，类型化条款所规制的行为有所遏制，但技术的飞速发展所带来的新型竞争行为仍层出不穷，此时互联网专条的兜底条款具有重要作用。

第二节　网络不正当竞争行为的分析进路

最早的互联网领域不正当竞争纠纷案件往往通过《反不正当竞争法》一般条款进行裁判，裁判者对于《反不正当竞争法》属性的不同认知导致判断行为是否属于不正当竞争通常采用两种方式：权利保护范式与行为正当性范式。

一、权利保护范式

权利保护范式更多聚焦于被诉侵权行为是否对原告的利益造成损害。原告往往通过论证其产品服务（商业模式）受到法律保护，而被诉侵权行为对其造成了损害，从而得出行为违法的结论。这种判断方式采取的是传统民法上的侵权判断方式，存在一个假设的前提：原告的产品服务（商业模式）受到《反不正当竞争法》的保护。在互联网领域，此种判断方式最为典型的是“广告屏蔽”案件，在优酷诉猎豹浏览器案①中，法院认为，优酷的经营者合一公司在向用户提供免费视频的同时附之以相应视频广告，既未违反现有相关法律规定，亦未违反商业道德以及诚实信用原则，属于合法的经营活动，应受到《反不

① 参见北京市第一中级人民法院（2014）一中民终字第 3283 号民事判决书。

正当竞争法》的保护。猎豹浏览器通过技术措施向终端用户提供“广告过滤”功能，当用户打开该功能后访问优酷网站时，合一公司在视频中投放的广告会被过滤，猎豹浏览器这种行为主观上具有破坏合一公司正当经营活动的故意，客观上造成破坏合一公司正常经营活动的后果，构成不正当竞争。

然而这种范式并不符合《反不正当竞争法》的本质。首先，《反不正当竞争法》的法律体系定位为“行为规制法”，即禁止某类行为以防止竞争秩序遭受破坏。与知识产权这类“权利保护法”不同，《反不正当竞争法》并不直接赋予当事人权利或权益。其次，在市场竞争中，只要存在竞争就必然存在竞争者利益受损，《反不正当竞争法》并不保护特定竞争者的利益，其保护的是竞争秩序免受不当竞争行为侵害。

二、行为正当性范式

行为正当性范式立足于竞争秩序的纠纷，在此基础上平衡消费者福利、社会效益等多重权益，最终决定行为是否违法。经营者利益衡量虽然是重要的一环，但并非判断是否构成不正当竞争的核心要素或决定因素。[①]

行为正当性范式更适合互联网领域的新型不正当竞争行为，尤其表现在新技术的发展与迭代有时不得不依附于其他经营者，此时新技术的发展者与被依附的经营者之间不可避免地形成“此消彼长”的竞争关系。而若司法裁判者选择以行为正当性范式进行考察，被依附经营者利益是否受损将不再是判断竞争行为正当与否的决定性因素，司法裁判者还应当从竞争秩序、社会效益、消费者福利等多角度进行评判，这将有利于平衡竞争者与社会公共利益之间的关系。

当前，我国司法实践正从权利保护范式向行为正当性范式转变。在爱奇艺诉搜狗、恩度科技案中[②]，搜狗输入法推出了一项名为“搜索候选”的功能，其可以根据用户输入内容确定搜索关键词，再生成搜索命令发送至搜索引擎，最后由搜索引擎返回搜索结果至输入法系统。爱奇艺公司认为，当用户在爱奇艺网站使用搜狗输入法时，输入电视剧名称，输入法会出现搜狐视频网站的跳转链接选项以供用户选择，该行为构成不正当竞争。法院经审理认为，首先，“搜索候选”功能不具有不正当性，该功能尚未超出正常商业竞争的范围，也没有违反公认的商业道德。其次，“搜索候选”功能不足以减损爱奇艺公司的竞争利益。该跳转行为不存在误导、欺骗、强迫用户关闭爱奇艺公司提供的视频播放服务，因此并不能推断“搜索候选”功能必然弱化爱奇艺公司与其用户的黏性或减损其竞争利益。最后，“搜索候选”功能不存在对消费者意愿的劫持。法院最终从相关行为是否具有不当性、是否可以为行为人带来竞争优势或者足以造成其他经营者竞争上的不利益、是否损害消费者的权益、行为实施者是否具有获取不当利益的意图等方面，综合认定该行为不构成不正当竞争。

---

① 孔祥俊：《反不正当竞争法新原理（分论）》，法律出版社 2019 年版，第 554、567 页。

② 参见上海知识产权法院（2018）沪 73 民终 420 号民事判决书。

三、互联网领域商业道德的判断

行为正当性范式不可避免地涉及行为是否违背商业道德的判断。商业道德是形成于长期的市场交易活动并以诚实信用原则为基调构建的商事规则的总称。具体来讲，诚信原则是商业道德发展的延伸和具体化，而商业道德是以诚信原则为核心构建起来的。[①]

诚信原则是包括互联网领域经营者在内的，所有民事主体从事民事活动应遵循的基本原则。互联网领域的经营者应当秉持诚实态度，恪守承诺，以善意的方式行使权利、履行义务，而互联网经营活动的特点更是为《反不正当竞争法》第 2 条所规定的自愿、平等、公平和诚实信用原则注入了新的内涵。

根据当前的国际经验以及我国《反不正当竞争法》立法经验，主要通过以下几个方面对商业道德予以认定：首先，最高人民法院通过提出“经济人伦理标准”的用语，明确表达了一般条款中商业道德的本质是商业伦理标准。[②] 其次，必须是商业领域，包含消费者、经营者在内的交易参与者所共同认可的标准。再次，由于市场交易高度重视效率价值，反不正当竞争法中的商业伦理标准也理应将效率作为基本标准。最后，对公认商业道德的认定要进行深层次的考虑和理解，避免对一些用语进行简单理解和适用，忽视其真正应当保护的市场竞争价值和反不正当竞争法所追求的竞争自由、市场效率的目标。[③]

具体到互联网领域，公认的商业道德应当包括互联网行业惯例、通行做法以及互联网相关公约等。例如，互联网行业协会制定的文件和相关行政部门颁布的部门规章，有关规定内容可以作为认定互联网领域公认的商业道德的参考。但值得注意的是，这些商业道德、商业惯例是否真的能够反映市场主体的真实意愿，是否能够代表最广泛的市场参与者，是否能最终有效促进竞争，都有待个案具体认定。

案 例 研 习

1. “帮 5 淘”案[④]

浙江天猫网络有限公司系天猫购物平台的经营者，上海载和网络科技有限公司（以下简称“载和公司”）运营“帮 5 买”网站，载和公司委托载信软件（上海）有限公司（以下简称“载信公司”）开发了“帮 5 淘”购物助手，为用户提供网购的全网搜索、比

---

① 叶明、陈耿华：《反不正当竞争法视野下商业道德认定的新思路——基于法律论证分析框架》，载《商业研究》2017 年第 12 期。

② 参见上海玄霆娱乐信息科技有限公司诉北京新华先锋文化传媒有限公司、北京新华先锋出版科技有限公司、群言出版社、上海新华传媒连锁有限公司、张牧野著作权侵权及不正当竞争纠纷案，最高人民法院（2009）民申字第 1065 号民事判决书。

③ 孔祥俊：《反不正当竞争法新原理（总论）》，法律出版社 2019 年版，第 263—276 页。

④ 参见上海市浦东新区人民法院（2015）浦民三（知）初字第 1963 号，上海知识产权法院（2017）沪 73 民终 198 号。

价、包邮等服务。

本案不正当竞争行为主要表现为用户安装运行“帮 5 淘”购物助手软件后，出现以下两种情形：一是在天猫购物平台页面顶部地址栏下方插入横幅，该横幅上有相应的“帮 5 买”网站广告促销标识、搜索框等内容，该横幅可经过点击而收缩；二是在天猫购物平台具体的商品信息页面中插入“帮 5 买扫一扫立减 1 元”图标和“现金立减”等按钮，点击这些按钮则跳转至“帮 5 买”网站的宝贝详情页，用户在“帮 5 买”网站上下订单购买该商品，购物款交付至“帮 5 买”网站，然后“帮 5 买”网站代替用户向天猫购物平台商户购买商品，再由天猫购物平台商户向网络用户发货。

法院认为，本案涉案行为是典型的“插入链接、强制进行目标跳转”的不正当竞争行为。该购物助手具有明显的“搭便车”特点，同时会造成混淆服务来源、售后不良等后果，故认定载和公司、载信公司的行为构成不正当竞争，判决其承担赔偿损失 110 万元和消除影响的民事责任。

问题：

（1）本案涉案行为属于互联网专条类型化条款中规则的哪类行为？

（2）如何判断插入链接的行为是否构成不正当竞争？

2. 2345 网诉猎豹浏览器案[①]

北京猎豹移动科技有限公司（以下简称“猎豹公司”）及其他两家被告共同经营金山毒霸软件，并通过以下 6 类行为将终端用户设定的 2345 网址导航主页变更为由猎豹公司主办的毒霸网址大全：（1）通过金山毒霸的“垃圾清理”功能变更浏览器主页。（2）通过金山毒霸升级程序的“一键清理”弹窗，默认勾选“立即锁定毒霸网址大全为浏览器主页，保护浏览器主页不被篡改”。无论用户是否取消该勾选，浏览器主页均被变更。（3）通过金山毒霸的“一键云查杀”“版本升级”“浏览器保护”等功能变更浏览器主页，并针对不同浏览器进行区别对待。（4）通过金山毒霸的“安装完成”弹窗，默认勾选“设置毒霸导航为浏览器主页”。无论用户是否取消该勾选，浏览器主页均被变更。（5）通过金山毒霸“开启安全网址导航，防止误入恶意网站”弹窗，诱导用户点击“一键开启”变更浏览器主页。（6）通过金山毒霸的卸载程序篡改用户计算机注册表数据以变更浏览器主页。

法院认为，安全类软件在计算机系统中拥有优先权限，但经营者对该种特权的运用应当审慎，对终端用户及其他服务提供者的干预行为应以“实现功能所必需”为前提。以保障计算机系统安全为名，通过虚假弹窗、恐吓弹窗等方式擅自变更或诱导用户变更浏览器主页，不正当地抢夺流量利益的行为，不仅损害了其他经营者的合法权益，也侵害了终端用户的知情权与选择权，有违诚实信用原则和公认的商业道德。

问题：

（1）该案为何依据《反不正当竞争法》一般条款作出判决？

（2）如何判断不当干扰行为是否构成不正当竞争？

---

① 参见北京市海淀区人民法院（2019）京 0108 民初 45659 号民事判决书。

3. 金山诉优酷案[①]

2013年，金山公司起诉优酷网的经营者合一公司，主张合一公司对其实施了两项不正当竞争行为：一是合一公司直接针对其经营的猎豹浏览器作不兼容提示，要求用户使用其他浏览器，在用户坚持使用猎豹浏览器浏览优酷网视频时，合一公司拒绝向用户提供视频播放服务；二是在同样过滤视频广告的情况下，合一公司歧视性地对待猎豹浏览器。

法院在确认合一公司采取了“不兼容”措施的基础上，基于以下理由认为合一公司的“不兼容”不构成不正当竞争行为：首先，合一公司针对金山公司的猎豹浏览器实施“不兼容”，是考虑到猎豹浏览器多次未经合一公司许可，对优酷网内容及服务进行篡改，合一公司为了防御金山公司在其猎豹浏览器中实施过滤优酷网广告这一不正当竞争行为而采取了“不兼容”措施；其次，合一公司在金山公司通过猎豹浏览器停止过滤优酷网视频广告后并未继续该“不兼容”行为。由此，法院认为合一公司“不兼容”的行为具有正当性。

问题：

（1）本案涉案行为属于互联网专条类型化条款规制的哪类行为？

（2）如何判断恶意不兼容行为是否构成不正当竞争？

本章思考题

1. 试析网络不正当竞争行为的特点。
2. 试析“插入链接、强制跳转”行为的认定。
3. 试析“不当干扰”行为的认定。
4. 试析网络不正当竞争行为的分析进路。
5. 试析互联网领域中商业道德的判断。

拓展阅读　　即测即评

① 参见北京市海淀区人民法院（2013）海民初字第17359号民事判决书。

第十五章　反不正当竞争法的实施

法的实施，是指法在社会生活中被人们实际施行。作为一种行为规范，法只是一种“书本上的法律”，处于应然状态。法的实施，就是使法律从“书本上的法律”变成“行动中的法律”，使其从抽象的行为模式变成人们的具体行为，从应然状态进入实然状态。法的实施包括法的遵守、法的适用和法的执行三个方面。反不正当竞争法的实施也就是该法在现实生活中被人们遵守、被司法机关适用于具体案件、被行政机关依照法定职权和程序予以执行的过程和结果。

第一节　对不正当竞争行为的法律控制模式

一、域外对不正当竞争行为的法律控制模式

在世界各国或者地区，只要实行市场经济，不正当竞争行为就会大量发生。以德国为代表的国家或者地区对不正当竞争行为采取了司法控制模式。例如，德国的《反不正当竞争法》没有规定针对不正当竞争行为的行政主管机关，也没有设定行政处罚措施，主要依赖那些受到不法行为侵害的竞争者、工商或职业团体（具有权利能力的、旨在促进工商利益或独立的职业利益的团体，条件是它们有较大数量的在相同市场上销售同类或类似商品或服务的经营者，它们的人员装备、物质装备和财务装备有能力履行其章程规定的实现工商利益或独立的职业利益的任务，并且违法行为涉及其成员的利益）、适格的机构（条件是它们证明已经在《停止侵害之诉法》第 4 条规定的名录或者欧共体委员会依欧洲议会和欧洲理事会 1998 年 5 月 19 日《关于保护消费者利益的停止侵害之诉的指令》规定设置的名单中登记注册）、工业和商业公会或手工业公会等主体依法行使停止侵害请求权和排除妨碍请求权；对故意或者过失违反该法第 3 条规定者，竞争者可就因此产生的损害向其主张损害赔偿请求权。2004 年修订的《反不正当竞争法》还规定了一项新的独特的责任形式：利润收缴（现为第 10 条），即针对以损及众多购买人为代价获取利润的故意违法行为，前述有权主张停止侵害请求权的主体（除竞争者外），有权要求行为人将该利润上缴给联邦财政。该上缴利润并非真正作为政府的财政收入，而是为了弥补那些停止侵害请求权主体（除竞争者外）在制止不正当竞争行为时提起的诉讼中的花费。所以从不正当竞争行为人角度来看，将其视为一种民事制裁更为合理；而从诸如工商业团体等制止不正当竞争行为的团体来看，则是一种国家援助。该条款仅适用于故意侵权案件，旨在增强对集体消费者的保护。[①] 自 1993 年以来经过

---

① 参见［德］弗诺克·亨宁·博德维希主编：《全球反不正当竞争法指引》，黄武双、刘维、陈雅秋译，法律出版社 2015 年版，第 317 页。

10 多次修订的日本《反不正当竞争法》，目前也仅设有民事责任和刑事责任。

另外有不少国家或者地区除了设置民事责任乃至刑事责任外，还规定由行政机关实施行政制裁，如澳大利亚、保加利亚、匈牙利、印度、墨西哥、秘鲁、罗马尼亚和美国等。①

由上可见，对于不正当竞争行为的控制，如果类似于德国、日本那样将其视为一种特殊的民事侵权行为，则主要依赖市场竞争中的受损害者（包括工商业团体、消费者团体等关系人）提起民事诉讼来予以制止，对于其中特别恶劣的不法行为如盗窃他人商业秘密等，则运用刑法手段予以制裁。反不正当竞争法并没有指定法定的行政执法机关，也没有规定行政处罚措施。从这个意义上来说，较多地体现了反不正当竞争法的私法属性。

但是另外一些国家或者地区则不同，它们往往较为依赖行政机关的行政执法行为，希望借此能够更好地净化市场竞争环境，保护竞争者、消费者和社会公共利益。当然，这些国家或者地区并非不重视民事责任和刑事制裁，而是希望三管齐下，以更好地保护市场的公平竞争秩序。这种国家或者地区的直接干预更多体现了反不正当竞争法的公法性质。

二、我国对不正当竞争行为的法律控制模式

域外对不正当竞争行为进行法律控制的模式具有多样化，本书以为，以上任何一种路径都有其合理性，在域外也均取得了不同程度的成功，因此难分优劣，只有适合与否。就我国而言，幅员广阔、人口众多，在转型时期矛盾又较为集中，各种不正当竞争行为数量巨大、种类繁多，如果单纯依靠法院来解决争端，的确不太现实。

具体来说，我国所采取的法律控制模式显然不同于德国，在《反不正当竞争法》实施的早期我国以行政控制为主、司法控制为辅，即行政机关拥有较为全面的权力，司法机关在不正当竞争的控制上只起辅助作用。随着我国法治进程的加快，目前已经有越来越多的经营者通过诉讼来解决不正当竞争纠纷，人民法院在《反不正当竞争法》实施中的角色越来越重要，特别是最高人民法院发布的有关司法解释、指导性案例及个案判决，具有越来越大的社会影响力。当然，未来对不正当竞争行为的行政控制仍将处于十分重要的地位，从而形成“行政控制与司法控制并重”的格局。

第二节　我国行政执法主体及权限

一、行政执法主体

2017 年《反不正当竞争法》第 3 条规定：“各级人民政府应当采取措施，制止不正当竞争行为，为公平竞争创造良好的环境和条件。国务院建立反不正当竞争工作协调机

① 孔祥俊：《反不正当竞争法新论》，人民法院出版社 2001 年版，第 789 页。

制，研究决定反不正当竞争重大政策，协调处理维护市场竞争秩序的重大问题。”第 4 条规定：“县级以上人民政府履行工商行政管理职责的部门对不正当竞争行为进行查处；法律、行政法规规定由其他部门查处的，依照其规定。”相较于 1993 年《反不正当竞争法》，2017 年《反不正当竞争法》的最大变化在于增加了一个中央层面的“反不正当竞争工作协调机制”，至于具体的行政执法机关，则从“县级以上人民政府工商行政管理部门”变成了“县级以上人民政府履行工商行政管理职责的部门”，这是为了顺应国家机构改革、建立大市场监管格局的需要。

2018 年 3 月《关于国务院机构改革方案的说明》提出，要组建国家市场监督管理总局。改革市场监管体系，实行统一的市场监管，是建立统一开放竞争有序的现代市场体系的关键环节。《关于国务院机构改革方案的说明》指出，将国家工商行政管理总局的职责，国家质量监督检验检疫总局的职责，国家食品药品监督管理总局的职责，国家发展和改革委员会的价格监督检查与反垄断执法职责，商务部的经营者集中反垄断执法以及国务院反垄断委员会办公室等职责整合，组建国家市场监督管理总局，作为国务院直属机构。其主要职责是，负责市场综合监督管理，统一登记市场主体并建立信息公示和共享机制，组织市场监管综合执法工作，承担反垄断统一执法，规范和维护市场秩序，组织实施质量强国战略，负责工业产品质量安全、食品安全、特种设备安全监管，统一管理计量标准、检验检测、认证认可工作等。

考虑到药品监管的特殊性，可以单独组建国家药品监督管理局，由国家市场监督管理总局管理。市场监管实行分级管理，药品监管机构只设到省一级，药品经营销售等行为的监管，由市县市场监管部门统一承担。将国家质量监督检验检疫总局的出入境检验检疫管理职责和队伍划入海关总署，保留国务院食品安全委员会和国务院反垄断委员会，具体工作由国家市场监督管理总局承担。国家认证认可监督管理委员会、国家标准化管理委员会职责划入国家市场监督管理总局，对外保留牌子。不再保留国家工商行政管理总局、国家质量监督检验检疫总局、国家食品药品监督管理总局。

2018 年 3 月 21 日，新组建的国家市场监督管理总局正式成立。2018 年 4 月 10 日，国家市场监督管理总局正式挂牌。之后，各省、自治区、直辖市市场监督管理部门也分别重组成立。该机构成为《反不正当竞争法》最为重要的行政执法机关。值得注意的是，对于不正当竞争行为，除市场监督管理部门外，“法律、行政法规规定由其他部门查处的，依照其规定”，这意味着反不正当竞争执法权仍是分散的。

另外，根据 2020 年 11 月《国务院办公厅关于同意建立反不正当竞争部际联席会议制度的函》，国务院同意建立由市场监管总局牵头的反不正当竞争部际联席会议制度，并于 2021 年 4 月召开了第一次全体会议。反不正当竞争部际联席会议由市场监管总局、中央网信办、教育部、工业和信息化部、公安部、民政部、司法部、住房城乡建设部、农业农村部、文化和旅游部、国家卫生健康委、人民银行、原广电总局、原银保监会、证监会、国家中医药局、国家药监局 17 个部门组成，市场监管总局为牵头单位。其主要职能为：贯彻落实党中央、国务院关于反不正当竞争工作的决策部署，加强对反不正当竞争工作的宏观指导；研究并推进实施反不正当竞争工作的重大政策、措施；指导、督促有关部门落实反不正当竞争工作职责；协调解决全国反不正当竞争工作中的重大问题；组织开展对不正当竞争热点问题和典型违法活动的治理，加强有关部门在反不正当竞争工作方面的协作配合；加大对反不正当竞争法律法规和政策的宣传普及力度；完成党中央、国务院交办的其他事项。

二、行政执法权力及行使

2017 年修订后的《反不正当竞争法》第 13 条第 1 款规定，监督检查部门调查涉嫌不正当竞争行为，可以采取下列措施：（1）进入涉嫌不正当竞争行为的经营场所进行检查；（2）询问被调查的经营者、利害关系人及其他有关单位、个人，要求其说明有关情况或者提供与被调查行为有关的其他资料；（3）查询、复制与涉嫌不正当竞争行为有关的协议、账簿、单据、文件、记录、业务函电和其他资料；（4）查封、扣押与涉嫌不正当竞争行为有关的财物；（5）查询涉嫌不正当竞争行为的经营者的银行账户。

首先，修订后的法条增强了法律的严谨性，将“不正当竞争行为”改为“涉嫌不正当竞争行为”。旧法规定的“不正当竞争行为”忽略了经营者的救济权利，新法则弥补了这个缺陷。

其次，该法修订前，反不正当竞争行政执法机关的职权大致可以归纳为询问权、取证权和检查财物权，而没有财产保全和强制权，导致执法机关难以查证处理。① 该法修订后不仅赋予了监督检查部门查封扣押等权力，还赋予必要的强制手段，如第 28 条规定“妨害监督检查部门依照本法履行职责，拒绝、阻碍调查的，由监督检查部门责令改正，对个人可以处五千元以下的罚款，对单位可以处五万元以下的罚款，并可以由公安机关依法给予治安管理处罚”。可以说，此次修订一改反不正当竞争执法在执行力、可操作性上的弊端。但另一方面也可能产生一定弊端：由于我国市场监管部门体系庞大，人数众多，素质参差不齐，赋予其如此大的权力，某种程度上会造就出一个“经济警察部门”，很难说会带来更加良好的市场秩序，甚至会出现更多的“寻租”空间。对此，《反不正当竞争法》修订时也有考虑，第 13 条第 2 款对调查程序予以了明确，规定“采取前款规定的措施，应当向监督检查部门主要负责人书面报告，并经批准。采取前款第四项、第五项规定的措施，应当向设区的市级以上人民政府监督检查部门主要负责人书面报告，并经批准”。同时，为避免监督检查部门权力过大，第 13 条第 3 款规定“监督检查部门调查涉嫌不正当竞争行为，应当遵守《中华人民共和国行政强制法》和其他有关法律、行政法规的规定，并应当将查处结果及时向社会公开”；第 30 条规定“监督检查部门的工作人员滥用职权、玩忽职守、徇私舞弊或者泄露调查过程中知悉的商业秘密的，依法给予处分”。

第三节　不正当竞争行为的法律责任

不正当竞争行为人因其违法行为可能会同时承担民事、行政和刑事责任。

---

① 李胜利：《我国〈反不正当竞争法〉修订与完善中的有关问题》，载《法学杂志》2005 年第 2 期。

一、民事责任

2017 年《反不正当竞争法》第 17 条取代了 1993 年《反不正当竞争法》第 20 条，对不正当竞争行为人因其违法行为可能会承担的民事责任作了较大修订，2019 年修正该法时进一步将第 17 条修改为："经营者违反本法规定，给他人造成损害的，应当依法承担民事责任。经营者的合法权益受到不正当竞争行为损害的，可以向人民法院提起诉讼。因不正当竞争行为受到损害的经营者的赔偿数额，按照其因被侵权所受到的实际损失确定；实际损失难以计算的，按照侵权人因侵权所获得的利益确定。经营者恶意实施侵犯商业秘密行为，情节严重的，可以在按照上述方法确定数额的一倍以上五倍以下确定赔偿数额。赔偿数额还应当包括经营者为制止侵权行为所支付的合理开支。经营者违反本法第六条、第九条规定，权利人因被侵权所受到的实际损失、侵权人因侵权所获得的利益难以确定的，由人民法院根据侵权行为的情节判决给予权利人五百万元以下的赔偿。"

首先，其明确指出了违法的经营者"应当依法承担民事责任"。我国《反不正当竞争法》规制的不正当竞争行为包括混淆行为、虚假宣传行为、商业贿赂行为、侵犯商业秘密行为、不正当有奖销售行为、诋毁商誉行为和互联网不正当竞争行为，这些行为发生在不法经营者和受损害经营者、消费者之间，具有确定的致害主体和受害主体，其特殊之处在于侵犯了他人民事权利的同时也损害了市场秩序。

其次，仍将依据《反不正当竞争法》提起民事诉讼的原告资格限制为经营者，这意味着消费者以及其他不具有经营者身份的市场主体无法依据该法起诉。

再次，《反不正当竞争法》第 17 条第 3 款延续旧法，规定了赔偿额的计算方法，并提供了两种供选择——因不正当竞争行为受到的实际损失和侵权人因侵权所获得的利益。还规定了赔偿数额应当包括经营者为制止侵权行为所支付的合理开支，如原告的律师费、调查取证费等。这两点在 1993 年《反不正当竞争法》制定时具有开创性意义，为后来的《商标法》《专利法》等损害赔偿规则的完善提供了范本。同时，为了加强商业秘密保护，对恶意实施侵犯商业秘密行为增加了惩罚性赔偿责任的规定。

最后，该法第 17 条第 4 款作为新增条款是一大亮点，即对于市场混淆行为、侵犯他人商业秘密行为引发的民事案件，可以适用定额赔偿或者法定赔偿规则：在权利人因被侵权所受到的实际损失、侵权人因侵权所获得的利益均难以确定的情况下，可由人民法院根据侵权行为的情节判决给予权利人 500 万元以下的赔偿。当然，鉴于定额赔偿或者法定赔偿赋予法院巨大的自由裁量权，《反不正当竞争法》除在赔偿数额上确立了一个较高的上限外，还非常慎重地将其适用范围明确为市场混淆行为、侵犯他人商业秘密行为这两类不正当竞争行为。但是，《最高人民法院关于适用〈中华人民共和国反不正当竞争法〉若干问题的解释》第 23 条则将其适用范围作了不小的扩展：对于《反不正当竞争法》第 2、8、11、12 条规定的不正当竞争行为，权利人因被侵权所受到的实际损失、侵权人因侵权所获得的利益难以确定，当事人主张依据第 17 条第 4 款确定赔偿数额的，人民法院应予支持。

除了损害赔偿责任外，受侵害的一方还可以依据我国法律关于民事责任的一般规定，要求侵权者承担停止侵权行为、赔礼道歉、消除影响等责任。

除此之外，《反不正当竞争法》第 27 条规定，经营者违反本法规定，应当承担民事责任、行政责任和刑事责任，其财产不足以支付的，优先用于承担民事责任。该条明确指出民事赔偿责任优先，标志着新法改变了旧法以行政责任为主的法律责任体系，形成民事赔偿责任优先、与行政责任并行的法律责任体系。新法民事赔偿责任优先的规定将会刺激受侵害的经营者为维护自身的合法利益而采取诉讼手段，也使得《反不正当竞争法》不再过多地依靠行政责任，而形成民事责任、行政责任和刑事责任三者相互配合适用的局面，更好地发挥《反不正当竞争法》规范市场秩序的作用。

在民事诉讼中，从程序上受不正当竞争行为侵害者能够获得的救济包括：

（1）证据保全，即在证据可能灭失或者以后难以取得的情况下，原告可以在法院受理案件后甚至在起诉前，申请法院对相关证据进行提取、查封或扣押。人民法院接受申请后，必须在 48 小时内作出裁定；裁定采取保全措施的，应当立即开始执行。

（2）财产保全，即对于因情况紧急，不立即申请财产保全将使其合法权益受到难以弥补的损害，或者可能因当事人一方的行为或者其他原因，使判决不能执行或者难以执行的，当事人可在起诉前或者案件受理后申请法院对相关财产进行查封、扣押或冻结。

（3）临时禁令，即情况紧急，不立即停止某种行为将对权利人造成难以弥补损害的，经权利人申请并提供担保，法院在权利人起诉前或者在案件受理后，可作出裁定，责令被申请人或被告立即停止某种行为。在权利人起诉前，法院作出的裁定为诉前禁令；在受理案件后作出判决前，法院作出的裁定为诉中禁令。

二、行政责任

我国《反不正当竞争法》以较大篇幅规定了不正当竞争行为人应当受到的行政处罚。第 18—24 条针对 7 种不正当竞争行为分别规定了行政处罚措施；加上第 28 条妨碍执法调查处罚条款和第 30 条的行政处分条款，仅就行政责任规定就有 9 条之多；再加上第 13—16 条以及第 25、26 条关于行政执法的具体规定，共计 15 条。

对于不正当竞争行为人的行政处罚，主要有以下措施：（1）责令停止违法行为、消除影响；（2）没收违法商品或违法所得；（3）罚款；（4）情节严重的，可以吊销营业执照。

2019 年《反不正当竞争法》在法律责任部分进行了类型化规定，对每一种不正当竞争行为分别设置相应的法律责任。在罚款额度方面也有了明显提高，这不仅顺应了我国社会经济发展状况，更是提高违法成本的体现，有利于经营者作出“理性”选择。具体而言如下：

经营者从事市场混淆行为的，由监督检查部门责令停止违法行为，没收违法商品。违法经营额 5 万元以上的，可以并处违法经营额 5 倍以下的罚款；没有违法经营额或者违法经营额不足 5 万元的，可以并处 5 万元以下的罚款。情节严重的，吊销营业执照。经营者登记的企业名称违反《反不正当竞争法》第 6 条规定的，应当及时办理名称变更登记；名称变更前，由原企业登记机关以统一社会信用代码代替其名称。

经营者从事商业贿赂行为的，由监督检查部门没收违法所得，处 10 万元以上 300 万元以下的罚款。情节严重的，吊销营业执照。

经营者从事虚假或者引人误解的商业宣传行为（包括帮助其他经营者虚假宣传）的，由监督检查部门责令停止违法行为，处20万元以上100万元以下的罚款；情节严重的，处100万元以上200万元以下的罚款，可以吊销营业执照。

经营者从事侵犯他人商业秘密行为的，由监督检查部门责令停止违法行为，没收违法所得，处10万元以上100万元以下的罚款；情节严重的，处50万元以上500万元以下的罚款。

经营者从事违法的有奖销售行为的，由监督检查部门责令停止违法行为，处5万元以上50万元以下的罚款。

经营者从事诋毁商誉行为的，由监督检查部门责令停止违法行为、消除影响，处10万元以上50万元以下的罚款；情节严重的，处50万元以上300万元以下的罚款。

经营者从事网络不正当竞争行为的，由监督检查部门责令停止违法行为，处10万元以上50万元以下的罚款；情节严重的，处50万元以上300万元以下的罚款。

《反不正当竞争法》第28条规定，妨害监督检查部门依照本法履行职责，拒绝、阻碍调查的，由监督检查部门责令改正，对个人可以处5 000元以下的罚款，对单位可以处5万元以下的罚款，并可以由公安机关依法给予治安管理处罚。

除此之外，第25条规定，经营者违反本法规定从事不正当竞争，有主动消除或者减轻违法行为危害后果等法定情形的，依法从轻或者减轻行政处罚；违法行为轻微并及时纠正，没有造成危害后果的，不予行政处罚。该条规定鼓励经营者主动消除违法后果，在面临被侵权人投诉及行政处罚的情形下，主动解决侵权问题有利于减免行政处罚。

鉴于信用在市场竞争中的特殊重要作用，《反不正当竞争法》第26条明确了对违法行为人的信用惩戒，规定“经营者违反本法规定从事不正当竞争，受到行政处罚的，由监督检查部门记入信用记录，并依照有关法律、行政法规的规定予以公示”。此外，该法第16条第1款规定了社会举报机制，即“对涉嫌不正当竞争行为，任何单位和个人有权向监督检查部门举报，监督检查部门接到举报后应当依法及时处理”。

三、刑事责任

对情节恶劣、危害后果严重的不正当竞争行为，给予刑事处罚，是各国竞争法的通行做法，我国也不例外。《反不正当竞争法》第31条规定，违反本法规定，构成犯罪的，依法追究刑事责任。具体适用详见我国《刑法》有关规定。

对于市场混淆行为，我国《刑法》分则第三章第一节规定了“生产、销售伪劣商品罪”。因此，擅自使用与他人有一定影响的商品名称、包装、装潢等相同或者近似的标识，如果涉及“销售伪劣商品，构成犯罪的”，可以依照有关“生产、销售伪劣商品罪”的相应规定，追究刑事责任。

对于商业贿赂行为，《刑法》共有11个罪名与之相关，包括非国家工作人员受贿罪（《刑法》第163条）、对非国家工作人员行贿罪（《刑法》第164条第1款）、对外国公职人员、国际公共组织官员行贿罪（《刑法》第164条第2款）、受贿罪（《刑法》第385

条）、单位受贿罪（《刑法》第387条）、利用影响力受贿罪（《刑法》第388条之一）、行贿罪（《刑法》第389条）、对有影响力的人行贿罪（《刑法》第390条之一）、对单位行贿罪（《刑法》第391条）、介绍贿赂罪（《刑法》第392条）、单位行贿罪（《刑法》第393条）。触犯上述规定的，视情节分别对犯罪人处以拘役、有期徒刑甚至无期徒刑，并处罚金；单位犯罪的，对单位判处罚金。

对于虚假宣传行为，《刑法》第222条规定了虚假广告罪，广告主、广告经营者、广告发布者违反国家规定，利用广告对商品或者服务作虚假宣传，情节严重的，处2年以下有期徒刑或者拘役，并处或者单处罚金。

对于侵犯商业秘密行为，《刑法》第219条规定了侵犯商业秘密罪，对那些给商业秘密权利人造成重大损失的，处3年以下有期徒刑或者拘役，并处或者单处罚金；造成特别严重后果的，处3年以上7年以下有期徒刑，并处罚金。第219条之一规定了为境外窃取、刺探、收买、非法提供商业秘密罪，为境外的机构、组织、人员窃取、刺探、收买、非法提供商业秘密的，处5年以下有期徒刑，并处或者单处罚金；情节严重的，处5年以上有期徒刑，并处罚金。第220条还规定了对上述行为的犯罪单位和个人的“两罚制”。

对于诋毁商誉行为，《刑法》221条规定了损害商业信誉、商品声誉罪，捏造并散布虚伪事实，损害他人的商业信誉、商品声誉，给他人造成重大损失或者有其他严重情节的，处2年以下有期徒刑或者拘役，并处或者单处罚金。第231条则规定了对犯罪单位和个人的“两罚制”。

对于网络不正当竞争行为，可能涉及《刑法》第285条中的非法侵入计算机信息系统罪，非法获取计算机信息系统数据、非法控制计算机信息系统罪，提供侵入、非法控制计算机信息系统程序、工具罪；第286条破坏计算机信息系统罪；第286条之一拒不履行信息网络安全管理义务罪；第287条之一非法利用信息网络罪；第287条之二帮助信息网络犯罪活动罪。对于上述犯罪行为，《刑法》视情节分别对犯罪人处以管制、拘役或者有期徒刑，并处罚金；单位犯罪的，对单位判处罚金。

案例研习

1. 兰某军、杭州小拇指汽车维修科技股份有限公司诉天津市小拇指汽车维修服务有限公司等侵害商标权及不正当竞争纠纷案①

原告兰某军、杭州小拇指汽车维修科技股份有限公司（以下简称“杭州小拇指公司”）诉称：其依法享有“小拇指”注册商标专用权，而天津市小拇指汽车维修服务有限公司（以下简称“天津小拇指公司”）、天津市华商汽车进口配件公司（以下简称“天津华商公司”）在从事汽车维修及通过网站进行招商加盟过程中，多处使用了“小拇指”图标识，且存在单独或突出使用“小拇指”的情形，侵害了其注册商标专用权；同时，天

① 参见最高人民法院指导案例30号。

津小拇指公司擅自使用杭州小拇指公司在先的企业名称，构成对杭州小拇指公司的不正当竞争。故诉至法院，请求判令天津小拇指公司立即停止使用“小拇指”字号进行经营，天津小拇指公司及天津华商公司停止商标侵权及不正当竞争行为，公开赔礼道歉，连带赔偿经济损失 630 000 元及合理开支 24 379.4 元，并承担案件诉讼费用。

被告天津小拇指公司、天津华商公司辩称：(1) 杭州小拇指公司的经营范围并不含许可经营项目及汽车维修类，也未取得机动车维修的许可，且不具备“两店一年”的特许经营条件，属于超越经营范围的非法经营，故其权利不应得到保护。(2) 天津小拇指公司、天津华商公司使用“小拇指”标识有合法来源，不构成商标侵权。(3) 杭州小拇指公司并不从事汽车维修行业，双方不构成商业竞争关系，且不能证明其为知名企业，其主张企业名称权缺乏法律依据，天津小拇指公司、天津华商公司亦不构成不正当竞争，故请求驳回原告诉讼请求。

法院经审理认为：天津小拇指公司、天津华商公司在从事汽车维修及通过网站进行招商加盟过程中，多处使用了“小拇指”图标识，且存在单独或突出使用“小拇指”的情形，相关公众施以一般注意力足以对服务的来源产生混淆，或误认天津小拇指公司与杭州小拇指公司之间存在特定联系。“小拇指”图标识的主体及最易识别部分“小拇指”字样与涉案注册商标相同，同时考虑天津小拇指公司在经营场所、网站及宣传材料中对“小拇指”的商标性使用行为，应当认定该标识与涉案的“小拇指”文字注册商标构成近似。据此，法院认定被告未经许可而使用“小拇指”图及单独使用“小拇指”字样，以及通过其网站进行招商加盟的商业行为侵害了原告的注册商标专用权。

关于经营者是否存在超越法定经营范围的行为及其民事权益能否得到法律保护，天津小拇指公司、天津华商公司答辩称：杭州小拇指公司未依法取得机动车维修的相关许可，超越法定经营范围从事特许经营且不符合法定条件，属于非法经营行为，其主张的民事权益不应得到法律保护。法院认为：依据现有证据，并不能认定杭州小拇指公司存在违反行政许可法律、法规从事机动车维修或特许经营业务的行为。即使杭州小拇指公司超越法定经营范围而违反行政许可法律、法规，这属于行政责任范畴，该行为并不影响其依法行使制止商标侵权和不正当竞争行为的民事权利，也不影响人民法院依法保护其民事权益。

关于如何认定《反不正当竞争法》调整的竞争关系，法院认为：根据 1993 年《反不正当竞争法》第 2 条的规定，《反不正当竞争法》并未限制经营者之间必须具有直接的或具体的竞争关系，也没有要求经营者从事相同行业。《反不正当竞争法》所规制的不正当竞争行为，是指损害其他经营者合法权益、扰乱经济秩序的行为，从直接损害对象看，受损害的是其他经营者的市场利益。因此，经营者之间具有间接竞争关系，行为人违背《反不正当竞争法》的规定，损害其他经营者合法权益的，也应当认定为不正当竞争行为。在本案中，被诉存在不正当竞争的天津小拇指公司与天津华商公司均从事汽车维修行业，杭州小拇指公司并未实际从事汽车维修业务，但通过将其拥有的企业标识、注册商标、专利、专有技术等经营资源许可其直营店或加盟店使用，使其成为“小拇指”品牌的运营商，以商业特许经营的方式从事与汽车维修相关的经营活动。因此，杭州小拇指公司是汽车维修市场的相关经营者，其与天津小拇指公司及天津华商公司之间存在间接竞争关系。

法院在认定原、被告双方存在间接竞争关系的基础上，综合考虑：（1）杭州小拇指公司的“小拇指”字号及相关服务在相关公众中已具有一定的市场知名度；（2）作为汽车维修相关市场的经营者，天津小拇指公司对杭州小拇指公司及其经营资源、发展趋势等应当知晓，但仍将“小拇指”作为企业字号，具有主观上“搭便车”及攀附他人商誉的意图；（3）天津小拇指公司以“小拇指”为字号登记使用，且单独或突出使用“小拇指”汽车维修、“天津小拇指”等字样进行宣传的行为，足以使相关公众对市场主体和服务来源产生混淆和误认，容易造成竞争秩序的混乱。因此法院认为，天津小拇指公司登记使用该企业名称本身违反了诚实信用原则，具有不正当性，已构成不正当竞争行为。

天津市第二中级人民法院于 2012 年 9 月 17 日作出一审判决：判令被告天津小拇指公司停止在其网站、宣传材料、优惠体验券及经营场所（含分支机构）使用“小拇指”图标识，并停止单独使用“小拇指”字样的行为；判令被告天津华商公司停止在其网站使用“小拇指”图标识；判令被告天津小拇指公司、天津华商公司连带赔偿兰某军、杭州小拇指公司经济损失及维权费用人民币 50 000 元；驳回兰某军、杭州小拇指公司的其他诉讼请求。

天津市高级人民法院于 2013 年 2 月 19 日作出终审判决：维持一审法院判决中第一、二、三项及逾期履行责任部分；撤销一审法院判决中第四项；判令天津小拇指公司立即停止在其企业名称中使用“小拇指”字号并赔偿杭州小拇指公司经济损失人民币 30 000 元。

问题：

（1）本案中如何认定《反不正当竞争法》调整的竞争关系？

（2）本案中经营者是否存在超越法定经营范围行为及其民事权益能否得到法律保护？

2. “必沃”技术秘密许可使用合同纠纷案——商业秘密刑民交叉案件的处理①

宁波慈星股份有限公司（以下简称“慈星公司”）认为宁波必沃纺织机械有限公司（以下简称“必沃公司”）违反协议约定，利用慈星公司要求保密的技术图纸生产横机设备的行为，侵害了慈星公司的商业秘密，遂诉至法院。浙江省宁波市公安局针对必沃公司涉嫌侵犯商业秘密罪有关事项立案侦查。一审法院认为，浙江省宁波市公安局侦查的事实涵盖了涉案协议和图纸相关内容，故裁定移送公安机关处理。必沃公司不服，向最高人民法院提起上诉。最高人民法院二审认为，本案系慈星公司以必沃公司违反合同约定为由提起的合同之诉，系技术秘密许可使用合同法律关系。而浙江省宁波市公安局立案侦查的必沃公司涉嫌商业秘密犯罪，系必沃公司涉嫌侵犯慈星公司商业秘密的侵权法律关系。二者所涉法律关系不同，并非基于同一法律事实所产生的法律关系，分别涉及经济纠纷和涉嫌经济犯罪，只是二者所涉案件事实具有重合之处。一审法院应将与本案有牵连但与本案不是同一法律关系的犯罪嫌疑线索、材料移送浙江省宁波市公安局，但也应继续审理本案所涉技术秘密许可使用合同纠纷，故裁定撤销一审裁定，指令一审法院审理。

① 参见最高人民法院（2019）最高法知民终 333 号民事裁定书。

问题：

（1）该案明确的商业秘密民刑交叉案件的处理原则是什么？

（2）除本案所涉商业秘密外，其他哪些不正当竞争行为还可能构成民刑交叉案件？

本章思考题

1. 试析中外对不正当竞争行为的法律控制模式。
2. 试述反不正当竞争行政执法机关的行政调查权限。
3. 试析不正当竞争行为的民事责任。
4. 试析不正当竞争行为的行政责任。
5. 试析不正当竞争行为的刑事责任。

拓展阅读　　即测即评

第三编 反垄断法

第十六章　反垄断法概述

第一节　反垄断法的概念与体系

一、垄断的含义和表现形式

在经济学上，垄断被看作一种客观存在的经济现象，主要用来描述一种市场结构，即：在某个特定领域内市场力量高度集中，单个或少数企业的资本或生产经营规模较为庞大，导致它们占有远超过竞争对手的市场份额。结构性的垄断既包括单个企业具有垄断地位，即独占；也包括少数几家企业共同享有垄断地位，即寡占。当然，垄断有时也被用来描述某些行为，主要是企业从事的与垄断结构有关的行为。

在19世纪之前，无论是垄断组织还是垄断行为，都较为少见，并未受到人们的关注。自19世纪中叶开始，在西方资本主义国家，由于工商业的快速发展，市场竞争变得越来越激烈，市场主体开始寻求引入多种垄断组织或行为模式来限制竞争。

19世纪60年代，美国出现了垄断的最初形式——普尔（Pool）。当时的新兴企业主意欲把相互竞争的公司组合成一个机构，以大规模生产的样态实现规模经济的目标，在全国市场上推销他们的商品，甚至控制生产、销售和服务，于是普尔这样一种限制竞争的组织架构应运而生。其基本做法是由存在竞争关系的企业签订协议，规定共同价格，并在成员企业之间分配营业额或者划分市场。普尔尤盛于当时的铁路行业，其中摩根、哈里曼等少数资本家处于控制地位，他们为防止铁路运费的恶性竞争，达成协议，以普尔方式进行合作。

普尔这种垄断组织具有固定价格、价格歧视等负面影响，尤其是当时铁路行业的普尔组织通过控制农产品铁路运输敲诈勒索农民，由此遭到了社会的强烈批评，某些州也出台法律限制设立普尔组织。同时，普尔组织自身也存在着严重的内在缺陷，它主要依赖于成员企业的自愿参加，对成员企业缺乏约束力，无法强制成员企业履行协议，很容易导致联营落入空设。[①] 于是，美国企业开始寻找新的更加有效的垄断组织形式来替代普尔，托拉斯便应运而生。托拉斯是英文单词Trust的音译，Trust原本是“信托”之意，代表着一种财产处置及运营方式，最早起源于英国普通法。大约在19世纪80年代，洛克菲勒（Rockefeller）借鉴信托制度的基本原理，首创了托拉斯这种垄断组织形式，并设立了第一个托拉斯组织——美孚石油公司。1879年，俄亥俄美孚石油公司的股东们达成一项秘密协议，把他们的股票信托给9个受托人，众多分散的股东们得到一份信托证书。受托人掌

---

① 吴玉岭：《契约自由的滥用与规制：美国反托拉斯法中的垄断协议》，江苏人民出版社2007年版，第13页。

握了分散股东们的投票权，在管理公司方面享有控制性权力，而分散的股东们只需坐享利润即可。接着，美孚石油托拉斯又与其他公司的股东们签订类似的协议，从而掌控众多的公司。[1] 因此，托拉斯是一种变相地实施企业并购的手段，借此可以形成庞大的公司集群，并在市场上拥有垄断力量。例如，洛克菲勒曾借助托拉斯组织控制了全美90%以上的精炼油业务。

在欧洲，卡特尔（Cartel）是主要的垄断组织方式，是为应对经济萧条和过度竞争而引入的协调方式。19世纪70年代的经济危机让许多企业倒闭，持续不断的价格和利润压力使这种危险尤为真切，许多企业为维持价格不得不寻求合作。于是卡特尔在19世纪80年代左右迅速增长，尤其在德国和奥地利最为突出。[2] 卡特尔本质上是竞争者之间的协议，其内容多元，包括限定价格、分割市场、限制生产或销售数量等。卡特尔具有显著的自身特点：第一，卡特尔是处于相同生产阶段的竞争者之间的合同、决议或协同行为；第二，成员在经济和法律上具有独立性；第三，以妨碍、限制或者扭曲竞争为目的。[3]

此外，在市场活动中还存在辛迪加、康采恩等垄断组织形式。辛迪加是法语syndicat的音译，原意是“组合”，是指由同一生产部门的少数大企业，通过签订统一销售商品和采购原料的协议获取垄断利润而建立的垄断组织。同卡特尔相比，辛迪加较为稳定，存在的时间也较持久。辛迪加的参加者虽然在生产上和法律上保持着独立性，但在商业上已完全受制于辛迪加的总办事处，不能独立行动。康采恩由德语Konzern音译而来，是垄断组织的高级形式之一，一般由实力雄厚的大企业或银行牵头，联合不同经济部门的许多企业组成，旨在垄断销售市场、争夺原料产地和投资场所，以获取高额垄断利润。参加康采恩的企业形式上保持独立，实际上受其中占统治地位的核心企业控制。

法律领域引入“垄断”这个用词，既借用了经济学的理解，也有显著的变化。法律领域更关注垄断行为，主要是指形成或谋求形成垄断状态的各种行为，以及凭借垄断地位所实施的各种排除、限制竞争的行为，还包括几家企业通过协议等方式联合限制竞争的行为。因为要想从事垄断或限制竞争的行为，除了倚仗政治特权或其他强力之外，只需有雄厚的经济实力，所以，垄断或限制竞争行为往往以垄断结构状态为前提。同时，法律领域对“垄断”设定了价值判断，法律并不关注所有的垄断，而只关注有负面效应的垄断，具体而言，法律主要关注具有排除、限制竞争效果的垄断。

在涉及行为的时候，多数国家法律使用“垄断行为”，也有一些国家使用“限制竞争行为”，亦有部分国家或地区同时使用这两个词。在多数情况下，这两个词是可以互换的，“垄断行为”就是“限制竞争行为”。

二、反垄断法的含义

反垄断法是调整国家在反对垄断过程中发生的社会关系的法律规范的总称。在表现形

① 参见［美］丹尼尔·J. 布尔斯廷：《美国人：民主的历程》，谢廷光译，上海译文出版社2009年版，第512页。

② 参见［美］戴维·J. 格伯尔：《二十世纪欧洲的法律与竞争》，冯克利、魏志梅译，中国社会科学出版社2004年版，第30页。

③ 王晓晔：《反垄断法中的卡特尔》，载《月旦民商法》2006年第12期。

式上，反垄断法有广义和狭义之分。广义的反垄断法是指包含有反垄断法律规范的所有法律文件，包括法律、行政法规和部门规章等；而狭义的反垄断法是指集中规定反垄断法律规范的立法文件。

反垄断法在不同的国家或地区有不同的称谓：多数国家或地区称为反垄断法；在美国一般称为反托拉斯法；在德国称为反对限制竞争法；在日本称为禁止私人垄断法；还有一些国家或地区称为公平交易法；等等。

反垄断法被赋予维护竞争的基本任务，但它对垄断也并非一概禁止，而采取了较为灵活的立场。一方面，反垄断法明确规定需要禁止和取缔的垄断行为，因为这些行为具有较强的反竞争效果；另一方面，对于那些给市场竞争带来积极促进作用的垄断行为，反垄断法会给予一定的宽容，并通过适用除外制度、豁免制度和安全港制度等来体现这种宽容。反垄断法之所以采取这种灵活立场，是因为垄断本身具有双重效应。

垄断的消极效应在于，垄断会消除或限制竞争，从而带来多方面的危害。从微观上来说，它有可能剥夺中小经营者进入市场参与公平竞争的机会，侵害他们的正当权益，还有可能损害广大消费者的权益；从宏观上来说，垄断有可能排除或扭曲市场竞争，阻碍价值规律发挥作用，使市场机制不能充分发挥调节社会经济的作用，严重时，垄断会造成社会供需失衡，造成社会资源严重浪费，甚至引发经济危机，导致社会动荡。从垄断组织本身来讲，当它们取得市场支配地位以后，进取心和创新精神容易消退，不再热心于技术创新和改善管理。垄断组织还可能以社会福利损失为代价维持其垄断利润，从而助长了不劳而获的欲望。

不可否认，有些垄断也具有一定的积极效应。作为结构状态存在的垄断，有可能优化经济组织内部的分工协作，促使资源配置更加合理、科学，降低生产或经营成本，提高劳动生产率，从而形成规模经济，这不仅对企业自身具有积极意义，对社会整体利益也具有正面影响，如处于危机或严重不景气状态的行业，通过固定价格等形式可以避免恶性竞争，为行业内企业维持必要的利润水平，有助于行业自救。

三、反垄断法的体系构成与主要垄断控制制度

（一）反垄断法的体系构成

在内容上，反垄断法包括实体制度和实施制度两大部分。

1. 反垄断法的实体制度

现代各国（地区）反垄断法的实体制度主要涉及对反垄断法规制对象的规定。反垄断法规制对象是指反垄断法所针对的状态或行为，反垄断法对这些行为或状态采取禁止、制裁等措施，在个别情形下也采取容忍的态度，以便使市场竞争达到立法者预期的状态，维持公平自由的市场竞争。

一般而言，反垄断法的规制对象包括垄断协议（或称为联合限制竞争行为）、滥用市场支配地位及经营者集中（或称为企业结合）三类行为。个别国家如美国、日本等的反垄断法还包含垄断状态。在大多数国家（地区）的反垄断法中，一个企业具有垄断地位，只要不滥用这种垄断地位，并不构成违法，但美国、日本的反垄断法包含一种特殊的制度安

排，即使企业没有滥用这种垄断地位，有时也构成违法，这就是对垄断状态的规制，或称为对垄断结构的规制。如果仅仅规制行为，而不规制垄断结构，我们将这种立法的态度称为行为主义；如果既规制垄断行为，又规制垄断结构，我们就将这种立法态度称为结构主义。

除上述对经济垄断的规制外，少数国家特别是一些转轨国家的反垄断法也对行政性垄断予以规制，我国即如此。

除了上述基本内容，反垄断法的实体制度还包含一些附随性的内容，主要是豁免制度、适用除外制度和域外适用制度，它们是一些例外性的规定，显示反垄断法的灵活性。

2. 反垄断法的实施制度

除实体制度外，反垄断法的内容体系还包含实施制度，主要包括反垄断法执行机构的设置、反垄断法法律责任制度和反垄断法实施程序制度，以及不少国家反垄断法包含的域外适用制度。实施制度在反垄断法中占有重要地位，发挥着重要的作用。

“徒法不足以自行”，法律的功能需要通过实施才能发挥出来，而反垄断法的实施制度就是为保证反垄断法的实施效果而精心设计的，并且与其他法律领域相比，反垄断法的实施制度更为重要，既是实施实体制度的基本保证，也是助力实体制度发挥作用的必要补充。

（二）反垄断法的主要垄断控制制度

对应反垄断法的规制对象，各国（地区）反垄断法包含的垄断控制制度主要有垄断协议控制制度、滥用市场支配地位控制制度、经营者集中控制制度和行政性垄断控制制度。

1. 垄断协议控制制度

为控制垄断协议，反垄断法需要对垄断协议予以界定，借此明确垄断协议的构成要件，然后列举垄断协议的各类具体形态，并通过列举明晰各类垄断协议行为的具体构成要件。同时，反垄断法也会针对垄断协议设立豁免制度，使某些表面上构成垄断协议的行为不被认定为违法。

2. 滥用市场支配地位控制制度

为控制滥用市场支配地位行为，反垄断法首先要规定市场支配地位的构成要件，然后具体列举各类滥用行为，明确各自的具体构成要件。

3. 经营者集中控制制度

各国（地区）反垄断法对经营者集中的规制，有的采取事后规制的方式，也有的采取事前规制的方式。事后规制方式是指在经营者集中之前，反垄断执法机构不予干预，由经营者自行判断是否违法，在经营者集中完成后，当反垄断执法机构发现该经营者集中存在违法事由时，或者其他经营者对该经营者集中提起诉讼时，行政执法机构或司法机构对该经营者集中予以审查，如果最终确认该经营者集中违反法律规定，则由行政执法机构或司法机构对参与该经营者集中的经营者予以制裁。对经营者集中的事前规制，一般采用事前申报审查制。由反垄断法或其他法律文件规定申报标准，凡是符合申报标准的经营者集中，均须事先向反垄断执法机构申报，只有经反垄断执法机构审查作出不予禁止的决定后方可进行集中；若符合申报条件的经营者集中不予申报，或者申报后未获不予禁止的审查结论而擅自集中，或参与经营者不据实申报，都将构成违法，会受到反垄断法制裁。

4. 行政性垄断控制制度

很多国家（地区）的反垄断法包含有行政性垄断控制制度，一般由反垄断法规定行政性垄断的一般构成要件，然后再列举行政性垄断行为的具体表现，凡属于被列举的行政性垄断行为者，均应承担反垄断法规定的法律责任。

四、反垄断法上的公共利益

各国（地区）反垄断法都普遍规定了“公共利益”条款，它们或被规定在反垄断法序言或总则部分，以反垄断法的立法宗旨或基本原则的面目出现，或被规定在正文或分则部分，有的处在关于反垄断法规制对象的内容当中，而有的则处在关于反垄断法的实施机构如何实施法律的具体规定当中。

各国反垄断法之所以重视公共利益条款，主要是因为这类条款对于保障各国反垄断法立法目标的实现具有不可替代的作用。反垄断法公共利益条款的作用主要体现为以下三个方面：第一，以公共利益是否受损作为判断是否构成垄断行为的重要标准；第二，公共利益是反垄断法适用除外的重要依据；第三，公共利益影响反垄断法的执行程序。[①]

一般而言，反垄断法上的公共利益，包含三方面的重要内涵：

1. 有效竞争

竞争是反垄断法最直接的目标，是当今各国（地区）反垄断法所共同宣示的保护对象，是反垄断法各基本价值的集中体现。在反垄断法发展的过程中，人们曾经提出过完全竞争的目标，但就经济现实而言，反垄断法不可能达到完全的竞争，而只能达到有效的竞争。竞争对于维护和促进社会公共利益，意义重大。因为，一方面，正如德国学术界占主导地位的观点所认为的那样，整体经济的好处和社会公共利益只有通过市场竞争才能最大限度地得以实现；[②] 另一方面，竞争可以直接体现为公共利益的内容。首先，竞争被公认为是一种理想的资源分配方式，它既能够促使商品和服务的价格向最低值靠拢，又能够使消费者对商品和服务的类型和质量有选择的余地。其次，竞争是反垄断法维持的经济秩序的集中概括，而秩序使人们具有预测可能性，给人们带来安全感，因此是社会公共利益的一个方面。最后，竞争作为法律维护的经济秩序，能够促进和保障“分配正义”，体现着正义原则。而正义是实现社会公共利益的基本要求。总之，有效竞争是反垄断法中的公共利益的核心内容。

2. 一般消费者的利益

消费者的利益是所有国家（地区）的反垄断法都着重加以保护的对象。很多国家（地区）的反垄断法在序言中都明确指出，保护消费者的利益是反垄断法宗旨中的一项重要内容。就反垄断法的具体内容而言，各国法律关于禁止固定价格、禁止搭售等规定都体

---

① 李国海：《反垄断法公共利益理念研究——兼论〈中华人民共和国反垄断法（草案）〉中的相关条款》，载《法商研究》2007年第5期。

② 王晓晔：《竞争法研究》，中国法制出版社1999年版，第197页。

现出反垄断法的这一目的。各国反垄断法之所以将保护消费者的利益作为重心，原因在于，从事垄断和限制竞争行为的市场主体追逐的是超额利润，而这种超额利润的来源恰恰是消费者多付出的部分。虽然保护消费者的利益在反垄断法中占有核心地位，但并不是所有的消费者的利益都能直接构成公共利益。在构造十分复杂的市场中，利益受到垄断或限制竞争行为侵害的消费者，虽然大多数情况下是普遍性的或群体性的，但是也不能完全排除个别性的情形。一般而言，只有前种情形才能构成公共利益，而后一种情形就不能并入公共利益的范围。

3. 整体经济利益

维护社会整体经济利益不仅是反垄断法的基本原则，也是反垄断法上公共利益的内容之一。反垄断法上的整体经济利益是指那些超越了特定群体、特定地域且涉及范围较广的经济利益。具体而言，反垄断法上的整体经济利益主要包括：(1) 保障就业。促进和保障就业是各国政府的核心任务之一，反垄断立法及实施也必须服务于这一目标。(2) 促进国际竞争力。在当前，世界各国无不以追求本国利益最大化为行动指南。因此，促进本国企业的国际竞争力自然而然成了各国反垄断法的追求目标。许多国家（地区）的反垄断法将促进出口列为反垄断法适用豁免的理由，就是一个明证。(3) 促进产业的均衡发展及科学技术的创新，这有时也可能成为反垄断法上整体经济利益的内容。

第二节　反垄断法中相关市场的界定

一、相关市场的含义

相关市场，是指经营者在一定时期就特定商品或者服务进行竞争的商品范围和地域范围。在反垄断法中，相关市场是一个基础性概念，关系到识别竞争者和潜在竞争者、判定经营者市场份额和市场集中度等关键问题。

在现代社会，借助通信和交通运输的进步，市场范围具有了相当大的弹性，有的竞争行为仅对一个局部的较小的市场产生影响，有的市场竞争则可能在一个全国甚至全球性的市场中展开。反垄断法要规制某个具体的垄断行为，就必须分析其对市场竞争的影响，因此首要任务就是明确划定市场范围。对反垄断执法机构而言，只有在明确的市场范围内，方可对某个垄断行为进行细化的竞争分析。对于反垄断案件中的当事人而言，界定相关市场对案件结果有着重要意义，甚至起决定性作用。在 1956 年美国联邦最高法院判决的杜邦玻璃纸案（United States v. Du Pont Co.）中，关于相关市场的界定成了左右案件走向的关键因素。原告美国司法部主张玻璃纸与其他包装材料在外观、价格等方面有差别，相互间没有足够大的可替代性，因此玻璃纸与其他包装材料不属同一相关产品市场。在这种情况下，由于杜邦公司生产的玻璃纸在玻璃纸市场上的份额超过 70%，司法部认为杜邦公司占据市场支配地位。然而，美国联邦最高法院却认为玻璃纸与其他柔性包装材料有足够大的需求交叉弹性，认定该案的相关产品市场是柔性包装材料，由此界定杜邦公司的产品在美国包装材料产品市场中仅占 18% 的份额。最终，美国司法部的指控未能成立，导致败诉。

反垄断法的具体制度运行基本都涉及对相关市场的界定。在规制滥用市场支配地位行为时，要判断经营者是否具有市场支配地位，往往要从界定相关市场入手，只有准确界定相关市场，才能确定被指控的经营者的市场势力状况。在规制垄断协议及经营者集中的时候，往往也会涉及相关市场的界定。

二、相关市场的界定方法

从相关市场的含义可以看出，界定相关市场主要分为两个方面的工作：一是界定相关商品市场，二是界定相关地域市场。此外，在某些情形中，还须对相关时间市场和相关技术市场等加以考虑。

（一）相关商品市场的界定

相关商品市场，是指根据产品的特性、用途和价格等因素，需求者认为具有紧密替代关系的一组或一类商品构成的市场。界定相关商品市场，旨在判定哪些产品具有竞争关系。从相关商品市场的概念可知，认定两个或者两个以上的商品是否属于同一种市场，起决定作用的是作为需求者的用户的看法，如果用户作出购买决定时，会在某些产品之间进行选择，这些产品就是相互可以替代的；如果它们可以相互替代，便存在竞争关系，从而被视为属于同一产品市场。

在确定某种产品与其他产品之间是否具有替代性时，国外还经常使用“假定垄断者测试法”，即 SSNIP 测试法。在运用这种方法界定相关商品市场时，往往从最小范围的产品入手，假定在这个产品范围中存在一个垄断的经营者，并假设这个垄断者作出“小幅度但很显著而且是非临时性的价格上涨”（small but significant not-transitory increase in price），再考察消费者的反应，如果消费者向相邻的产品类型寻求替代，则须将这些被替代的相邻产品跟原有的产品范围合并起来，继续使用上述测试法逐步扩大产品范围，直到消费者不能或不愿再向其他产品寻求替代，该种测试方法可以告一段落，某种产品的替代产品将会完全显现出来，某种相关商品市场的包含对象也会完全显示出来，相关商品市场方可最终确定。这样我们可以确定一个产品集群，将该产品集群确定为相关商品市场的具体范围。

（二）相关地域市场的界定

相关地域市场是指相关经营者供应或者购买产品的地域，这个地域内的竞争条件与邻近地域显著不同。更具体地讲，相关地域市场是指与某种产品的供应或购买具有相同竞争条件的区域范围，在这个区域内，竞争条件基本相同，但是超出这个地域，即使是邻近的地域，其竞争条件也存在明显的差异，可以相互区别开来。从上述定义看，相关地域市场既可以从需求的角度分析，也可以从供应的角度分析。

从需求的角度分析，亦可以使用假定垄断者测试法来界定相关地域市场。与界定相关商品市场不同的是，考察者先确定一个范围较狭窄的目标地域，假定目标地域存在一个垄断者，并假设这个垄断者作出小幅度但很显著而且是非临时性的价格上涨，来观察消费者或购买者是否向相邻地域寻求替代产品，直到消费者或购买者不再替代性地向其他邻近地域购买相关产品为止。

从供应的角度分析，界定相关地域市场与界定相关商品市场的操作原理基本一致，只是将考察的对象变为供应者，即当目标地域的某种产品显著性地提价时，相邻地域的供应者是否会向目标地域的消费者提供该种产品。

（三）相关时间市场

在相关市场界定中，尽管时间维度的考虑并不像相关商品市场和相关地域市场那么普遍，但在某些具体情形下，相关时间市场也具有十分重要的意义。在不同的时间，产品的市场供应具有显著的不同，由此形成了特定的相关时间市场。在实践中，对相关市场的确立具有较大影响的时间因素主要有季节性、峰期与非峰期等。

在季节性方面，可以滑雪场为例。室内滑雪场可以在一年四季向消费者提供服务，但室外滑雪场只能在冬季向消费者提供滑雪服务。在冬季，室外滑雪场服务与室内滑雪场服务之间具有一定的可替代性，它们共同组成一个产品市场，但在冬季以外的时间，室内滑雪场服务就成为一个缩小了的产品市场。因此，在不同的季节，滑雪场服务的产品市场范围之所以不同，时间因素在其中发挥了巨大的影响。

在峰期与非峰期方面，我国的“春运”服务与平时运输服务是一个很典型的案例。“春运”期间属于运输服务需求的高峰期，消费者即使对春运期间的运输服务价格不满，仍然会接受运输服务，但在平时的非高峰期，如果运输服务的价格过高，消费者可能会替代性地选择改日再出行。因此，春运期间的运输市场更有可能形成垄断性市场。故实践中，我国每年都会公布春运起止时间，监管部门会对春运期间的运输服务实行严格的价格管制；而在非春运时期，运输服务价格通常实行市场定价。

三、网络经济条件下界定相关市场的挑战与应对

（一）网络环境对相关市场界定的挑战

在网络经济中，基于网络环境的特性，传统的界定相关市场的方法和路径并不能自动适用，遇到了多方面挑战。尤其在相关商品市场界定方面，更是面临着与传统行业相关市场界定完全不同的困难。

第一，网络平台产品的边界比较模糊。在传统产业，由于产品的用途、功能、成分、制作方法等不同，产品之间的边界往往比较清晰，但跨行业、跨平台的经营及合作在互联网领域的常态化，使得网络平台经营的产品、服务边界不再清晰，网络平台产品的范围变得模糊不清。在判定“是一种网络平台产品的两种功能”还是“存在两种不同的网络平台产品”时，人们经常发生争议。同时，在面对具有两种产品功能和属性的新产品时，是将其划入某一已有的产品市场还是重新确定一个新的产品市场，也存在不同的认识。

第二，互联网产品的替代性难以把握。在互联网行业，技术变革的步伐日益迅捷，产品更新换代的速度不断加快，这给分析互联网产品间的替代性带来了较大难度。技术的创新、完善使互联网产品之间的可替代性不断增强，最初看来用途截然不同的互联网产品随着技术的发展和用户的需要完全有可能相互替代。比如，虽然阿里巴巴中聊天工具的主要目的是方便卖家与买家的交流，但是随着使用人数的增多，其完全有可能成为一种有影响

的社交网络产品。由此可见，互联网产品的替代性随着使用情况的变化而呈现不确定性。

第三，互联网市场与传统市场存在重叠。在现实生活中，许多通过互联网进行销售的产品或服务，也可以通过实体商店进行销售，这意味着互联网市场与传统市场的经营内容存在部分重叠。当某种产品同时在互联网市场和实体市场上销售时，如何界定其相关商品市场成了一个难题。是将互联网市场和实体市场放在同一相关市场，还是区分为不同的市场，这将直接影响到相关商品市场的范围大小以及对市场支配地位的认定。

第四，SSNIP 界定方法遭遇困难。在分析传统经济模式的相关市场时，执法机关非常倾向于使用价格替代分析模型，其中最为常见的就是 SSNIP 测试法。在传统经济中，由于市场结构多为单边市场，且商品或服务明码标价，SSNIP 测试法划分竞争范围结果准确，使其深受执法机关的青睐，但是，这种传统的测试方法在互联网领域遇到了难题。最突出的障碍在于，网络环境存在双边市场特性，经营者既提供收费产品，也提供免费产品，而且免费产品对于维持竞争力更为关键。面对免费产品时，以价格变动为核心考察因素的 SSNIP 测试法就很难适用。

（二）网络环境下相关市场界定的路径更新

在网络环境下界定相关市场，在界定相关商品市场上面临的挑战比界定相关地域市场更为突出，因此，下文集中介绍界定相关商品市场的创新性思路。

第一，改良 SSNIP 测试法，引入 SSNDQ 测试法。虽然在平台经济市场模式下，直接在相关市场界定时应用 SSNIP 测试法存在诸多问题，但在个案中仍旧可以根据具体情况引入价格替代分析模型，在界定相关市场时参考分析结果，提升结论的准确性。例如，在分析以非免费模式进行运营的平台的相关市场时，依旧可以使用 SSNIP 测试法，使相关市场的界定更为准确。平台对交易收取佣金，则可将佣金收取数额或比例作为 SSNIP 测试的基准数据，再依照步骤最终划定一个竞争范围，将分析结果与需求替代分析结果综合，这样将能更加精准地界定相关市场。

而在免费模式下，改良 SSNIP 测试法是一条可供选择的路径，由于非价格因素在平台经济中对消费者选择的影响更为显著，可将其他受到消费者关注的因素（如服务质量、复合功能）等纳入 SSNIP 测试的考量因素之中。在此基础上，可以改良性使用产品性能测试法，即 SSNDQ 测试法，以平台产品提供的功能、服务为基准，分析功能、服务质量变化所造成的消费者的选择的变化，以此划定竞争的范围。在奇虎公司与腾讯公司垄断纠纷案①中，我国最高人民法院指出，实践中，假定垄断者测试的分析方法有多种，既可以通过数量不大但有意义且并非短暂的价格上涨（SSNIP）的方法进行，又可以通过数量不大但有意义且并非短暂的质量下降（SSNDQ）的方法进行。同时，作为一种分析思路或者思考方法，假定垄断者测试在实际运用时既可以通过定性分析的方法进行，又可以在条件允许的情况下通过定量分析的方法进行。虽然基于相对价格上涨的假定垄断者测试难以在该案中适用，但是可以采取该方法的变通形式，如基于质量下降的假定垄断者测试。由于质量下降程度比较难以评估以及相关数据难以获得，可以采用质量下降的假定垄断者测试进

① 最高人民法院（2013）民三终字第 4 号民事判决书。

行定性分析而不是定量分析。

第二，引入盈利模式测试法。盈利模式测试法来源于欧盟处理有关媒体案件的解决方式，是通过盈利模式来确定相关商品市场的一种测试方法。其适用前提在于明确涉案互联网经营者的盈利模式和利润来源，并据此界定相关商品市场。根据盈利模式的不同，互联网行业可以划分为不同的相关商品市场，如免费市场或者收费市场。盈利模式相同的互联网企业之间的产品往往可以互相替代，那么，这些产品有可能属于同一市场。采用盈利模式测试法界定相关商品市场，可以只分析互联网产品的盈利模式是否相同，而无需考虑特定互联网产品或服务的价格变化情况以及复杂的性能、用途等技术特征，可以让专业技术性不强的法院从极其复杂的价格和技术特征分析中解脱出来，故这种相关商品市场界定方法具有简便、高效、实用的特点。

第三，引入销售方式测试法。所谓销售方式测试法，是指当某类产品同时通过多种不同的方式进行销售，如果销售该产品的某种方式能够明显地满足消费者的偏好，也就是说，此种销售方式与其他销售方式相比具有较大的竞争优势，能够吸引更多消费者的选择，虽然产品本身的名称、性质、功能等相同，但是不能将运用此种销售方式进行销售的产品和运用其他销售方式进行销售的产品放在同一个相关商品市场，而应将运用此种销售方式进行销售的产品认定为一个单独的相关商品市场。销售方式测试法实际上结合了需求替代分析和供给替代分析，是对产品替代分析法的改进。该方法对于界定那些同时在传统实体市场与互联网虚拟市场进行销售的互联网产品的相关市场具有非常重要的作用。

第三节　反垄断法上的本身违法原则与合理原则

一、本身违法原则与合理原则的含义

本身违法原则与合理原则是反垄断法适用中的重要原则，它们代表两种不同的方法，用于确定某种行为是否违反反垄断法。本身违法原则，是指由于某些行为的反竞争效果十分明显，反垄断执法机构无需考虑这些行为是否具有合理性，单凭构成该行为的证据就可认定存在违法行为。而合理原则与之相反，是指某些行为既有排除、限制竞争的负面效应，又有某些正面效果，反垄断执法机构需要对它们进行合理性分析，只有当它们不合理地限制竞争的时候，才能认定它们构成违法。

本身违法原则与合理原则都是反垄断法执法或司法机构在认定某项行为是否构成违法时所使用的分析方法，一般不由立法条文明确规定，而在法律实施过程中得以适用。这两项适用原则的引入，也表明反垄断法的特殊性，即其所规制的行为具有较大的复杂性。某些行为的负面性较为明显，而且不具有明显的正面效应；有些行为则有所不同，它们往往既具有排除、限制竞争的负面效果，也有可能带来效率等正面效应。故执法或司法机构在认定各种具体的竞争行为是否违反反垄断法时，不能“一刀切”，而要对不同的行为采用不同的分析方法。

二、本身违法原则与合理原则的产生与发展

本身违法原则与合理原则最早产生于美国反托拉斯法实施过程中。

1890 年颁布的《谢尔曼法》第 1 条对限制竞争协议予以禁止，未设例外规定，早期的一些案件也遵从了这种立法逻辑。在 1897 年环密苏里案（United States v. Trans-Missouri Freight Ass'n）中，法官贝克哈姆（Baker Hamm）认为，《谢尔曼法》规定任何契约，以托拉斯形式或其他形式的联合、共谋，限制州际或与外国企业间的贸易或商业都是违法的；任何人独占或企图独占或与他人共谋垄断州际或与外国企业间的贸易或商业是违法的。因此，法律没有规定一类协议违法，而另一类协议不违法。据此，贝克哈姆法官认为应坚持对立法条文进行字面解释，只要存在对贸易或商业的限制或垄断就是违法的。在 1899 年阿迪斯顿管道案（Addston Pipe）中，美国联邦最高法院在判决中初步提出了本身违法原则，指出，根据《谢尔曼法》，竞争者之间的限制竞争安排本身就构成违法，不论这种安排的实际效率如何。在 1927 年美国诉特伦顿陶器公司案（United States v. Trenton Potteries Co.）中，美国联邦最高法院认为竞争者之间所固定的价格的“合理性”，与确定该协议是否不合理地限制贸易没有关系。在 1940 年美孚石油案（Socony-Vacuum）中，美国联邦最高法院更是明确指出，提高或者左右价格的协议是违法的，不管由此产生的价格是否合理。因为，根据《谢尔曼法》第 1 条，固定价格的协议是本身违法的。该案判决还指出，固定价格、划分市场、限制产量、联合抵制和涉及价格固定的纵向协议都适用本身违法原则。这使得本身违法原则得以最终明确。

1909 年发生的标准石油公司诉美国案（Standard Oil Co. of New Jersey v. United States）开始出现与本身违法原则大相径庭的思路，并最终提出和建构了合理原则。在该案中，美国联邦最高法院怀特（White）法官声称，禁止“任何”贸易限制的做法将是难以实现和违反国会意图的，只有对贸易的不合理限制，才属于《谢尔曼法》的制裁范围，才被认为是违法的。①

美国在反托拉斯领域建构的本身违法原则与合理原则，不仅对美国的法律实施产生了重要影响，还影响了其他国家的反垄断立法和司法，被各国广为借鉴。

三、本身违法原则与合理原则的适用范围

作为两种被用于确定垄断行为的违法性的方法，本身违法原则与合理原则主要被用于规制垄断协议。一般而言，本身违法原则主要适用于以下三种类型的垄断协议：（1）价格固定协议；（2）分割市场协议；（3）限制生产或销售数量的协议。此外，对于联合抵制协议，各国反垄断法基本上也适用本身违法原则。这些垄断协议在很多国家往往被称为核心卡特尔。对于维持转售价格协议，各国反垄断法早先倾向于适用本身违法原则，但近年来有所变化，美国等国家开始适用合理原则。对于其他垄断协议，各国反垄断法一般适用合理原则来认定其违法性。

① 李钟斌：《反垄断法的合理原则研究》，厦门大学出版社 2005 年版，第 19 页。

我国《反垄断法》没有使用“合理原则”或“本身违法原则”的用语，一般认为，该法第17条列举的5种被禁止的横向垄断协议中，前3种属于本身违法原则的适用对象，其余的则属于合理原则的适用对象。对于该法第18条列举的纵向垄断协议，究竟应适应本身违法原则还是合理原则，反垄断法实施机构的立场并不确定，法学界人士的主张也有所分歧。

我国反垄断法实施机构在规制滥用市场支配地位行为和经营者集中行为时，对于本身违法原则和合理原则的使用，基本上与国际通行做法保持一致。

案例研习

1. 北京奇虎科技有限公司诉腾讯科技（深圳）有限公司、深圳市腾讯计算机系统有限公司滥用市场支配地位纠纷案①——互联网行业相关市场的界定

2012年11月，北京奇虎科技公司（以下简称“奇虎公司”）向广东省高级人民法院起诉，主张腾讯科技（深圳）有限公司（以下简称“腾讯公司”）和深圳市腾讯计算机系统有限公司（以下简称“腾讯计算机公司”）滥用在即时通讯软件及服务相关市场的市场支配地位，构成垄断。

奇虎公司诉称：腾讯公司和腾讯计算机公司滥用市场支配地位，排除、妨碍竞争，违反了我国《反垄断法》的规定。2010年11月3日，腾讯公司和腾讯计算机公司发布《致广大QQ用户的一封信》，明示禁止其用户使用奇虎公司的360软件，否则停止QQ软件服务；拒绝向安装有360软件的用户提供相关的软件服务，强制用户删除360软件；采取技术手段，阻止安装了360浏览器的用户访问QQ空间，在此期间大量用户删除了奇虎公司相关软件。腾讯公司和腾讯计算机公司的上述行为构成限制交易。腾讯公司和腾讯计算机公司将QQ软件管家与即时通讯软件相捆绑，以升级QQ软件管家的名义安装QQ医生，构成捆绑销售。请求判令腾讯公司和腾讯计算机公司立即停止滥用市场支配地位的垄断行为，赔礼道歉，连带赔偿奇虎公司经济损失1.5亿元及合理开支100万元。

关于本案相关市场的界定，原被告双方存在较大分歧。奇虎公司认为：本案相关商品市场为集成了文字、音频及视频等综合功能的即时通信软件及其服务市场，相关地域市场为中国大陆地区综合功能即时通信软件及服务市场。腾讯公司和腾讯计算机公司则认为：相关市场上提供即时通信服务的产品非常多，其他互联网产品和服务亦可实现即时通信服务功能，奇虎公司故意采用过窄的标准来划分和界定本案相关商品市场范围，使QQ软件产品的市场地位被明显高估。

广东省高级人民法院于2013年3月20日作出判决，由于奇虎公司对本案相关商品市场界定错误，即奇虎公司对本案相关商品市场和相关地域市场的界定过于狭窄，本案相关

① 参见广东省高级人民法院（2011）粤高法民三初字第2号民事判决书，最高人民法院（2013）民三终字第5号民事判决书。

商品市场远远大于上诉人所界定的相关商品市场，其所提供的证据不足以证明腾讯公司和腾讯计算机公司在相关商品市场上具有垄断地位，驳回奇虎公司全部诉讼请求。

奇虎公司不服，向最高人民法院提出上诉，有关相关市场界定的主要诉由如下：一审判决对本案相关商品市场未作认定，属于案件基本事实认定不清；本案相关商品市场应界定为综合了文字、语音、视频的个人电脑端即时通信软件和服务；一审判决对相关地域市场的认定明显错误，本案中相关地域市场应为中国大陆地区；一审判决在分析相关商品市场时基本方法错误，在本案中由于产品是免费的，无法进行有效的“相对”价格比较，直接适用 SSNIP（数量不大但有意义且并非短暂的价格上涨）测试界定相关市场是错误的。

2013 年 6 月 24 日，最高人民法院受理了该案，并于 2014 年 10 月 8 日作出判决：驳回上诉、维持原判。

终审认为：其一，本案相关市场应界定为中国大陆地区即时通信服务市场，既包括个人电脑端即时通信服务，又包括移动端即时通信服务；既包括综合性即时通信服务，又包括文字、音频以及视频等非综合性即时通信服务。其二，假定垄断者测试（HMT）是普遍适用的界定相关市场的分析思路。在实际运用时，假定垄断者测试可以通过价格上涨（SSNIP）或质量下降（SSNDQ）等方法进行。互联网即时通信服务的免费特征使用户具有较高的价格敏感度，采用价格上涨的 SSNIP 测试方法将导致相关市场界定过宽，应当采用质量下降的 SSNDQ 测试进行定性分析。

问题：

（1）互联网行业反垄断案件是否必须明确界定相关市场？

（2）SSNIP 测试法是否适用于互联网行业反垄断案件相关市场界定中？

（3）互联网行业相关地域市场的界定应考虑哪些因素？

2. 深圳微源码软件开发有限公司与腾讯科技（深圳）有限公司、深圳市腾讯计算机系统有限公司滥用市场支配地位纠纷案①

2015 年 10 月以来，深圳微源码软件开发有限公司（以下简称“微源码公司”）在腾讯科技（深圳）有限公司、深圳市腾讯计算机系统有限公司（以下简称“腾讯公司”）运营的微信平台上注册“数据精灵分销平台”等 26 个微信公众号。之后，腾讯公司因涉案公众号推广的外挂软件明显超越微信所允许的功能范畴，违反微信服务协议及运营规范等多项规定，封禁了微源码公司运营的公众号。故微源码公司诉至法院，请求法院判令腾讯公司停止滥用市场支配地位行为，提出解封其注册的公众号并赔偿损失等 9 项诉讼请求。

原告认为本案涉及的相关商品是对软件和服务的推广平台，将相关市场界定为“移动互联网的即时通信和社交平台服务市场”。广东省深圳市中级人民法院经审理后认为，原被告双方争议行为直接指向的“产品”，是微信软件所提供的公众号服务，因此本案纠纷涉及的产品是“微信公众号”而不是“微信”。原告在被告微信公众平台注册并运营微信

① 参见广东省高级人民法院（2016）粤民终 1938 号民事判决书。

公众号是为了宣传、推广其软件产品，具有自媒体的宣传推广功能。原告不属于使用聊天功能的普通微信用户，而是在微信公众平台注册运营微信公众号的主体。原告主张本案相关商品市场为即时通信和社交平台服务市场，系未能明晰互联网平台基础服务与增值服务之间相互独立的关系，偏离了原告对微信公众号作为宣传推广需求的本质。

法院在本案中认定，原告微源码公司并非使用微信即时通信及社交服务的普通用户，而是在平台上以自媒体形式营销推广软件产品的商业主体，其需求为在线推广宣传，故本案“相关商品市场”应为“互联网平台在线推广宣传服务市场”。原告微源码公司对“相关商品市场”认知错误，亦未能提供证据证明被告腾讯公司具有滥用其微信即时通信及社交服务市场支配地位的行为。作为微信平台运营方，被告腾讯公司依据双方事先达成合意的服务协议及运营规范，对原告微源码公司违规行为进行必要管理并无不当，不构成滥用市场支配地位。

深圳市中级人民法院于2018年8月23日判决驳回原告全部诉讼请求。本案一审宣判并送达后，原、被告均未提出上诉，该判决已发生法律效力。

问题：

（1）互联网平台相关商品市场的界定应考虑哪些因素？

（2）从本案出发，试析互联网平台相关商品市场界定面临的困境。

本章思考题

1. 试析反垄断法的主要垄断控制制度。
2. 试析反垄断法上的公共利益问题。
3. 试析相关市场的界定。
4. 试析本身违法原则。
5. 试析合理原则。

拓展阅读　　即测即评

第十七章　禁止垄断协议制度

第一节　垄断协议的界定及成因

一、垄断协议的定义

经营者间联合限制竞争的行为，在我国被称为“垄断协议”。我国《反垄断法》第二章对该行为作出专章规定。2019 年 6 月 26 日，国家市场监督管理总局发布《禁止垄断协议暂行规定》；2023 年 3 月 10 日，国家市场监管总局根据新修正的《反垄断法》，发布《禁止垄断协议规定》，同时废止了《禁止垄断协议暂行规定》。针对垄断协议规制中的特殊制度、特殊领域，我国还颁布了一系列指南。2021 年 2 月 7 日，国务院反垄断委员会印发《关于平台经济领域的反垄断指南》，其第 5—8 条对平台经济领域经营者利用技术、算法、数据等实施的横向协议、纵向协议、轴辐协议以及宽大制度等作出了针对性规定。

其他国家对于垄断协议有不同称谓。美国《谢尔曼法》第 1 条规定，任何契约、以托拉斯形式或其他形式的联合、共谋，用来限制州际或与外国之间的贸易或商业，是非法的；任何人签订上述契约或从事上述联合或共谋，是严重犯罪。日本《禁止垄断法》第 3 条将该行为称为不正当交易限制。在德国，该行为被称为限制竞争协议。法国《公平交易法》将该类行为界定为非法联合行为。

对于垄断协议的概念，我国《反垄断法》第 16 条规定，垄断协议，是指排除、限制竞争的协议、决定或者其他协同行为。该条将垄断协议的定义设置为独立条文。在 2022 年修法前，垄断协议的定义规定在《反垄断法》第 13 条第 2 款，也就是横向垄断协议条款的第 2 款，这使得在法律适用的过程中出现了该定义是否适用于纵向垄断协议的争议。为避免此类争议，2022 年修法将垄断协议的定义单列一条，并作为“垄断协议”一章的第 1 条，以彰显该定义在垄断协议一章适用的普遍性。

垄断协议分为横向垄断协议和纵向垄断协议。横向垄断协议，是处于同一生产或销售环节的竞争者间达成的排除、限制竞争的协议。纵向垄断协议，是处于同一产业不同流通环节的具有交易关系的经营者间达成的排除、限制竞争的协议。

二、垄断协议的构成要件

（一）垄断协议的主体要件

主体要件要求垄断协议的实施主体须为两个以上独立的经营者或行业协会。经营者是垄断协议的主要实施主体。作为行业自治性组织的行业协会，在一定情况下，为谋求行业成员的不正当利益，常常实施或者组织成员企业实施垄断协议。该种情形下，行业协会也成为垄断协议的实施主体。根据我国《禁止垄断协议规定》第 21 条第 2 款的规定，行业协会是指由同行业经济组织和个人组成，行使行业服务和自律管理职能的各种协会、学会、商会、联合会、促进会等社会团体法人。实践中，受反垄断法规制的行业协会不但包括工商业协会，也包括医师、建筑师、会计师、律师等职业协会和体育竞技类协会。

（二）垄断协议的行为要件

行为要件要求经营者之间实施相互拘束竞争性经营活动的共同行为。行为要件包括两方面：一为实质要件，即经营者之间相互制约彼此竞争性的经营活动；二为形式要件，即经营者共同实施了以协议、决定或其他协同行为为表现形式的共同行为。

协议、协同行为是经营者实施垄断协议的表现形式。协议，是指经营者间达成的排除、限制竞争的合意，书面、口头形式均可。协同行为，是指经营者之间虽未明确订立协议或者决定，但实质上存在协调一致的行为。《禁止垄断协议规定》第 6 条明确了认定其他协同行为应当考虑的因素：（1）经营者的市场行为是否具有一致性；（2）经营者之间是否进行过意思联络或者信息交流；（3）经营者能否对行为的一致性作出合理解释；（4）相关市场的市场结构、竞争状况、市场变化等情况。

决定是在经营者团体组织或者领导下实施的垄断协议行为，如行业协会组织行业成员实施的排除、限制竞争行为等。根据《禁止垄断协议规定》第 21 条第 1 款的规定，行业协会不得从事下列行为：(1) 制定、发布含有排除、限制竞争内容的行业协会章程、规则、决定、通知、标准等；(2) 召集、组织或者推动本行业的经营者达成含有排除、限制竞争内容的协议、决议、纪要、备忘录等；(3) 其他组织本行业经营者达成或者实施垄断协议的行为。

（三）垄断协议的市场效果要件

市场效果要件要求经营者实施的共同行为须达到限制、排除相关市场竞争的后果或者具备排除、限制相关市场竞争的风险。经营者间的共同行为，并不必然违法，只有达到在相关市场排除、限制竞争或者存在排除、限制相关市场竞争的风险，才能被认定构成垄断协议。在经营者达成并实施协议的情况下，需要根据限制、排除相关市场竞争的实际情况判断协议的市场效果。在经营者达成但尚未实施协议的情况下，根据经营者达成协议的目的、协议的内容进行判断。如果协议的内容具备限制、排除相关市场竞争的风险，则认定满足市场效果要件。

从垄断协议的构成要件可以看出，垄断协议的认定需要考虑两方面的限制竞争问题：一为行为要件方面的限制竞争，即共同行为实施者相互限制彼此间竞争性的经营活动；二为结果要件方面的限制竞争，即共同行为须产生对经营者所在的相关市场排除、限制竞争的后果。只有上述两方面的限制竞争同时具备，方能认定垄断协议存在。

三、垄断协议的成因

垄断协议的形成受一定的市场结构影响。具体来看，下列市场结构易于经营者间或行业协会组织实施垄断协议。

第一，少量卖主的市场结构。少量卖主的市场结构被称为寡头垄断市场。市场上卖主的数量越少，越有利于垄断协议的形成。因为，在市场上生产同类产品的企业数量越少，企业间结成和维持垄断协议的交易成本越低，企业间越容易结成联合；相反，在市场上生产同类产品的企业数量越多，经营者间形成协议则越困难，而且即便形成了协议，经营者退出或背叛协议的风险也越大。

第二，有限需求弹性的市场结构。按照经济学一般理论，市场的需求量随价格下降而增加，随价格上升而减小，经营者往往在其需求曲线的弹性部分从事经营活动。在一个具有需求弹性的市场结构中，经营者可以通过降低产品价格获得更多市场份额。而在一个需求弹性有限的市场结构中，经营者的降价并不一定能增加消费者的需求量及经营者的市场份额。同时，在有限需求弹性的市场结构下，经营者的单独削价，虽有可能将其他竞争者的交易相对人吸引过来，但也会促使其他竞争对手实施报复性削价。由此，在有限需求弹性的市场结构中，经营者为避免恶性竞争，更倾向于联合起来限制产量或固定价格等。

第三，生产过剩的市场供给条件。基于市场价格与供给数量成反比的这一价值规律，在市场供给减少的情况下，相关产品的交易方就会提高产品价格，从而保障交易成功；而在一个市场供给相对过剩的情况下，产品价格一定会下降，从而吸引对该产品估价较低的客户来购买。因而，在生产过剩的市场结构中，经营者为争得更多市场份额，必须进行低价竞争，从而也会促发竞争者间的价格反应。在这样的市场结构下，经营者更倾向于实施通谋达成协议，采取固定价格、限制产量等限制竞争行为，避免无利可图的长期价格竞争。

第四，相同或相近的产品成本结构。如果市场中每个企业有不同的成本，对每个企业而言，最优卡特尔价格也就各不相同，因而他们之间就很难达成协议。① 在一个市场中，诸多企业的成本结构越是相似，他们就越容易进行共谋，其相互之间就越容易达成垄断协议。相反，相互间则越不容易达成垄断协议。

第五，较小的产品差异性。产品差异性越大，经营者越能获得高额的垄断利润。同样，不同经营者间的产品越具有差异性，经营者之间越不容易就不同规格产品的价格达成一致。另外，即使经营者间就复杂的系列产品的价格达成协议，成员也容易私自提高价格而不被发现，从而导致垄断协议无法维系。而在产品差异性较小的情况下，经营者为获得更多的市场份额，则必须通过价格竞争使自己的价格低于竞争对手，这种价格竞争将会导致双方的“价格趋向于边际成本”。② 为此，在产品差异性较小的市场结构中，竞争者间为避免恶性价格竞争，维持共同的利益关系，更易于达成价格协议。

第二节　垄断协议的表现形式

一、横向垄断协议

横向垄断协议，是指处于同一产业领域同一交易环节的具有竞争关系的经营者之间达

① ［美］理查德·A. 波斯纳：《反托拉斯法》（第2版），孙秋宁译，中国政法大学出版社2003年版，第90页。

② ［美］W. 吉帕·维斯库斯、约翰·M. 弗农、小约翰夫·E. 哈林顿：《反垄断与管制经济学》（原书第3版），陈勇军等译，机械工业出版社2004年版，第65页。

成的排除、限制竞争的协议。横向协议包括价格垄断协议，限制生产数量或者销售数量的协议，市场分割协议，限制获取新技术、新设备或者限制开发新技术、新产品的协议，以及联合抵制交易等。

1. 价格垄断协议

价格垄断协议，是指竞争者间达成的排除、限制市场价格竞争的协议。通过价格手段达到限制竞争的目的，比通过限制产量、市场分割的方式更容易操作和简便易行，方法灵活且具有隐蔽性。因此，经营者间采取价格垄断协议的方式限制竞争常常发生。价格垄断协议主要包括以下几种类型：（1）固定或者变更价格水平、价格变动幅度、利润水平或者折扣、手续费等其他费用；（2）约定采用据以计算价格的标准公式；（3）限制参与协议的经营者的自主定价权；（4）通过其他方式固定或变更价格。价格是市场竞争的核心手段，价格垄断协议属于严重的垄断行为，很多国家依据本身违法原则对其进行规制。

2. 限制生产数量或者销售数量的协议

限制生产数量或者销售数量的协议，是指具有竞争关系的经营者间达成合意或采取协调行为对商品的供给量予以限制的协议。该行为主要表现为以下几方面：（1）以限制产量、固定产量、停止生产等方式限制商品的生产数量，或者限制特定品种、型号商品的生产数量；（2）以限制商品投放量等方式限制商品的销售数量，或者限制特定品种、型号商品的销售数量；（3）通过其他方式限制商品的生产数量或者销售数量。限制生产或者销售数量的协议，人为操控相关市场的供求关系，破坏了相关市场的竞争秩序。由此，很多国家对其依据本身违法原则进行规制。

3. 市场分割协议

市场分割协议，是指生产或者销售同类产品的具有竞争关系的经营者间达成分割产品销售地区、客户的协议，相互拘束对方的经营活动，在相关市场限制竞争的垄断协议行为。市场分割协议表现为：（1）划分商品销售地域、市场份额、销售对象、销售收入、销售利润或者销售商品的种类、数量、时间；（2）划分原料、半成品、零部件、相关设备等原材料的采购区域、种类、数量、时间或者供应商；（3）通过其他方式分割销售市场或者原材料采购市场。原材料还包括经营者生产经营所必需的技术和服务。市场分割协议使原本竞争充分的市场，变为缺乏有效竞争的市场，很多国家对其依据本身违法原则进行规制。

4. 限制获取新技术、新设备或者限制开发新技术、新产品的协议

限制获取新技术、新设备或者限制开发新技术、新产品的协议，是指具有竞争关系的经营者就限制获取新技术、新设备或限制开发新技术、新产品达成的协议。该类协议包括以下类型：（1）限制购买、使用新技术、新工艺；（2）限制购买、租赁、使用新设备、新产品；（3）限制投资、研发新技术、新工艺、新产品；（4）拒绝使用新技术、新工艺、新设备、新产品；（5）通过其他方式限制购买新技术、新设备或者限制开发新技术、新产品。经营者限制获取新技术、新设备或者限制开发新技术、新产品，限制市场的技术竞争，阻碍科技发展，降低经济效率，减损消费者福利，因此受到反垄断法的规制。

5. 联合抵制交易

联合抵制交易，是指经营者无正当理由，与和自己具有竞争关系的其他经营者，共同拒绝同某经营者进行交易或限制交易内容，或者要求其他经营者实施上述行为的垄断协议行为。联合抵制交易分为直接联合抵制交易和间接联合抵制交易。直接联合抵制交易，是指经营者联合拒绝与特定经营者进行交易，体现为具有竞争关系的经营者联合拒绝向特定经营者供货，或者联合拒绝采购特定经营者的商品。间接联合抵制交易，是具有竞争关系的经营者联合要求特定经营者不得与其具有竞争关系的其他经营者进行交易。

6. 平台企业实施的横向垄断协议

随着数字经济发展，经营者通过算法、数据、技术实施协调行为越发普遍。对此，国务院反垄断委员会于 2021 年 2 月颁发的《关于平台经济领域的反垄断指南》，对平台企业实施的新型垄断协议行为进行规范。具体来看，我国禁止具有竞争关系的平台经济领域经营者通过下列方式达成横向垄断协议：（1）利用平台收集并且交换价格①、销量、成本、客户等敏感信息；（2）利用技术手段进行意思联络；（3）利用数据、算法、平台规则等实现协调一致行为；（4）其他有助于实现协同的方式。

另外，为有效防止垄断协议行为，我国还针对知识产权、汽车业、原料药等领域出台了专门性指南。其中，国务院反垄断委员会颁布的《关于知识产权领域的反垄断指南》对联合研发、标准制定等横向垄断协议作出具体规定：（1）联合研发对市场竞争产生排除、限制影响，可以考虑以下因素：是否限制经营者在与联合研发无关的领域独立或者与第三方合作进行研发；是否限制经营者在联合研发完成后进行后续研发；是否限定经营者在与联合研发无关的领域研发的新技术或者新产品所涉知识产权的归属和行使。（2）标准制定排除、限制竞争，可以考虑以下因素：是否没有正当理由，排除其他特定经营者；是否没有正当理由，排斥特定经营者的相关方案；是否约定不实施其他竞争性标准；对行使标准中所包含的知识产权是否有必要、合理的约束机制。（3）地域、数量、新技术等其他限制对市场竞争产生排除、限制影响，可以考虑以下因素：限制的内容、程度及实施方式；利用知识产权提供的商品的特点；限制与知识产权许可条件的关系；是否包含多项限制；如果其他经营者拥有的知识产权涉及具有替代关系的技术，其他经营者是否实施相同或者类似的限制。国务院反垄断委员会颁布的《关于汽车业的反垄断指南》第 5 条规定，汽车业领域的研究与开发协议、专业化协议、技术标准化协议、联合生产协议、联合采购协议等，通常能增进效率和促进竞争，增加消费者福利。因此，可以根据《反垄断法》适用除外条款，证明其协议不适用《反垄断法》横向垄断协议条款的规定。

二、纵向垄断协议

纵向垄断协议，是指处于同一产业不同流通环节的具有交易关系的经营者间达成的排除、限制相关市场竞争的协议。纵向协议包括纵向价格协议和纵向非价格协议。

---

① 指南所称价格，包括但不限于商品价格以及经营者收取的佣金、手续费、会员费、推广费等服务收费。

1. 纵向价格协议

纵向价格协议，又称转售价格维持协议，是指处于同一产业不同环节的经营者相互约定，就供给的商品转售第三人时，或者第三人再为转售时，应遵守一定价格条件的协议。我国《反垄断法》第 18 条禁止经营者与交易相对人达成下列垄断协议：（1）固定向第三人转售商品的价格；（2）限定向第三人转售商品的最低价格；（3）国务院反垄断执法机构认定的其他价格协议。《禁止垄断协议规定》第 14 条第 1 款对纵向价格协议作出规定，主要包括以下几种类型：（1）固定向第三人转售商品的价格水平、价格变动幅度、利润水平或者折扣、手续费等其他费用；（2）限定向第三人转售商品的最低价格，或者通过限定价格变动幅度、利润水平或者折扣、手续费等其他费用限定向第三人转售商品的最低价格；（3）通过其他方式固定转售商品价格或者限定转售商品最低价格。

转售价格维持协议限制了品牌内销售商再销售商品时的价格竞争。该种行为只有达到了限制品牌外相关市场竞争的程度，才构成违法。2022 年《反垄断法》修正，明确了涉嫌违法行为人如果能够证明限定最低转售价格协议或固定转售价格协议不具有排除、限制竞争效果的，则不予禁止。这就赋予了经营者就上述协议不具备排除、限制市场竞争效果进行抗辩的权利。与 2008 年《反垄断法》相比，此次修正在纵向垄断协议一条中强调了对最低转售价格维持协议和固定转售价格维持协议的反竞争效果判断，上述协议如果被证明“不具有排除、限制竞争效果”，则不予禁止。

2. 排他性交易协议

排他性交易协议，是指制造商与销售商进行交易时约定，以交易方不与自己的竞争对手进行交易为条件同对方进行交易，从而在相关市场限制竞争的行为。排他性交易协议限制供货商或销售商与第三方进行交易的自由。排他性交易协议一般包括经销商只向缔约制造商购买的独家购买协议、制造商只向缔约销售商供货的独家销售协议以及双方相互约束不得向第三人供货购货的互惠排他性交易协议三种类型。

排他性交易协议根据合理原则进行违法性判定。若提供具有竞争关系商品的其他经营者的商品具有其他代替性的流通途径，排他性交易协议将不构成对该类型商品销售领域的限制，故不违法。若没有其他代替性流通途径，则构成对该类型商品销售领域的限制，故违法。日本东京高等法院在 1954 年北海道新闻案（Hokkaido Newspaper）中依据“能否确保其他竞争者享有代替性的销售途径”① 标准对独家购买协议的限制竞争效果予以认定。该案确定如下规则：若交易一方以对方不从其竞争对手处获得供应为交易条件，这种行为本身并不违法。因为这种行为并不能阻止其他竞争者通过价格、质量或服务之竞争进入市场，其他的竞争者也可以找到另外的销售商。

3. 选择性交易协议

选择性交易协议，是指经营者根据特定的资格标准选择交易对方的一种协议。选择性交易协议在欧洲是一种普遍的销售制度，主要适用于汽车、计算机、娱乐性电子产品、高档首饰、高档手表、高档化妆品等产业领域。欧盟在认定选择性销售的合法性方面形成了

① ［日］铃木满：《日本反垄断法解说》，武晋伟、王玉辉译，河南大学出版社 2004 年版，第 170 页。

三个原则[①]：（1）必要性原则，即生产商根据其产品的技术性能，为保障产品的质量和消费者能够正确地使用产品，对销售商在专业技术、销售人员和销售的物资条件等方面作出的选择标准是必要的；（2）适当性原则，即为保障产品能够在良好条件下销售，生产商选择销售商的条件（包括他们的专业知识、销售人员和销售的物资条件）应当是恰当的，而不是过度的；（3）无歧视原则，即生产商或者供货商须无歧视对待所有潜在的销售商。如果经营者之间达成的选择性交易协议，违反上述三原则，则可能被认定为违法。在我国，选择性交易制度在汽车等市场领域已悄然存在。未来，我国也应在《反垄断法》中增加选择性交易协议规制制度。

4. 平台企业实施的纵向协议

国务院反垄断委员会颁布的《关于平台经济领域的反垄断指南》第7条禁止具有竞争关系的平台经济领域经营者实施下列方式的纵向协议：（1）利用技术手段对价格进行自动化设定；（2）利用平台规则对价格进行统一；（3）利用数据和算法对价格进行直接或者间接限定；（4）利用技术手段、平台规则、数据和算法等方式限定其他交易条件，排除、限制市场竞争。分析上述行为是否构成《反垄断法》第18条第1款第3项规定的其他纵向垄断协议，可以综合考虑平台经营者的市场力量、相关市场竞争状况、对其他经营者进入相关市场的阻碍程度、对消费者利益和创新的影响等因素。

三、组织帮助型垄断协议

2022年《反垄断法》修正时新增第19条“组织”“帮助”型垄断协议，明确了垄断协议的组织者、帮助者的责任，具体内容为：经营者不得组织其他经营者达成垄断协议或者为其他经营者达成垄断协议提供实质性帮助。

国务院反垄断委员会颁布的《关于平台经济领域的反垄断指南》和《关于原料药领域的反垄断指南》将上述情形的协议界定为“轴辐协议”。轴辐协议（Hub and spoke conspiracy）源自美国司法案例中有关纵横交叉混合型协议的描述，是指由一个位于“轴心”的经营者与多个位于“辐条”的经营者达成的横纵交叉型混合协议。其中“轴心”经营者与“辐条”经营者间达成纵向协议或者为“辐条”经营者间的横向协议进行组织或提供帮助，“辐条”经营者之间依托其形成一个隐性的横向协议。轴辐协议不是一个法律术语，仅是对纵横混合型协议的一种形象表述，故《反垄断法》并未采用轴辐协议称谓。

适用本条对垄断协议的组织者、帮助者进行追责，应当把握好以下几个方面：（1）本条所称“组织”，是指对垄断协议的达成起到发起、策划、纠集他人实施等决定性、主导性作用的行为。（2）本条所称“帮助”，是指对垄断协议的达成或实施提供支持，起到推动或者促进作用的行为。这里需要注意的是，本条将“帮助”限定为“实质性帮助”，旨在区分经营者帮助行为的作用大小。《反垄断法》仅将对垄断协议达成起到直接促进作用的帮助行为纳入规制，而将对垄断协议的达成起作用较小的帮助行为排除在外。（3）组织者、帮助者应当具有主观上的故意，即组织者、帮助者明知或应知自己的行为是在帮助经

① 王晓晔：《反垄断法》，法律出版社2011年版，第152—153页。

营者实施垄断协议行为仍持积极推动或者放任的主观状态。(4) 组织者、帮助者不是垄断协议的协议方，即没有参与垄断协议的达成、实施。如果组织者、帮助者参与垄断协议的达成、实施，则依据《反垄断法》横向协议或者纵向协议条款对其进行规制。组织者、参与者没有参与垄断协议的，则依据本条进行规制。(5)“被组织、帮助的垄断协议”既包括横向协议，也包括纵向协议。(6) 本条规定的组织帮助者，限定适用于经营者，非经营者实施的组织帮助行为，无法适用本条规定。

第三节　垄断协议的违法判定原则及豁免制度

一、垄断协议判定的合理原则

合理原则（rule of reason），是美国通过判例形成的一项违法判定原则。合理原则，是指有些类型的垄断协议不被视为必然违法，其违法性需要根据垄断协议的行为后果、行为目的等进行具体分析，以一定交易领域限制竞争、损害社会整体经济效率及消费者利益为标准的违法判断原则。

运用合理原则对垄断协议的违法性进行判断时，基本的操作方法是对垄断协议进行合理性测试（reasonable test），[①] 即合理分析，重点考察垄断协议的目的、结果、行为人的市场力量等要素。具体分析方法体现为：首先，执法机关分析垄断协议是否产生限制、排除相关市场竞争的结果；其次，分析垄断协议的目的，考察行为人的主观恶性；最后，分析经营者的市场力量，若垄断协议的参与者具有的市场力量越大，其行为被判违法的概率就越大。值得注意的是，市场力量不能作为单独的违法判定标准，需与协议的目的和结果一起适用。另外，如果案件的具体情况并不特别要求市场力量分析，仅从目的和结果就可以作出判断。

运用合理原则对垄断协议违法性进行判断时，除需要判断垄断协议行为要件是否具备外，还需要判断上述行为的市场后果要件是否具备，即是否产生了在相关市场限制竞争的后果。在运用合理原则判定垄断协议违法性时，需衡平垄断协议对竞争产生的积极效果和消极效果。由于反垄断法的价值目标具有多元化，需衡平市场竞争秩序与社会整体经济效益，衡平经济效率和分配公平，衡平经营者和消费者的利益，等等。合理原则有利于实现个案的公平，但也带来了执法成本的提升、效率的下降。

二、垄断协议判定的本身违法原则

本身违法原则（per se illegal），是指某些类型的垄断协议，只要行为存在，无需具体判断行为的市场效果，即被视为违法的原则。本身违法原则是在合理原则基础上，为提高特定类型垄断协议规制的效率发展起来的规制原则。本身违法原则适用于横向价格、市场分割、限制产量、投标人间串通投标和维持最低转售价格等对市场调节机制具有基础性破

① See Chicago Board of Trade v. Unite states，246 U. S. 231，38S. CT242，62 L. Ed. 683（1918）.

坏作用的协议。现今，美国、欧盟、日本等很多国家或地区均采用该原则对上述协议进行违法性判定。

在垄断协议的违法性判定中，本身违法原则具有以下几方面的优越性：第一，给垄断协议案件带来明确和稳定的后果，增强垄断协议案件的预见性，不仅能提高法律的威慑作用，而且有利于在诉讼程序中推动当事人和解，节约诉讼费用。第二，有利于提高行政处罚或司法裁判的效率。执法机关根据本身违法原则裁定垄断协议案件，只要证明共谋行为存在即可，不必证明市场后果、行为是否合理。第三，原告享有极大的胜诉可能性。依据本身违法原则，原告只要证明该协议存在且属于本身违法的协议范围即可，被告无权对该行为是否具有合理性进行抗辩。提起诉讼的其他经营者、消费者等原告在本身违法原则下免于提供被告行为效果的证据，这样极大地提高了原告的胜诉可能性。

不过，本身违法原则也带来适用上的不灵活。为此，很多国家通过附随性限制理论对其加以完善，仅对内容或目的对竞争有直接限制的协议适用本身违法原则，而对某些对竞争进行附随性限制的协议仍然适用合理原则进行判断。

在我国，《反垄断法》第 17、18 条规定了横向垄断协议和纵向垄断协议的违法性判定规则，明确了需要从垄断协议的主体要件、行为要件，以及排除、限制市场机制的市场效果要件进行判断。

三、垄断协议的豁免制度

豁免制度，是指某种行为在形式上符合反垄断法禁止的规定，但从对竞争的损害、社会公共利益、整体经济效果、消费者利益等其他社会目的或法律价值来看，该行为是有益的，因而排除在反垄断法适用之外的一种制度。欧盟、日本、中国规定了较为广泛的豁免制度。

（一）我国垄断协议的豁免制度

我国《反垄断法》第 20 条对垄断协议的豁免制度作出了专门规定，即经营者能够证明所达成的协议属于下列情形之一的，不适用本法第 17 条、第 18 条第 1 款、第 19 条的规定：（1）为改进技术、研究开发新产品的；（2）为提高产品质量、降低成本、增进效率，统一产品规格、标准或者实行专业化分工的；（3）为提高中小经营者经营效率，增强中小经营者竞争力的；（4）为实现节约能源、保护环境、救灾救助等社会公共利益的；（5）因经济不景气，为缓解销售量严重下降或者生产明显过剩的；（6）为保障对外贸易和对外经济合作中的正当利益的；（7）法律和国务院规定的其他情形。属于第（1）至（5）项情形，不适用反垄断法第 17 条、第 18 条第 1 款、第 19 条规定的，经营者还应证明所达成的协议不会严重限制相关市场的竞争，并且能够使消费者分享由此产生的利益。

我国《反垄断法》第 20 条采取规定豁免类型的方式，与《欧盟运行条约》第 101 条的规定相似。但是，我国《反垄断法》对豁免制度的适用条件更加明确，适用豁免的协议类型更加广泛且予以细化，还规定了兜底条款。此外，适用豁免制度的考虑因素中既涉及经济效益，又涉及社会政策。

2022 年《反垄断法》修正时，还新增了安全港制度。安全港制度（Safe harbor）是指经营者在相关市场中的份额低于法定标准等预先确定的条件时，其所达成的纵向垄断协议不适用反垄断法的禁止性规定。我国《反垄断法》安全港制度的适用需要把握以下几方面问题：（1）适用范围仅限定为纵向垄断协议，横向垄断协议不予适用。（2）适用条件为经营者在相关市场的市场份额低于法律规定，且符合国务院反垄断执法机构规定的其他条件。《反垄断法》并未明晰适用安全港制度的具体市场份额与其他相关条件，而授予国务院反垄断执法机构予以具体规定。同时，我国也在一些指南中引入了安全港制度，如《关于知识产权领域的反垄断指南》第 13 条规定，除有相反证据证明协议对市场竞争产生排除、限制影响外，具有竞争关系的经营者在相关市场的市场份额合计不超过 20%，或者经营者与交易相对人在受到涉及知识产权协议影响的任一相关市场的市场份额不超过 30%，或者市场份额难以获得以及不能准确反映经营者市场地位时，尚存在 4 个或者 4 个以上能够以合理成本得到的替代性技术，则该协议不被视为"国务院反垄断执法机构认定的其他垄断协议"。《关于汽车业的反垄断指南》第 4 条规定，纵向协议中，在相关市场占有 30%以下市场份额的经营者，一般不会严重限制相关市场竞争且能够使消费者分享由此产生的利益，因而推定给予豁免。

（二）欧盟垄断协议的豁免制度

欧盟规制垄断协议的主要法律依据是《欧盟运行条约》第 101 条，该条采取了概括禁止与广泛豁免相结合的立法模式。[①] 垄断协议需同时满足以下 4 方面的条件方可得到豁免：第一，有利于改善产品的生产或销售，或者有利于促进技术与经济进步；第二，使消费者能公平分享由此产生的利益，第三，除为实现上述目的而必不可少的限制外，不对经营者施加额外的限制；第四，不致使经营者有可能在相关产品市场中实质性地消除竞争。

欧盟委员会对垄断协议的豁免采取集体豁免和个别豁免相结合的方式。欧盟委员会还发布了《关于横向合作协议适用条约第 101 条的指南》，将垄断协议分为不能得到豁免的黑色条款名单、可以得到豁免的白色条款名单、有可能得到豁免的灰色条款名单 3 种。对于该条款下面的垄断协议，欧盟竞争委员会则要依据欧盟法第 101 条第 3 款规定的标准决定是否予以豁免。欧盟竞争委员会为节约人力资源，通过理事会 1/2003 号条例取消了垄断协议豁免的事前申报义务。该措施减轻了经营者的申报负担，但也使得经营者必须对自己行为的合法性进行判断。

（三）日本垄断协议的豁免制度

日本在 1953 年修订《禁止垄断法》时，引入了经济危机卡特尔、合理化卡特尔、转售价格维持行为的豁免制度。1999 年底，日本废除《禁止垄断法》中的经济危机卡特尔

---

① 《欧盟运行条约》第 101 条（1）规定：凡可能影响成员国间贸易，并以阻碍、限制或扭曲，同市场内的竞争为目的或有此效果的企业间协议、企业联合组织的决定或一致行动，均被视为与共同市场不相容而被禁止，尤其是下列行为：（a）直接或间接固定购买、销售价格，或其他交易条件；（b）限制或控制生产、销售、技术进步和投资；（c）划分市场或供应来源；（d）对同等交易的其他贸易伙伴适用不同的条件，从而使其处于不利的竞争地位；（e）使合同的缔结取决于贸易伙伴对额外义务的接受。而无论是依其性质或按照商业惯例，该额外义务均与合同的标的无关。第 101 条（2）规定：为本条所禁止的协议或决定当然无效。第 101 条（3）规定：企业间的任何一项或一类协议、决定或一致行动，如果有利于改善产品的生产或销售，或有利于促进经济与技术进步，同时使消费者能公平分享由此产生的利益，并且（a）不对企业施加对这些目标之实现并非必不可少的限制；（b）不致使企业有可能在相关产品的重要部分消除竞争，则第 1 项的规定不适用。

和合理化卡特尔等豁免制度。

现今，日本《禁止垄断法》规定的豁免制度主要适用于转售价格维持行为。转售价格维持行为的豁免被限定于两种类型：一种是公平交易委员会指定商品的转售价格维持行为的豁免（以下简称“指定商品转售制度”）。指定商品转售制度的适用对象仅限于公平交易委员会指定的属于消费者日常使用的日用品。1999 年公平交易委员会取消该类豁免。另一种是著作物转售价格维持行为的豁免（以下简称“著作物转售制度”）。著作物转售制度的适用对象为著作物，包括书籍、杂志、报纸、录音带、音乐用磁带及 CD，但不包括计算机程序、数据库、激光光盘及录像。

案例研习

1. 扬子江药业集团有限公司实施垄断协议案①

2019 年 11 月，市场监管总局依法对扬子江药业集团有限公司（以下简称“扬子江药业集团”）开展反垄断调查。

经调查，2015 年至 2019 年，扬子江药业集团在全国范围内（不含港澳台地区）通过签署合作协议、下发调价函、口头通知等方式，与药品批发商、零售药店等下游企业达成固定药品转售价格和限定药品最低转售价格的协议，并通过制定实施规则、强化考核监督、惩罚低价销售经销商、委托中介机构监督线上销售药品价格等措施保证该协议实施。其行为排除、限制了竞争，损害了消费者合法权益和社会公共利益。

市场监管总局认定，扬子江药业集团的行为违反《反垄断法》第 14 条②“禁止经营者与交易相对人达成下列垄断协议：（一）固定向第三人转售商品的价格；（二）限定向第三人转售商品的最低价格”的规定。2021 年 4 月 15 日，市场监管总局作出行政处罚决定，责令扬子江药业集团停止违法行为，并处以其 2018 年销售额 254.67 亿元 3%的罚款，计 7.64 亿元。

问题：

（1）对扬子江的反垄断行政处罚具有哪些现实意义？

（2）纵向垄断协议的表现形式有哪些？

2. 梧州黄埔化工药业有限公司等 3 家企业达成并实施垄断协议案③

2019 年 9 月，江苏省市场监管局依法对梧州黄埔化工药业有限公司（以下简称“梧州黄埔”）、苏州优合科技有限公司（以下简称“苏州优合”）、江苏嘉福制药有限公司

---

① 《市场监管总局依法对扬子江药业集团有限公司实施垄断协议行为作出行政处罚》，载国家市场监督管理总局官网，https://www.samr.gov.cn。

② 现为《反垄断法》第 18 条。

③ 《市场监管总局发布梧州黄埔化工药业有限公司等 3 家企业达成并实施垄断协议案行政处罚决定书》，载国家市场监督管理总局官网，https://www.samr.gov.cn。

(以下简称“江苏嘉福”)开展反垄断调查。

经调查，梧州黄埔、苏州优合、江苏嘉福是国内市场具有 CP 樟脑原料药生产批文且在售的 3 个独立的市场主体，三者互为具有竞争关系的经营者。自 2018 年起，梧州黄埔与苏州优合签订垄断协议，约定 CP 樟脑市场份额及销售价格，并在后续销售过程中互相沟通联络，保证不采用价格战等方式竞争。梧州黄埔、苏州优合、江苏嘉福通过会面、微信、电话等方式互相询问市场行情，协商 CP 樟脑销售价格，约定不打价格战，并在后期销售过程中进行价格协同。其行为排除限制了市场竞争，破坏了相关市场的竞争秩序，影响了市场配置资源作用的有效发挥，损害消费者利益。

江苏省市场监管局认定，梧州黄埔与苏州优合达成并实施了分割销售市场的垄断协议，梧州黄埔与苏州优合、江苏嘉福达成并实施了固定或者变更价格的垄断协议，当事人上述行为违反了《反垄断法》第 13 条①第 1 款“禁止具有竞争关系的经营者达成下列垄断协议：(一) 固定或者变更商品价格…… (三) 分割销售市场或者原材料采购市场”的规定。2021 年 6 月，江苏省市场监管局对本案作出行政处罚决定，责令上述当事人停止违法行为，没收违法所得并处罚款共计 1688.42 万元。

问题：

(1) 除反垄断事后监管外，还可以考虑哪些手段遏制医药行业的垄断行为？

(2) 横向垄断协议的表现形式有哪些？

本章思考题

1. 试析垄断协议的构成要件。
2. 试析横向垄断协议。
3. 试析纵向垄断协议。
4. 试析合理原则在垄断协议认定中的适用。
5. 试析本身违法原则在垄断协议认定中的适用。
6. 试析垄断协议的豁免制度。

拓展阅读　　即测即评

① 现为《反垄断法》第 17 条。

第十八章　禁止滥用市场支配地位制度

第一节　市场支配地位的含义及其认定

一、市场支配地位的含义

市场支配地位（Dominant Market Position）是反垄断法律制度的基本概念之一，是指经营者的一种市场状态，一般是指经营者在特定市场上所具有的某种程度的支配或者控制力量。欧盟委员会在 1972 年大陆罐案（Europemballage Corporation and Continental Can Company Inc. v. Commission of the EuropeanCommunities）的决定中指出：一个企业如果有能力独立地进行经济决策，即决策时不必考虑竞争者、买方和供货方的情况，它就是一个处于市场支配地位的企业。如果一个企业通过与市场份额相关的因素如技术秘密、取得原材料和资金的渠道以及其他重大优势如专利权，能够决定相关市场一个重大部分的价格，或者能够控制它们生产和销售，这就存在着市场支配地位。市场支配地位不是说这个势力必然剥夺市场上全体参与者的经营自由，而是强大到总体上可保证这个企业市场行为的独立性。

"市场支配地位"在不同的国家或地区有不同的称谓和含义。例如，美国反托拉斯法将市场支配地位称为垄断力量（Monopoly Power）或者市场势力（Market Power），即"企业或者企业群体将价格提高到或者维持在竞争水平以上的那种相当程度的市场力量"，是指企业在特定的相关市场上具有控制价格和排除竞争的能力。[①] 日本《禁止垄断法》称为垄断状态，即"事业者单独或通过与其他事业者的结合、合谋等，把其他事业者从市场上排挤出去，同时通过垄断来支配市场"，即经营者在相关的市场上占有较高的市场份额，从而对市场竞争产生明显不利影响的状态。[②] 德国《反对限制竞争法》将其称为独占（Monopoly）、寡头垄断（Oligopoly）等。联合国《竞争法范本》第二章将"市场支配地位"解释为企业单独或连同少数其他企业控制某一种或某一类商品或服务的相关市场。[③] 尽管各国（地区）反垄断法分别使用市场支配地位、独占、垄断力、市场支配力等不同的称谓，但它们所指的经济现象是大致相同的，即基于某种特定优势，经营者具备控制价格等交易条件或者排除、限制竞争能力的一种状态或者市场力量。

---

① 孙晋：《反垄断法——制度与原理》，武汉大学出版社 2010 年版，第 85 页。

② ［日］丹宗昭信、厚谷襄儿：《现代经济法入门》，谢次昌译，群众出版社 1985 年版，第 82 页。

③ 尚明主编：《反垄断——主要国家与国际组织反垄断法律与实践》，中国商务出版社 2005 年版，第 404 页。

拥有市场支配地位并不必然受到法律的规制，各国反垄断法的目的是禁止滥用市场支配地位的行为。但若经营者具有市场支配地位，则意味着该经营者拥有了对市场的支配权，如此一来也就更容易实现其对市场上产品价格和数量的控制。经济学原理指出，当企业在市场上占据过大份额的时候，它就有能力抬高产品的价格，而且为了维护产品的高价，它也会减少对市场的供给。此外，一旦企业拥有了市场支配权，该企业就会趋向通过控制价格或限制产量的方式获取企业利润，而怠于开发新技术、改善产品质量、提升产品品质等，最终也不利于创新。

二、市场支配地位的认定

（一）市场支配地位认定的一般标准

反垄断法关于禁止滥用市场支配地位的一般分析框架是：第一步，认定相关经营者在相关市场上具有市场支配地位，目的是确定竞争行为的主体；第二步，判断具有市场支配地位的经营者是否实施了滥用这种地位的行为或者其他违法性行为，因为经营者具有市场支配地位的这一状态本身并不违法。在竞争法理论中，对于市场支配地位的界定，理论上存在多种认定标准，包括以结果为导向的市场绩效标准、以行为为导向的市场行为标准和市场结构标准等。

市场绩效标准，是指如果一个企业的利润率大幅度超过了它在竞争性市场条件下应有的程度，亦即由于企业的销售价格和生产成本之间存在显著差别而产生非同寻常的盈利，就可以得出企业拥有市场支配地位的结论。但由于无法精准测定一种产品的边际成本，所以也就无法准确说明一个企业的大幅度盈利究竟多大程度上来自其市场支配地位，因而也就不能作为法律上的判断标准。①

市场行为标准，是指当一个企业在确定其销售价格和经营政策时，如果不受其竞争者的销售价格和经营政策的影响，就可以说这个企业拥有了市场支配地位。但是与市场绩效标准一样，由于产品的边际成本无法精确测定，所以也就无法推断企业的产品定价是否合理。

市场结构标准，是当一个企业或几个企业在特定市场上占有相当大的市场份额并且长期占据很高的市场份额时，该企业便具有了市场支配地位。德国《反对限制竞争法》第19条、我国《反垄断法》第24条关于市场支配地位的推定即采用这一标准②。

（二）市场结构标准

在反垄断法实践中，市场绩效标准、市场行为标准都不能单独作为确定市场支配地位的基本依据，而市场结构标准是被优先使用的。尽管市场份额不是决定市场支配地位的唯

① ［德］P. 贝伦斯：《对占市场支配地位企业的滥用监督》，载王晓晔编：《反垄断法与市场经济》，法律出版社1998年版，第204—205页。

② 德国《反对限制竞争法》第19条第4款规定，当市场份额达到至少40%时，推定该经营者具有市场支配地位。第6款规定，多个经营者的整体具有市场支配地位，当其由3个或是更少的经营者组成，且共同的市场份额达到50%；由5个或者更少的经营者组成，共同的市场份额达到2/3。参见王先林：《竞争法学》（第3版），中国人民大学出版社2018年版，第241页。

一标准，还必须同时考虑其他因素，如新的竞争者进入市场的障碍、企业的财力、企业垂直联合的程度、企业转向生产其他产品的可能性、交易对手转向其他企业的可能性以及市场行为等，但是市场份额在确定市场支配地位中仍然具有决定性的意义。[①] 德国《反对限制竞争法》、韩国《规制垄断与公平交易法》、经合组织的《竞争法的基本框架》等均将市场份额作为认定市场支配地位的重要因素之一。

当然，一些国家或地区的反垄断法对市场支配地位的界定不是依据法律的明文规定，而是在有关判例中确立的规则，因而这种规则并非连贯的、一致的。美国联邦法院在认定企业在相关市场上是否具有垄断力时，曾以企业占有的市场份额作为唯一的判断标准。但后来美国最高法院在 1956 年的杜邦公司案中将垄断力量定义为企业控制价格的力量或者排除竞争的力量，因而市场份额不是衡量市场支配地位的唯一指标。欧盟竞争法中的市场支配地位也不是由立法明确加以规定的，而是由欧洲法院通过判例确定的。[②] 欧洲法院在 1978 年的齐奎他案（Chiquita）中指出，市场支配地位是指一个企业可以不受限制地开展经营活动的能力，且本身构成其他企业进入市场的障碍。[③] 欧洲法院在 1978 年的联合品牌案（United Brands v. Comsion）的判决中认为，市场支配地位是指一个企业所享有的经济力的地位。这种经济力能够使该企业无需考虑其竞争者、顾客和最终消费者的反应，而采取显著程度的独立行动，来妨害相关市场内有效竞争的维持。[④] 但是，由于市场支配地位本身的含义不确定，因而认定一个企业是否具有支配地位是不容易的，对法学家来说尤其如此，欧盟委员会和欧洲法院也都没有作出一个明确的和令人信服的裁决。[⑤]

总体来说，市场支配地位可概括为经营者在特定市场上具有控制商品价格、排除市场竞争的力量，也就是经营者取得了可以不受竞争压力影响的地位。我国《反垄断法》第 22 条第 3 款规定："本法所称市场支配地位，是指经营者在相关市场内具有能够控制商品价格、数量或者其他交易条件，或者能够阻碍、影响其他经营者进入相关市场能力的市场地位。"这里的"其他交易条件"，是指除商品价格、数量之外能够对市场交易产生实质影响的其他因素，包括商品等级、付款条件、交付方式、售后服务、交易选择权和技术约束条件、数据、算法、技术以及平台规则等；"能够阻碍、影响其他经营者进入相关市场"，是指排除其他经营者进入相关市场，或者延缓其他经营者在合理时间内进入相关市场，或者其他经营者虽能够进入该相关市场，但进入成本提高，难以在市场中开展有效竞争，等等。

市场支配地位通常是多种因素综合作用的结果，因此在认定市场支配地位时需要考虑多种因素，市场份额无疑是其中一个基本的衡量标准。因为，在一般情况下，只有当一家

---

① ［德］P. 贝伦斯：《对占市场支配地位企业的滥用监督》，载王晓晔编：《反垄断法与市场经济》，法律出版社 1998 年版，第 204—205 页。

② Herbert Hovenkamp, *Antitrust*, West Publishing Co., 1986, p. 98.

③ 王晓晔：《欧洲共同体竞争法及其新发展》，载《环球法律评论》1993 年第 3 期。

④ Richard Whish, *Competiton Law*, fifth edition, Lexis-Nexis Butterworths, 2003, p. 179.

⑤ Valentine Korah, An Introduction to EC Competition Law and Practice, sixth edition, 1997, p. 77.

企业独家占有或几家企业共同占有某一市场相当大的市场份额时，才有足够的实力排除竞争，控制市场。市场份额是指一定时期内经营者的特定商品的销售额、销售数量等指标在相关市场所占的比重。但是市场份额并不是认定市场支配地位的唯一因素，其他相关因素也是很重要的，尤其是新竞争者进入市场的障碍和市场上替代商品的情况。

（三）其他辅助标准

我国《反垄断法》第23条对认定经营者具有市场支配地位时应当考虑的因素作了比较全面的规定，即认定经营者具有市场支配地位应当依据下列因素：（1）该经营者在相关市场的市场份额，以及相关市场的竞争状况；（2）该经营者控制销售市场或者原材料采购市场的能力；（3）该经营者的财力和技术条件；（4）其他经营者对该经营者在交易上的依赖程度；（5）其他经营者进入相关市场的难易程度；（6）与认定该经营者市场支配地位有关的其他因素。

其中，《反垄断法》明确将“其他经营者对该经营者在交易上的依赖程度”作为认定经营者具有市场支配地位所依据的一个因素。这将使那些虽然未拥有显著的市场份额，但拥有某些方面的特定优势（如重要的销售渠道或者不可替代的销售平台），以致其他经营者在交易上对其形成明显的依赖关系的经营者，在一定情形下能够被认定为具有市场支配地位。

认定市场支配地位时，分析企业控制销售市场和原材料采购的能力、企业的财力和技术条件状况、其他经营者对其在交易上的依赖程度以及其他经营者进入相关市场的难易程度等的重要性，往往并不亚于分析企业的市场份额。一般来说，一个企业与其供应原材料或者半成品以及购买其产品的企业联合得越紧密，该企业在市场上的竞争力就越强；企业控制销售市场和原材料采购能力越强，企业的市场势力或者市场地位也就越强。

同样，企业的财力和技术条件也是企业市场势力的又一表征，只有财力雄厚的企业才有能力不断地扩大生产，进而不断地扩大其市场份额。如果其他经营者对该经营者有很大的依赖性，其他潜在竞争者进入该市场存在很大壁垒，一定程度上也可以证实该经营者在市场上具有较强的支配能力或者市场势力。

近年来平台数字经济蓬勃发展，数字经济在为我国社会经济注入强大活力的同时，也产生了诸多法律挑战。国家市场监管总局、国务院反垄断委员会认真贯彻落实党中央、国务院关于强化反垄断和防止资本无序扩张的决策部署，陆续制定、发布了相关规定、指南等。相关部门在深入总结执法经验、科学借鉴域外成熟做法的基础上，进一步明确了反垄断法在平台经济领域的具体适用规则，制定了一系列行为规范，完善了反垄断制度体系。这有利于进一步提高执法透明度和可预见性，适应反垄断监管实践新要求，营造公平、透明、可预期的市场环境，以公正监管保障公平竞争，持续激发市场主体活力，更好提高经济效率、保障消费者利益。

（四）市场支配地位认定举要

认定相关经营者在相关市场上具有市场支配地位是分析经营者是否构成滥用行为的第一步，界定相关市场又是认定市场支配地位的先决要件。一般而言，相关市场界定也是对竞争行为进行分析的起点，是适用《反垄断法》的重要步骤，判断一个行为是否产生了排除或限制竞争、阻碍经济运行效率、损害消费者利益等损害竞争效果，首先需要清楚界定经营者竞争的市场范围。然而，随着平台经济新业态、新模式的创新发展，平台经济具有网络效应、多边市场结构、跨界动态竞争等特征，使得明确界定竞争关系范围的难度骤增。在此背景下，平台经济领域相关市场的合理界定已成为世界上主要反垄断司法辖区、学界与实务界研讨的重点与难点。

在贯彻党中央、国务院关于强化反垄断和防止资本无序扩张工作部署下，国家市场监督管理总局自 2020 年末起对重点领域开展了强化反垄断执法，其中对美团的行政处罚决定很好地展示了如何认定市场支配地位。

反垄断主管机关首先认定了本案相关商品市场为网络餐饮外卖平台服务市场，相关地域市场为中国境内。然后开始论证美团在相关市场上具有支配地位：根据《反垄断法》相关规定，反垄断主管机关认定，当事人在中国境内网络餐饮外卖平台服务市场具有支配地位。

第一，当事人的市场份额超过 50%，可以推定具有市场支配地位。一是从平台服务收入情况看，中国境内网络餐饮外卖平台主要通过向平台内经营者收取交易佣金和营销推广费等费用获取收入。2018—2020 年，当事人网络餐饮外卖平台服务收入在中国境内主要网络餐饮外卖平台合计服务收入中，份额分别为 67.3%、69.5%、70.7%。二是从平台餐饮外卖订单量看，餐饮外卖订单量是网络餐饮外卖平台服务能力的直接反映。2018—2020 年，当事人平台餐饮外卖订单量在中国境内主要网络餐饮外卖平台合计订单量中，份额分别为 62.4%、64.3%、68.5%。

第二，相关市场高度集中。根据平台服务收入市场份额，2018—2020 年，中国境内网络餐饮外卖平台服务市场的 HHI 指数（赫芬达尔—赫希曼指数）分别为 5543、5753、5854，CR2 指数（市场集中度指数）分别为 99.16、99.92、99.98，显示相关市场高度集中。2018 年以来，当事人市场份额较为稳定，长期保持较强竞争优势。

第三，当事人具有较强的市场控制能力。一是当事人具有控制服务价格的能力。当事人在与餐饮经营者的商业谈判中，通常具有较强的定价能力，餐饮经营者谈判能力相对较弱。二是当事人具有控制平台内经营者获得流量的能力。当事人通过制定平台规则、设定算法、人工干预等方式，可以决定平台内经营者及其餐饮外卖商品的搜索排名及平台展示位置，从而控制平台内经营者可获得的流量，对其经营具有决定性影响。三是当事人具有控制平台内经营者销售渠道的能力。2018—2020 年，当事人网络餐饮外卖平台交易额在同期中国境内主要网络餐饮外卖平台餐饮外卖合计交易额中占比均超过 60%，是平台内经营者开展餐饮外卖交易的主要网络销售渠道，对平台内经营者具有较强的控制力。

第四，当事人具有较强的财力和先进的技术条件。一是当事人具有较强的财力。2018—2020 年，当事人中国境内营业额分别为 650.88 亿元、973.36 亿元、1 147.48 亿元。当事人历经数轮融资，并于 2018 年在香港交易所上市，市值从 2018 年 12 月约 3 000 亿元增长至 2020 年 12 月约 1.8 万亿元，较为强大的财力可以支持当事人在相关市场及关联市场的业务扩张。二是当事人具有先进的技术条件。当事人网络餐饮外卖平台积累了大量的平台内经营者和消费者，拥有海量的交易、支付、用户评价等数据。当事人基于数据建立了较为高效的配送安排和调度系统，较大程度实现了运力自动化调度及资源优化配置。同时，当事人研发的基于位置的算法系统可以为用户精准“画像”，提供个性化、针对性服务，并能够监测平台内经营者是否在其他竞争性平台经营。上述财力和技术条件巩固和增强了当事人的市场力量。

第五，其他经营者在交易上高度依赖当事人。一是当事人网络餐饮外卖平台对平台内经营者具有很强的网络效应和锁定效应。截至2020年底，当事人网络餐饮外卖平台的消费者日均活跃用户数2 230万，且用户黏性较强，对平台内经营者形成很强的跨边网络效应和锁定效应，平台内经营者难以放弃当事人平台的庞大消费者群体。二是当事人网络餐饮外卖平台是平台内经营者开展餐饮外卖交易的主要网络销售渠道。当事人在中国境内网络餐饮外卖平台服务市场拥有较高的经营者和消费者认可度。调查过程中，多数平台内经营者表示，与其他网络餐饮外卖平台相比，当事人平台的影响力更大，是其开展餐饮外卖的主要网络销售渠道，放弃当事人平台会较大程度影响其营收。三是平台内经营者在当事人网络餐饮外卖平台积累的数据难以迁移至其他平台。平台内经营者在当事人网络餐饮外卖平台获得了众多消费者用户，积累了大量的交易、支付、用户评价等数据，并依赖这些数据开展经营。用户和数据是平台内经营者在当事人平台积累的重要资源，难以迁移至其他平台。

第六，相关市场进入难度大。一是网络餐饮外卖平台服务市场进入成本高。进入网络餐饮外卖平台服务市场不仅需要投入大量资金建设平台，建立数据、算法系统、配送安排和调度系统等基础设施，还需要在技术研发、品牌信用、营销推广等方面持续投入，相关市场进入成本高。二是新进入者达到临界规模难度大。网络餐饮外卖平台需要获得足够多的消费者和平台内经营者，达到临界规模，形成循环正向反馈，才能实现有效市场进入。目前，中国境内网络餐饮外卖平台获客成本逐年升高，潜在竞争者进入相关市场的难度逐年增加。

第七，当事人关联市场布局巩固和增强了市场力量。当事人在到店餐饮消费、生活服务、酒店旅游、出行等多个领域和餐饮外卖上下游进行生态化布局，为网络餐饮外卖平台带来更多交易机会，加深了平台内经营者对当事人的依赖，进一步巩固和增强了当事人的市场力量。

综上所述，根据《反垄断法》相关规定，综合认定当事人在中国境内网络餐饮外卖平台服务市场具有支配地位。

第二节　滥用市场支配地位行为的规制

一、市场支配地位的产生

经营者的市场支配地位，有的基于国家授权而取得，有的基于行业的特殊性质而取得，而大量经营者是在市场竞争中取得的。反垄断法不禁止这种支配地位本身，但是禁止滥用市场支配地位的行为。由于具有市场支配地位的企业具有滥用这种地位的可能性，其相对于其他企业更容易从事违法行为，因而反垄断法需要对其进行监督、控制。因此，滥用市场支配地位的规制对于维护自由公平竞争、消费者利益和社会公共利益是必不可少的。

反垄断法主要通过以下三种途径禁止滥用市场支配地位：一是防止占有市场支配地位的企业滥用其支配地位，对其他的、其尚未取得支配地位的市场也进行垄断；二是在已经存在支配地位的市场上，禁止有关企业实施滥用支配地位的行为，以使其他现实的竞争者能够享有充分的竞争自由，潜在的竞争者能够自由进入该市场，保证该市场一定程度的开放和自由，而不致进一步被支配或被控制；三是对于与占有市场支配地位的企业之间存在交易关系的市场相对人而言，禁止滥用市场支配地位，是为了保护它们免受对方当事人的不当剥削，保证它们享有充分的意思自由和公平交易的权利。[①]

二、域外规制滥用市场支配地位的立法概况

目前已制定了反垄断法的国家和地区都以自己的方式对滥用市场支配地位行为进行规制。如美国反托拉斯法禁止滥用市场势力的成文法主要是《谢尔曼法》，其第2条规定，任何人垄断或图谋垄断，或与他人联合、共谋垄断州际或与外国间的商业和贸易，均属严重犯罪。该条要求法院以原告提供的两项证明为依据：一是被告在相关市场上拥有垄断势力的证明；二是被告垄断势力的取得或者维护不是凭借其自身的创新发明、优良的经营管理或者历史的因素等原因，而是通过违法的排他性行为的证明。

《欧盟运行条约》第102条对滥用市场支配地位作了原则禁止和4项特别列举的规定：（1）直接或者间接强迫接受不公平购买或者销售价格，或者欺压性的交易条件；（2）限制生产、销售或者开发新技术，损害消费者的利益；（3）就相同交易采用不同的交易条件，从而使某些交易对手处于不利的竞争地位；（4）订立合同时强迫对方购买从性质或者交易习惯上与合同标的无关的商品或者服务。

韩国《规制垄断与公平交易法》第3条规定，支配企业不得实施以下行为：不正当地决定、维持或者变更商品的价格或者劳务的对价，不正当地调节商品的销售或者劳务的提供；不正当地妨害其他经营者的经营活动；不正当地妨碍新的竞争者的参与；为了不正当地排挤竞争者而进行交易，或者可能明显损害消费者的利益。

三、我国关于滥用市场支配地位的相关立法

我国禁止滥用市场支配地位的法律依据主要见于《反垄断法》第7条和第三章。另外还有国务院反垄断委员会的相关指南及国家市场监管总局的部门规章。

《反垄断法》第7条规定，具有市场支配地位的经营者，不得滥用市场支配地位，排除、限制竞争。第22条规定，禁止具有市场支配地位的经营者从事下列滥用市场支配地位的行为：（1）以不公平的高价销售商品或者以不公平的低价购买商品；（2）没有正当理由，以低于成本的价格销售商品；（3）没有正当理由，拒绝与交易相对人进行交易；

---

① 邵建东：《论市场支配地位及其滥用》，载《南京大学法律评论》1999年1期。

（4）没有正当理由，限定交易相对人只能与其进行交易或者只能与其指定的经营者进行交易；（5）没有正当理由搭售商品，或者在交易时附加其他不合理的交易条件；（6）没有正当理由，对条件相同的交易相对人在交易价格等交易条件上实行差别待遇；（7）国务院反垄断执法机构认定的其他滥用市场支配地位的行为。

根据我国《反垄断法》的规定，市场支配地位“是指经营者在相关市场内具有能够控制商品价格、数量或者其他交易条件，或者能够阻碍、影响其他经营者进入相关市场能力的市场地位”。该法第 23 条规定，认定经营者具有市场支配地位，应当依据下列因素：（1）该经营者在相关市场的市场份额，以及相关市场的竞争状况；（2）该经营者控制销售市场或者原材料采购市场的能力；（3）该经营者的财力和技术条件；（4）其他经营者对该经营者在交易上的依赖程度；（5）其他经营者进入相关市场的难易程度；（6）与认定该经营者市场支配地位有关的其他因素。

近年来，我国互联网信息技术迅猛发展，以互联网技术为基础的平台经济也呈现高歌猛进之势，平台经济以其平台化、去组织化的发展特点，推动了工作内容碎片化、工作方式弹性化、创业机会互联网化，由此也催生了互联网经济领域的一些新模式、新业态。互联网平台经济日渐渗入到人们的日常生产生活中，网购、打车、远程教学、远程医疗等，极大促进了商品交易，减少了不必要的资源浪费，降低了企业的运行成本，吸引多方面资源的集聚，从而创造出更大的价值，互联网平台经济也因此成为推动国家深化改革的重要驱动力。

与此同时，平台企业的规模化与集聚式发展也加剧了互联网平台市场的垄断风险。例如，借助先发优势发展起来的互联网平台凭借其独有的网络效应、用户粘性等特质，不断开疆拓土，发展成具有跨区域、跨行业、综合性特质的头部平台。在先发优势累积和市场地位日趋稳固的情形下，这些头部平台们不断拓展其市场空间，形成“赢者通吃”；另一方面，它们又通过“二选一”、独家授权、歧视交易等垄断行为挑战反垄断规制的“底线”，严重影响了市场竞争秩序，损害中小企业和消费者的合法权益，抑制了创新活力，甚至给数据安全、信息安全、经济安全和社会公共利益安全带来风险。

2020 年《政府工作报告》提出要“强化反垄断和防止资本无序扩张，坚决维护公平竞争市场环境”。之后在健全市场竞争规则方面，国家市场监管总局 2023 年 3 月公布第 66 号令——《禁止滥用市场支配地位行为规定》。国务院反垄断委员会还颁布了《经营者反垄断合规指南》《垄断案件经营者承诺指南》等。在强化反垄断执法方面，国家市场监督管理总局先后完成了对阿里巴巴和美团在中国境内网络零售平台服务市场实施“二选一”垄断行为的处罚决定，对于及时制止排除、限制竞争的滥用市场支配地位行为，维护良好的市场竞争秩序起到了积极作用。

我国 2022 年修正的《反垄断法》反映了对数字经济时代滥用市场支配地位的反垄断关切，在第 22 条增加 1 款作为第 2 款：“具有市场支配地位的经营者不得利用数据和算法、技术以及平台规则等从事前款规定的滥用市场支配地位的行为。”该款规定不仅呼应《反垄断法》总则第 9 条规定，而且与《关于平台经济领域的反垄断指南》等规定有机衔接，也为未来的制度完善预留了必要的接口。

第三节　若干典型滥用市场支配地位行为

我国《反垄断法》第22条列举了不公平交易价格、低于成本的销售、拒绝交易、限定交易、搭售、差别待遇6种滥用行为。国家市场监管总局《禁止滥用市场支配地位行为规定》对相关行为进行了细化规定。

一、不公平交易价格

我国《反垄断法》第22条第1款第1项规定，禁止具有市场支配地位的经营者“以不公平的高价销售商品或者以不公平的低价购买商品”。不公平交易价格实际上是经营者利用支配地位对交易相对方进行剥削的行为，此类滥用行为也被称为剥削性滥用。

我国《反垄断法》的这一规定主要是借鉴了欧盟法和德国法。根据《欧盟运行条约》第102条第1项的规定，占市场支配地位企业如果直接或者间接强迫接受不公平购买或者销售价格，或者欺压性的交易条件，就构成滥用市场支配地位。德国《反对限制竞争法》第19条第4款第2项也规定，占市场支配地位的企业作为某类产品或者服务的供应者或需求者，如果提出与有效竞争条件下理应获取的报酬或者其他交易条件不相称的报酬或交易条件，便构成滥用市场支配地位。①

此外，还有一些国家和地区在其反垄断法中对不公平交易价格作了规定。英国《竞争法》第18条第2款第1项的规定与《欧盟运行条约》第102条第1项的规定相同。韩国《规制垄断与公平交易法》第3条之二第1项禁止的滥用市场支配地位行为，即不正当地确定、维持或者变更商品或者服务的价格。波兰《反垄断法》第7条规定的具有垄断地位的经营者不得从事的行为中的第3项为索取过高的价格。日本《禁止垄断法》第2条第7款所规定的垄断状态的构成要件之一即超高定价。俄罗斯《保护竞争法》第10条规定的禁止占支配地位的经营主体导致或可能导致禁止、限制、消除竞争和（或）损害地方利益的行为（不作为）中，第1项就是制定、维持商品垄断高价或垄断低价。南非《竞争法》第8条禁止具有支配地位的企业从事的5种滥用行为中，第1项就是收取过高的价格损害消费者。巴西《反垄断法》第21条规定的24种垄断行为中，也包括制定价格或者不合理提高产品或服务价格。②

反垄断法禁止剥削性滥用是基于这样的经济理论，即垄断者或者占市场支配地位的企业凭借其市场势力，非常可能向市场提供比其在竞争性市场条件下数量少得多的产品，从而相应地索取与其生产成本相比不合理的垄断性高价。因为在垄断性经营条件下，垄断者因减少生产和销售数量遭受的损失可以通过对产品的涨价予以弥补，反垄断法在这里的任务就是要求占市场支配地位的企业将其产品或者服务价格保持在与市场有效竞争相适应的水平，不得损害用户和消费者的利益。

① 王晓晔：《反垄断法》，法律出版社2011年版，第204页。

② 王先林：《竞争法学》（第3版），中国人民大学出版社2018年版，第248—249页。

不公平交易价格是滥用市场支配地位行为比较典型的表现形式，是具有市场支配地位的经营者剥削消费者、获取垄断利润的形式之一。我国目前的市场上存在一些具有市场支配地位的经营者大肆盘剥消费者，严重扭曲市场竞争机制的现象，尤其是数字经济发展背景下，互联网与数字信息技术的结合使得这一问题变得更为隐蔽和难以发现。虽然市场机制也可以调节这一问题（通过吸引新的竞争者加入这一行业），但是这一过程可能很漫长。而且，可以实行不公平交易价格的市场往往存在（事实上的或者法律上的）进入障碍。潜在竞争者要么不可能进入市场，要么进入市场成本太高、时间太长。反垄断法就是要使被垄断行为扭曲了的交易条件得到矫正。

实践中，反垄断执法机构主要从产品、空间或者时间的角度找出一个可比市场，此外还需要分析占市场支配地位企业向其交易对手索取的价格与其产品或者服务的成本之间的差距。我国《反垄断法》第 22 条禁止具有市场支配地位的经营者从事的滥用行为中，包括“以不公平的高价销售商品”（垄断高价）和“以不公平的低价购买商品”（垄断低价）两种情况，其实质都是具有支配地位的经营者凭借该地位索取不公平的价格，也就是经营者在正常竞争条件下所不可能获得的远远超出公平标准的价格。《禁止滥用市场支配地位行为规定》第 14 条第 2 款还对认定“不公平的高价”或者“不公平的低价”可以考虑的因素作了进一步的规定，包括：(1) 销售价格或者购买价格是否明显高于或者明显低于其他经营者在相同或者相似市场条件下销售或者购买同种商品或者可比较商品的价格；(2) 销售价格或者购买价格是否明显高于或者明显低于同一经营者在其他相同或者相似市场条件区域销售或者购买同种商品或者可比较商品的价格；(3) 在成本基本稳定的情况下，是否超过正常幅度提高销售价格或者降低购买价格；(4) 销售商品的提价幅度是否明显高于成本增长幅度，或者购买商品的降价幅度是否明显高于交易相对人成本降低幅度；(5) 需要考虑的其他相关因素。另外，该条第 3、4 款还规定，涉及平台经济领域，还可以考虑平台涉及多边市场中各相关市场之间的成本关联情况及其合理性；认定市场条件相同或者相似，应当考虑经营模式、销售渠道、供求状况、监管环境、交易环节、成本结构、交易情况、平台类型等因素。

二、低于成本的销售

我国《反垄断法》第 22 条第 1 款第 2 项规定，具有市场支配地位的经营者如果“没有正当理由，以低于成本的价格销售商品”，属于滥用市场支配地位的行为。为了限制竞争者的生产或者销售，占市场支配地位企业非常可能实施低价倾销的策略，即持续地以低于竞争者甚至成本的价格销售产品，目的是将竞争者从市场上排挤出去。美国和欧盟也将这种销售策略称为掠夺性定价。掠夺性定价行为一直是反垄断法管制的对象，但实践中却鲜少涉及。

在我国，掠夺性定价也是《价格法》明确规定的经营者不得从事的不正当价格行为之一，是指经营者在依法降价处理商品之外，为排挤竞争对手或者独占市场，以低于成本的价格销售商品，扰乱正常生产经营秩序，损害国家利益或者其他经营者的合法权益的行为。我国《反垄断法》第 22 条禁止具有市场支配地位的经营者从事的滥用市场支配地位行为中，包括“没有正当理由，以低于成本的价格销售商品”。《禁止滥用市场支配地位行为规定》第 15 条第 3 款将这里的“正当理由”解释为：（1）降价处理鲜活商品、季节性商品、有效期限即将到期的商品和积压商品的；（2）因清偿债务、转产、歇业降价销售商品的；（3）在合理期限内为推广新商品进行促销的；（4）能够证明行为具有正当性的其他理由。

掠夺性定价一般包括两种类型。一种是在某一地区以低于成本的价格销售产品，而在另一地区以正常价格销售的地区性掠夺性定价行为。比如，某企业想要为其在某地新设立的分支机构打开当地市场，便将产品价格降到成本价以下，企图以此挤垮竞争对手，进而垄断该地市场。另一种是将某一产品以低于成本的价格销售从而将以正常价格销售的产品挤出市场的掠夺性定价行为。比如，经营者滥用其市场支配地位，就其经营的众多商品中的某种或某类商品在成本价以下进行销售，以排挤经营同种或同类商品的企业。[①] 如果经营者持续地以低于成本的非正常价格销售商品，通常会导致竞争者的经营额显著下降，给其生存带来严重困难，同时还会使购买者对其竞争对手的商业信誉与商业道德产生误解，从而会给竞争对手带来经营上的损害，而且从长远来看，也必然损害消费者的利益。

掠夺性定价行为的关键在于识别企业的合法降价与违法降价。违法降价说明企业在谋求垄断。企业产品定价是企业自主权的表现，因而在认定企业掠夺性定价行为时有着严格的限制条件：首先，产品定价必须低于其成本；其次，企业将其产品或服务的价格定得低于成本的目的在于排挤竞争对手。德国《反对限制竞争法》第 20 条第 4 款规定，相对中小企业有着市场优势的企业，不得利用其市场优势直接或者间接地不公平地妨碍中小竞争者。这里所称的不公平妨碍尤其表现为企业长期以低于进货成本的价格销售商品或者服务，除非这种销售有重大合理性。即掠夺性定价除具有低于成本销售的特征外，还必须以企业拥有市场支配地位或者市场优势以及非临时性为前提。此外，认定掠夺性定价行为还必须考虑当企业将其竞争对手排挤出市场后，是否通过抬高产品价格的方式取得了垄断利润。如果没有，则不能据此认定企业的行为违反了反垄断法的规定。

三、拒绝交易

拒绝交易是指具有支配地位的经营者没有正当理由拒绝与交易相对人进行交易。我国《反垄断法》第 22 条第 1 款第 3 项规定，具有市场支配地位的经营者如果“没有正当理由，拒绝与交易相对人进行交易”，就属于滥用市场支配地位的行为。《禁止滥用市场支配地位行为规定》第 16 条进一步规定，禁止具有市场支配地位的经营者没有正当理由，通过下列方式拒绝与交易相对人进行交易：（1）实质性削减与交易相对人的现有交易数量；（2）拖延、中断与交易相对人的现有交易；（3）拒绝与交易相对人进行新的交易；（4）通过设置交易相对人难以接受的价格、向交易相对人回购商品、与交易相对人进行其他交易等限制性条件，使交易相对人难以与其进行交易；（5）拒绝交易相对人在生产经营

① 王先林：《竞争法学》（第 3 版），中国人民大学出版社 2018 年版，第 251 页。

活动中，以合理条件使用其必需设施。在依据前款第5项认定经营者滥用市场支配地位时，应当综合考虑以合理的投入另行投资建设或者另行开发建造该设施的可行性、交易相对人有效开展生产经营活动对该设施的依赖程度、该经营者提供该设施的可能性以及对自身生产经营活动造成的影响等因素。此处所称“正当理由”包括：（1）因不可抗力等客观原因无法进行交易；（2）交易相对人有不良信用记录或者出现经营状况恶化等情况，影响交易安全；（3）与交易相对人进行交易将使经营者利益发生不当减损；（4）交易相对人明确表示或者实际不遵守公平、合理、无歧视的平台规则；（5）能够证明行为具有正当性的其他理由。

具有市场支配地位的经营者由于本身市场力量的强大或提供产品的独特性（尤其是在拥有必需设施时），在没有正当理由的情形下是不能拒绝与交易相对人进行交易的，以防止其阻碍潜在的竞争者进入市场，或者意图从自己经营业务的市场上将现有的经营者加以排除。拒绝交易行为既可能发生在上下游企业之间，也可能发生在占市场支配地位企业进行搭售时。如果拒绝交易的行为发生在具有市场支配地位的企业身上，如上游生产商拒绝向下游企业供货，就可能会对市场竞争产生严重的不利影响。

四、限定交易

限定交易，是指具有市场支配地位的经营者利用其优势，限定他人按照自己的意愿进行交易，排斥其他经营者公平竞争的行为。它既包括限定他人与自己交易，也包括限定他人与其指定的特定人交易，广义上还包括要求他人不得与特定的人交易。我国《反垄断法》第22条禁止具有市场支配地位的经营者从事的滥用市场支配地位的行为中，就包括“没有正当理由，限定交易相对人只能与其进行交易或者只能与其指定的经营者进行交易”。《禁止滥用市场支配地位行为规定》第17条也规定，禁止具有市场支配地位的经营者没有正当理由，从事下列限定交易行为：（1）限定交易相对人只能与其进行交易；（2）限定交易相对人只能与其指定的经营者进行交易；（3）限定交易相对人不得与特定经营者进行交易。从事上述限定交易行为可以是直接限定，也可以是以设定交易条件等方式变相限定。此处的“正当理由”包括：（1）为满足产品安全要求所必需；（2）为保护知识产权、商业秘密或者数据安全所必需；（3）为保护针对交易进行的特定投资所必需；（4）为维护平台合理的经营模式所必需；（5）能够证明行为具有正当性的其他理由。

实践中，占市场支配地位的企业实施限定交易的常见手段是订立独家供货或者独家销售等独家交易协议，还会通过给予交易对手“忠实折扣”等阻止竞争对手向其客户销售产品。

事实上，竞争本身就暗含排他性，企业在市场上参与竞争本质上就是排他的行为，因此认定限定交易必须满足严格的限制条件。从行为主体来看，限定交易行为的实施主体必须是具有市场支配地位的经营者，而公用企业等具有独占地位的经营者的市场支配地位更为突出、典型，因此，这类经营者实施的限定交易行为的影响和危害更大。同时，随着数字经济的发展，互联网平台领域的“二选一”等行为也愈演愈烈，阿里巴巴案及美团案的尘埃落定，显示出不仅公用企业，一些互联网头部企业所实施的限定交易行为也危害极大。在阿里巴巴案中，自2015年以来，阿里巴巴集团为限制其他竞争性平台发展，维持、巩固自身市场地位，滥用其在中国境内网络零售平台服务市场的支配地位，实施“二选一”行为，通过禁止平台内经营者在其他竞争性平台开店和参加其他竞争性平台促销活动等方式，限定平台内经营者只能与当事人进行交易，并以多种奖惩措施保障行为实施，违反《反垄断法》中关于“没有正当理由，限定交易相对人只能与其进行交易”的规定，构成滥用市场支配地位行为。

五、搭售

搭售是指将两种或两种以上产品（包括服务和知识产权在内）捆绑成一种产品进行销售，以致购买者为得到所想要的产品就必须购买其他产品的商业行为。前一种产品为搭售的产品（tying product），有的称之为“结卖品”；后一种产品为被搭售的产品（tied product），有的称之为“搭卖品”。搭售可以通过技术的方式和协议的方式进行。前一种情况是指企业通过技术的手段，将一种产品设计成只能与被搭售品相兼容的产品；后一种情况是指企业通过协议的方式，要求买方购买一种产品时必须同时购买另一种产品。

我国《反垄断法》第22条规定，具有市场支配地位的经营者如果“没有正当理由搭售商品，或者在交易时附加其他不合理的交易条件”，就构成了滥用市场支配地位的行为。《禁止滥用市场支配地位行为规定》第18条进一步规定，禁止具有市场支配地位的经营者没有正当理由搭售商品，或者在交易时附加其他不合理的交易条件：（1）违背交易惯例、消费习惯或者无视商品的功能，利用合同条款或者弹窗、操作必经步骤等交易相对人难以选择、更改、拒绝的方式，将不同商品捆绑销售或者组合销售；（2）对合同期限、支付方式、商品的运输及交付方式或者服务的提供方式等附加不合理的限制；（3）对商品的销售地域、销售对象、售后服务等附加不合理的限制；（4）交易时在价格之外附加不合理费用；（5）附加与交易标的无关的交易条件。此处所称“正当理由”包括：（1）符合正当的行业惯例和交易习惯；（2）为满足产品安全要求所必需；（3）为实现特定技术所必需；（4）为保护交易相对人和消费者利益所必需；（5）能够证明行为具有正当性的其他理由。

判断一个搭售行为是否合理，需要考虑搭售是否出于交易的习惯，即被搭售品与搭售品是否可以分开销售。如果搭售品和被搭售品能够分开销售，却通过搭售或者捆绑的方式进行销售，就存在滥用市场支配地位的嫌疑。此外，违法的搭售还具有长期封锁市场的效应，即通过搭售会加强企业的市场支配地位，从而给市场竞争带来显著的不利影响。当然，所有的违法搭售必须以没有正当理由为前提。一般来讲，企业可以有两种方式抗辩：一是证明搭售行为具有客观的必要性。例如，如果不搭售，消费者必须分别购买搭售品和被搭售品，而分别购买会加重消费者的经济负担，此时企业的搭售行为就具有合理性。二是企业的搭售行为能够大幅度提高其经济效率，衡量标准即提高企业经济效率的好处大于消费者因搭售行为而受到的损害。①

① 王晓晔：《竞争法学》，社会科学文献出版社2007年版，第217—218页。

六、差别待遇

差别待遇，又称价格歧视，是指具有支配地位的经营者没有正当理由对条件相同的交易相对人提供不同的价格或者其他交易条件，致使有的交易相对人处于不利的竞争地位。价格歧视实质上是一种价格差异，通常指商品或服务的提供者在向不同的接受者提供相同等级、相同质量的商品或服务时，在接受者之间实行不同的销售价格或收费标准。经营者没有正当理由，就同一种商品或者服务，对条件相同的若干买主实行不同售价的，则构成价格歧视行为。

根据价格差别的程度，可把价格歧视区分为三个等级：一级价格歧视又称完全价格歧视，即销售者为每一位顾客及其所购买的每一单位商品制定不同的价格，从而获取所有的消费者剩余。一级价格歧视比较少见。二级价格歧视，即销售者对购买者偏好的多样性有所了解，但是不能观察到每一位特定顾客的特性。即便如此，仍然有可能通过提供一系列包括价格和各种条款的销售合同，在不同的购买者之间进行价格歧视。从购买者的角度看，存在自我选择机制。三级价格歧视又称信号选择，即有时企业拥有关于顾客的信息，特别是关于顾客愿意支付的价格的信息。如果购买者的特性是可以观察到的，那么销售者就可以制定不同的价格，此时，价格就可以看作购买者特性的函数。三级价格歧视是最普遍的价格歧视形式。

我国《反垄断法》第 22 条禁止具有市场支配地位的经营者从事的滥用市场支配地位行为中，包括“没有正当理由，对条件相同的交易相对人在交易价格等交易条件上实行差别待遇”。《禁止滥用市场支配地位行为规定》第 19 条进一步规定，禁止具有市场支配地位的经营者没有正当理由，对条件相同的交易相对人在交易条件上实行下列差别待遇：（1）实行不同的交易价格、数量、品种、品质等级；（2）实行不同的数量折扣等优惠条件；（3）实行不同的付款条件、交付方式；（4）实行不同的保修内容和期限、维修内容和时间、零配件供应、技术指导等售后服务条件。“条件相同”是指交易相对人之间在交易安全、交易成本、规模和能力、信用状况、所处交易环节、交易持续时间等方面不存在实质性影响交易的差别。交易中依法获取的交易相对人的交易数据、个体偏好、消费习惯等方面存在的差异不影响认定交易相对人条件相同。此处所称“正当理由”包括：（1）根据交易相对人实际需求且符合正当的交易习惯和行业惯例，实行不同交易条件；（2）针对新用户的首次交易在合理期限内开展的优惠活动；（3）基于公平、合理、无歧视的平台规则实施的随机性交易；（4）能够证明行为具有正当性的其他理由。

价格歧视不仅会影响交易对手所处市场的竞争，还会影响行为人所处市场的竞争。价格歧视与合理的价格差别的界限往往并不是很明确，价格歧视对市场竞争的损害也并不是绝对的，因此在认定价格歧视时需要把握其违法的构成要件。一般来说，违法的价格歧视行为需要具备以下构成要件：（1）行为人占支配地位；（2）存在价格歧视行为；（3）价格歧视不具有合理性；（4）价格歧视损害竞争。[①] 基于这些要件，一些具有价格歧视外观

① 王晓晔：《竞争法学》，社会科学文献出版社 2007 年版，第 311—312 页。

的行为（价格差异），如适应竞争、成本差别、交易数量差别、条件变化等，就不应当被认定为价格歧视。

反垄断执法机关评估价格歧视时，需要考虑行为人的价格差异是针对单一产品还是复合产品。针对两种以上产品给予的价格折扣一般称为捆绑折扣，因为企业在这种情况下是将可以单独销售的产品进行捆绑销售，并以低于单件产品的价格总和而给予价格折扣。如果企业针对单一产品给予价格折扣，那还需要评估给予价格折扣的条件，即区分增量折扣和追溯折扣。前者是针对买方超过一定数量而给予的折扣，后者是根据买方的全部购买数量而给予的折扣。增量折扣和追溯折扣作为市场竞争的策略，可以帮助企业扩大生产和销售规模，消费者也可以由此而获得价格更为便宜的产品，但是当价格折扣成为占支配地位的企业排除竞争对手的手段时，就会涉嫌垄断，从而引起反垄断执法机关的干预。

近年来，随着金融科技的不断创新和发展，大数据技术也被各大企业融入互联网的经营活动中，出现了所谓的“大数据杀熟”现象。“杀熟”一般是指商家利用熟客的信任，使熟客购买的价格比新客更高的行为。有人说，“大数据杀熟”属于一种典型的价格歧视，即利用用户数据，对老用户实行价格歧视的行为。目前学界及实务界对此尚无定论，但有一点是公认的，即大数据背景下的价格歧视具有鲜明的数据技术依赖特征，而且相较传统模式来讲，种类更为繁多，模式也更为隐蔽。虽然现阶段“大数据杀熟”行为尚未纳入法律规制范围，但“大数据杀熟”现象已成为当前执法部门重点关注的对象之一，国家也拟议出台相关法规用以规制大数据以及算法等新技术所引发的网络不正当竞争行为。

案例研习

1. 高通公司滥用市场支配地位案①

2013 年 11 月，国家发改委价格监督和反垄断局根据举报，对美国高通公司涉嫌从事价格垄断行为正式展开调查。2014 年 5 月，高通公司向国家发改委提交了一份《关于高通许可定价的经济学证据——全球经济学集团白皮书就国家发展和改革委员会调查高通案件提交的相关报告》，为自己做“无罪辩护”。2014 年 8 月初，国家发改委表示，已经确定高通公司的垄断事实。2014 年 8 月 22 日，高通公司表示，愿就国家发改委调查关注的问题“作出改进”“将进一步努力寻求最终解决方案”。2014 年 12 月，时任国家发改委价监局局长许昆林表示，高通案“已经进入处罚阶段”，预计很快将结束调查。2015 年 2 月 10 日，国家发改委网站上公布了针对高通反垄断案的《中华人民共和国国家发展和改革委员会行政处罚决定书》（以下简称《决定书》）。《决定书》指出，高通公司在 CDMA、WCDMA、LTE 无线通信标准必要专利许可市场和基带芯片市场具有市场支配地位，实施了收取不公平的高价专利许可费、无正当理由搭售非无线通信标准必要专利许可、在基带

① 参见国家发展和改革委员会行政处罚决定书发改办价监处罚〔2015〕1 号。

芯片销售中附加不合理条件等滥用市场支配地位的行为。据此，国家发改委对高通公司处以其在我国市场2013年度销售额8%的罚款（约合60.88亿元人民币），责令高通公司停止违法行为，并进行整改。

最终，国家发改委认定：

（一）高通在无线标准必要专利许可市场和基带芯片市场具有市场支配地位

1. 无线标准必要专利许可市场。在CDMA、WCDMA和LTE无线通信技术标准中，高通公司均持有数量不等的无线标准必要专利。高通公司“在相关市场占有100%的市场份额”，并且“具有控制无线标准必要专利许可市场的能力”。加之，“无线通信终端制造商对其无线标准必要专利组合许可高度依赖”，而其他经营者进入相关市场难度较大，很明显高通公司在无线标准必要专利许可市场占有支配地位。

2. 基带芯片市场。2013年，以销售额计算，高通公司在我国CDMA基带芯片市场、WCDMA基带芯片市场和LTE基带芯片市场中占有的市场份额分别达到93.1%、53.9%和96%。仅根据《反垄断法》第19条第1款第1项[①]的规定，足以推定高通公司在上述基带芯片相关市场具有市场支配地位。据全球著名信息技术和通信行业研究机构Strategy Analytics公司统计，按照出货量计算，2013年高通公司在全球蜂窝基带芯片市场上，占有份额达到63%，而位居第二的联发科占13%、位居第三的Intel仅占7%，位居第四的展讯和第五的博通所占的份额更少；从基带芯片产业的产值计算，高通公司占据了50%以上的份额。高通公司凭借自身的技术优势成为大多数高端手机的首选芯片。以我国为例，2014年上半年发布的售价1 500元以上的手机，80%采用了高通芯片。此外，华为、中兴等主要无线通信终端制造商对当事人的基带芯片高度依赖，基带芯片市场进入门槛高、难度大。因此，高通公司在CDMA基带芯片市场、WCDMA基带芯片市场、LTE基带芯片市场的市场支配地位是较为明显的。

（二）高通滥用市场支配地位的行为

1. 滥用自身在无线标准必要专利许可市场的支配地位。高通公司在与华为、中兴、酷派等企业签订协议，授予他们无线标准必要专利许可时，在协议中要求华为、中兴等几乎所有被许可人，将持有的相关非无线标准必要专利向高通进行许可和免费反向许可，并且要求被许可人不得就持有的相关专利向高通公司以及任何高通公司的客户主张权利或者提起诉讼。据称高通公司在要求被许可人将专利进行免费反向许可时，没有经过任何实质性评估，就拒绝向被许可人就反向许可的专利支付合理的对价，既不在自身的专利许可收费中抵扣被许可人反向许可的专利价值，也不支付其他对价，将被许可人的专利价值清零。这种间接收取不公平高价的行为也为很多书面证据所佐证。此外，高通公司在实施5%的高专利许可费时，以无线通信终端的整机批发净售价作为计算专利许可费的基础，明显超出了其持有的所有无线标准必要专利的许可范围。再加上高通公司还把许多过期专利加入所谓的一揽子专利组合，要求被许可人必须接受专利组合，不得分开购买，明显属于滥用自身在无线标准必要专利市场支配地位，收取不公平高价行为。同时，在实行

① 现为《反垄断法》第24条第1款第1项。

一揽子专利组合时，高通公司不区分无线标准必要专利与非无线标准必要专利，不向专利许可人提供专利清单，强迫被许可人向高通公司就本可以自由决定是否支付以及向谁支付的非无线标准必要专利付费，涉嫌违反我国《反垄断法》禁止具有市场支配的经营者无正当理由搭售商品的规定，严重抑制甚至排除了非无线标准必要专利市场的竞争。

2. 滥用自身在基带芯片市场的支配地位。在向我国手机终端企业销售基带芯片时，高通公司将签订且不挑战专利许可协议作为获得基带芯片的条件。如果潜在被许可人不同意这一条款，则高通公司将拒绝与其签订基带芯片销售协议及供应基带芯片；而已经与高通签订协议的被许可人，如果与高通就专利许可协议产生争议并提起诉讼，则高通将停止向其供应基带芯片。从条例表层看，上述条款似乎属于合同自由的范围之内，当事人可以自由决定是否同意该条款。但实际上，高通公司在基带芯片市场具有支配地位，几乎所有的手机终端企业都对其基带芯片具有高度依赖性。一旦高通公司拒绝提供基带芯片，则潜在的竞争者无法进入该市场，已有的企业必须退出相关市场，市场竞争根本无法有效实现。高通公司利用自身在基带芯片市场的支配地位，要求被许可人签订包含不合理条件的许可协议，排除、限制了市场竞争。

问题：

（1）试析对高通公司展开反垄断调查的意义。

（2）以高通公司滥用市场支配地位案为例，试述反垄断法与知识产权法的区别与联系。

（3）本案中滥用市场支配地位的垄断行为是如何认定的？

2. 广东粤超体育发展股份有限公司诉广东省足球协会等垄断纠纷案①

2009 年 7 月 8 日，广东省足协与珠超公司签订《新广东省室内五人制足球联赛协议书》（以下简称《协议书》），约定三个方面的主要内容：一是广东省足协批准珠超公司独家经营广东省室内五人制足球联赛，制定有关的规章制度，决定参赛球队的数量和加盟球队的资格。二是广东省足协批准珠超公司独家拥有广东省室内五人制足球联赛相关的知识产权和一切商业的经营开发权利。三是广东省足协向珠超公司提供诸如争取有关政府机构和主管部门对联赛的支持和批准等与举办联赛相关的协助服务，珠超公司支付相应劳务费用。2009 年 8 月 17 日，广东省足协向珠超公司发出《举办广东省室内五人制足球联赛批准书》（以下简称《批准书》），批准珠超公司举办广东省室内五人制足球联赛，并独家享有《协议书》约定的赛事权利。2012 年 6 月，珠超公司的竞争对手广东粤超体育发展股份有限公司（以下简称“粤超公司”）向广州市中级人民法院提起诉讼，称《协议书》《批准书》具有排除、限制竞争的效果，属于限制同行业之间竞争的排他性协议。

粤超公司认为，广东省足协的独家授权行为构成了滥用市场支配地位行为中的“没有正当理由，对条件相同的交易相对人在交易价格等交易条件上实行差别待遇”。广东省足协则认为自己不属于《反垄断法》所定义的、能够独立参与市场经济活动的经营者，不属

① 参见最高人民法院（2015）民申字第 2313 号民事判决书。

于滥用市场支配地位的主体。该案对广东省足协是否构成滥用市场支配地位行为存在争议。

本案经过 2012 年广州市中级人民法院一审、2014 年广东省高级人民法院二审以及 2015 年最高人民法院的再审而最终尘埃落定。最高人民法院在该案的再审阶段进行释明："应当认定广东省足协在五人制足球联赛的组织（商业化运营）市场中具有支配地位。"

案件判决后，负责该案再审的主审法官也撰文认为："因为其（广东省足协）先天优势，可以根据其自身的性质和职能，认定为具备市场支配地位的经营者，受《反垄断法》的约束。"

问题：

（1）行业协会是不是滥用市场支配地位的主体？

（2）该案中，广东省足球协会是否构成纵向垄断协议行为？

（3）该案中，广东省足球协会构成何种滥用市场支配行为？

本章思考题

1. 什么是市场支配地位？举例说明如何认定市场支配地位。
2. 试析不公平交易价格行为。
3. 试析低于成本销售行为。
4. 市场经济条件下实行合同自由原则，为什么反垄断法禁止拒绝交易行为？
5. 试析搭售行为。
6. 试析如何认定差别待遇行为。

拓展阅读　　即测即评

第十九章　经营者集中控制制度

第一节　经营者集中概述

一、经营者集中的概念

经营者集中是我国《反垄断法》上的一个重要概念，在日本等一般称为企业结合。

在很多场合，人们常常将经营者集中与企业合并、企业兼并、企业并购这些概念互换使用。虽然一般情况下这种互换使用不会造成很大的交流障碍，但在严格意义上，反垄断法中的经营者集中比企业法上常用的企业合并、企业兼并、企业并购这些概念的外延范围要更加广泛，泛指经营者之间通过合并、购买股权、购买资产、干部兼任、委托经营或合营等方式，实现经济力量融合集中的行为，其表现形式显然不限于合并、兼并或收购。

关于经营者集中严格意义上的法律定义，我国《反垄断法》没有明确规定，而是通过列举其所包括的具体情形来对经营者集中进行界定。根据《反垄断法》第 25 条的规定，经营者集中是指下列情形：（1）经营者合并；（2）经营者通过取得股权或者资产的方式取得对其他经营者的控制权；（3）经营者通过合同等方式取得对其他经营者的控制权或者能够对其他经营者施加决定性影响。欧盟竞争法也采用这种做法。根据《欧盟理事会第 139/2004 号条例》（以下称欧盟《经营者集中条例》）的规定，经营者集中是指：两家或两家以上的独立企业的合并；一家或多家企业通过购买证券或资产，或者通过合同或其他方式直接或间接控制其他一家或多家企业的全部或者部分；建立一家长期行使独立经济实体全部功能的合营企业。在德国，《反对限制竞争法》也规定了构成经营者集中的三种情形：取得另一个企业的全部或主要资产；一个或若干个企业取得对另外一个或若干个企业的全部或部分的直接控制；取得另一个企业的股份，以致所购股份本身或与其他业已属于企业所有的股份相加，达到另外一个企业资本或表决权的 25%或 50%。

以上国家、国际组织反垄断法对经营者集中表现形式的列举，都可以概括归纳为两类情形：第一类是经营者合并，包括吸收合并和新设合并。两个或两个以上的经营者合并后，只剩下一个经营者的法律人格存续，其他经营者的主体资格消灭，企业之间实现了完全的融合，多方主体的市场力量实现了彻底的集中。企业合并是最主要、最典型的经营者集中形式。第二类是经营者通过各种方式取得对其他经营者的控制权或能够对其他经营者施加决定性影响。这类情形下，虽然各方经营者仍保持独立的法律人格，但在企业经营管理和重大决策上，各方统一行动，经济力量统一调配和使用。与企业合并一样，原本独立的市场竞争主体凝聚成为一股竞争力量。

基于以上分析，可以将经营者集中定义为：经营者集中是指两个或两个以上经营者进行合并，或者一个或多个经营者通过购买股权、购买资产、签订委托经营或合营合同等方式，取得对其他经营者的控制权或能够对其他经营者施加决定性影响，从而实现经济力量融合集中的行为。

至于“取得对其他经营者的控制权”和“能够对其他经营者施加决定性影响”，我国《反垄断法》没有规定具体的判断标准，所以无法直接通过某种客观、明确且可量化的具体指标进行推定，如收购目标经营者的股权比例等，而只能由经营者自行判断或者由反垄断执法机构综合各种因素予以认定。国家市场监督管理总局2023年发布的《经营者集中审查规定》没有对“取得控制权”和“施加决定性影响”进行区分，只是笼统规定，判断经营者是否通过交易取得对其他经营者的控制权或者能够对其他经营者施加决定性影响，应当考虑下列因素：（1）交易的目的和未来的计划；（2）交易前后其他经营者的股权结构及其变化；（3）其他经营者股东（大）会等权力机构的表决事项及其表决机制，以及其历史出席率和表决情况；（4）其他经营者董事会等决策或者管理机构的组成及其表决机制，以及其历史出席率和表决情况；（5）其他经营者高级管理人员的任免等；（6）其他经营者股东、董事之间的关系，是否存在委托行使投票权、一致行动人等；（7）该经营者与其他经营者是否存在重大商业关系、合作协议等；（8）其他应当考虑的因素。同时还规定，两个以上经营者均拥有对其他经营者的控制权或者能够对其他经营者施加决定性影响的，构成对其他经营者的共同控制。

二、经营者集中的类型

按照不同的标准，可以对经营者集中进行多种不同类型的划分。但在反垄断法上，主要还是按照经营者所处行业、是否存在竞争关系将经营者集中分为横向集中、纵向集中和混合集中。

（一）横向集中

当参与集中的经营者处于同一行业或其提供的产品、服务属于同一市场时，此项经营者集中即横向集中，或称水平集中。横向集中是最常见的经营者集中方式，在所有经营者集中案件中占有很大比例。

横向集中是同一市场具有竞争关系的企业之间的并购活动，可以迅速扩大集中后企业的生产规模，降低生产成本，实现规模经济效益。所以，在行业的市场集中度不高的情况下，横向集中有利于改善产业结构。但另一方面，如果一个行业已经有很高的市场集中程度，竞争对手之间再进行横向集中，就会直接减少竞争者数量，减弱竞争强度，或者缔造出有强大市场势力的垄断者，从而破坏市场的有效竞争。因此，横向集中往往是各国反垄断法经营者集中控制制度的主要关注对象。

（二）纵向集中

纵向集中又称垂直集中，是同一产业中处于上下游不同环节的经营者之间的集中。它是经营者向其产品的加工或销售各阶段的延伸，发生在处于生产经营不同阶段的企业之间。

纵向集中有利于企业组织专业化生产和实现产销一体化，从而加速生产经营各环节的配合，节约交易费用，并使企业可以获得相对确定的投入要素供给或者确定的产品市场，消除外部环境中的部分不确定性因素。纵向集中的正面意义很大，对市场竞争的负面影响一般较小。但特定的纵向集中，特别是具有很强市场势力的企业发起的纵向集中，也会产生封锁效应，使参与集中的企业的实际或潜在竞争对手在获取原材料或客户方面受到限制，以达到排挤竞争对手的目的。所以，各国反垄断法经营者集中控制制度对纵向集中也会予以关注。

（三）混合集中

混合集中是指参与集中的企业分别处于不同的行业部门、不同的市场，生产和经营彼此没有关联的产品或服务。混合集中包括三种形式：（1）一种产品的生产者与另一种相关产品的生产者之间进行的产品扩张型混合集中；（2）为扩大经营范围对其尚未渗透的区域市场上生产同类产品的企业进行的市场扩张型混合集中；（3）在生产经营上彼此毫不相干的企业间的纯粹的混合型集中。

企业之间混合集中有利于通过分散投资、多样化经营、降低风险，达到互补资源、优化组合、扩大市场活动范围、增强企业应变能力的目的。混合集中对市场结构的改变一般不会很大，对市场竞争影响较小，因而各国反垄断法对混合集中的控制较为宽松。

第二节　控制经营者集中的事先申报制度

市场经济社会，经营者集中对市场竞争和经济发展首先具有重要的正面意义。经营者之间通过公平竞争、自愿联合，依法实施集中，有利于资源流动和优化配置，有利于企业实现规模经济效益，也有利于企业实现多元化经营，增强抗风险能力。在经济全球化条件下，经营者集中也是企业做大做强，提高国际竞争能力非常重要的途径。但在特定情况下，经营者集中也可能通过迅速推动经济力量的融合，形成或强化集中后企业的市场优势地位甚至支配地位，破坏有效竞争的市场结构，从而进一步引发损害市场竞争和消费者利益的滥用行为或共谋垄断行为的发生。因此，制定了反垄断法的国家或地区，都建立了经营者集中控制制度，以对一部分企图形成或加强市场力量乃至市场支配地位的经营者集中进行控制。

从各国家、地区的反垄断法对经营者集中的控制形式来看，有事后监督审查制和事前申报审查制的区别。[①] 在早期，一般采用事后监督审查制，但目前，很多国家、地区及国际组织都主要采用事前申报审查制度，或称事先申报制度。如德国《反对限制竞争法》在1998 年第六次修订时，就将原来根据企业集中的规模分别实行的事先登记和事后监督审查两种制度，改为单一的事先申报制度。我国《反垄断法》第 26 条第 1 款规定，经营者集中达到国务院规定的申报标准的，应当事先向反垄断执法机构申报，未申报的不得实施集中。显然，我国实行的也是事先申报制度。

① 王先林：《竞争法学》（第 3 版），中国人民大学出版社 2018 年版，第 69 页。

一、经营者集中的申报标准

属于法律规定情形且符合规定条件的经营者集中，原则上都是反垄断法的规制对象。但由于经营者集中经常发生，且大部分对市场竞争都不会产生太大负面影响，而真正损害市场竞争的经营者集中只是其中的少部分，所以各国和地区都为需要引入反垄断法干预的经营者集中规定了适当的申报标准。只有达到申报标准的，才需要进行事先申报。

各国家、地区对经营者集中申报标准的设定有所不同。一种做法是根据当事人的资产总额、销售额或市场份额来设定申报标准，也即当事人规模标准。如根据2005年日本《禁止垄断法》第15条的规定，意图参与合并一方的国内公司，其总资产超过了100亿日元，且另一公司的总资产超过10亿日元时，应向公平交易委员会事先申报。欧盟竞争法则根据销售额设定申报标准。《经营者集中条例》规定，参与集中的所有相关经营者在世界范围内的合计销售额超过50亿欧元，并且相关经营者中至少有两个经营者在欧盟范围内的各自销售额超过2.5亿欧元的，应当向欧盟申报；或者相关经营者在世界范围内的合计销售额超过25亿欧元，在至少三个成员国中的合计销售额均超过1亿欧元，并且相关经营者中至少有两个经营者在至少三个成员国中各自的销售额均超过2 500万欧元的，应当向欧盟申报。在欧盟范围内各自的销售额超过1亿欧元的，也应当向欧盟申报，除非参与集中的各经营者在欧盟销售额的2/3来自同一个成员国。

设定申报标准的第二种做法，则是同时采用当事人规模和交易规模双重标准，也就是在当事人的资产总额、销售额或市场份额之外，另规定交易额标准。具体做法是满足任何一类标准的，都需要事先申报，或者是同时满足两类标准的，才需要事先申报。如美国《克莱顿法》第7A条要求，获取投票权证券和资产符合以下条件的，必须事前申报：一是交易总额超过2亿美元；二是交易总额超过5 000万美元，不足2亿美元，且属于下列情形：取得者的资产额或年度纯销售额在1亿美元以上，被取得者的资产总额或年度纯销售额在1 000万美元以上，或者相反。① 德国《反对限制竞争法》一直采用当事人规模标准，第35条第1款的规定，参与集中的经营者上一年度全球的销售额超过5亿欧元，并且其中至少一个经营者的销售额达到2 500万欧元，另一个经营者销售额达到500万欧元，应该事先申报。2017年德国第九次修订《反对限制竞争法》时，在经营者集中控制制度中新增了交易额标准，作为第35条第1a款。根据该款规定，交易额达到4亿欧元的，经营者就有申报的义务。②

在我国，经营者集中申报标准采用的是单一的当事人规模标准。根据国务院2008年

---

① 2000年修订《哈特-斯科特-罗迪诺反托拉斯改进法》时规定，从2005年起，所有的金额标准都将根据商务部发布的年度国民生产总值的变化进行调整。此后每年1月31日之前，联邦贸易委员会都根据当年国民生产总值相对于2003年9月30日为止的财政年度国民生产总值的变动比例，对申报标准数值进行相应调整并在《美国联邦公报》上公布。参见叶军：《经营者集中法律界定模式研究》，载《中国法学》2015年第5期。

② 周万里：《〈德国反限制竞争法〉的第九次修订》，载《德国研究》2018年第4期。

通过的《关于经营者集中申报标准的规定》，达到下列标准的，应向执法机构申报：（1）参与集中的所有经营者上一会计年度在全球范围内的营业额合计超过 100 亿元人民币，并且其中至少有两个经营者在中国境内的营业额均超过 4 亿人民币；（2）参与集中的所有经营者上一会计年度在中国境内的营业额合计超过 20 亿元人民币，并且其中至少有两个经营者在中国境内的营业额均超过 4 亿人民币。2024 年 1 月 22 日，修订后的《关于经营者集中申报标准的规定》公布，将参与集中经营者的全球合计营业额、中国境内合计营业额和单方中国境内营业额由之前的 100 亿元、20 亿元和 4 亿元人民币，分别提高到 120 亿元、40 亿元和 8 亿元人民币。此外，新规定对超大型集团收购营收较低的初创企业也作了规定：当交易一方经营者上一会计年度中国境内营业额超过 1 000 亿，而另一方经营者的市值或估值不低于 8 亿，且其上一会计年度中国境内营业额占全球营业额 1/3 以上时，也需要进行经营者集中申报。

然而，某些经营者集中虽然未达到申报标准，但也可能具有排除、限制竞争效果，如果不对这类经营者集中进行竞争审查，则经营者集中控制制度就会出现漏洞。因此，《反垄断法》第 26 条第 2、3 款规定："经营者集中未达到国务院规定的申报标准，但有证据证明该经营者集中具有或可能具有限制、排除竞争效果的，执法机构可以要求经营者申报。经营者未按照前两款规定申报的，执法机构应当依法进行调查。"

国家市场监管总局《经营者集中审查规定》对营业额的计算作了具体规定。营业额是相关经营者上一会计年度内销售产品和提供服务所获得的收入，但要扣除相关税金及附加。参与集中的经营者的营业额，应当为该经营者以及申报时与该经营者存在直接或者间接控制关系的所有经营者的营业额总和，但是不包括上述经营者之间的营业额。经营者取得其他经营者的组成部分时，出让方不再对该组成部分拥有控制权或者不能施加决定性影响的，目标经营者的营业额仅包括该组成部分的营业额。参与集中的经营者之间或者参与集中的经营者和未参与集中的经营者之间有共同控制的其他经营者时，参与集中的经营者的营业额应当包括被共同控制的经营者与第三方经营者之间的营业额，此营业额只计算一次，且在有共同控制权的参与集中的经营者之间平均分配。金融业经营者营业额的计算，按照金融业经营者集中申报营业额计算相关规定执行。

一般情况下，如果经营者集中达到国务院规定的申报标准，就应该事先向反垄断执法机构申报，未申报的不得实施集中，这是一项强制性义务。但是，如果准备集中前各个参与者的联合已经达到了控制和从属程度，则这些参与者之间再一次的合并、取得股权或资产等集中行为，并没有实质性地改变集中前的状况，也不会因此对市场产生较之前更大的竞争损害。这些集中前并非独立的参与者的集中行为，可以不向反垄断执法机构申报。具体而言，包括以下两种情况：一是参与集中的一个经营者拥有其他每个经营者 50%以上有表决权的股份或者资产的；二是参与集中的每个经营者 50%以上有表决权的股份或者资产被同一个未参与集中的经营者拥有的。

二、申报主体及申报时机

由于一个集中行为涉及多方主体，不同的集中形式又各有特点，所以法律在确定需要申报的集中行为后，有必要在该集中行为的参与者中确定具体的申报者，以使法定申报义务主体更加明确，并减少当事人之间的交易成本。总体看，各国和地区对申报主体并无一致的确定方法，但通常做法都是按照集中形式的不同而分别规定。

根据《经营者集中审查规定》，通过合并方式实施的经营者集中，合并各方均为申报义务人；其他情形的经营者集中，取得控制权或者能够施加决定性影响的经营者为申报义务人，其他经营者予以配合。同一项经营者集中有多个申报义务人的，可以委托一个申报义务人申报。被委托的申报义务人未申报的，其他申报义务人不能免除申报义务。申报义务人未申报的，其他参与集中的经营者可以提出申报。申报人可以自行申报，也可以依法委托他人代理申报。

对于申报时机，即申报主体应在何时开始向反垄断执法机构申报，《关于经营者集中申报的指导意见》指出，申报人应当在集中协议签署后，集中实施前向国家市场监督管理总局申报。以公开要约方式收购上市公司的，已公告的要约收购报告书可视同为已签署的集中协议。

这里需要注意的是，申报主体在执法机构决定立案审查前，可就已申报或拟申报的经营者集中，向执法机构申请商谈。执法机构将根据商谈申请方提供的信息，就其关心的问题提供指导意见。但商谈不是经营者集中申报的必经程序，由经营者自行决定是否申请商谈。

三、申报内容

按照《反垄断法》第28条及《经营者集中审查规定》第14条的要求，经营者向反垄断执法机构申报集中，应当提交下列文件资料：（1）申报书。申报书应当载明参与集中的经营者的名称、住所（经营场所）、经营范围、预定实施集中的日期，并附申报人身份证件或者登记注册文件，境外申报人还须提交当地公证机关的公证文件和相关的认证文件。委托代理人申报的，应当提交授权委托书。（2）集中对相关市场竞争状况影响的说明。包括集中交易概况；相关市场界定；参与集中的经营者在相关市场的市场份额及其对市场的控制力；主要竞争者及其市场份额；市场集中度；市场进入；行业发展现状；集中对市场竞争结构、行业发展、技术进步、创新、国民经济发展、消费者以及其他经营者的影响；集中对相关市场竞争影响的效果评估及依据。（3）集中协议。包括各种形式的集中协议文件，如协议书、合同以及相应的补充文件等。（4）参与集中的经营者经会计师事务所审计的上一会计年度财务会计报告。（5）市场监管总局要求提交的其他文件、资料。申报人应当对申报文件、资料的真实性、准确性、完整性负责。申报代理人应当协助申报人对申报文件、资料的真实性、准确性、完整性进行审核。

四、执法机构的审查程序和经营者的等待期间

大多数国家和地区的反垄断法都将经营者集中审查分为两个阶段，即初步审查和进一步审查。初步审查的时间较短，一般为 1 个月。在初步审查阶段，执法机构要判断集中是否属于事先申报的适用范围，是否会对相关市场竞争造成严重威胁。如果认为集中对市场竞争没有严重负面影响，则作出批准该集中的决定。一般情况下，反垄断执法机构逾期没有作出决定的，视为批准。反之，如果执法机构认为集中可能对市场竞争造成严重损害，则作出实施进一步审查的决定。进一步审查阶段的时间通常较长。

在执法机构对经营者集中申报进行审查过程中，通常要求经营者一定期限内不得实施该集中，这被称为等待期间。如在欧盟，根据《经营者集中条例》的规定，经营者的等待期间是 3 周，而欧盟委员会实施第一阶段初步审查的期间是 25 日，于委员会收到申报之日的下一个工作日起算。在审查期间内，欧盟委员会对案件进行非实质性审查，并根据不同情况分别作出开始正式审查程序或者对集中不再过问的决定。当决定开始正式审查程序而进入到第二阶段时，必须在 90 个工作日内就该集中计划是否违法作出正式决定，如果没有任何决定，视为认可了该计划。

日本规定，一项打算实施的企业合并，自公平交易委员会正式受理申报之日起 30 日内不得实施。同时，公平交易委员会必须在这一期间内，对该合并计划是否将会实质性地限制一定交易领域内的竞争展开调查，并作出判断。如果该企业合并计划违反了反垄断法，则必须在此期间内作出令其中止的劝告或决定启动裁判程序。如果在此期间内公平交易委员会没有对该合并计划采取任何法律上的措施，就意味着该计划不违法。所以，在日本，经营者的等待期间与主管机关的审查期间是一致的。当公平交易委员会认为必要时可以将等待期间缩短或延长。不过，延长必须征得当事企业的同意，且只能延长至 60 日内。

美国是申报后自动进入 30 天的等待期（现金公开要约收购股权条件下是 15 天）。如果 30 天内不提出异议，集中可以进行；如果执法机构在等待期间终了前要求当事人追加相应的情报资料，则自受理追加资料之日起，可以将等待期间延长 20 天（现金收购情况下是 10 天）。如果当事人在延长期内没有实质性的服从要求，还可以向法院请求再延长。

我国《反垄断法》第 30、31 和 32 条对反垄断执法机构的审查程序和经营者的等待期间作了规定。反垄断执法机构自收到经营者提交的符合规定的文件、资料之日起 30 日内，对申报的经营者集中进行初步审查，作出是否实施进一步审查的决定，并书面通知经营者。反垄断执法机构作出决定前，经营者不得实施集中。反垄断执法机构作出不实施进一步审查的决定或者逾期未作出决定的，经营者可以实施集中。反垄断执法机构决定实施进一步审查的，应当自决定之日起 90 日内审查完毕，作出是否禁止经营者集中的决定，并书面通知经营者。作出禁止经营者集中的决定，应当说明理由。审查期间，经营者不得实施集中。有下列情形之一的，反垄断执法机构经书面通知经营者，可以延长审查期限，但最长不得超过 60 日：（1）经营者同意延长审查期限的；（2）经营者提交的文件、资料不准确，需要进一步核实的；（3）经营者申报后有关情况发生重大变化的。反垄断执法机构逾期未作出决定的，经营者可以实施集中。

我国规定的经营者集中审查总体最长期限为180日，这可能使得执法资源有限的反垄断执法机构在由于经营者的原因出现拖延或者面对复杂案件时，面临较大的时间压力，为此，《反垄断法》规定了审查期限中止制度。有下列情形之一的，执法机构可以决定中止计算经营者集中的审查期限，并书面通知经营者：经营者未按照规定提交文件、资料，导致审查工作无法进行；出现对经营者集中审查具有重大影响的新情况、新事实，不经核实将导致审查工作无法进行；需要对经营者集中附加的限制性条件进一步评估，且经营者提出中止请求。自中止计算审查期限的情形消除之日起，审查期限继续计算，反垄断执法机构应当书面通知经营者。

在反垄断执法机构作出审查决定之前，申报人要求撤回经营者集中申报的，应当提交书面申请并说明理由。经执法机构同意，申报人可以撤回申报。撤回经营者集中申报的，审查程序终止。执法机构同意撤回申报不视为对集中的批准。

五、执法机构的竞争审查

反垄断执法机构对已经立案的经营者集中进行实质性竞争审查，涉及经营者集中的审查标准、竞争损害效果的认定和抗辩、经营者集中的例外豁免等问题，内容较多，将在本章第三节单独予以介绍。

六、审查结果

（一）经营者集中审查决定的三种形式

反垄断执法机构按照法定程序和标准对申报的经营者集中进行审查之后，需要在法定期限内作出审查决定。根据案件情况的不同，审查决定可以采取批准、禁止或附加限制性条件批准的形式。对相关市场竞争没有明显负面影响的经营者集中，反垄断执法机构应作出无条件批准的决定；对那些虽然损害相关市场竞争，但可以通过附加一定的限制性条件减少对竞争的不利影响的，执法机构可以附条件批准；不过经营者集中对相关市场竞争造成严重或实质性损害，又无法通过附加限制性条件减轻竞争损害的，执法机构应予以禁止。

自《反垄断法》颁布实施至今，我国目前仅有可口可乐收购汇源公司案、马士基等3家国际航运企业合营案以及虎牙与斗鱼合并案被反垄断执法机构作出禁止集中的决定，其他案件98%以上被无条件批准。这和欧盟、美国及其他司法辖区的情况基本一致。①

（二）附加限制性条件的种类及操作程序

在《反垄断法》原则性规定的基础上，《经营者集中审查规定》对附加限制性条件的操作程序及可附加的条件种类作了较详细的规定。

根据规定，经过审查，反垄断执法机构认为经营者集中具有或者可能具有排除、限制竞争效果的，应当告知申报人，并设定一个允许参与集中的经营者提交书面意见的合理期限。这种情况下，为减少集中具有或者可能具有的排除、限制竞争效果，参与集中的经营者可以向执法机构提出附加限制性条件承诺方案。执法机构应当对承诺方案的有效性、可

① 王晓晔：《我国反垄断法中的经营者集中控制：成就与挑战》，载《法学评论》2017年第2期。

行性和及时性进行评估，并及时将评估结果通知申报人。执法机构认为承诺方案不足以减少集中对竞争的不利影响的，可以与参与集中的经营者就限制性条件进行磋商，要求其在合理期限内提出其他承诺方案。

经营者在承诺方案中提出的限制性条件，分为结构性条件和行为性条件。附加结构性条件通过对市场结构的直接干预来处理集中可能导致的竞争损害。附加行为性条件通过改变交易当事人或者其他主体的行为来处理集中可能导致的竞争损害。

结构性条件往往涉及参与集中的经营者特定资产产权的转移，典型形式是剥离资产，包括剥离有形资产、知识产权等无形资产或者相关权益。案件处理中，剥离的资产一般应当具有在相关市场开展有效竞争所需要的所有要素，包括有形资产、无形资产、股权、关键人员以及客户协议或者供应协议等权益。剥离对象可以是参与集中经营者的子公司、分支机构或者业务部门。

行为性条件主要对集中后企业行为进行约束。这种约束可以体现为某些行为的积极作为或者消极不作为，不会涉及集中企业资产产权的处分，而只涉及对产权的限制。① 开放网络或者平台等基础设施、许可关键技术（包括专利、专有技术或者其他知识产权）、终止排他性协议等都是典型做法。

经营者提出的承诺方案存在不能实施的风险的，还可以提出备选方案。备选方案应当在首选方案无法实施后生效，并且比首选方案的条件更为严格。

经过审查和评估，对于具有或者可能具有排除、限制竞争效果的经营者集中，参与集中的经营者提出的附加限制性条件承诺方案能够有效减少集中对竞争产生的不利影响的，执法机构可以作出附加限制性条件批准决定。参与集中的经营者未能在规定期限内提出附加限制性条件承诺方案，或者所提出的承诺方案不能有效减少集中对竞争产生的不利影响的，执法机构应当作出禁止经营者集中的决定。

对于附加限制性条件批准的经营者集中，义务人（审查决定中要求履行相关义务的经营者）应当严格履行审查决定规定的义务，并按规定向执法机构报告限制性条件履行情况。

反垄断执法机构可以自行或者通过受托人对义务人履行限制性条件的行为进行监督检查。通过受托人监督检查的，执法机构应当在审查决定中予以明确。受托人包括监督受托人和剥离受托人。监督受托人，是指受义务人委托并经执法机构评估确定，负责对义务人实施限制性条件进行监督并向执法机构报告的自然人、法人或者其他组织。剥离受托人，是指受义务人委托并经执法机构评估确定，在受托剥离阶段负责出售剥离业务并向执法机构报告的自然人、法人或者其他组织。

七、经营者违反事先申报规定的法律责任

根据我国《反垄断法》的规定，经营者集中达到申报标准的，应当向执法机构申报，没有申报的不得实施集中；反垄断执法机构在对经营者集中的申报进行审查期间，经

① 韩伟：《经营者集中附条件法律问题研究》，法律出版社2013年版，第50页。

营者不得实施集中；执法机构审查后作出禁止集中的决定的，经营者不得实施集中。

经营者违反以上强制性规定实施集中的，构成违法行为，需承担法律责任。《反垄断法》第58条规定，经营者违反本法规定实施集中，且具有或者可能具有排除、限制竞争效果的，由国务院反垄断执法机构责令停止实施集中、限期处分股份或者资产、限期转让营业以及采取其他必要措施恢复到集中前的状态，处上一年度销售额10%以下的罚款；不具有排除、限制竞争效果的，处500万元以下的罚款。

经营者未经申报或未经过审查期间就进行了集中，后来被执法机构立案查处的，一律应受到行政处罚，但集中行为是否一律无效从而要采取必要措施恢复到集中前的状态，这一点一直存在争议。一种观点认为，既然事先申报是强制性的，凡是应申报的集中未经申报而实施集中的，在任何情况下都不得视为有效。另一种观点认为，从整体法律秩序而言，应考虑法律的安定性，尽可能使集中行为有效，然后再通过行政责任解决问题。[①] 在德国，一些法院判例提出，本应进行申报的经营者集中未申报进行集中后，如果事实上集中不影响市场竞争，该集中可以被视为有效。这种做法无疑可以稳定集中后的经营者以自己的名义与第三人的交易，有利于交易安全，也不会导致因强行恢复原状而出现的资源浪费。所以比较合理的做法是，经营者集中应申报而未申报的，当该项集中经评估发现严重损害竞争时，才应该将该集中解散或采取相应措施恢复到集中前的状态。[②] 我国《反垄断法》2022年修改后，对上述争议给予了明确答案。

此外，我国《反垄断法》的规定也存在需进一步完善的空间，例如，“经营者违反本法规定实施集中”的情形，除没有申报就实施集中、没有经过审查期间就实施集中、违反禁止决定实施集中之外，还存在为获取申报通过进行虚假申报的情形，但这里并没有将其纳入其中。而欧盟《经营者集中条例》规定，对故意或过失提供不正确的信息资料的经营者，处营业额1%以下的罚款。日本《禁止垄断法》规定，对合并申报中进行虚假陈述的相关当事人处200万日元以下的处罚，而且即使经过了审查期限，公平交易委员会仍然可以对该企业决定启动裁判程序。

第三节　经营者集中的竞争审查

经营者集中的竞争审查，是指反垄断执法机构受理经营者集中申报后，按照法律规定的标准，考虑各种相关因素，对集中是否会限制相关市场竞争作出判断，对集中的竞争损

① 时建中主编：《反垄断法——法典释评与学理探源》，中国人民大学出版社2008年版，第291页。

② 从执法实践看，我国也是采用这种做法。国家市场监管总局查处的违反申报义务案件，绝大部分经营者集中对相关市场竞争不具有排除、限制效果，所以都是予以罚款处理，并没有要求恢复到集中前的状态。但2021年市场监管总局对腾讯收购中国音乐集团案的处理，采取了恢复相关市场竞争状态的措施。该案中，2016年腾讯获得中国音乐集团61.64%的股权，双方营业额达到了事先申报标准，但没有履行申报义务。2021年市场监管总局立案调查后，认定该案构成违法实施的经营者集中，具有或可能具有排除、限制竞争的效果，决定对腾讯公司罚款50万元，并责令其不得与上游版权方达成或变相达成独家版权协议或其他排他性协议，已经达成的须在30日内解除。不过该案中并没有要求腾讯公司限期处分已取得的股份以恢复到集中前的状态。

害效果与积极影响进行权衡，进而作出最终决定的过程。

一、竞争审查标准

经营者集中的竞争审查标准，是反垄断执法机构对依法申报的经营者集中进行审查，并作出是否允许该集中进行的标准。由于审查标准决定一项集中行为是否具有违法性，也被称为违法性判断标准。①

经营者集中的竞争审查标准是控制经营者集中的基本依据，是各国（地区）反垄断法经营者集中控制制度体系的核心，集中控制的全部竞争评估和整体分析框架都建立在审查标准的基础之上。世界各国（地区）的竞争审查标准不尽相同，同一国家（地区）在不同时期的竞争审查标准也会有所差异和变化。

（一）美国和欧盟的竞争审查标准

美国的经营者集中竞争审查标准是"实质减少竞争标准"（Substantially Lessen Competition）。根据 1914 年《克莱顿法》第 7 条的规定，如果并购造成实质性减少竞争的效果或者旨在形成垄断，任何人不得直接或间接并购其他人的全部或部分资产。该法首次确立了经营者集中控制的"实质减少竞争标准"。后来该标准又在一些判例及合并指南中得到进一步的确认和体现。例如，1956 年最高法院在杜邦公司案的判决中指出，《克莱顿法》第 7 条的目的是在早期阻止实质性减少竞争的行为。实质减少竞争标准至今仍是美国控制经营者集中的基本依据，在形式上没有发生任何变化，当然在内在含义和执法实践方面也会存在一些发展变化。

欧盟 1989 年的《经营者集中条例》确立了经营者集中竞争审查的"市场支配地位标准"：一项具有共同体规模的企业集中，如使企业产生或加强支配地位并严重妨碍共同体市场或其相当部分的有效竞争，则宣布该集中与共同体市场不相容。根据该标准，欧盟委员会对经营者集中的审查是从市场集中（体现为市场份额）开始的，着重考察企业并购前后市场集中程度的变化，是否会导致创设或强化原有的市场支配地位，再考察共同体的市场竞争是否因创设或强化原有市场支配地位而受到显著妨碍。欧盟在强调形成或强化市场支配地位的同时，虽然也规定了要分析其是否会造成对有效竞争的严重阻碍，但市场支配地位仍是主要标准，对有效竞争的严重阻碍仅是附随标准。

市场支配地位标准过分依赖支配性地位去认定经营者集中的反竞争性，不可避免地带来一个很大的缺陷：尽管不产生或增强支配性地位，但仍具有严重损害竞争效果的集中，将不被禁止。鉴于此，为弥补市场支配地位标准的缺陷，2004 年的《经营者集中条例》改采"严重妨碍有效竞争标准"，即如果一项集中，尤其是因其创设或强化经营者的支配性地位而严重妨碍共同体市场或其相当部分地域的有效竞争，则宣布该集中与共同体市场不相容。

严重妨碍有效竞争标准与市场支配地位标准存在重大区别。在市场支配地位标准下，重点是证明集中创设或强化了市场支配地位，并在结果上严重损害了共同体市场或其

① 吴振国、刘新宇：《企业并购反垄断审查制度之理论与实践》，法律出版社 2012 年版，第 47 页。

相当部分地域的有效竞争，前者是原因，后者是结果。在严重妨碍有效竞争标准下，严重损害了共同体市场或其相当部分地域的有效竞争作为结果，创设或强化市场支配地位仅是一项主要原因，而不是唯一的原因。也就是说，一项集中是否产生反竞争后果，核心问题是并购后市场是否仍保持充分的竞争，即主要视其效果是否严重损害竞争，而不管其是否创设或强化市场支配地位。

美国的实质减少竞争标准与欧盟的严重妨碍有效竞争标准虽然在文字表述上有所不同，但都强调集中对竞争的严重损害后果。

（二）我国的竞争审查标准

我国《反垄断法》第 34 条规定，经营者集中具有或者可能具有排除、限制竞争效果的，国务院反垄断执法机构应当作出禁止经营者集中的决定。但是，经营者能够证明该集中对竞争产生的有利影响明显大于不利影响，或者符合社会公共利益的，国务院反垄断执法机构可以作出对经营者集中不予禁止的决定。该条第一句话是关于经营者集中竞争审查标准的规定。根据此条规定，人们一般将我国经营者集中的竞争审查标准归纳为“排除限制竞争标准”。学界一般认为，立法条文对审查标准的这种表述缺乏足够的指引性。[①] 因为从字面理解，凡是具有或者可能具有排除、限制竞争效果的经营者集中，一律应被禁止。这种做法显然过于绝对而不可能实现。因为市场上发生的任何一起经营者集中，单从减少竞争者数目来看，就会在一定程度上减弱相关市场竞争的强度，更别说有大企业参与的集中，特别是达到申报门槛的经营者集中，或多或少都会在一定程度上减弱市场竞争，尤其是可能对其他较小实力竞争者产生排挤效应，这些情况下，一律予以禁止显然是不现实的。事实上，从我国反垄断执法实践来看，也只是针对极少数竞争损害非常严重的企业并购进行了干预，而绝大部分经营者集中都是无条件批准放行。所以现行立法关于禁止标准的规定从字面上非常容易让人产生误解，不过实务中我国的执法机构仍是在竞争损害程度很严重时才禁止或附条件批准一项经营者集中。

二、竞争审查的考量因素

经营者集中的竞争审查标准较为原则，各国家和地区通常会在反垄断法律或相关指南中对竞争审查需要考虑的因素作出进一步规定，以便为反垄断执法机构的竞争评估工作提供较明确的指引，也为经营者的竞争合规建设提供参考。

美国联邦贸易委员会和司法部于 2023 年 12 月联合发布了《2023 年合并指南》，该指南为美国联邦反垄断执法机构审查并购交易、认定竞争影响确定了 11 项核心原则：（1）合并显著提高了高度集中市场的市场集中度的，被推定为非法；（2）合并消除了企业间的实质竞争的，可能违法；（3）合并增加协同行为的风险的，可能违法；（4）合并在市场结构集中情形下消除潜在市场进入的，可能违法；（5）合并导致某企业可能会限制竞争对手获取开展竞争所需产品或服务的，可能违法；（6）合并巩固或扩大市场支配地位的，可能违法；（7）当某行业出现集中趋势时，应考虑合并是否会增加显著弱化竞争或形

① 丁茂中：《论我国经营者集中控制制度的立法完善》，载《法商研究》2020 年第 2 期。

成垄断的风险；（8）如果某项合并是多重合并系列交易的一部分，可以审查整个系列交易；（9）合并涉及多边平台的，则审查平台间、平台内或取代平台的竞争；（10）当涉及具有竞争关系的买方合并时，审查是否会实质性弱化劳动力市场、创造者市场、供应方市场以及其他卖方市场的竞争；（11）当收购涉及部分所有权或少数股权时，则审查其对竞争的影响。

欧盟《经营者集中条例》指出，经营者集中审查时应当考虑下列因素：第一，在共同市场内，特别是从所有相关市场结构和企业所处的欧盟内部或外部市场的实际或潜在竞争的角度，维护和发展有效竞争的需要；第二，相关企业的市场地位及其经济和资金影响力，供应商和用户的选择权及市场进入的障碍，相关产品或服务的供求趋势，中间商和最终消费者的利益，技术和经济的进步给消费者带来的实惠，等等。

我国《反垄断法》第33条规定，审查经营者集中，应当考虑下列因素：（1）参与集中的经营者在相关市场的市场份额及其对市场的控制力；（2）相关市场的市场集中度；（3）经营者集中对市场进入、技术进步的影响；（4）经营者集中对消费者和其他有关经营者的影响；（5）经营者集中对国民经济发展的影响；（6）国务院反垄断执法机构认为应当考虑的影响市场竞争的其他因素。

国家市场监管总局颁布的《经营者集中审查规定》、国务院反垄断委员会颁布的《关于平台经济领域的反垄断指南》，对在实务中如何具体把握这些考虑因素又作了更为细致的指引性规定。

评估参与集中的经营者对市场的控制力，可以考虑参与集中的经营者在相关市场的市场份额、产品或者服务的替代程度、控制销售市场或者原材料采购市场的能力、财力和技术条件、掌握和处理数据的能力，以及相关市场的市场结构、其他经营者的生产能力、下游客户购买能力和转换供应商的能力、潜在竞争者进入的抵消效果等因素。评估相关市场的市场集中度，可以考虑相关市场的经营者数量及市场份额等因素。

评估经营者集中对市场进入的影响，可以考虑经营者通过控制生产要素、销售和采购渠道、关键技术、关键设施等方式影响市场进入的情况，并考虑进入的可能性、及时性和充分性。平台经济领域中，可以考虑市场准入情况，经营者获得技术、知识产权、数据、渠道、用户等必要资源和必需设施的难度，进入相关市场需要的资金投入规模，用户在费用、数据迁移、谈判、学习、搜索等各方面的转换成本。

评估经营者集中对技术进步的影响，可以考虑经营者集中对技术创新动力、技术研发投入和利用、技术资源整合等方面的影响。平台经济领域中，可以考虑现有市场竞争者在技术和商业模式等创新方面的竞争，对经营者创新动机和能力的影响，对初创企业、新兴平台的收购是否会影响创新。

评估经营者集中对消费者的影响，可以考虑经营者集中对产品或者服务的数量、价格、质量、多样化等方面的影响。平台经济中，可以考虑集中后经营者是否有能力和动机以提高商品价格、降低商品质量、减少商品多样性、损害消费者选择能力和范围、区别对待不同消费者群体、不恰当使用消费者数据等方式损害消费者利益。

评估经营者集中对其他有关经营者的影响，可以考虑经营者集中对同一相关市场、上下游市场或者关联市场经营者的市场进入、交易机会等竞争条件的影响。

评估经营者集中对国民经济发展的影响，可以考虑经营者集中对经济效率、经营规模及其对相关行业发展等方面的影响。

评估经营者集中的竞争影响，还可以综合考虑集中对公共利益的影响、参与集中的经营者是否为濒临破产的企业等因素。

要注意的是，对涉及双边或者多边平台的经营者集中，可能还需要综合考虑平台的双边或者多边业务，以及经营者从事的其他业务，并对直接和间接网络外部性进行评估。

三、竞争审查的基本分析框架

各主要国家和地区对经营者集中竞争审查标准的规定有一定的差异，对竞争审查应考虑因素的规定也不完全一致，但基本分析框架在很大程度上具有一致性。一般都是从界定相关市场、计算市场份额、考察市场集中度入手，对整个市场竞争状况进行研判，然后分析特定经营者集中个案在该相关市场的潜在反竞争效应，同时对反竞争效应的抵消、抗辩因素进行权衡，最后对经营者集中是否严重损害相关市场竞争作出综合性结论。

（一）市场份额和市场集中度分析

界定相关市场、计算市场份额、考察市场集中程度是经营者集中竞争审查的第一步。市场份额、市场集中度是相关市场竞争状况的主要衡量因素。一般而言，参与集中的企业所占市场份额越大、相关市场的集中度越高，该项集中具有严重损害竞争效果的可能性就会越大；反之，参与集中的企业所占市场份额越小，相关市场的集中度越低，该项集中的反竞争效果就越小。所以在进行经营者集中的竞争审查时，首先要考虑市场份额和市场集中度。

对市场集中度的量化计算方法主要有两种：一是行业集中率（CRn），二是赫芬达尔-赫希曼指数（HHI）。行业集中率是指该行业的相关市场内前 N 家最大的企业所占市场份额的总和，如 CR5 是指 5 家最大的企业占有该相关市场的份额。赫芬达尔-赫希曼指数是一种平方计算法，即在一个经过界定的市场上，将所有企业的市场份额平方后再相加。显然，行业集中率不需要考虑这个行业相关市场中参与竞争的全体经营者，赫芬达尔-赫希曼指数则综合地反映了全体经营者的数目和相对规模，其中大企业的市场份额对市场集中度影响较大，小企业对市场集中度的影响则很小。

美国 20 世纪六七十年代倾向于用行业集中率观察市场集中度，基于赫芬达尔-赫希曼指数显而易见的优点，20 世纪 80 年代以来，赫芬达尔-赫希曼指数成为最重要的考察标准。2010 年美国《横向并购指南》对赫芬达尔-赫希曼指数的量化情况进行了修订，2023 年《合并指南》再次强调了赫芬达尔-赫希曼指数的重要意义，明确合并后 HHI 超过 1 800 和 HHI 变动大于 100 时，或者合并后公司的市场份额大于 30%和 HHI 的变动大于 100 时，可以视为达到结构性垄断推定的阈值，表明兼并的效果可能是消除兼并各方之间的实质性竞争，并可能加强兼并后剩余竞争者之间的协调。当然这种假定可以被推翻，超过这些阈值的集中度指标越高，这种市场结构分析表明的竞争风险就越大，反驳或推翻这种分析所需的证据就应越充分。

赫芬达尔-赫希曼指数是一个很有价值的参考方法，我国经营者集中反垄断执法实践中也常常采用这一分析方法。

（二）潜在的反竞争效果分析

市场份额和市场集中度考量只是分析一项经营者集中的竞争影响之起点。在最终决定是否要禁止一项集中之前，反垄断执法机构还要进行进一步的竞争审查，其中非常重要的一点就是分析集中的潜在反竞争效果。经营者集中可能导致的反竞争效果，主要体现在单边效应、协同效应和封锁效应等方面。

单边效应是指集中后的企业有可能脱离其他企业的竞争约束独立行动，将价格提升到相对于集中前更高的水平，或者减少产量、降低质量、减少创新，在获取垄断利润的同时，损害消费者福利。横向集中容易出现单边效应，因为集中产生或加强了单一企业的市场地位，使其有能力限制竞争。出现单边效应的横向集中案中，集中后的经营者的市场份额，往往比它的最大竞争对手拥有的市场份额要大得多。

协同效应是指集中导致相关市场的竞争者数量减少，使得企业之间能够更便利地相互进行合作，从而共同排除限制竞争。横向集中往往导致市场竞争结构发生变化，竞争对手数量减少，可能使得此前没有进行协作的企业有动机去协调其行为，如共同提高价格、限制产量等。横向集中也可能提高那些在集中前就有协调行为的经营者之间协作的程度，使得集中后这些企业的合作更容易、更稳定。

封锁效应出现在纵向集中案件中。对纵向集中而言，封锁是指集中使得参与集中的经营者的实际或潜在竞争对手在获取原材料或客户方面受到限制，削弱竞争对手参与市场竞争的能力。如某一重要原材料生产企业与某一下游企业并购后，可能使得下游企业的竞争对手以后难以获得重要的原材料，参与集中的企业从而在下游市场获得或增强了市场势力。

（三）反竞争效果的抵消和抗辩

分析经营者集中的反竞争效果，只是对经营者集中可能的负面影响的判断认定，而一项经营者集中是否应该被禁止或批准，是对其正负效应进行综合性分析的结果。所以，在具体案件中，执法机构如果认定一项集中将产生严重的反竞争效果，还要进行下一步的对竞争积极影响的正面分析。这种对竞争的积极影响，就是反竞争效应的抵消因素。通过对反竞争效应和抵消因素的综合权衡，反垄断执法机构才能得出经营者集中是否会对相关市场竞争产生严重损害后果的结论。

经营者集中反竞争效应的抵消因素，包括多方面内容的考量。例如，新的市场进入及时、充分，能够在很大程度上削弱集中后企业的市场势力，存在强大的买方力量能够对集中后企业的市场势力予以一定的竞争约束，等等。其中，经营者集中特有的效率是竞争审查中通常要考虑的一个最重要的方面。

反垄断执法机构进行竞争审查时考量集中所带来的特有的效率是许多国家和地区的普遍做法。所谓集中特有的效率，是指经营者集中所带来的配置效率、生产效率或创新效率的提高，这些效率无法通过对竞争限制更小的非集中方式（如合作协议）或集中性的其他方式（如只能通过合并而不能通过合资）实现。从欧盟《横向集中评估指南》、美国《合并指南》及其他国家和地区的相关规定来看，能够被反垄断执法机构认可的效率，必须符合以下要件：第一，效率须是集中所特有的，无法通过其他反竞争性更小的方式（如合作、专业化协议等）实现；第二，效率应可证实，企业应提供管理层决定集中的内部文件、企业会计报表、外部专家的咨询研究材料等证据证实效率主张，使执法机构可以通过合理方式，确认所宣称效率的可能性和幅度，如果效率主张太过模糊且具有猜测性，无法通过合理方式被证实，这类效率主张将不会被考虑；第三，效率应能够传递给消费者，多数国家对效率分析采用消费者福利标准，要求集中参与方证明与效率有关的成本节约会通过降价、增加产出或改善质量方式传递给消费者。

四、经营者集中的豁免

经营者集中豁免，是指已经申报审查的经营者集中，虽然会产生严重限制、排除市场竞争的效果且符合法律规定的禁止标准，但出于某种特定原因，反垄断执法机构网开一面，准予集中进行。豁免的前提是，一项经营者集中经过执法机构在竞争审查中的综合权衡评估，被认定会产生严重损害市场竞争的后果，按法律规定的标准应该被禁止。否则，如果一项集中对市场竞争影响不大或没有影响，没有达到禁止标准，就不应该被禁止，也就谈不上豁免。

我国《反垄断法》第 34 条规定，经营者集中具有或者可能具有排除、限制竞争效果的，国务院反垄断执法机构应当作出禁止经营者集中的决定。但是，经营者能够证明该集中对竞争产生的有利影响明显大于不利影响，或者符合社会公共利益的，国务院反垄断执法机构可以作出对经营者集中不予禁止的决定。该条规定了经营者集中豁免的两种情形：一是符合社会公共利益；二是有利影响明显大于不利影响。能够证明符合其中任何一种情形的，原本应该被禁止的经营者集中，可以被豁免。

目前有争论的是，效率抗辩本质上是不是一种豁免机制。不少学者习惯上将竞争评估的效率考量称为效率抗辩，而且倾向于将效率抗辩作为针对竞争效果分析所确认损害的一种对抗机制，而不是将其作为案件审查中竞争效果分析的一个组成部分。这导致的实际效果是，如果竞争评估可能产生严重竞争损害，可通过效率抗辩寻求豁免。

由于抗辩本身就有对不利结果表达不服、进行抗争的意味，不少人赞同将效率抗辩等同于一种豁免机制。实际上，这是一种误解。在最先将效率分析引入竞争评估的美国，对此有明确的见解。在 1991 年的美国联邦贸易委员会诉大学健康公司案（FTC v. University Health Inc.）中，法院指出，效率不应作为已经被认定为反竞争的抗辩，相反应纳入竞争效果分析中，用于反驳基于市场份额推定的初步证据案件。[①] 在美国司法实践中，“效率永远不能用来解释产生垄断或者可能产生垄断的合并是正当的”，[②] “法院还没有在哪个案件中基于效率主张而批准反竞争性的并购”[③]。这也说明，美国法律中所谓的效率抗

① 转引自韩立余：《经营者集中救济制度》，高等教育出版社 2011 年版，第 152 页。

② 黄晋：《合并控制法：以美国和欧盟为视角》，社会科学文献出版社 2013 年版，第 137 页。

③ 美国律师协会反垄断分会编：《合并与收购：理解反垄断问题》（第 3 版），黄晋译，北京大学出版社 2012 年版，第 189 页。

辩，并不是针对已被认定为严重损害竞争的经营者集中的一种豁免机制。

本书认为，在本质上，效率分析与反竞争效应分析共同组成了竞争审查的完整内容，其中效率是权衡因素，若效率所得大于或超过竞争损害的后果，集中将不被禁止。总体看，效率抗辩是一个竞争政策框架内的事实判断过程，而豁免制度，特别是公共利益豁免则超出竞争政策框架，在更广泛范围内进行价值判断，是竞争政策与其他公共政策的协调过程。① 当竞争评估的结论是该项集中应予禁止，但若从其他公共政策角度考虑有利于公共利益时，则应网开一面，不予禁止。

五、我国经营者集中的分级分类审查

我国《反垄断法》第 37 条规定了经营者集中的分级分类审查制度，即国务院反垄断执法机构应当健全经营者集中分类分级审查制度，依法加强对涉及国计民生等重要领域的经营者集中的审查，提高审查质量和效率。

所谓经营者集中的分类审查，就是要关注不同行业经营者集中的特点，加强对重点行业的经营者集中审查。2022 年 4 月发布的《中共中央国务院关于加快建设全国统一大市场的意见》明确要求"健全经营者集中分类分级反垄断审查制度"，以及"加强对金融、传媒、科技、民生等领域以及涉及初创企业、新业态、劳动密集型行业的经营者集中审查"。

所谓经营者集中的分级审查，主要是指针对不同规模的经营者集中，由不同层级的反垄断执法机构负责审查。目前我国经营者集中审查属于中央事权，但是中央反垄断执法机构力量有限，而经营者集中案件数量日益增多，垄断协议和滥用市场支配地位的反垄断执法权普遍下放至省级反垄断执法机构，经营者集中反垄断审查的权力也需要部分下放，以发挥地方反垄断执法机构的积极性，同时可以使中央反垄断执法机构集中力量办理重大案件。

根据分级分类审查的要求，国家市场监管总局于 2022 年 7 月发布《关于试点委托开展部分经营者集中案件反垄断审查的公告》，明确试点北京、上海、广东、重庆、陕西等 5 个省（直辖市）市场监督管理部门（以下统称"试点省级市场监管部门"）实施部分经营者集中案件反垄断审查。在试点期间，市场监管总局根据工作需要，将部分符合下列标准之一的适用经营者集中简易程序的案件委托试点省级市场监管部门负责审查：（1）至少 1 个申报人住所地在该部门受委托联系的相关区域（以下简称相关区域）的；（2）经营者通过收购股权、资产或者合同等其他方式取得其他经营者的控制权，其他经营者的住所地在相关区域的；（3）经营者新设合营企业，合营企业住所地在相关区域的；（4）经营者集中相关地域市场为区域性市场，且该相关地域市场全部或主要位于相关区域的；（5）市场监管总局委托的其他案件。试点单位管辖区域范围详见表 19-1。

---

① 刘桂清：《反竞争经营者集中的公共利益辩护：路径选择与制度建构》，载《政法论坛》2016 年第 5 期。

表 19-1　试点省级市场监管部门及相关区域

序号	试点单位	相关区域
1	北京市市场监督管理局	北京、天津、河北、山西、内蒙古、辽宁、吉林、黑龙江
2	上海市市场监督管理局	上海、江苏、浙江、安徽、福建、江西、山东
3	广东省市场监督管理局	广东、广西、海南
4	重庆市市场监督管理局	河南、湖北、湖南、重庆、四川、贵州、云南、西藏
5	陕西省市场监督管理局	陕西、甘肃、青海、宁夏、新疆

同时，公告也对委托审查流程、异议受理等事项作了规定。从实际效果看，试点审查较好地分担了总局的审查压力，提升了审查效率，也锻炼了相关试点省市反垄断执法队伍，整体效果良好。

案例研习

1. 腾讯控股有限公司收购中国音乐集团股权违法实施经营者集中案①

2016 年 7 月 12 日，腾讯将 QQ 音乐业务投入中国音乐集团，获得中国音乐集团 61. 64%股权，取得对中国音乐集团的单独控制权。2016 年 12 月，整合后的中国音乐集团更名为腾讯音乐娱乐集团。2017 年 12 月 6 日，交易完成股权变更登记手续。腾讯 2015 年全球营业额为 1028. 63 亿元，中国境内营业额为 962. 51 亿元，中国音乐集团 2015 年全球及中国境内营业额均为（略），达到《国务院关于经营者集中申报标准的规定》第 3 条规定的申报标准，属于应当申报的情形。但 2017 年 12 月 6 日，腾讯完成股权变更登记，在此之前未向国家市场监管总局申报，违反《反垄断法》的规定，构成违法实施的经营者集中。

国家市场监管总局根据相关法律规定，同时考虑平台经济特点，在经济学分析和问卷调查基础上，将本案相关商品市场界定为交易双方存在横向重叠的中国境内网络音乐播放平台市场。在此基础上，集中后实体在相关市场具有较高市场份额，导致相关市场主要竞争对手减少，可能进一步提高相关市场进入壁垒。据此，市场监管总局对腾讯作出如下处理决定：

（1）责令腾讯及其关联公司采取以下措施恢复相关市场竞争状态：第一，不得与上游版权方达成或变相达成独家版权协议（版权范围包括所有音乐作品及录音制品的信息网络传播权）或其他排他性协议，已经达成的，须在本决定发布之日起 30 日内解除，与独立音乐人或新歌首发的独家合作除外。与独立音乐人的独家合作期限不得超过 3 年，与新歌首发的独家合作期限不得超过 30 日。第二，没有正当理由，不得要求或变相要求上游版

① 参见国家市场监督管理总局行政处罚决定书（国市监处〔2021〕67 号）。

权方给予当事人优于其他竞争对手的条件，包括但不限于授权范围、授权金额、授权期限等，或与之相关的任何协议或协议条款。已经达成的，须在本决定发布之日起30日内解除。第三，依据版权实际使用情况、用户付费情况、歌曲单价、应用场景、签约期限等因素向上游版权方报价，不得通过高额预付金等方式变相提高竞争对手成本，排除、限制竞争。

（2）处以50万元罚款。

（3）依法申报经营者集中。

（4）依法合规经营，建立健全公平参与市场竞争的长效机制。

问题：

（1）本案中经营者集中审查决定的形式是什么？

（2）我国经营者集中事先申报制度采用哪一标准？

（3）国家市场监管总局“责令腾讯及其关联公司采取以下措施恢复相关市场竞争状态”，相关具体措施属于行为性救济措施还是结构性救济措施？

2. 虎牙公司与斗鱼国际控股有限公司经营者集中禁止案[①]

2020年11月16日，国家市场监管总局收到腾讯控股有限公司提交的虎牙公司与斗鱼国际控股有限公司合并案的经营者集中反垄断申报，这一申报后被撤回。2021年6月24日，市场监管总局对申报方的再次申报予以立案审查。国家市场监管总局的基本论证思路如下：在相关市场上，虎牙和斗鱼在游戏直播、娱乐直播、电商直播和短视频市场存在横向重叠，腾讯在游戏直播的上游从事网络游戏运营服务。本案所涉相关业务均需取得我国监管机构准入许可，且主要面向国内用户，使用中文制作。因此，上述商品的相关地域市场均界定为中国境内。在竞争分析上，一方面，集中将强化腾讯在中国境内游戏直播市场上的支配地位，具有排除、限制竞争效果；另一方面，集中将使腾讯在上游中国境内网络游戏运营服务市场和下游中国境内游戏直播市场拥有双向封锁能力，可能具有排除、限制竞争效果。

审查过程中，市场监管总局将本案具有或者可能具有排除、限制竞争效果的审查意见及时告知申报方，并与申报方就如何减少该经营者集中对竞争产生的不利影响等有关问题进行了多轮商谈。申报方提交了多轮附加限制性条件承诺方案，市场监管总局按照《反垄断法》《经营者集中审查暂行规定》，重点从承诺方案的有效性、可行性和及时性方面进行了评估。经评估，市场监管总局认定，申报方提交的承诺方案不能有效减少集中对中国境内游戏直播市场和网络游戏运营服务市场竞争的不利影响。鉴于此项经营者集中对中国境内游戏直播市场和网络游戏运营服务市场具有或者可能具有排除、限制竞争的效果，申报方未能证明集中对竞争产生的有利影响明显大于不利影响，或者符合社会公共利益，且申报方提交的承诺方案无法有效减少集中对竞争产生的不利影响，市场监管总局决定禁止此项经营者集中。

① 参见《市场监管总局关于禁止虎牙公司与斗鱼国际控股有限公司合并案反垄断审查决定的公告》。

问题：

（1）简述本案经营者集中的申报审查程序。

（2）从本案看，经营者集中豁免的法定情形为何？若满足豁免条件，国务院反垄断执法机构是“应当”还是“可以”作出不予禁止的决定？

本章思考题

1. 简述经营者集中的概念和表现形式。
2. 简析经营者集中的类型及对市场竞争的影响。
3. 简述经营者集中事先申报制度的主要内容。
4. 简析我国经营者集中的申报标准。
5. 简析经营者集中控制的竞争审查标准。
6. 简述经营者集中竞争审查的整体分析框架。
7. 简述经营者集中附条件批准制度。

拓展阅读　　即测即评

第二十章　行政性垄断控制制度

第一节　行政性垄断的基础理论

在立法层面，国家先后出台了一系列法律法规对行政性垄断进行治理。1980 年 10 月国务院发布的《关于开展和保护社会主义竞争的暂行规定》首次提出了反对行政性垄断的任务，规定“开展竞争必须打破地区封锁和部门分割。任何地区和部门都不准封锁市场，不得禁止外地商品在本地区、本部门销售”。1993 年《反不正当竞争法》首次以法律形式直接规制了行政性垄断，该法第 7 条规定，“政府及其所属部门不得滥用行政权力，限定他人购买其指定的经营者的商品，限制其他经营者正当的经营活动。政府及其所属部门不得滥用行政权力，限制外地商品进入本地市场，或者本地商品流向外地市场”，目前该条款已被修订废止。2007 年的《反垄断法》虽未直接使用“行政性垄断”这一术语，但该法第 8 条实际上阐释了行政性垄断的行为样态和界定要件，即“行政机关和法律、法规授权的具有管理公共事务职能的组织不得滥用行政权力，排除、限制竞争”。

一、行政性垄断的界定

行政性垄断术语的来源不同于滥用市场支配地位、经营者集中和垄断协议等概念，其并非移植域外法律制度的结果。行政性垄断是我国学者在进行反垄断法的实践和理论研究中，立足本国市场竞争情况，对特殊垄断样态的概括说明。

（一）行政性垄断的概念

对于法学来说，解决法律问题不可缺少的工具之一就是概念。如果缺失限定严格的概念，我们便不能清楚和理性地思考法律问题。[①] 关于行政性垄断概念，目前尚未形成完全一致的表述，较早提出行政性垄断概念的是一名经济学学者，其主张行政性垄断是指那些利用行政手段和严格等级制式的行政主体所维持的垄断。[②] 此后法学界尤其是经济法学界也开始使用行政性垄断术语、探究行政性垄断现象、研究行政性垄断概念，学者们各抒己见，形成了众多观点。有学者认为行政性垄断是指政府和政府部门滥用行政权，排除、限制企业之间的合法竞争；[③] 有学者认为行政性垄断是行政主体滥用行政权力实施的排除、

---

① ［美］E. 博登海默：《法理学：法学哲学与法律方法》，邓正来译，中国政法大学出版社 1999 年版，第 486 页。

② 胡汝银：《竞争与垄断：社会主义微观经济分析》，上海三联书店 1988 年版，第 48 页。

③ 王保树：《论反垄断法对行政垄断的规制》，载《中国社会科学院研究生学报》1998 年第 5 期。

限制市场竞争的行为;[①] 有学者认为行政性垄断是指行政主体没有法律、行政法规依据，利用行政权力，采取的限制正常市场竞争的活动;[②] 有学者认为行政性垄断是指市场经营主体依赖或借用行政机关和公共组织滥用之行政权力，排除或限制竞争而形成的垄断。[③] 透过上述学者的观点不难发现，学者们关于行政性垄断概念的表述虽存在差异，但旨意相似，即界定行政性垄断的关键要件有二：一是主体，行政性垄断的主体是行政主体，不论是“政府和政府部门”还是“行政机关和公共组织”等，行政性垄断主体一定享有某种行政权力；二是后果，享有行政权力的主体所实施的垄断行为必然造成排除、限制竞争的结果，具备危害性。

本书依据《反垄断法》的表述，将行政性垄断界定为行政机关和法律、法规授权的具有管理公共事务职能的组织滥用行政权力，实施排除或限制竞争的垄断行为。

（二）行政性垄断的特征

随着行政性垄断实践与理论研究的不断深入，在与诸如滥用市场支配地位等其他受《反垄断法》规制的垄断形式进行比照、概括的抽象研究下，产生了关于行政性垄断特征的理论表达，具言之：

1. 行政性垄断的主体特定

行政性垄断的实施者是行政机关和法律、法规授权的具有管理公共事务职能的组织，这与垄断协议等的实施主体是经营者截然不同。具备行政权力是行政性垄断行为成立必不可少的要件，只有当政府及其部门或经授权享有行政权力的非政府机构滥用行政权力，通过行政手段实施垄断行为时，才存在行政性垄断的可能。此外，此处的行为主体不包括中央政府即国务院，这牵涉到行政性垄断与国家垄断的界分问题。作为最高国家行政机关的国务院，其制定的涉及限制竞争的行政法规或行政决定应被视为国家行为，因此国务院不属于行政性垄断主体范围。[④] 同时，行政性垄断行为主体的特殊性也从侧面昭示了该垄断行为的危害性与严重性，以及有效规制该垄断行为的难度。

2. 行政性垄断行为样态的特殊性

与滥用市场支配地位、垄断协议、经营者集中不同，行政性垄断的行为样态具有自身特色。从行为的形成来看，行政性垄断是行为主体通过行政方式，直接或者间接地将行政权力滥用于市场正常竞争活动，造成市场竞争秩序被破坏的行为，它的垄断力来源是行政权力，并不是资本、市场份额等经济性因素。实际上行政主体不是经营者，不会直接参与市场竞争活动，而通过行政权力从外部对市场竞争进行限制，与传统经济性垄断的形成过程截然不同。

3. 行政性垄断行为性质的双重性

从行政性垄断的行为主体出发，在不同的法律关系中，行为主体具有不同的法律身

---

① 王先林：《竞争法学》（第3版），中国人民大学出版社2018年版，第288—289页。

② 郭宗杰：《行政性垄断之问题与规制》，法律出版社2007年版，第15页。

③ 孙晋、李胜利：《竞争法原论》（第2版），法律出版社2020年版，第133页。

④ 王先林：《竞争法学》（第3版），中国人民大学出版社2018年版，第288页。

份。当行政机关和法律、法规授权的具有管理公共事务职能的组织行使行政权力从事法律行为时，其当然具有行政法主体身份；而当其滥用行政权力，实施排除、限制竞争行为时，该主体则又是经济法主体。因此从本质上来说，行政性垄断具备行为性质的双重性，既是行政违法行为，又是违反经济法的行为。这种认识对于行政性垄断的规制路径具有重要意义，它要求我们在架构规制行政性垄断的法律制度时，既要考虑《反垄断法》的规定，又要考虑行政法的相关规定，应当重视对行政性垄断行为双管齐下、综合治理。

4. 危害后果的多重性

与传统的经济性垄断造成的危害后果相比，行政性垄断的危害后果具有多重性。二者的相同之处是都会造成诸如妨害市场竞争、阻碍资源有效配置、破坏创新机制、损害经营者与消费者合法利益等危害后果。除此之外，行政性垄断还会妨害经济民主，人为造成市场结构失衡，阻碍市场的公平竞争与发展，滋生行政管理人员的腐败之风，刺激行为主体及其工作人员的权力寻租冲动，造成政府公信力降低，阻碍体制改革与廉政建设，甚至诱发社会危机。

（三）与其他相邻概念的关系

1. 行政性垄断与自然垄断

自然垄断概念是随着经济发展和科学技术的进步而不断演进的，其理论研究变化较大，很多曾经被界定为自然垄断的行业在新的自然垄断理论下已经不再被认定为自然垄断。具体而言，早期经济学家对自然垄断的研究都是围绕自然因素或自然条件进行的，他们所主张的自然垄断多是指由于自然资源稀缺导致无法竞争而形成的垄断，故此时对自然垄断的研究是初步的，尚未形成足够成熟和系统的理论。① 现代经济学转变研究视角，从经济特征切入，以网络型公用事业中的规模经济为基础来阐述自然垄断理论。由于规模效应会造成生产函数呈规模报酬递增，简言之，此时单一企业的平均成本会随着产量的增加而不断递减，由此只由一家企业来提供商品或服务就会比同时由两家或多家企业生产的成本低，整体效率更高。那么如果某一产业中只有一家厂商，该企业就会不断扩大核心优势，将其他竞争对手挤出市场，最终实现自然垄断。② 同时政府出于社会总福利和消费者福利最大化的考虑，也会适当允许此类自然垄断的存在。在现代经济生活中，常见的典型自然垄断也多出现在诸如电力、自来水、天然气、电信等涉及国计民生的产业领域。据上可知，自然垄断和行政性垄断具有一定的相似性，二者的形成与呈现通常存在政府的允许或促成行为，但二者间的差异也是明显的：（1）成立机理不同。自然垄断是企业在竞争过程中，出于保证经济效益和实现规模经济的需要而出现的；行政性垄断则是行政机关或经法律、法规授权的具有管理公共事务职能的组织为自身利益，利用行政手段，滥用行政权力，所实施的排除或限制竞争的垄断行为。（2）行为主体不同。自然垄断的实施者是在市场经济活动中的自由经营者；行政性垄断的行为主体是特定的政府及其机构，实施者具备行政权力是行政性垄断行为成立必不可少的要件。（3）法律评价迥异。自然垄断有其存在

---

① 姜春海、李怀：《自然垄断理论述评》，载《当代经济研究》2003 年第 5 期。

② 于立、肖兴志：《自然垄断理论演进综述》，载《经济学动态》2000 年第 6 期。

的合理性，因此是合法的垄断；行政性垄断是滥用行政权力排除、限制竞争的行为，为法律所禁止。

由于诸如电信、电力、铁路、民航、自来水等自然垄断行业存在巨额沉没成本现象以及具备准公共物品属性等，政府开始了对自然垄断行业的管制，但这种管制会造成经营者生产效率和分配效率降低。为了避免上述情况的发生，对自然垄断性业务和竞争性业务实行纵向分离，开放竞争性业务就成了自然垄断行业规制的新理论与实践方向。[①] 而在竞争性业务领域则容易发生行政性垄断现象，为实现垄断行业竞争性业务系统性开放、提升自然垄断行业的效率和竞争力，从而使所有企业都能够平等地进入竞争性业务领域、公平地参与竞争，破除和消解行政性垄断是必不可少的。鉴于此，自然垄断与行政性垄断存在一定程度上的交叉。

2. 行政性垄断与国家垄断

国家垄断与一般意义上的行政性垄断存在着根本差别，国家垄断一般与该国家一定时期的经济运行情况相关，是为了保护该国经济的平稳运行等，具有国家意志性。[②] 行政性垄断则是《反垄断法》规制的具有排除、限制竞争后果的垄断行为类型之一。二者的不同主要体现在：(1) 性质不同。目前世界各国均在不同程度上存在着国家垄断，受到法律保护；而行政性垄断并不来源于国家经济政策，它通常是行政机关或经法律、法规授权的具有管理公共事务职能的组织滥用行政权力实施的限制竞争行为，一般而言是反垄断法禁止的行为。(2) 主体不同。行政性垄断是行政机关或经法律、法规授权的具有管理公共事务职能的组织滥用行政权力实施的垄断行为，主体为行政机关及法律、法规授权的组织；国家垄断则是由国家实施的垄断，其主体是国家。[③] (3) 宗旨不同。行政性垄断的实现目的具有多重性，行政机关及经法律、法规授权组织可能是为了公众和社会长远利益，也可能是为了某些行业的利益，甚至可能为了少数人如行政管理人员或某些企业家的利益；而国家垄断则不同，其是通过运用国家行政权力来实现的，具备国家意志性，是为了维护国家利益和社会公共利益，而非少数人的利益。[④]

二、行政性垄断的分类

行政性垄断会出现在市场经济的各个方面和领域，具体表现纷繁复杂。为了更好地了解与认识行政性垄断，为高效规制行政性垄断行为提供有意义的帮助，以下将从行政性垄断的主体、表现形式以及行政行为类型等为划分标准，对行政性垄断进行分类。

(一) 地区垄断、部门垄断与其他利用行政权力实施的垄断

根据实施行政性垄断的主体和产生的效果不同，可以将行政性垄断分为地区垄断、部门垄断和其他利用行政权力实施的垄断。

---

① 刘华涛：《自然垄断行业竞争性业务开放的理论逻辑》，载《当代经济管理》2021 年第 8 期。

② 邓保同：《论行政性垄断》，载《法学评论》1998 年第 4 期。

③ 郑鹏程：《行政垄断的法律控制研究》，西南政法大学 2002 年博士学位论文。

④ 王俊豪、王建明：《中国垄断性产业的行政垄断及其管制政策》，载《中国工业经济》2007 年第 12 期。

1. 地区垄断

地区垄断也称地区封锁或者横向垄断，是最典型的行政性垄断形态，是指某一地区的地方政府及其所属部门或者经法律、法规授权的组织为了本地区利益或保护本地区企业，利用行政权力排斥、限制外地企业或本地企业公平参与市场竞争的行为。其中较为普遍的形式有两种：一是限制外地商品进入本地市场，一般是针对某些会对本地区产品（服务）的生产或销售造成较大威胁的外地企业的市场准入设置障碍、进行威胁；二是对本地企业进行限制、阻碍，使其无法自由进入外地市场，如限制本地原材料或特定产品自由运出销售至外地。根据《反垄断法》的有关规定，目前地区垄断的常见具体表现形式包括：(1) 以任何方式限定、变相限定单位或者个人只能经营、购买、使用本地生产的产品或者只能接受本地企业、指定企业、其他经济组织或者个人提供的服务；(2) 在道路、车站、港口、航空港或者本行政区域边界设置关卡，阻碍外地产品进入或者本地产品运出；(3) 对外地产品或者服务设定歧视性收费项目、规定歧视性价格，或者实行歧视性收费标准；(4) 对外地产品或者服务采取与本地同类产品或者服务不同的技术要求、检验标准，或者对外地产品或者服务采取重复检验、重复认证等歧视性技术措施，限制外地产品或者服务进入本地市场；(5) 采取专门针对外地产品或者服务的专营、专卖、审批、许可等手段，实行歧视性待遇，限制外地产品或者服务进入本地市场；(6) 通过设定歧视性资质要求、评审标准或者不依法发布信息等方式限制或者排斥外地企业、其他经济组织或者个人参加本地的招投标活动；(7) 以采取同本地企业、其他经济组织或者个人不平等的待遇等方式，限制或者排斥外地企业、其他经济组织或者个人在本地投资或者设立分支机构，或者对外地企业、其他经济组织或者个人在本地的投资或者设立的分支机构实行歧视性待遇，侵害其合法权益；(8) 实行地区封锁的其他行为。

2. 部门垄断

部门垄断是指，行政机关及经法律、法规授权的组织为了保障本部门或本部门企业的经济利益，排斥、限制、禁止其他企业参与本部门竞争，损害其他经营者或消费者权益的行为。部门垄断的主要表现形式是部门分割，即行政机关或经法律、法规授权的组织利用行政权力限制、排除本行业以外的经营者从事某种经营活动。在改革开放初期，部门分割情形较为常见，目前随着国家治理体系和治理能力现代化建设的不断推进，该垄断形式已经逐渐变少。

部门垄断与地区垄断间存在部分交叉，这主要体现在部分主体的重叠上，如地方政府部门既可能实施地区垄断行为，也可能实施部门垄断行为，这种主体的交叉可能影响人们对部门垄断与地区垄断的清楚识别，但二者间的差别是明显的，如二者的行为构成是不同的：部门垄断排斥、限制的是不同部门间的竞争，而地区垄断针对的则主要是地域之间的市场竞争。

3. 其他利用行政权力实施的垄断

其他利用行政权力实施的垄断是一个开放性概念，具备包容性和灵活性，是指除地区垄断和部门垄断之外的其他行政机关或经法律、法规授权的组织所实施的行政性垄断行为。其中较为突出的如强制交易，是指行政机关及经法律、法规授权的组织限定或变相限制经营者只能将商品出售给自己或自己指定的经营者，或者限定经营者只能购买其指定的某一经营者生产的商品或提供的服务，阻碍经营者自主选择的经营自由、消弭竞争的行为。

作为独立垄断形态的强制交易行为实际上是对地区垄断、部门垄断两种垄断形态不能涵盖的强买强卖行为的兜底。除了强制交易之外，强制联合限制竞争也是行政性垄断行为的表现形式之一，是指行政机关及经法律、法规授权的组织通过行政手段，滥用行政权力强制本地区或本部门的企业进行集中联合以排斥、限制市场竞争的行为。

（二）抽象行政行为垄断与具体行政行为垄断

行政法学者基于行政行为的本质属性将行政行为分为抽象行政行为和具体行政行为，该分类是行政行为其他分类研究的基础。① 目前采用何种标准来划分二者，学界是存在争议的，不过也已经提出了在区别二者时需要考量的因素，如行政行为所指向相对方的特定性或非特定性、行为后果的直接性或间接性、行为适用的一次性或反复性等。不过，从《最高人民法院关于适用〈中华人民共和国行政诉讼法〉的解释》第2条第2款"'具有普遍约束力的决定、命令'，是指行政机关针对不特定对象发布的能反复适用的规范性文件"的规定来看，实务中对抽象行政行为与具体行政行为的区别标准是"相对人是否特定"以及"是否反复适用"，即相对人特定且一次性适用的行为是具体行政行为，相对人不特定且反复适用的行为是抽象行政行为。前文已经述及，行政性垄断在性质上具有双重性，其外部表征既是行政行为又是经济法上的垄断行为，故本书基于行政法理论对行政行为的分类，探讨并界定抽象行政行为垄断与具体行政行为垄断两种类型。

1. 抽象行政行为垄断

抽象行政行为垄断是指行政机关及经法律、法规授权的组织采用制定行政规章和一般规范性文件的方式实施的行政性垄断行为。该种垄断形式针对的是不特定的主体，即其限制、排除竞争的对象是非具体的，因此其所造成的损害是广泛的，会损害多数经营者的合法利益；同时由于抽象行政行为垄断是被反复适用的，其所造成的损害就具备时间上的持续性特征，那么对此类垄断样态的规制就需要考虑事前规制路径的可行性。

2. 具体行政行为垄断

具体行政行为垄断是指行政机关或经法律、法规授权的组织通过实施具体行政行为，滥用行政权力，排除、限制竞争的行为。该垄断行为针对的是确定的经营者，损害后果的范围是可知的，同时该行为具有可诉性，被排除、限制竞争的经营者可以基于该违法行政性垄断行为申请行政复议或向法院提起行政诉讼。

抽象行政行为垄断不具备可诉性。但实践中，行政主体滥用行政权力，制定排除、限制市场竞争的规范性文件是客观存在的，因此如何发现并纠正抽象行政行为的违法性和反竞争性是反行政性垄断的重点。还需注意的是，基于具体行政行为与抽象行政行为判断依据的不周延，具体行政行为垄断与抽象行政行为垄断的划分也是相对的。

① 胡建淼、胡茂杰：《行政行为两分法的困境和出路——"一般行政处分"概念的引入和重构》，载《浙江大学学报（人文社会科学版）》2020年第6期。

第二节 行政性垄断的根源与危害

一、行政性垄断的根源

行政性垄断在本质上就是行政机关或经法律、法规授权的组织，滥用行政权力排除、限制市场竞争的行为，因此在任何国家和地区，只要存在滥用行政权力干预市场竞争，就会存在出现行政性垄断的可能。行政性垄断产生的主要原因就是行政主体为了追求特定利益。[①] 但鉴于各个国家和地区具体情况的差异，出现行政性垄断的原因依然存在差异性，正是基于这种差异性，行政性垄断在每个国家和地区的具体行为外观和危害程度各不相同。我国行政性垄断的成因较为复杂，与经济体制转型、利益选择多元化、法律制度不够健全等密切相关。

（一）经济转型下旧体制的影响

1978 年开始的改革开放深刻改变了中国，使得中国在经济建设、政治建设、文化建设、社会建设和生态文明建设各领域取得了伟大成就。在此之前长期实施的计划经济体制影响了市场配置资源的作用发挥，在计划经济体制期间的生产经营活动完全由国家统一控制，不存在行政性垄断的可能性。而在我国从高度集中的计划经济体制向社会主义市场经济体制转型的过程中，为避免出现过大的经济、生活和政治风险，国家采用了渐进的方式逐步推进体制改革。[②] 其间，由于市场经济体制的不完善和计划经济体制的路径依赖性，政府尚未完全厘清其在社会主义市场经济下的职能责任，简言之政府对自己应当干什么、怎么干，出现了一些不准确的认识，诱发了政府越位、缺位、错位等诸多乱象，实施了诸如地区封锁、指定交易等滥用行政权力的排除、限制竞争行为。

（二）利益选择多元化的影响

不正当地追求利益是行政性垄断发生的主要原因。在从高度集中的计划经济体制向社会主义市场经济体制转型期间，我国经历了从行政利益的一元到行政利益多元的转变[③]，出现了不同行政主体间的利益取向冲突。需要注意的是，政府并非一个利益导向完全一致的整体存在[④]，上下级政府之间、不同部门之间、上级部门和下级政府之间可能存在不同的利益取向冲突。比如，中央政府的部门和地方政府之间就可能出现市场选择上的差异，中央政府的部门更多考虑其所管理行业的经济活动，但地方政府基于本地区实际情况可能会提出更灵活的适宜本地区的政策。

在我国的行政实践中，行政利益的多元选择曾经引发较为突出的行政性垄断行为。

---

① 王先林：《竞争法学》（第 3 版），中国人民大学出版社 2018 年版，第 290 页。

② 江帆主编：《竞争法》，法律出版社 2019 年版，第 327 页。

③ 王保树：《论反垄断法对行政垄断的规制》，载《中国社会科学院研究生院学报》1998 年第 5 期。

④ 李剑：《中国行政垄断的治理逻辑与现实——从法律治理到行政性治理》，载《华东政法大学学报》2020 年第 6 期。

1980 年开始财政分权后不久，地方政府为了保证本地经济的增长，展开了较为激烈的竞争，引发了地方保护主义的出现，部分地方政府通过行政手段设置贸易壁垒和排斥外地产品进入本地市场。[①] 还需说明的是，行政机关和经法律、法规授权的组织在实施行政行为时难以避免地会产生不正当的经济利益冲动，这些不正当的经济利益冲动是行政机关和经法律、法规授权的组织滥用行政权力，实施排斥、限制竞争行为的动力，甚至诱发权力寻租活动。当本地经营者市场占有率低、竞争能力不够，无法凭借自身商品质量和其他综合能力在同外地经营者在本地市场的商品竞争中占据有利地位时，它就会采取其他办法来消弭竞争，利用本地企业优势、不惜一切代价进行寻租活动，地方政府或其工作人员，或出于本地区经济利益，或出于本部门经济利益，甚至出于本人的私人经济利益，可能会通过行政手段，实施排除、限制外地经营者自由竞争的行政性垄断行为来保护寻租者。

（三）法律制度不够健全

自改革开放以来，我国针对行政性垄断的法律制度也一直在不断完善，如 1980 年国务院发布的《关于开展和保护社会主义竞争的暂行规定》，1993 年全国人大常委会通过的《反不正当竞争法》，2001 年国务院制定的《关于禁止在市场经济活动中实行地区封锁的规定》，2008 年实施、2022 年修正的《反垄断法》，2016 年国务院发布的《关于在市场体系建设中建立公平竞争审查制度的意见》以及 2021 年发布的《公平竞争审查制度实施细则》等，国家力图通过建构完备的行政性垄断行为规制体系来预防、遏制行政性垄断行为的发生。但需要说明的是，现有法律法规对行政性垄断行为的规制还是有限的，比如针对行政主体滥用行政权力，以发布垄断命令的方式排除、限制竞争的行为如何规制的问题，以及是否对那些因为与行政性垄断存在关联关系而获得垄断利润或竞争优势的经营者进行规制或制裁[②]的问题，现行《反垄断法》及相关立法并没有给出确定的答案。此外，行政性垄断的主体是行政机关和经法律、法规授权的具有管理公共事务职能的组织，决定了对行政性垄断的有效规制不是《反垄断法》一部法律就能解决的，如何协调配合其他法律（如行政法）共同解决规制行政性垄断行为在实践中不断出现的新问题，也是我国未来规制行政性垄断行为工作的重点。

（四）行政性垄断与中国传统行政文化[③]

中国的传统行政文化是以中国传统文化为主要背景，并在中国长期的历史发展过程中逐步形成的一种在无形中影响行政主体及其工作人员的行政思想意识、行政价值观念和行政心理习惯的总和，它最终决定着行政主体及其工作人员行政行为模式。

作为一种在潜意识中存在的文化系统，中国行政文化传统与中国的行政性垄断有着不可分割的关系：全能政府的行政文化导致行政肆无忌惮地介入社会经济生活。中国经历了两千多年皇权至高无上的封建社会，建立了一套自己独特的行政文化，那就是皇帝

① 张湖月、杨淑君：《科层政治和中国〈反垄断法〉》，载《北大法律评论》2014 年第 2 期。

② 李国海：《行政性垄断受益经营者可制裁性分析》，载《法学评论》2019 年第 5 期。

③ 郭宗杰：《行政性垄断之问题与规制》，法律出版社 2007 年出版，第 52—58 页。

即国家，国家可以包揽一切，从而演变出中国传统行政文化中的“全能政府”观念。这种全能型行政文化理念，一方面使行政主体自觉地承担一切社会经济事务，对经济生活进行毫无限制的干预和控制，即使确立了市场经济体制并逐步向这一方向过渡，短期内也不能避免它的潜在影响。另一方面，其也使一般的企业和其他社会经济主体自觉地接受行政当局的经济干预，把通过行政途径寻求经济出路作为一种很常见的行为选择。在我们的传统行政文化影响下，行政主体与市场主体在政府干预市场方面存在着某种程度上的“双向奔赴”：一方面行政主体乐于干预市场；另一方面，市场主体特别是经营过程中遇到困难的市场主体也愿意寻求政府的“干预”以为自己谋取权力荫庇下的利益。而当这种干预超过正常的法律界限，造成对市场竞争的不当排除或限制时，行政性垄断就不可避免地产生了。

行政性垄断与中国传统行政文化之间的关系提醒我们，单纯依靠法律特别是单纯依靠反垄断法是无法彻底根除行政性垄断的，我们只有坚持依法治国、依法执政、依法行政共同推进，坚持法治国家、法治政府、法治社会一体建设，不断推进国家的民主化、法治化进程，使法治意识深入人心，使法治行为成为人们的自觉行动，才可能消除行政性垄断产生的土壤，真正破除政府的不当干预，完全发挥市场在资源配置中的决定性作用。

二、行政性垄断的危害

行政性垄断的危害后果具有多重性，不仅会造成与传统经济性垄断一样的危害，还会造成其他危害后果。行政性垄断的危害主要体现在以下方面。

（一）行政性垄断破坏市场公平有序的竞争秩序、扭曲资源配置

社会主义市场经济本质上是一种竞争经济，追求产权有效激励、要素自由流动、价格反应灵活、竞争公平有序、企业优胜劣汰，目标是促进更高质量、更有效率、更加公平、更可持续的发展。行政机关或经法律、法规授权的组织通过行政手段，滥用行政权力，实施排除、限制竞争的行政性垄断行为，是通过市场之外的非市场决定的行政力量来操控竞争，实际上就是人为地在确定的生产经营领域内控制竞争甚至消弭竞争，破坏了自由、公平、有序的市场竞争秩序，不利于建设统一开放、竞争有序的市场体系，行政性垄断的实施主体越位替代了市场在资源配置中的决定性作用，造成要素市场无法实现流动的自主有序以及配置的高效公平，抑制了全社会的创造力和市场活力，扭曲了市场机制的有效运转。

（二）行政性垄断限制区域内多样化创新经营，抑制经营者创新活力，损害消费者合法权益

第一，在确定地区、行业或部门范围内的经营者本可以根据自身特点，通过采取不同的竞争策略，开展差异化经营，为消费者提供更多选择。而行政主体实施行政垄断，排除、限制部分经营者自由进入相关市场的行为，抑制了行政垄断区域内经营者创新发展的动力和活力。第二，市场经济的持续健康发展依靠的是公平竞争和技术创新，因行政性垄断而获得垄断利润或竞争优势的经营者，不仅会影响被排斥经营者和潜在竞争者的创

新意愿，在行政机关或经法律、法规授权的组织长期保护下，企业自身的竞争动力也可能丧失，不利于市场经济的健康发展。第三，行政性垄断行为直接或间接地损害了消费者的利益，长此以往还会对社会总体福利水平带来潜在损害。行政主体实施的诸如地区封锁、部门封锁等行政垄断行为，可能造成在某一地区、某一行业仅有一家指定企业进行生产销售活动，消费者只能被动接受该经营者的交易条件，无法选择其他经营者提供的更优质的商品或服务，限制了消费者的公平交易权，损害了消费者利益。同时，行政机关或经法律、法规授权的组织滥用行政权力，实施排除、限制市场竞争的行政垄断行为，会造成相关市场经营效率的降低，妨碍经营者经营模式和技术能力的创新，阻碍潜在竞争者进入市场，使得市场竞争的强度和水平被不当降低，该种损害效果会传递至消费端，不仅损害消费者现实的合法利益，甚至损害消费者期待利益，减损社会总体福利水平。

（三）行政性垄断滋生腐败，减损政府公信力

一般来说，经济性垄断是经营者利用技术创新、经营模式创新等方式挤占相关市场，但实践中存在经营者为躲避竞争、利用行政性垄断获取竞争优势的情况。行政机关或经法律、法规授权的组织滥用行政权力实施的损害市场竞争、破坏社会主义市场经济体制的行政性垄断行为是典型的行政权力恶意膨胀的结果，是行政权力越位干预市场经济的表现。

根据“政府管制俘虏理论”，行政性垄断往往包含着行政主体的“设租”与市场主体的“寻租”，作为经营者，不论是本地企业还是外地企业，都希望通过“寻租”获得垄断地位或竞争优势。[①] 由此经营者不再将人力、物力等资本放在技术创新、经营模式创新等方面，而是调转方向开始通过行贿等公关活动谋求行政机关或经法律、法规授权的组织的庇护。这必然导致官商勾结、权钱交易等腐败行为，一方面严重破坏市场秩序，导致“劣币驱逐良币”，让具备创新能力、合法经营的企业家望而却步；另一方面会腐蚀健康的政治生态，极大地破坏社会风气，严重伤害社会公平正义和人民利益，损害政府形象，降低民众对政府的信任度，最终必然会导致人民群众对政府的信任赤字，阻碍国家治理体系和治理能力现代化建设。

第三节 行政性垄断的规制

一、行政性垄断规制理论

行政性垄断在我国具有较强的普遍性及广泛的危害性。对于如何规制行政性垄断，学界也一直存在较大分歧。概括而言，主要观点有如下几种。

（一）体制改革说

体制改革说认为，行政性垄断是体制性产物，必须通过深化体制改革特别是政治体制

---

① 黎桦、殷继国：《行政垄断的法经济学分析》，载《法学评论》2004 年第 5 期。

改革才能彻底解决，纯粹法律手段难以有效解决行政垄断问题。认为超经济的行政性垄断不是竞争法律和竞争政策调整的对象，它是由体制决定的，也只能通过深化体制改革加以解决。并指出，要通过改革和调整中央与地方——政府与企业的关系解决行政垄断问题。要强化中央权威和财力，弱化地方利益，这是建立全国统一市场的前提条件；一般性竞争部门中的现有中央部委应逐步变成行业管理协调机构，不再直接负担经济管理任务，同时加强职能部门机构和市场监督管理机构。在政府与企业的关系上，除了由国家（中央和地方政府分级管理）垄断经营的部门和领域外，要通过建立现代企业制度实现政企分开，现在可行的方式是建立跨地区、跨部门的企业集团，逐步打破地区和部门封锁的行政性垄断的控制局面。①

（二）综合治理说

综合治理说认为，解决行政性垄断问题，需要政治手段、经济手段和法律手段三者配合使用。解决行政性垄断的核心是法律手段的运用，如完善维护市场经济秩序的法律、完善行政诉讼和民事诉讼法律等。持该观点的学者在着重分析了我国网络性产业的垄断问题之后指出，解决行政垄断问题，第一，应限期实现政企分开，废除阻碍垄断行业市场准入和全国统一市场形成的规章制度。政企不分是行政垄断的根源。第二，引入竞争机制，构筑多元化产权格局与市场竞争格局，对那些不具有自然垄断属性的行业或生产环节要建立竞争性市场，不允许垄断。第三，重新界定政府规制的内容和范围，加速反垄断立法，强化监管职能。第四，规范垄断利益集团的政治行为和商业行为，限制他们的政治特权和经济特权。反垄断改革的难点就在于如何处理那些具有行政垄断地位的特殊利益集团。第五，改革决策机制和程序，实行社会参与、信息公开的改革方式。认为有些行政垄断具有合理性，对于行政垄断来说，并不是说要完全消除，而是重新进行界定。电力、电信、民航、铁路等行业的垄断及地方保护主义当然要打破，但是对于一些市场失灵，需要政府干预的领域，还是要保留行政垄断，如对知识产权的保护、对药品生产的管制等。②

（三）法律控制说

法律控制说充分肯定法律在治理行政性垄断中的作用，但在适用何种法律进行规制时仍存在分歧，主要有反垄断法规制说、行政法或宪法规制说、多种法律控制说三种观点。

反垄断法规制说认为，反垄断法对行政性垄断的规制是必要且可行的。比如，张守文指出，把行政垄断作为反垄断的控制对象，确系中国反垄断法之特色，这是一种依乎国情的必然选择。因为，在传统的计划体制下形成的行政垄断，不可能再用行政手段去消除，而只能依靠法律手段，能担此重任的法律只能是反垄断法。③ 王晓晔认为，通过反垄断法对政府滥用行政权力的行为作出明确的禁止性规定有其积极意义，包括明确政府官员的行为界限，提高其反垄断意识，推动国家经济体制、政治体制改革。④ 同时，用反垄断

① 陈秀山：《现代竞争理论与竞争政策》，商务印书馆 1997 年版，第 224 页。

② 胡鞍钢、过勇：《从垄断市场到竞争市场：深刻的社会变革》，载《改革》2002 年第 1 期。

③ 张守文、于雷：《市场经济与新经济法》，北京大学出版社 1993 年版，第 357—358 页。

④ 王晓晔：《中国反垄断法的难题》，载《经济参考报》2004 年 6 月 2 日。

法解决行政性垄断的问题也是其他许多国家的做法，且我国在《反不正当竞争法》和其他有关规定中对行政性垄断的限制也说明了反垄断法控制行政性垄断的可行性。[1]

行政法或宪法规制说认为，行政性垄断不能由反垄断法来控制。反垄断法虽然冠以反垄断这个名称，但并非反对所有垄断。反垄断法一般只反对私人的经济垄断，不反对国家或行政性垄断。经济转轨国家（包括我国）的一些学者错误地根据反垄断法的名称而将行政性垄断置于反垄断法的调整范围之内，显然无益于反垄断法的制定和完善以及对行政权力的限制，反垄断法具有防止、限制、消除行政性垄断的作用的观点是不符合法律规律的。[2] 该说认为，反垄断法虽然可能与行政法在限制滥用行政权力上有一定的适用重合，但是反垄断法对行政权力的限制是有限的、间接的，决定行政权力的范围和合法性的法律不是反垄断法，而是一国的宪法和行政法。因此，对待行政性垄断，应从政治改革、转换政府职能和完善行政法入手，而不应将政治问题用归属于经济法的反垄断法来解决，这将无益于我国法治建设的健康发展。

多种法律控制说认为，行政性垄断成因复杂，除了反垄断法，还必须运用行政法、宪法等综合法律手段。"规制行政垄断，不能单靠某一部法律，而须运用多种法律手段，综合治理。反垄断法、财税法、行政程序法、宪法等都可规制行政垄断。这些法律制度在规制行政垄断中的地位与作用是各不相同的。有些着重于治标，有些则侧重于治本。受各种主客观条件限制，规制行政垄断所需之法律制度难以同时建立、同时完善。可采取标本兼治，甚至先治标后治本、由表及里的方式，抓住机会，成熟一个，制定一个。"[3]

二、行政性垄断法律规制的域外实践

行政性垄断是世界各国普遍存在的现象。但由于各国市场经济发展程度不同，经济政策差异较大，滥用行政权力排除、限制竞争的情况也就有所不同，因而对其采取了不同程度的法律规制。总体而言，发达国家的反垄断法对行政性垄断关注相对较少，发展中国家和经济转型期国家对行政性垄断关注较多，法律规定也更加完善。

（一）发达国家对行政性垄断的规制

发达国家往往拥有高度发达的市场经济，其反垄断法会规制滥用行政权力排除、限制竞争的行为，但反行政性垄断在整个反垄断法体系中不占据重要地位。

美国反托拉斯法适用的对象一般称为"person"，其可指代任何主体，包括市政机关。《谢尔曼法》规定，任何人签订契约，或从事联合或共谋，用来限制州际或与外国人之间的贸易或商业，是严重犯罪（第 1 条）；任何人垄断或企图垄断，或与他人联合、共谋垄断州际或外国间的商业和贸易，是严重犯罪（第 2 条）。美国联邦最高法院在 1943 年帕克诉布朗案（Parker v. Brown）中提出州行为理论（the State Action Doctrine），即州政府的行为可以得到反托拉斯法的豁免，美国各州为实施其经济政策而颁布的法规可以不受联邦反

---

① 王晓晔：《入世与中国反垄断法的制定》，载《法学研究》2003 年第 2 期。

② 沈敏荣：《反垄断法的性质》，载《中国法学》1998 年第 4 期。

③ 郑鹏程：《论法律对行政垄断的综合规制》，载《求索》2003 年第 1 期。

托拉斯法的制约。但是，依照该判决，企业不能因执行州政府的法令而违反联邦的反托拉斯法，否则就违反了联邦法优于州法的原则。因此，美国各州虽然有权制定本州的市场竞争规则，但他们不得使企业的行为背离《谢尔曼法》和联邦的其他竞争规则。在之后的判决特别是1980年米德卡尔铝业公司诉加利福尼亚州建筑和建筑工会理事会等案（Midcal Aluminum Inc. v. California State Building and Construction Trades Council）的判决中，美国联邦法院改变了这种观点，承认企业以及州政府的下属机构贯彻和执行州政府法令的行为，也可得到联邦反垄断法的豁免，但这些行为必须经州政府以法律形式明确认可，且在州政府的监督之下进行。由此，州政府的下属机构不能因有政府的实体地位就自动得到联邦反托拉斯法的豁免。1984年美国通过的《地方政府反垄断法》豁免了地方政府的三倍损害赔偿，但没有规定地方政府可以从禁令以及衡平法的其他救济中得到豁免。

欧盟竞争法不仅制止私人的各种限制竞争行为，也制止成员国具有跨国限制竞争影响的立法和政府管制。

关于行政垄断的主体，欧共体竞争法用“undertaking”来指称规制对象，在聚丙烯案（Polypropylene）中，欧共体委员会认为，“undertaking”包括从事商业活动的一切实体，如股份公司、合伙、个人、联合经济组织、国有公司、合作企业等，但国有公司行使公法权力时除外。在曼内斯曼诉高级管理局案（Mannesman v. High Authority）中，欧共体法院认为，“undertaking”包括从事商业活动的国家机关。①《欧盟运行条约》第106条禁止成员国对国有企业采取特殊措施损害竞争，第107条禁止成员国采取不合理的国家援助政策损害竞争。

关于国家援助，“除条约另有规定外，由某一成员国提供或通过无论何种形式的国家资源提供的任何援助，使特定的经营者或商品生产受益从而扭曲竞争或存在扭曲竞争的威胁，只要影响到成员国之间的贸易，即被视为与内部市场相抵触。”② 属于《欧盟运行条约》第107条范围内的国家援助的一般方式或手段主要包括国家补助、利率优惠、税收减免、税收抵扣、国家担保或控股、以优惠条件提供商品或服务、直接补贴、资金转移等。还有一些国家援助手段的援助性质不太明显，如咨询建议、协助企业投资于环保项目、协助公共企业准备私有化、用立法形式保护或担保市场份额、公私合伙和合同不公开招标等。此外，国有电视台的免费广告、惠及特定用户的基础设施项目等在一定情况下也可能被认定为国家援助。③ 为了维护法律的稳定性，《欧盟运行条约》第107条第3款明确规定，以下类型的国家援助与内部市场相协调：（1）为推动生活水平太低或者就业严重不足地区的经济发展而提供的国家援助；（2）为推动具有欧盟整体利益的重要规划或者为消除成员国经济生活中的严重混乱而提供的国家援助；（3）为推动文化和保护文化遗产而进行的国家援助；（4）理事会根据委员会的提议以特定多数同意的其他国家援助。欧盟委员会批准上述情况的国家援助主要是出于对市场不完善性、企业经营的不稳定性、中小企业保

① 许光耀：《欧洲共同体竞争法研究》，载《经济法论丛》1999年第2期。

② 王晓晔：《反垄断法》，法律出版社2011年版，第303—313页。

③ 周海涛：《欧盟国家援助制度的现代化及其借鉴》，载《河北法学》2016年第8期。

护、生产要素流动的不充分性等情况的考虑。

（二）经济转型国家对行政性垄断的规制

经济转型国家在历史上都存在政府对经济活动干预过多的情形，因此在其反垄断法中，规制滥用行政权力排除、限制竞争行为的内容比较详细。

以俄罗斯为例，俄罗斯反垄断法的完善主要经历了三个阶段，在每个阶段，行政性垄断都是规制的重点。1991年《商品市场竞争及限制垄断行为法》第7—9条将“行政机关和地方自治管理机关限制商品市场竞争”作为一种独立的限制竞争行为。2002年该法修订后将行政性垄断单独列为法律的一部分，即“俄联邦行政机关、各俄联邦主体权力机关、地方自治管理机关、受托行使职权或法律授权机关及组织颁布和实施的限制竞争的法令、行为、协议或协同行为”。2006年，俄罗斯整合《商品市场竞争及限制垄断行为法》和《金融服务市场竞争保护法》，颁布了《竞争保护法》。

俄罗斯《竞争保护法》规制行政性垄断的制度特点主要体现在[①]：（1）行政性垄断违法主体进一步扩大。2002年修订前的《商品市场竞争及限制垄断行为法》规定的行政性垄断违法主体主要有三类：各联邦行政机关、各俄联邦主体行政机关和地方市政当局。2002年该法修订后，行政性垄断违法主体又增加了两类：法律授权或受委托的权力机关或组织、除联邦俄国立法机关之外的立法机关。2006年《竞争保护法》将行政性垄断违法主体进一步扩大到非国家预算的组织。2011年修订的《竞争保护法》在第三章规定，禁止各主体国家权力机构、联邦各主体国家权力机构、地方自治机构、其他行使上述机构职能的机构或组织、国家或地方服务机构以及国家预算外资金和俄罗斯联邦中央银行发布限制竞争的法规，从事限制竞争的行为（不作为）、协议或协同行为。（2）调控机制上实行双轨制。对有证据证明违反《竞争保护法》的具体行政性垄断行为，反垄断机关可以自主启动法律程序，根据违法后果作出决定并发布执行令，如果行为主体对其行为违法性认定的结论不服，可以向仲裁法院提起诉讼；为防止违法行为出现，反垄断机关可以发出禁止从事某种行为的行政指令。这种机制也适用于抽象行政行为，即反垄断机关有权依据《竞争保护法》要求行政主体就发布的未生效的规范性法律文件进行修改，或者对已生效的规范性法律文件提请仲裁法院重新认定其效力。（3）行政性垄断类型的开放性。在判断行政行为是否违法的标准上，俄罗斯采取了“概括加列举”的立法技术，规定了行政性垄断的总体特点和行政性垄断的表现形式。《竞争保护法》第15条规定，禁止联邦国家行政机关、联邦各主体权力机关、地方自治管理机关、受托行使职权或法律授权机关或组织从事产生或可能产生限制竞争效果的行为。

相较我国《反垄断法》对行政性垄断的规制，俄罗斯反垄断法规定了如下特殊类型展示其规制行政性垄断的特色。

第一，不公平待遇，即无正当理由给予特别主体经济上的优惠。其表现包括以下几种：（1）违反俄联邦法律或正式法令的规定，指令经济实体为特定的客户优先供应商品（完成工作、提供服务），或者按照优惠条件签订合同，如无根据要求在先履行或提供优先

① 刘继峰：《反垄断法》，中国政法大学出版社2012年版，第299—300页。

权，但法律有特殊规定的除外。(2) 给予特定主体优惠待遇或财政补贴。以财政资金给予个别经营者优待，不公平地使用国家资源，扶持不具备竞争能力的主体维持经营并人为地改变市场结构，其结果必然会破坏竞争环境。反垄断法上的优惠待遇只有在立法明确规定或能促进经济发展的情况下才被允许。通常，行政机关给予特殊经济主体或某些经济主体优惠待遇应经过俄联邦反垄断机关的同意，如果行政机关的优惠决定没有经过俄联邦反垄断机关的同意，俄联邦反垄断机关有权撤销或变更该违法决定；若行政机关不执行反垄断机关作出的撤销或变更违法行为的决定，俄联邦反垄断机关（包括区域派出机关）有权向相应的仲裁法院起诉，要求确认行政机关作出的决定或决定依据的规章无效或部分无效。(3) 行政许可中的不公平待遇。实践中，行政许可行为破坏竞争的情形主要表现为：授予经营主体无联邦法律依据的某种特权、没有法律依据拒绝颁发（或延长）许可证（期限）、在许可的同时限制经营活动的时间、任意废除许可等。

第二，职能混同，即权力机关的职能和经济实体的职能合为一体。俄罗斯《竞争保护法》第 15 条规定，禁止联邦行政机关、联邦各部门行政机关和地方市政当局的职能与经济实体的职能混同，但依联邦法律、俄联邦总统令、俄罗斯联邦政府的决定而授予经济实体指定机关职能和权力（包括检查和监督职能）的除外。一般而言，职能混同包括以下两种情况：(1) 权力机关同时享有经营主体的职能，如国家行政机关或各地方权力机关组建自己的商业主体，或者行政机关向市场推荐某经济主体的产品或服务等；(2) 没有法律授权或委托的经济主体行使权力机关的职能和权力，包括国家机关的批准权、监督权等职能和权力。由于转型不彻底，俄罗斯在 2005 年大约有 1.5 万家国有企业不同程度地行使或变相行使和利用行政权力从事经营。

第三，联合实施行政性垄断行为。按照俄罗斯《竞争保护法》第 16 条的规定，禁止行政主体相互之间、与经济实体之间签订导致或可能导致限制、消除竞争或损害经济实体的利益的任何形式的协议或者实行协同行为。这不完全等同于我国《反垄断法》第 44 条规定的“强制经营者从事本法规定的垄断行为”。前者强调权力介入的联合性，既包括权力与权力的联合，如两个行政机构联合运用行政权力阻碍新经营主体的进入或将经营主体排挤出市场；也包括行政机关与经营者的共谋，如权力机关支持的划分地域市场。认定联合实施行政性垄断行为需要具备三个条件：存在协议或协同行为；协议内容对竞争有消极影响；参加者具有共同目标、明确分工或协调一致的行动。

三、我国反垄断法对行政性垄断的规制立法历史沿革

（一）以政策、文件为主规范滥用行政权力排除、限制竞争行为的调整阶段（1978 年—1992 年）

1978 年改革开放之后，地方政府开始具有独立的利益，由此产生了行政性垄断。

1980 年 7 月，国务院颁布了《关于推动经济联合的暂行规定》，要求“尊重企业的自主权，不要搞不合理的行政干预”。1980 年 10 月，国务院颁布的《关于开展和保护社会主义竞争的暂行规定》首次提出了反垄断特别是反对行政性垄断的任务，认为开展竞争必须打破地区封锁和部门分割。在此以后，国务院以不同的形式颁布了一系列反对滥用行政

权力排除、限制竞争行为的法规和文件。例如，1984 年 12 月，中共中央、国务院发布的《关于严禁党政机关和党政干部经商、办企业的决定》反对权力机关及机关干部经商。再如，1990 年 11 月国务院颁布的《关于打破地区间市场封锁进一步搞活商品流通的通知》也明确指出，“各地区、各部门应自觉制止和纠正地区封锁的错误做法，集中力量抓好经济结构的调整……在本通知发布后仍继续搞地区封锁的，要追究有关领导者的责任”。

这一阶段中，滥用行政权力排除、限制竞争行为制度初步形成，但主要通过通知和规定的方式反对地方分割和地方保护主义。法律文件效力层级低、缺乏权威性，且没有具体的责任条款，可操作性欠缺。

（二）以《反不正当竞争法》为主规范滥用行政权力排除、限制竞争行为的阶段（1993 年—2007 年）

1993 年《反不正当竞争法》在第 7 条禁止政府及其所属部门限定他人购买其指定的经营者的商品、限制其他经营者正当的经营活动，或者限制商品在地区之间正常流通的同时，在第 30 条还规定了这种行为的法律责任，即由上级机关责令其改正；情节严重的，由同级或者上级机关对直接责任人员给予行政处分。被指定的经营者借此销售质次价高商品或者滥收费用的，监督检查部门应当没收违法所得，可以根据情节处以违法所得 1 倍以上 3 倍以下的罚款。

此外，国家还出台了《行政许可法》等一系列依法行政的法律法规以及《招标投标法》等针对特定领域滥用行政权力排除、限制竞争行为的法律法规，形成了以《反不正当竞争法》为主，其他法律法规配合的格局。此时期由于未形成专门和完整的法律制度，缺乏法律责任的规定，法律适用的可操作性不强。

（三）以《反垄断法》为主规范滥用行政权力排除、限制竞争行为阶段（2008 年—2015 年）

2007 年我国《反垄断法》出台，2008 年正式实施，该法以专章形式对滥用行政权力排除、限制竞争行为进行了列举式规定，从目的、原则、具体行为表现和法律责任等方面构建起了一个较为完整的禁止滥用行政权力排除、限制竞争行为制度。我国《反垄断法》实施后，作为滥用行政权力排除、限制竞争行为的执法机构，原国家工商行政管理总局于 2009 年 5 月制定了《工商行政管理机关制止滥用行政权力排除、限制竞争行为程序规定》，2010 年 12 月制定了《制止滥用行政权力排除、限制竞争行为的规定》，使我国禁止滥用行政权力排除、限制竞争行为制度日渐完善。当然，我国禁止滥用行政权力排除、限制竞争行为制度本身及其实施还存在诸多问题需要解决。

（四）以《反垄断法》和公平竞争审查制度规范滥用行政权力排除、限制竞争行为阶段（2016 年至今）

公平竞争审查制度是指政府产业主管部门或竞争主管机关通过分析、评价拟订中的或现行的公共政策可能或已经产生的竞争影响，提出不妨碍政策目标实现且对市场竞争损害最小的替代方案的制度。2016 年国务院《关于在市场体系建设中建立公平竞争审查制度的意见》指出，建立公平竞争审查制度，防止政府过度和不当干预市场，有利于保障资源配置依据市场规则、市场价格、市场竞争实现效益最大化和效率最优化。自此，我国进入

《反垄断法》与公平竞争审查制度共同规制滥用行政权力排除、限制竞争的新阶段。

2021 年，《公平竞争审查制度实施细则》修订，修订后的细则丰富和完善了违反公平竞争审查标准的行为类型，并采取更严格的审查标准。

2022 年 8 月 1 日，修正后的《反垄断法》生效，除第 5 条明确提出国家建立健全公平竞争审查制度外，第五章"滥用行政权力排除、限制竞争"新增"妨碍其他经营者进入相关市场或者对其他经营者实行不平等待遇"条款，对招投标限制、投资限制、强制经营者实施垄断行为等行为的具体表现进行了完善，并将抽象行政行为的主体扩展为行政机关和经法律、法规授权的具有管理公共事务职能的组织。总体而言，《反垄断法》对行政垄断的规制具有趋严的趋势。

四、《反垄断法》中关于行政性垄断的相关规定

我国《反垄断法》采取原则规定和典型行为列举相结合的方式对行政性垄断行为进行规制。一方面，在总则第 10 条原则禁止行政性垄断，即"行政机关和法律、法规授权的具有管理公共事务职能的组织不得滥用行政权力，排除、限制竞争"；另一方面，又在第五章用 7 个条文分别规定了行政性垄断的主要表现形式。

这种立法方式既有助于打击几类典型的行政性垄断行为，又兼顾了现实的复杂性和多样性。可以说，这是从我国的国情出发，在反垄断法这一保护竞争的专门性、基础性法律中规制行政性垄断的一种尝试。总体来说，这些规定是对禁止滥用行政权力限制竞争的基本政策的延续和重申，相较以前竞争的基本政策和规定更加明确和具体，具备合理性、可行性，为处理行政性垄断行为提供了基本的法律依据。

1. 限定交易

限定交易是指行政机关和经法律、法规授权的具有管理公共事务职能的组织滥用行政权力，要求他人（单位或者个人）与其指定的特定经营者进行交易。这是我国行政性垄断行为的典型表现之一，它既排除了被指定者以外的经营者在特定市场上的公平竞争机会，也使被限定的单位或个人的交易自由受到限制，往往还使消费者因被指定的商品或服务质次价高而受到经济上的损失。

《反垄断法》第 39 条规定，行政机关和法律、法规授权的具有管理公共事务职能的组织不得滥用行政权力，限定或者变相限定单位或者个人经营、购买、使用其指定的经营者提供的商品。

限定交易行为的表现形式有多种，都有一定的强制性。主要包括：（1）明示或暗示限定单位和个人只能经营、购买和使用本行政辖区范围内经营者提供的商品；（2）以明示或暗示方式，要求单位或个人必须经营行政机关和公共组织挂靠企业的商品；（3）限定客户和消费者购买行政机关及其所属部门的关系户提供的商品；（4）限定客户和消费者购买和接受指定单位的有偿服务。

2. 利用合作协议等方式实施垄断行为

《反垄断法》第 40 条规定，行政机关和法律、法规授权的具有管理公共事务职能的组织不得滥用行政权力，通过与经营者签订合作协议、备忘录等方式，妨碍其他经营者进入

相关市场或者对其他经营者实行不平等待遇，排除、限制竞争。

行政机关为实现行政管理目的，有时需要和经营者合作。但是，行政机关不得在合作中滥用行政权力，在合作协议或备忘录中制定有利于合作企业的条款，妨碍其他经营者参与竞争，损害其他市场主体的利益。

3. 妨碍商品在地区之间自由流通

妨碍商品在地区之间自由流通是指行政机关和经法律、法规授权的具有管理公共事务职能的组织滥用行政权力，采取不正当的方式阻碍商品在地区之间的自由流通，损害全国统一市场形成的行为。实行社会主义市场经济，需要在全国范围内建立统一、开放、竞争、有序的现代市场体系。而妨碍商品在地区之间的自由流通违背了该基本要求，人为扭曲了竞争机制的作用和资源的合理配置，保护了落后的生产力，损害了广大消费者和受特定保护以外的经营者的合法权益。

《反垄断法》第41条列举了4种典型表现形式，并设有兜底条款，即行政机关和法律、法规授权的具有管理公共事务职能的组织不得滥用行政权力，实施下列行为，妨碍商品在地区之间的自由流通：（1）对外地商品设定歧视性收费项目、实行歧视性收费标准，或者规定歧视性价格；（2）对外地商品规定与本地同类商品不同的技术要求、检验标准，或者对外地商品采取重复检验、重复认证等歧视性技术措施，限制外地商品进入本地市场；（3）采取专门针对外地商品的行政许可，限制外地商品进入本地市场；（4）设置关卡或者采取其他手段，阻碍外地商品进入或者本地商品运出；（5）妨碍商品在地区之间自由流通的其他行为。

上述行为虽然限制竞争的程度不同，但本质上都歧视外地商品，妨碍商品在地区之间自由流通。其中，歧视性收费项目增加了经营成本；歧视性技术标准、检验标准等设置了不合理的市场进入壁垒，破坏了法制和市场的统一；设置关卡等更是地方保护主义的体现。

4. 招投标活动中的地方保护

招标投标是在建设工程承包、成套设备或者其他商品的购买、企业承包经营和租赁经营、土地使用权出让、经营场所出租等领域广泛采用的竞争性交易方式。[①] 这种本身带有明显竞争性的交易方式尤其需要确保公平。在招标投标活动中搞地方保护，首先会严重影响招标投标活动的正常开展，大大缩小竞争规模，充分竞争的优越性难以得到发挥，使招标投标的作用大打折扣。其次，该做法破坏了市场的统一性，违反了公平竞争的原则。最后，在政治方面，为腐败行为提供了可乘之机。

《反垄断法》第42条规定，行政机关和法律、法规授权的具有管理公共事务职能的组织不得滥用行政权力，以设定歧视性资质要求、评审标准或者不依法发布信息等方式，排斥或者限制经营者参加招标投标以及其他经营活动。

相较于2007年《反垄断法》，2022年《反垄断法》首先取消了“外地经营者”这一概念限定，其目的在于实现真正的竞争中立，即不论是对外地企业还是本地企业的歧视

① 王先林：《竞争法学》（第3版），中国人民大学出版社2018年版，第295页。

都不应被允许。当前，我国地方保护主义并未根绝，有时也存在“优待外地企业、歧视本地企业”的现象，这都会破坏公平竞争的市场环境，都应予以规制。其次，之所以增加“其他经营活动”这一内容，主要是为了应对实践中各种不同的情况。除了招投标外，竞争性谈判、询价、竞争性磋商等都属于竞争性采购方式，都存在滥用行政权力排除、限制竞争的空间和可能，以“其他经营活动”兜底，可以有效弥补原有法律规定的疏漏和不足。

我国《招标投标法》也对招投标活动中的地方保护行为进行了必要的规制。该法第6条规定，依法必须进行招标的项目，其招标投标活动不受地区或者部门的限制；任何单位和个人不得违法限制或者排斥本地区、本系统以外的法人或者其他组织参加投标，不得以任何方式非法干涉招标投标活动。第18条第2款规定，招标人不得以不合理的条件限制或者排斥潜在投标人，不得对潜在投标人实行歧视待遇。第20条规定，招标文件不得要求或者标明特定的生产供应者以及含有倾向或者排斥潜在投标人的其他内容。

5. 排斥、限制、强制或变相强制在本地投资或者设立分支机构

限制资金、技术、人员流动和企业跨地区联合等行为，是行政机关和法律、法规授权的具有管理公共事务职能的组织滥用行政权力的表现之一。而排斥、限制、强制或变相强制在本地投资或者设立分支机构是其中一个重要方面。

排斥或者限制在本地投资或者设立分支机构直接为外地经营者进入设置壁垒，使得其无法对本地经营者形成挑战，破坏公平竞争，使可竞争的统一市场转变为垄断趋向的市场结构，保护落后生产力，最终阻碍本地区经济的发展；而强制或者变相强制经营者在本地投资或者设立分支机构，干预了企业的正常发展和布局规划，增加其经营成本，降低资源和要素配置效率。

对此，《反垄断法》第43条规定，行政机关和法律、法规授权的具有管理公共事务职能的组织不得滥用行政权力，采取与本地经营者不平等待遇等方式，排斥、限制、强制或者变相强制外地经营者在本地投资或者设立分支机构。

该种行为具体表现为：要求外地投资者具备与其从事的投资行为无关的资质条件；对外地投资者进入时的最低注册资本有所要求；要求外地投资者投资或设立分支机构时提供不必要的高额担保；强制征收额外税款；明确限定投资项目，对资金的投入、流向和使用作出严格限制；设置烦琐的审批程序和条件；没有法律、行政法规或者国务院规定依据，直接强制外地经营者在本地投资或者设立分支机构；没有法律、行政法规或者国务院规定依据，将在本地投资或者设立分支机构作为参与本地招标投标、享受补贴和优惠政策等的必要条件，变相强制外地经营者在本地投资或者设立分支机构；等等。

6. 强制或变相强制经营者从事垄断行为

强制经营者从事垄断行为即行政机关和经法律、法规授权的具有管理公共事务职能的组织强制经营者从事法律所禁止的制定垄断协议、滥用市场支配地位、违法集中等垄断行为。这种做法侵害了经营者的自主经营权，损害消费者合法权益，违反了建立和完善社会主义市场经济体制的要求，破坏了市场公平竞争。因此，我国《反垄断法》第44条规定，行政机关和法律、法规授权的具有管理公共事务职能的组织不得滥用行政权力，强制

或者变相强制经营者从事本法规定的垄断行为。

7. 制定含有排除、限制竞争内容的规定

除了上述具体行政行为，行政垄断还可以通过抽象行政行为来实现。抽象行政行为是指行政机关和经法律、法规授权的具有管理公共事务职能的组织，针对不特定的对象，制定、发布能反复适用的行政规范性文件的行为。与以具体行政行为排除、限制竞争相比，抽象行政行为排除、限制竞争有以下特点：针对的是不特定主体；其效力具有普遍性；该规定可以反复适用，而不是只适用一次；该行为通常创立了一种新的行为模式。因此，采用抽象行政行为的方式排除、限制竞争往往影响面更广，负面效应更强。

为此，《反垄断法》第45条明确规定，行政机关和法律、法规授权的具有管理公共事务职能的组织不得滥用行政权力，制定含有排除、限制竞争内容的规定。此外，我国还通过公平竞争审查制度对抽象行政行为进行事前审查。

五、我国反行政性垄断的执法实践

随着执法经验的不断丰富，我国在反行政性垄断方面的法律规则体系建设迈上新台阶。2019年，国家市场监管总局印发《关于开展滥用行政权力排除、限制竞争行为专项执法行动的通知》，为形成中央和地方反垄断执法合力，提升执法效能，发挥了积极作用。2022年修正的《反垄断法》第六章新增反垄断执法机构对行政垄断行为的调查权。其中，第54条规定，反垄断执法机构依法对涉嫌滥用行政权力排除、限制竞争的行为进行调查，有关单位或者个人应当配合。第55条规定，反垄断执法机构可以对行政机关和法律、法规授权的具有管理公共事务职能的组织的负责人进行约谈，要求其提出改进措施。上述规定明确了反垄执法机构可以直接对行政机关和法律、法规授权的具有管理公共事务职能的组织开展调查、约谈，并要求其提供整改建议，一定程度上解决了2007年《反垄断法》只设置了“建议权”的不足，提升了反垄断执法机构的地位。2023年，国家市场监管总局为落实《反垄断法》的要求，以加强事前事中事后全链条全方位约束，增强法律规范指导性和可操作性为修订思路，出台《制止滥用行政权力排除、限制竞争行为规定》，对执法程序和实体规定进行了全面细化，为进一步提升执法水平、增进执法效能奠定了坚实的制度基础。

此外，执法队伍建设也在不断推进，市场监管部门通过组建反垄断专家库、培训交流等方式，提升反垄断执法人员办案能力。2018年底，国家市场监管总局印发《关于反垄断执法授权的通知》，为构建统一、规范、高效、权威的执法体系提供制度保障。近年来，全国各省级反垄断执法机构均已查处过滥用行政权力排除、限制竞争的案件，行政性垄断执法水平得到新提升。

从实践数据来看，行政性垄断一直在反垄断案件中占重要比例。以2021年数据为例，全国共调查滥用行政权力排除、限制竞争案件80件，办结46件，行政性垄断案件数量仅次于经营者集中案件数量。2021年办结的行政性垄断案件中，从违法领域来看，民生领域占比60%，其他占比40%，其中交通、建筑、医药卫生、教育、保险等服务领域分别占18%、18%、13%、7%、4%；从行为类型来看，涉及限定交易行为的案件占比

43%，涉及制定排除、限制竞争规定行为的案件占比 42%，涉及限制外地经营者招投标行为的案件占比 13%，涉及妨碍商品流通行为的案件占比 2%；从涉案主体来看，基本涵盖了省、市、县人民政府及所属部门，其中，涉及省级政府及所属部门的案件占比 2%，涉及市级政府及所属部门的案件占比 57%，涉及县级政府及所属部门的案件占比 41%。①

有观点认为，我国行政性垄断执法还存在一些不足。首先，《反垄断法》将滥用行政权力排除、限制竞争原则局限于行政主体超出法定权限或者法定程序对市场竞争实施的各种限制性举措，使得反垄断法在行政性垄断上的规制范围变得较窄，那些非滥用行为无法纳入反垄断法的规制范围，这实际上沿袭了传统行政法律的思维。但我国在经济领域其实存在不少虽然形式合法但是实质不合理的明显影响市场公平竞争的行政行为，其中最为典型的就是各个地方政府在招商引资过程中经常使用的大额定向补贴。根据现行的地方政府组织法律体系及其治理规则，不同层级的地方政府都有权依照既有的决策机制在招商引资过程中对符合条件的特定企业通过财政转移支付的方式给予数额不等的经济补贴。无论受补贴的主体是内资企业还是外资企业，无论是国有企业还是民营企业，它们都会因此不同程度地获得额外的竞争优势，这就必然会直接影响到经营者在相关市场上的公平竞争。这类非普惠性政策之下的补贴数额越大，它带来的负面效果就越为明显。所以，《中国企业发展环境报告 2013》非常尖锐地提出："创造公平的市场环境比政府补贴更重要。"虽然地方政府采取的这类财政补贴在客观上妨碍了统一、开放、竞争、有序的市场体系建设，但是我国《反垄断法》对此并无规制力。②

其次，我国反垄断执法机构只拥有建议权，被认为执法威慑力不足。但有学者研究发现，反垄断执法机构通过建议函纠正了绝大部分案件中的违法行为。在公开信息的案件中，除个别案件无法查找到建议函的结果外，绝大部分案件都得到了被查处机构的积极响应，按照建议函的要求作出了整改。可见，建议函虽然没有制裁性，但产生了"约束性"的效果。这说明行政性垄断治理在当下并不是通过"反垄断法"来进行的——虽然表面上是执行《反垄断法》关于行政性垄断法律责任的条文。③

案例研习

1. 普宁市教育局滥用行政权力排除、限制竞争的行为④

2019 年以来，普宁市教育局制定下发了《关于进一步加强我市中小学生等校服管理工作的实施意见》等文件，规定实行"一市一款"校服款式，提出采用公开招标模式确定本市中小学校服生产制作供应商，要求全市各中小学校必须从获得校服制作资格标的 5

① 参见《中国反垄断执法年度报告（2021）》。

② 丁茂中：《论我国行政性垄断行为规范的立法完善》，载《政治与法律》2018 年第 7 期。

③ 李剑：《中国行政垄断的治理逻辑与现实——从法律治理到行政性治理》，载《华东政法大学学报》2020 年第 6 期。

④ 参见《广东省市场监管局依法纠正普宁市教育局滥用行政权力排除、限制竞争的行为》，载国家市场监督管理总局官网，https://www.samr.gov.cn。

家校服生产制作企业中选择一家作为供应商，采购校服的价格按照普宁市教育局委托公开招标的中标结果执行，并签署有效期5年的合同。同时，其在校服制作资格标的政府采购过程中设定不合理招标条件，通过制定招投标“参考价”消除投标人之间的价格竞争，干预校服市场价格形成。广东省市场监管局主张上述行为违反了《反垄断法》第32条①“行政机关和法律、法规授权的具有管理公共事务职能的组织不得滥用行政权力，限定或者变相限定单位或者个人经营、购买、使用其指定的经营者提供的商品”和第37条②“行政机关不得滥用行政权力，制定含有排除、限制竞争内容的规定”的规定，构成滥用行政权力排除、限制竞争的行为。

依据《反垄断法》第51条第1款③及《制止滥用行政权力排除、限制竞争行为暂行规定》第20条第2款④之规定，广东省市场监管局向普宁市人民政府发出《行政建议书》，建议普宁市人民政府责令市教育局改正相关行为，督促该局妥善做好校服管理政策措施的“废改立”，消除有关行政行为对企业、学校校服管理工作造成的影响，按规定严格开展公平竞争审查，依法维护好企业和学生合法权益。在调查过程中，普宁市教育局采取积极措施，废止了含有排除、限制竞争内容的《关于进一步加强我市中小学生等校服管理工作的实施意见》文件，部署加强校服管理工作，进一步规范校服选用和选购管理。2021年2月，省教育厅联合省市场监管局废止了《关于进一步加强中小学生校服管理工作的意见》(粤教后勤〔2017〕2号)。

问题：

(1) 从行为类型看，本案中普宁市教育局的“五选一”及制定招标“参考价”行为属于抽象行政垄断还是具体行政垄断？

(2) 本案中普宁市教育局的“五选一”及制定招标“参考价”行为可能带来的损害是什么？

2. 原蚌埠市卫计委滥用行政权力排除、限制竞争的行为⑤

2015年3月，原蚌埠市卫计委等6部门印发《蚌埠市公立医疗卫生机构药品耗材设备集中采购实施办法（暂行）》，成立蚌埠市公立医疗卫生机构药品、耗材及设备集中采购工作办公室（以下简称“采购办公室”）和全市公立医疗机构采购联合体（以下简称“采购联合体”）。其中，采购办公室设在原蚌埠市卫计委；采购联合体由全市94家公立医疗机构组成（其中一家为精神病医院）。2015年4至5月，原蚌埠市卫计委分三次发布公告，进行药品采购。其中一次为单品种带量采购，两次为打包带量采购（精神病医院未参加打包带量采购）。基本情况如下：

① 现为《反垄断法》第39条。
② 现为《反垄断法》第45条。
③ 现为《反垄断法》第61条第1款。
④ 现为《制止滥用行政权力排除、限制竞争行为规定》第21条第2款。
⑤ 参见《国家发展改革委办公厅关于建议纠正蚌埠市卫生计生委滥用行政权力排除限制竞争有关行为的函》(发改办价监〔2015〕2175号)。

1. 2015 年 4 月 10 日，原蚌埠市卫计委发布《蚌埠市公立医疗机构临床用药单品种带量采购询价公告》（皖 C-2015-CG-X-111，以下简称“111 号询价公告”），对 30 种确定品种、规格、剂型和生产厂家的药品进行询价，采购总金额 1.004 亿元。公告中规定投标人资格为“在本次单品种带量采购范围内的生产企业”，要求“单品种让利幅度不得低于 25%（与省中标价相比下降至少 25%）”。2015 年 4 月 21 日和 22 日，采购办公室分两次对 18 个生产企业共 21 种药品接受 25%降价幅度的情况进行了公示。原蚌埠市卫计委表示，对未成交的 9 个品种，目前已经选择了替代性品种，并在两次打包带量采购中予以解决。

2. 2015 年 4 月 10 日，原蚌埠市卫计委发布市区组竞争性磋商公告（皖 C-2015-CG-C-112 项目，以下简称“112 号公告”），对 33 家市区医院使用 2619 种药品进行打包带量采购，采购总金额 2.78 亿元。公告要求投标供应商整体打包报价，并规定选取“10 家供应商（市内 5 家，市外 5 家）”中标。调查显示，共有 12 家药品配送企业参与投标。2015 年 4 月 21 日，采购办公室发布公示，确定了 10 家中标企业名单。

3. 2015 年 5 月 22 日，原蚌埠市卫计委发布三县组竞争性磋商公告（皖 C-2015-CG-C-168 项目，以下简称“168 号公告”），蚌埠市怀远、五河和古镇三县共 60 家公立卫生医疗机构对 2 850 种确定品种、规格、剂型和生产厂家的药品进行打包带量采购，采购总金额 2.9 亿元。168 号公告也要求投标供应商整体打包报价，规定选取 12 家药品配送企业中标（其中本市企业 6 家，市外企业 6 家）。共有 18 家药品配送企业参与投标。2015 年 6 月 2 日，采购办公室确定 12 家中标企业名单。

国家发展改革委发函称，原蚌埠市卫计委等 6 部门下发的《蚌埠市公立医疗卫生机构药品耗材设备集中采购实施办法（暂行）》规定，“集中采购工作机构设在市卫生计生委，名称为蚌埠市公立医疗卫生机构药品、耗材及设备集中采购工作办公室。主要承担药品、耗材及设备集中采购工作的具体实施和日常管理工作”。111 号询价文件和 112 号招标文件均明确表示“安徽冲锋信息技术有限公司受蚌埠市卫生和计划生育委员会委托”开展相关招标采购工作。在 168 号招标文件中虽然调整为“受蚌埠市公立医疗机构药品带量采购联合体委托”，但之后两次有关澄清公告均以原蚌埠市卫计委名义发布。因此，原蚌埠市卫计委在药品集中采购中，履行了有关管理和监督指导职责，也直接参与了相关工作。经研究，国家发展改革委认为，上述药品集中采购中的部分做法，违反了《反垄断法》相关规定，排除和限制了相关市场竞争。

问题：

（1）本案中原蚌埠市卫计委涉嫌哪些行政性垄断行为？其具体表现为何？

（2）基于药品采购的特殊性，如何构建药品采购的公平竞争审查方案？

本章思考题

1. 如何理解行政性垄断？需要注意哪些主要问题？

2. 反垄断法规制行政性垄断的必要性有哪些？

3. 我国行政性垄断的产生与美国、俄罗斯有何异同？
4. 我国《反垄断法》规制的行政性垄断行为有哪些类型？

拓展阅读　　即测即评

第二十一章　公平竞争审查制度

第一节　公平竞争审查的制度建立

2016年6月，国务院印发了《关于在市场体系建设中建立公平竞争审查制度的意见》，就在市场体系建设中建立公平竞争审查制度提出了纲领性意见。这是在我国《反垄断法》实施近8年之后，对维护市场公平竞争作出的重大制度性安排，是我国完善社会主义市场经济历程中的里程碑事件，对我国经济社会发展产生了重大而深远的影响。

一、公平竞争审查制度的指导思想

（一）公平竞争审查制度的形成原因

我国现行的市场经济脱胎于20世纪的计划经济体制，加之受长期封建社会影响形成的全能政府意识，政府干预经济运行在我国拥有广泛的市场，而一旦这些干预超过了必要的限度，无疑会扰乱市场机制，破坏竞争秩序，不利于充分发挥市场在资源配置中的决定性作用。

随着我国市场经济体制建设的不断深入，特别是近年营商环境改革广受关注，遏制政府通过制定政策不当干预市场竞争的行为，从而营造更加公开、公平、公正的竞争环境，成为党和政府以及整个社会的共识，这为公平竞争审查制度的出台奠定了良好的社会基础。《关于在市场体系建设中建立公平竞争审查制度的意见》就该制度的形成原因作了充分说明：第一，是深入推进经济体制改革的客观需要。建立公平竞争审查制度，防止政府过度和不当干预市场，有利于保障资源配置依据市场规则、市场价格、市场竞争实现效益最大化和效率最优化。第二，是全面推进依法治国的有力保障。建立公平竞争审查制度，健全行政机关内部决策合法性审查机制，有利于保证政府行为符合相关法律法规要求，确保政府依法行政。第三，是实现创新驱动发展的必然选择。建立公平竞争审查制度，大力消除影响公平竞争、妨碍创新的各种制度束缚，有利于为大众创业、万众创新营造公平竞争的市场环境。第四，是释放市场主体活力的有效举措。建立公平竞争审查制度，降低制度性交易成本，克服市场价格和行为扭曲，有利于调动各类市场主体的积极性和创造性，培育和催生经济发展新动能。

（二）公平竞争审查制度的总体要求

《关于在市场体系建设中建立公平竞争审查制度的意见》指出，建立公平竞争审查制度，要按照加快建设统一开放、竞争有序的市场体系的要求，确保政府相关行为符合公平竞争要求和相关法律法规，维护公平竞争秩序，保障各类市场主体平等使用生产要素、公平参与市场竞争、同等受到法律保护，激发市场活力，提高资源配置效率，推动大众创业、万众创新，促进实现创新驱动发展和经济持续健康发展。

（三）公平竞争审查制度的基本原则

公平竞争审查制度的基本原则是在公平竞争审查制度实施中必须遵守的基本理念和行为准则，对于正确理解、指导、执行公平竞争审查制度具有重要意义。《关于在市场体系建设中建立公平竞争审查制度的意见》指出，建立公平竞争审查制度，应当遵循以下基本原则：第一，尊重市场、竞争优先。尊重市场经济规律，处理好政府与市场的关系，保障市场配置资源的决定性作用得到充分发挥。第二，立足全局、统筹兼顾。着力打破地区封锁和行业垄断，清除市场壁垒，促进商品和要素在全国范围内自由流动；统筹考虑维护国家利益和经济安全、促进区域协调发展、保持经济平稳健康运行等多重目标需要。第三，科学谋划、分步实施。要尊重国情，坚持从实际出发，研究制定具有可操作性的方案；破立结合，在规范增量政策的同时，坚持分类处理、不溯及既往，逐步清理废除妨碍全国统一市场和公平竞争的存量政策；着眼长远，做好整体规划，在实践中分阶段、分步骤地推进和完善。第四，依法审查、强化监督。加强与现行法律体系和行政管理体制的衔接，提高公平竞争审查的权威和效能；把自我审查和外部监督结合起来，加强社会监督和执法监督，及时纠正滥用行政权力排除、限制竞争行为。

二、公平竞争审查制度的审查对象和审查方式

（一）公平竞争审查制度的审查对象

公平竞争审查制度本质上是对政府制定的政策措施的一种事先审查，但政府政策措施涉及社会生活的各个方面，公平竞争审查制度并不要求审查政府的所有政策措施，只需要审查那些可能会影响市场竞争的政策措施。按照相关规定，公平竞争审查制度的审查对象主要包括：（1）行政机关和法律、法规授权的具有管理公共事务职能的组织制定的有关市场准入、产业发展、招商引资、招标投标、政府采购、经营行为规范、资质标准等涉及市场主体经济活动的规章、规范性文件和其他政策措施；（2）行政法规和国务院制定的其他政策措施、地方性法规，起草部门应当在起草过程中进行公平竞争审查。

（二）公平竞争审查制度的审查方式

《关于在市场体系建设中建立公平竞争审查制度的意见》规定，行政机关和法律、法规授权的具有管理公共事务职能的组织在规章、规范性文件及其他政策制定过程中，要严格对照审查标准进行自我审查。经审查认为不具有排除、限制竞争效果的，可以实施；具有排除、限制竞争效果的，应当不予出台，或调整至符合相关要求后出台；没有进行公平竞争审查的，不得出台。

从以上规定来看，公平竞争审查以政策制定机关的自我审查为主。但是根据《公平竞争审查制度实施细则》第 12 条“对经公平竞争审查后出台的政策措施，政策制定机关应当对其影响统一市场和公平竞争的情况进行定期评估。评估报告应当向社会公开征求意见，评估结果应当向社会公开。经评估认为妨碍统一市场和公平竞争的，应当及时废止或者修改完善。定期评估可以每三年进行一次，或者在定期清理规章、规范性文件时一并评估”以及国家市场监管总局发布的《公平竞争审查第三方评估实施指南》的规定，对政

策措施的定期评估和公平竞争审查第三方评估也已经成为我国目前公平竞争审查制度的重要内容。

三、公平竞争审查制度的实施路径

（一）推动公平竞争审查制度建设的步骤

公平竞争审查制度是一项从无到有的制度，因此该制度的实施必须循序渐进，应当做到从上到下、先易后难、分级推动。特别是在该制度的实施初期，还存在清理此前制定的相关政策中可能存在违反公平竞争审查制度的情形。为保证该制度的顺利实施，《关于在市场体系建设中建立公平竞争审查制度的意见》就相关问题也作了规定：第一，明确工作机制。国务院各部门、各省级人民政府及所属部门均应在有关政策措施制定过程中进行公平竞争审查，各省级人民政府要在本行政区域内逐步推开。第二，有序清理存量。按照“谁制定、谁清理”的原则，各级人民政府及所属部门要对照公平竞争审查标准，对现行规章、规范性文件、政策措施区分不同情况，稳妥把握节奏。第三，定期评估完善。对建立公平竞争审查制度后出台的政策措施，各级人民政府及所属部门要在定期清理规章和规范性文件时一并进行评估。第四，制定实施细则。国家发展改革委、国务院法制办、商务部、工商总局要会同有关部门，抓紧研究起草公平竞争审查实施细则。第五，加强宣传培训。有关部门要切实加大宣传培训力度，加强政策解读和舆论引导，为公平竞争审查制度实施营造良好的舆论氛围和工作环境。

（二）推动公平竞争审查制度建设的保障措施

为了给公平竞争审查制度的顺利实施创造良好的制度环境，《关于在市场体系建设中建立公平竞争审查制度的意见》要求：第一，健全竞争政策。国务院反垄断委员会要发挥职能作用，组织、协调、指导反垄断工作，研究拟订有关竞争政策，为推进和逐步完善公平竞争审查制度奠定坚实基础。第二，完善政府守信机制。保障政府严格履行向社会作出的承诺，把政务履约和守诺服务纳入政府绩效评价体系，建立健全政务和行政承诺考核制度。第三，加强执法监督。对涉嫌违反公平竞争审查标准的规章、规范性文件、政策措施，任何单位和个人有权举报，有关部门要及时予以处理。第四，强化责任追究。对未进行公平竞争审查或者违反公平竞争审查标准出台规章、规范性文件、政策措施，以及不及时纠正相关规章、规范性文件、政策措施的地方政府和部门，有关部门依法查实后要作出严肃处理。

第二节　公平竞争审查制度的审查标准

审查标准是公平竞争审查制度的核心内容，《关于在市场体系建设中建立公平竞争审查制度的意见》对于审查标准作了初步规定。2017 年 10 月，国家发展改革委、财政部、商务部、原国家工商行政管理总局、国务院原法制办会同有关部门研究制定了《公平竞争审查制度实施细则（暂行）》，首次对公平竞争审查的标准进行了细化。2021 年 6 月，国家市场监管总局、国家发展改革委、财政部、商务部、司法部会同有关部门修订了《公平竞争审查制度实施细则》。除了对审查机制和程序、第三方评估、监督与责任追究等内容作了进一步细化之外,《公平竞争审查制度实施细则》还重点对审查标准和例外规定作了进一步细化。

一、市场准入和退出标准

(一)不得设置不合理或者歧视性的准入和退出条件

自由进入和退出市场是市场竞争的要义,因此,任何对于准入和退出的限制都是妨碍市场自由竞争的行为,政府出台的政策措施应当避免出现类似情形。根据《公平竞争审查制度实施细则》,政府出台的政策措施不得设置不合理或者歧视性的准入和退出条件,包括但不限于:(1)设置明显不必要或者超出实际需要的准入和退出条件,排斥或者限制经营者参与市场竞争;(2)没有法律、行政法规或者国务院规定依据,对不同所有制、地区、组织形式的经营者实施不合理的差别化待遇,设置不平等的市场准入和退出条件;(3)没有法律、行政法规或者国务院规定依据,以备案、登记、注册、目录、年检、年报、监制、认定、认证、认可、检验、监测、审定、指定、配号、复检、复审、换证、要求设立分支机构以及其他任何形式,设定或者变相设定市场准入障碍;(4)没有法律、行政法规或者国务院规定依据,对企业注销、破产、挂牌转让、搬迁转移等设定或者变相设定市场退出障碍;(5)以行政许可、行政检查、行政处罚、行政强制等方式,强制或者变相强制企业转让技术,设定或者变相设定市场准入和退出障碍。

(二)未经公平竞争不得授予经营者特许经营权

特许经营权必然意味着对于市场竞争的限制,因此,任何特许经营权的获得必须经过公平竞争程序,以最大限度地提高特许经营的效率。为此,《公平竞争审查制度实施细则》规定,未经公平竞争不得授予经营者特许经营权,包括但不限于:(1)在一般竞争性领域实施特许经营或者以特许经营为名增设行政许可;(2)未明确特许经营权期限或者未经法定程序延长特许经营权期限;(3)未依法采取招标、竞争性谈判等竞争方式,直接将特许经营权授予特定经营者;(4)设置歧视性条件,使经营者无法公平参与特许经营权竞争。

(三)不得限定经营、购买、使用特定经营者提供的商品和服务

限定经营是典型的排除、限制市场竞争行为,《公平竞争审查制度实施细则》规定,不得限定经营、购买、使用特定经营者提供的商品和服务,包括但不限于:(1)以明确要求、暗示、拒绝或者拖延行政审批、重复检查、不予接入平台或者网络、违法违规给予奖励补贴等方式,限定或者变相限定经营、购买、使用特定经营者提供的商品和服务;(2)在招标投标、政府采购中限定投标人所在地、所有制形式、组织形式,或者设定其他不合理的条件排斥或者限制经营者参与招标投标、政府采购活动;(3)没有法律、行政法规或者国务院规定依据,通过设置不合理的项目库、名录库、备选库、资格库等条件,排斥或限制潜在经营者提供商品和服务。

(四)不得设置没有法律、行政法规或者国务院规定依据的审批或者具有行政审批性质的事前备案程序

对于私权而言,“法无禁止即可为”。任何对于市场主体的限制性规定特别是许可或者

强制性备案程序等要求，必须以法律、行政法规或者国务院的规定为依据。为防止各级政策制定机关出台法外的审批或者事前备案性程序要求，《公平竞争审查制度实施细则》规定，政策制定机关不得设置没有法律、行政法规或者国务院规定依据的审批或者具有行政审批性质的事前备案程序，包括但不限于：（1）没有法律、行政法规或者国务院规定依据，增设行政审批事项，增加行政审批环节、条件和程序；（2）没有法律、行政法规或者国务院规定依据，设置具有行政审批性质的前置性备案程序。

（五）不得对市场准入负面清单以外的行业、领域、业务等设置审批程序

市场准入负面清单制度，是国务院以清单方式明确列出在我国境内禁止和限制投资经营的行业、领域、业务等，各级政府依法采取相应管理措施的一系列制度安排。对于市场准入负面清单以外的行业、领域、业务等，各类市场主体皆可依法平等进入。为防止各级政府在清单以外出台排除、限制竞争的准入规定，《公平竞争审查制度实施细则》规定，不得对市场准入负面清单以外的行业、领域、业务等设置审批程序，主要指没有法律、行政法规或者国务院规定依据，对市场准入负面清单以外的行业、领域、业务采取禁止进入、限制市场主体资质、限制股权比例、限制经营范围和商业模式等方式，限制或者变相限制市场准入。

二、商品和要素自由流动标准

（一）不得对外地和进口商品、服务实行歧视性价格和歧视性补贴政策

通过对外地和进口商品、服务实行歧视性价格和歧视性补贴政策限制商品和要素自由流动是一种常见的影响要素自由流动的现象。为此，公平竞争审查制度禁止对外地和进口商品、服务实行歧视性价格和歧视性补贴政策，这些禁止措施包括但不限于：（1）制定政府定价或者政府指导价时，对外地和进口同类商品、服务制定歧视性价格；（2）对相关商品、服务进行补贴时，对外地同类商品、服务，国际经贸协定允许外的进口同类商品以及我国作出国际承诺的进口同类服务不予补贴或者给予较低补贴。

（二）不得限制外地和进口商品、服务进入本地市场或者阻碍本地商品运出、服务输出

我国市场经济发展实践中，一些地方政府及其工作部门通过制定相关政策措施直接限制外地和进口商品、服务进入本地市场或者阻碍本地商品运出、服务输出的现象也较为常见。为此，公平竞争审查制度要求，不得限制外地和进口商品、服务进入本地市场或者阻碍本地商品运出、服务输出，包括但不限于：（1）对外地商品、服务规定与本地同类商品、服务不同的技术要求、检验标准，或者采取重复检验、重复认证等歧视性技术措施；（2）对进口商品规定与本地同类商品不同的技术要求、检验标准，或者采取重复检验、重复认证等歧视性技术措施；（3）没有法律、行政法规或者国务院规定依据，对进口服务规定与本地同类服务不同的技术要求、检验标准，或者采取重复检验、重复认证等歧视性技术措施；（4）设置专门针对外地和进口商品、服务的专营、专卖、审批、许可、备案，或者规定不同的条件、程序和期限等；（5）在道路、车站、港口、航空港或者本行政区域边界设置关卡，阻碍外地和进口商品、服务进入本地市场或者本地商品运出和服务输出；

(6) 通过软件或者互联网设置屏蔽以及采取其他手段，阻碍外地和进口商品、服务进入本地市场或者本地商品运出和服务输出。

（三）不得排斥或者限制外地经营者参加本地招标投标活动

招标投标是现代市场经济运行中常见的市场行为，但一些地方政府或者政府部门通过在招投标过程中设置限制性政策阻碍公平竞争的现象时有发生，为此，《公平竞争审查制度实施细则》专门规定，不得排斥或者限制外地经营者参加本地招标投标活动，包括但不限于：(1) 不依法及时、有效、完整地发布招标信息；(2) 直接规定外地经营者不能参与本地特定的招标投标活动；(3) 对外地经营者设定歧视性的资质资格要求或者评标评审标准；(4) 将经营者在本地区的业绩、所获得的奖项荣誉作为投标条件、加分条件、中标条件或者用于评价企业信用等级，限制或者变相限制外地经营者参加本地招标投标活动；(5) 没有法律、行政法规或者国务院规定依据，要求经营者在本地注册设立分支机构，在本地拥有一定办公面积，在本地缴纳社会保险等，限制或者变相限制外地经营者参加本地招标投标活动；(6) 通过设定与招标项目的具体特点和实际需要不相适应或者与合同履行无关的资格、技术和商务条件，限制或者变相限制外地经营者参加本地招标投标活动。

（四）不得排斥、限制或者强制外地经营者在本地投资或设立分支机构，或者对外地经营者在本地的投资或设立的分支机构实行歧视性待遇

我国是单一制国家，一般情况下，在任何地方投资或者注册的企业都有权在全国范围内开展业务活动，但一些地方政府为了拉动本地经济或者解决本地就业问题，强制要求在本地开展经营活动的市场主体必须在本地投资或者设立分支机构；还有一些地方基于某些特殊原因，通过制定某些政策，排斥外地经营者在本地投资或者设立分支机构，或者对外地经营者在本地的投资或者设立的分支机构实行歧视性待遇等，这些均与建设全国统一大市场不相容。为此，公平竞争审查制度专门作了限制性规定，《公平竞争审查制度实施细则》规定，政策制定机关不得通过制定相关政策，排斥、限制或者强制外地经营者在本地投资或者设立分支机构，包括但不限于：(1) 直接拒绝外地经营者在本地投资或者设立分支机构；(2) 没有法律、行政法规或者国务院规定依据，对外地经营者在本地投资的规模、方式以及设立分支机构的地址、模式等进行限制；(3) 没有法律、行政法规或者国务院规定依据，直接强制外地经营者在本地投资或者设立分支机构；(4) 没有法律、行政法规或者国务院规定依据，将在本地投资或者设立分支机构作为参与本地招标投标、享受补贴和优惠政策等的必要条件，变相强制外地经营者在本地投资或者设立分支机构。《公平竞争审查制度实施细则》还规定，不得对外地经营者在本地的投资或者设立的分支机构实行歧视性待遇，侵害其合法权益，包括但不限于：(1) 对外地经营者在本地的投资不给予与本地经营者同等的政策待遇；(2) 对外地经营者在本地设立的分支机构在经营规模、经营方式、税费缴纳等方面规定与本地经营者不同的要求；(3) 在节能环保、安全生产、健康卫生、工程质量、市场监管等方面，对外地经营者在本地设立的分支机构规定歧视性监管标准和要求。

三、影响生产经营成本标准

（一）不得违法给予特定经营者优惠政策

市场经济是天生的平等派，公平是市场竞争的要义。实践中一些政策制定机关通过给予特定经营者特定的优惠，影响市场竞争的正常进行，不利于资源的有效配置。为此，《公平竞争审查制度实施细则》规定，不得违法给予特定经营者优惠政策，包括但不限于：(1) 没有法律、行政法规或者国务院规定依据，给予特定经营者财政奖励和补贴；(2) 没有专门的税收法律、法规和国务院规定依据，给予特定经营者税收优惠政策；(3) 没有法律、行政法规或者国务院规定依据，在土地、劳动力、资本、技术、数据等要素获取方面，给予特定经营者优惠政策；(4) 没有法律、行政法规或者国务院规定依据，在环保标准、排污权限等方面给予特定经营者特殊待遇；(5) 没有法律、行政法规或者国务院规定依据，对特定经营者减免、缓征或停征行政事业性收费、政府性基金、住房公积金等。给予特定经营者的优惠政策应当依法公开。

（二）安排财政支出一般不得与特定经营者缴纳的税收或非税收入挂钩

税收是中央事权，地方政府无权就减免税等相关税收事项作出规定。一些地方政府擅自改变地方税收政策，一方面有损税收作为中央事权的权威性，另一方面也造成现实中的不公平竞争。为此，《公平竞争审查制度实施细则》规定，安排财政支出一般不得与特定经营者缴纳的税收或非税收入挂钩，主要指不得根据特定经营者缴纳的税收或者非税收入情况，采取列收列支或者违法违规采取先征后返、即征即退等形式，对特定经营者进行返还，或者给予特定经营者财政奖励或补贴、减免土地等自然资源有偿使用收入等优惠政策。

（三）不得违法违规减免或者缓征特定经营者应当缴纳的社会保险费用

社会保障是现代市场经济的减压阀，国家同样需要维护社会保障政策的统一性、稳定性和连续性。为防止政策制定机关通过调整社会保障政策影响市场公平竞争，《公平竞争审查制度实施细则》规定，不得违法违规减免或者缓征特定经营者应当缴纳的社会保险费用，主要指没有法律、行政法规或者国务院规定依据，不得根据经营者规模、所有制形式、组织形式、地区等因素，减免或者缓征特定经营者需要缴纳的基本养老保险费、基本医疗保险费、失业保险费、工伤保险费、生育保险费等。

（四）不得在法律规定之外要求经营者提供或扣留经营者各类保证金

现实中，一些地方政府或者政府部门没有法律依据要求经营者提供保证金，或者扣留经营者的法定保证金等，这一方面提高了经营者的经营成本，另一方面也造成这些经营者与其他未交保证金的经营者之间的不公平竞争环境。为此，《公平竞争审查制度实施细则》规定，不得在法律规定之外要求经营者提供或扣留经营者各类保证金，包括但不限于：(1) 没有法律、行政法规依据或者经国务院批准，要求经营者交纳各类保证金；(2) 限定只能以现金形式交纳投标保证金或履约保证金；(3) 在经营者履行相关程序或者完成相关事项后，不依法退还经营者交纳的保证金及银行同期存款利息。

四、影响生产经营行为标准

（一）不得强制经营者从事《反垄断法》禁止的垄断行为

我国《反垄断法》主要规定了垄断协议、滥用市场支配地位、排除或限制竞争的经营者集中三类市场型垄断控制制度，主要原因在于这些行为均会造成市场竞争的排除或者限制。现实中除了经营者可能实施此类行为外，一些政策制定机关为了地区或者部门利益，也可能通过出台相关政策措施，主导此类行为的发生，这显然有悖于营造公平竞争的市场环境。为此，《公平竞争审查制度实施细则》规定，不得强制经营者从事《反垄断法》禁止的垄断行为，不得以行政命令、行政授权、行政指导等方式或者通过行业协会商会，强制、组织或者引导经营者达成垄断协议、滥用市场支配地位，以及实施具有或者可能具有排除、限制竞争效果的经营者集中等行为。

（二）不得违法披露或者违法要求经营者披露生产经营敏感信息，为经营者实施垄断行为提供便利条件

生产经营敏感信息是指除依据法律、行政法规或者国务院规定需要公开之外，生产经营者未主动公开，通过公开渠道无法采集的生产经营数据。这些信息主要包括拟定价格、成本、营业收入、利润、生产数量、销售数量、生产销售计划、进出口数量、经销商信息、终端客户信息等。经营者作为市场主体，享有经营自主权，对于自身经营过程中的敏感信息，享有专有权及不受非法披露的权利。现实中一些政策制定机关通过违法披露或者违法要求经营者披露生产经营敏感信息，为其他经营者实施垄断行为提供便利条件，此类行为同样被公平竞争审查制度所禁止。

（三）不得超越定价权限进行政府定价

政府定价是公权力对市场运行的特殊干预，政府定价的范围、权限、程序均应有法律的明确规定为依据。为防止政策制定机关滥用政府定价权，《公平竞争审查制度实施细则》规定，不得超越定价权限进行政府定价，包括但不限于：（1）对实行政府指导价的商品、服务进行政府定价；（2）对不属于本级政府定价目录范围内的商品、服务进行政府定价或者制定政府指导价；（3）违反《价格法》等法律法规采取价格干预措施。

（四）不得违法干预实行市场调节价的商品和服务的价格水平

市场调节价是由经营者根据自身成本和市场供求状况自主制定的价格，自主定价权也是经营者经营自由的重要体现。现实中绝大部分商品和服务都实行市场调节价。《公平竞争审查制度实施细则》规定，不得违法干预实行市场调节价的商品和服务的价格水平，包括但不限于：（1）制定公布商品和服务的统一执行价、参考价；（2）规定商品和服务的最高或者最低限价；（3）干预影响商品和服务价格水平的手续费、折扣或者其他费用。

五、例外规定

公平竞争审查制度是一项普遍性的审查制度，但考虑到在特定情况下一些存在排除、限制市场竞争的政策可能具有重大利益上的正当性，因此，需要有配套制度为此类制度的实施提供支持，由此便产生了公平竞争审查制度的例外规定制度。

《公平竞争审查制度实施细则》第 17 条规定，属于下列情形之一的政策措施，虽然在一定程度上具有限制竞争的效果，但在符合规定的情况下可以出台实施：(1) 维护国家经济安全、文化安全、科技安全或者涉及国防建设的；(2) 为实现扶贫开发、救灾救助等社会保障目的；(3) 为实现节约能源资源、保护生态环境、维护公共卫生健康安全等社会公共利益的；(4) 法律、行政法规规定的其他情形。属于前述第 1—3 项情形的，政策制定机关应当说明相关政策措施对实现政策目的不可或缺，且不会严重限制市场竞争，并明确实施期限。

另外，在具体的审查实践中，政策制定机关应当在书面审查结论中说明政策措施是否适用例外规定；认为适用例外规定的，应当对符合适用例外规定的情形和条件进行详细说明。政策制定机关还应当逐年评估适用例外规定的政策措施的实施效果，形成书面评估报告。实施期限到期或者未达到预期效果的政策措施，应当及时停止执行或者进行调整。

第三节　公平竞争审查的问题完善

根据实践来看，虽然公平竞争审查制度目前已经取得了很大的发展，但是该制度的实施在客观上还存在一些问题，其中还不乏制度性的重要事项。[①] 就社会各方关注的重点而言，审查模式和促进机制中存在的问题应当是当前我们迫切需要加以完善的内容。

一、审查模式的问题完善

根据国务院颁布的《关于在市场体系建设中建立公平竞争审查制度的意见》的规定，政策制定机关进行的公平竞争审查主要采取自我审查的方式。虽然《关于在市场体系建设中建立公平竞争审查制度的意见》要求政策制定机关必须做好信息公开工作以便能够得到社会监督，但实践中发生的多起行政性垄断案件如弋阳双汇冷鲜肉店被砸事件、河北省路桥通行费对内半价优惠风波等，充分表明这种完全依赖内部自我约束的审查方式较难起到显著实质性作用。从应然角度来讲，除了强化政策制定机关的自我审查以外，还必须科学地推行外部审查机制或者独立的第三方审查机制，通过内外结合的方式来确保公平竞争审查制度得到有效落实。对此，有学者指出："目前进行的'内部自我审查'方式，是根据现阶段国情所作的积极选择，但必须严格加强社会监督，发挥制度优势，逐步探索适合中国自身特点的公平竞争审查制度。"[②]

《公平竞争审查制度实施细则》第 5 条规定，政策制定机关应当建立健全公平竞争内部审查机制，明确审查机构和程序，可以由政策制定机关的具体业务机构负责，也可以采取内部特定机构统一审查或者由具体业务机构初审后提交特定机构复核等方式。由此可见，我国目前也在探索新的审查模式。对此，不少人认为应当转向集中审查模式，即由专门的集中审查机构对本级政策制定机关制定的所有政策措施统一进行公平竞争审查的模

---

① 丁茂中：《公平竞争审查制度研究》，法律出版社 2019 年版，第 15—22 页。

② 徐士英：《国家竞争政策体系基本确立的重要标志——有感于〈公平竞争审查制度〉的实施》，载《中国价格监督与反垄断》2016 年第 7 期。

式，理由是它相较于自我审查模式有以下四方面的显著优势：第一，集中性。由政策制定机关进行自我审查属于分散型审查模式，容易出现审查主体参差不齐、审查质量良莠不齐、审查监督乏力等问题。集中审查模式最大的特色就是集中性，即同级政策制定机关制定的政策措施统一交由一家机构进行审查，可以有效克服自我审查模式的顽疾。第二，专业性。公平竞争审查兼顾合法性审查和合理性审查双重功能，合理性审查会涉及相关市场界定、市场份额认定、竞争损害评估等反垄断执法专业知识，大多数政策制定机关尚不具备相应的专业知识和经验。在集中审查模式中，将政策措施统一交由具备相关专业知识的机构进行集中审查，可以确保审查过程和审查结果的专业性。第三，客观性。自我审查最大的弊端是“右手制定政策，左手审查政策”，这种“左手监督右手”的审查模式容易导致审查流于形式。在集中审查模式中，由具有相对客观性和独立性的外部机构担任集中审查主体，可以对政策措施做出相对客观和中立的审查结论。第四，效率性。政策制定机关对政策措施的自我审查虽然效率最高，但没有审查质量保证的效率毫无价值。集中审查模式的效率优势体现在过程效率和结果效率两方面，集中审查是由专业机构进行的专业审查，能够形成规模经济效应，降低每一单位政策措施的审查成本，实现审查过程效率；由外部机构进行客观和中立审查，有利于提高审查质量，实现审查结果效率。①

二、促进机制的问题完善

针对《关于在市场体系建设中建立公平竞争审查制度的意见》有关“强化责任追究”的内容，《公平竞争审查制度实施细则》第 27 条规定，政策制定机关的上级机关经核实认定政策制定机关未进行公平竞争审查或者违反审查标准出台政策措施的，应当责令其改正；拒不改正或者不及时改正的，对直接负责的主管人员和其他直接责任人员依据《公务员法》《公职人员政务处分法》《行政机关公务员处分条例》等法律法规给予处分。本级及以上市场监管部门可以向政策制定机关或者其上级机关提出整改建议；整改情况要及时向有关方面反馈。违反《反垄断法》的，反垄断执法机构可以向有关上级机关提出依法处理的建议。相关处理决定和建议依法向社会公开。不难看出，公平竞争审查还缺乏足够的刚性约束。对此，除应当直接对未进行公平竞争审查或者违反审查标准出台政策措施的政策制定机关追究责任之外，还应当根据所涉事项是否属于重大决策内容以及影响的恶劣程度来设置处分的具体级别。

“管理学理论与管理实践显示，人具有趋利避害的本性，因此，无论对于企业职工，还是对于政府公务人员，都要既加以制约又加以激励，才能提高效率。”② 公平竞争审查制度的建设应当充分尊重这个科学规律，应当配套性地采取合理措施激励行政机关或者经法律、法规授权的具有管理公共事务职能的组织以及其他主体积极开展针对不合理排除或者限制竞争的自我防控；以重责高压为基础，良好的行政激励所产生的诱惑力在通常情况下将会有效地促进行政部门积极实施行政行为的合规工作，它对推进公平竞争审查的制度化建设具有重要的促进作用。而《关于在市场体系建设中建立公平竞争审查制度的意见》在此则仅

① 殷继国：《我国公平竞争审查模式的反思及其重构》，载《政治与法律》2020 年第 7 期。
② 罗豪才、宋功德：《现代行政法学与制约、激励机制》，载《中国法学》2000 年第 3 期。

仅强化了制约机制，并未设置必要的激励机制。除了应当将市场环境的有效改善作为重要的事项纳入地方领导的政绩考核以外，还应当特别为此建立专项的激励机制。澳大利亚曾经在20世纪90年代通过向各州和领地发放竞争补偿的方式，成功地推进了竞争中立政策的经济改革。我国可以合理借鉴澳大利亚的经验，由中央设立公平竞争审查的专项奖励资金，通过财政转移支付的方式对积极实施公平竞争审查制度的省份进行奖励。①

2022年修正后的《反垄断法》第5条规定，国家建立健全公平竞争审查制度。行政机关和法律、法规授权的具有管理公共事务职能的组织在制定涉及市场主体经济活动的规定时，应当进行公平竞争审查。根据《反垄断法》等法律，国务院在2024年发布了《公平竞争审查条例》。该条例在审查标准上沿用了之前的基本框架，对不得妨碍市场准入和退出、妨碍商品和要素自由流动、影响生产经营成本、影响生产经营行为以及可以适用的例外情形作了原则性规定。此外，该条例还对审查范围、审查机制、监督保障作了规定，它还要求国务院市场监督管理部门据此制定公平竞争审查的具体实施办法。

案例研习

1. 山东省市场监管局依法调查处理高密市综合行政执法局滥用行政权力排除、限制竞争行为案②

2022年3月10日，山东省市场监管局依法对高密市综合行政执法局涉嫌滥用行政权力排除、限制竞争行为进行立案调查。经查，2019年11月，当事人委托第三方通过潍坊市公共资源交易中心高密分中心以公开招标方式组织实施招标，确定某网络科技有限公司为中标单位。2019年12月18日，当事人与中标单位签订《共享助力自行车运营合同》，合同有效期为5年。

山东省市场监管局认为，当事人以共享助力自行车属于特许经营项目为由，确定某网络科技有限公司为高密市区域独家共享助力自行车经营企业的做法，没有法律法规和国家政策依据，实际上是变相限制共享助力自行车企业市场准入的行为，排除、限制了其他具有合格资质和服务能力的共享助力自行车品牌进入该区域市场，剥夺了消费者的自由选择权。上述行为违反了《反垄断法》第32条③“行政机关和法律、法规授权的具有管理公共事务职能的组织不得滥用行政权力，限定或者变相限定单位或者个人经营、购买、使用其指定的经营者提供的商品”的规定，构成滥用行政权力排除、限制竞争行为。

山东省市场监管局根据《反垄断法》第51条第1款④“行政机关和法律、法规授权的具有管理公共事务职能的组织滥用行政权力，实施排除、限制竞争行为的，由上级机关责令

① 丁茂中：《公平竞争审查的激励机制研究》，载《法学杂志》2018年第3期。

② 参见山东省市场监督管理局官网，http://amr.shandong.gov.cn。

③ 现为《反垄断法》第40条。

④ 现为《反垄断法》第61条。

改正；对直接负责的主管人员和其他直接责任人员依法给予处分。反垄断执法机构可以向有关上级机关提出依法处理的建议”的规定，向高密市人民政府发出行政建议书，依法提出以下处理建议：一是责令当事人立即停止指定某网络科技有限公司作为高密市区域内独家共享助力自行车经营企业的违法行为，为其他具有合格资质和服务能力的共享助力自行车品牌运营商在相关市场提供公平竞争机会，保障消费者自由选择权。二是认真落实公平竞争审查机制，要求当事人在制定涉及市场主体经济活动的各类政策措施时，严格履行公平竞争审查程序，认真评估对市场竞争产生的影响，依法维护公平竞争的市场环境。三是加强对当事人后续行为的监督和指导，防止滥用行政权力排除、限制市场竞争行为发生。

问题：

（1）本案主要违反哪一市场准入与退出标准？

（2）简述公平竞争审查中的市场准入与退出标准。

2. 浙江省市场监管局依法调查处理海宁市住房和城乡建设局等滥用行政权力排除、限制竞争行为案[①]

2022年3月10日，浙江省市场监管局依法对海宁市住房和城乡建设局（以下简称“海宁市住建局”）等涉嫌滥用行政权力排除、限制竞争行为进行立案调查。

经查，2021年10月20日，海宁市住建局会同海宁市应急管理局、中国银行保险监督管理委员会嘉兴监管分局海宁监管组联合印发《关于在建筑施工领域推行安全生产责任保险工作的通知》，规定海宁市行政区域范围内所有符合施工许可证办理条件的新开工房屋建筑和市政基础设施工程，应当在开工前由相应的施工承包单位以项目为单位参保安全生产责任保险，安全生产责任保险的承包机构为共保体。2021年11月1日，海宁市住建局以海宁市建筑施工安全委员会的名义，委托嘉兴市建新工程造价咨询事务所有限公司在嘉兴市公共资源交易中心海宁分中心的工作网站上发布《关于海宁市建筑施工领域安全生产责任保险共同体项目的公开招标采购公告（非政府采购项目）》，规定本项目需由3家及3家以上在中国境内注册的商业保险公司嘉兴中心支公司或嘉兴分公司组成共保体（需明确共保体成员组成及份额），并以首席承保人名义参与投标。2021年11月23日，4家保险公司组成的共保体中标，成为海宁市建筑施工领域安全责任保险承保机构共保体，期限为3年。2021年11月30日，海宁市住建局下发《关于落实海宁市建筑施工领域安全生产责任险制度的补充通知》，明确海宁市建筑施工领域安全责任保险承保共保体的组成、保险的办理地点，并要求所有符合施工许可证办理条件的新开工房屋建筑和市政基础设施工程在开工前以项目为单位进行参保，未按规定进行参保的，将根据《安全生产法》第109条规定进行严格处罚。截至2022年1月14日，共有39个建筑工程项目向共保体投保。

浙江省市场监管局认为，海宁市住建局等的相关行为违反了《反垄断法》第32条[②]“行政机关和法律、法规授权的具有管理公共事务职能的组织不得滥用行政权力，限

① 参见浙江省市场监督管理局官网，http://zjamr.zj.gov.cn。

② 现为《反垄断法》第40条。

定或者变相限定单位或者个人经营、购买、使用其指定的经营者提供的商品”和第37条[①]“行政机关不得滥用行政权力，制定含有排除、限制竞争内容的规定”的规定，构成滥用行政权力排除、限制竞争行为。浙江省市场监管局根据《反垄断法》第51条第1款[②]“行政机关和法律、法规授权的具有管理公共事务职能的组织滥用行政权力，实施排除、限制竞争行为的，由上级机关责令改正；对直接负责的主管人员和其他直接责任人员依法给予处分。反垄断执法机构可以向有关上级机关提出依法处理的建议”的规定，向海宁市人民政府发出行政建议书，依法提出处理建议：一是责令海宁市住建局和海宁市应急管理局、中国银行保险监督管理委员会嘉兴监管分局海宁监管组纠正滥用行政权力排除、限制竞争行为，废止或修改有关文件，恢复建筑施工安全责任保险市场公平竞争，并将整改结果予以公告。二是认真学习贯彻《反垄断法》《关于在市场体系建设中建立公平竞争审查制度的意见》《浙江省人民政府关于在市场体系建设中建立公平竞争审查制度的实施意见》，建立健全公平竞争审查工作机制，进一步规范行政行为，依法维护公平竞争市场环境。三是加强组织领导，以点带面、举一反三，全面落实公平竞争审查制度，防止滥用行政权力排除、限制市场竞争行为发生。

问题：

（1）简析公平竞争审查制度的审查对象。

（2）本案中海宁市住建局涉嫌违反哪些公平竞争审查标准？其具体表现为何？

本章思考题

1. 试述公平竞争审查制度的审查对象。
2. 试析公平竞争审查中的市场准入与退出标准。
3. 试析公平竞争审查中的商品和要素自由流动标准。
4. 试析公平竞争审查中的影响生产经营成本标准。
5. 试析公平竞争审查中的影响生产经营行为标准。
6. 试析公平竞争审查中的例外规定及其适用。

拓展阅读　　即测即评

① 现为《反垄断法》第45条。

② 现为《反垄断法》第61条。

第二十二章　反垄断法的实施

第一节　反垄断法的实施体制

一、反垄断法实施体制概述

法律的实施，是指法在社会生活中被人们实际施行。根据一般的理解，法律的实施包含两个方面的内容：一是法律的执行，即一定国家机关及其公职人员依职权执行法律，具体分为国家行政机关及其工作人员的执法活动和国家司法机关及其工作人员的司法活动；二是法律的遵守，指一切国家机关、社会组织和个人普遍守法。守法是社会成员的普遍性义务，在具体法律领域并无太多专门关注的空间。反垄断法也是如此，故我们应重点关注反垄断法的执行。反垄断法的执行，往往涉及多个国家机关，包括行政机关和司法机关。在有的国家，参与反垄断法执行的行政机关还不止一个。因而，在参与反垄断法执行的行政机关和司法机关之间，以及在不同的行政机关之间，需要明确各自的职权。

可见，所谓反垄断法实施体制，实际是指参与反垄断法实施的主体的范围，以及它们各自的地位和职权，这些主体在反垄断法实施中相互配合，同时在一定程度上相互制衡，形成了一个最有利于实现反垄断法目标的系统。反垄断法实施体制中最核心的部分是反垄断法的执行体制，即参与反垄断法执行的行政机关、司法机关以及它们的权责划分。除此之外，社会组织和个人等所谓的“私主体”在实施反垄断法过程中也发挥着重要作用，私人实施也是反垄断法实施的重要组成部分，对于补强行政机关和司法机关承担的公共实施具有重大意义。因而，反垄断法的实施体制也要涵括反垄断法的私人实施。

二、反垄断法的私人实施

自然人、法人以及非法人的社会组织等私主体参与反垄断法实施，主要有以下两种途径：

一是在法院提起民事诉讼。各国反垄断法大多规定，因反垄断法上的违法行为而受到损害的人有权获得民事损害赔偿。民事损害赔偿作为一种填平工具和威慑工具，对于保证反垄断法目标的实现具有十分重要的意义。私人主体提起民事诉讼，获得反垄断法上的损害赔偿，一方面弥补了自己的损失，另一方面对违法者和潜在违法者形成了威慑。除了损害赔偿救济以外，私人主体也可以通过提起民事诉讼的方式，请求法院判令违法者停止违法行为。

二是向行政机关举报垄断违法行为。垄断违法行为，即违反反垄断法的行为。私人主体举报垄断违法行为既可以是基于自己的利益考虑，如期望通过行政机关的处理，使对举报者造成利益损害的违法行为得以停止；也可以不是为自己的利益考虑，或者至少不是直接为自己的个人利益考虑，而是为了整体的社会利益考虑。

私人实施对于反垄断法实施的贡献主要体现为以下几个方面：

第一，私人实施是造就对违法行为威慑效应的重要源泉。私人主体可以以垄断违法行为受害者的身份提起民事诉讼，要求违法行为人承担损害赔偿。这种赔偿能够产生极大的威慑效应，且不论美国反托拉斯法中的三倍损害赔偿制度，即便是日本等国反垄断法中的单倍损害赔偿也会使得违法行为人得不偿失。缺乏对违法行为人的威慑，不足以使法律得到有效遵守。在反垄断法领域，私人主体通过请求损害赔偿对违法行为人造成的威慑，与行政机关通过行政处罚以及司法机关所作有罪判决和刑事处罚共同形成一个有机的威慑体系，保证法律得以遵守。

有观点认为，私主体通过损害赔偿诉讼对违法行为人造成威慑，实际上还是由法院介入完成的，因此，这也应视为公共主体的贡献。其实不然。一方面，在反垄断法损害赔偿诉讼中，提起诉讼的私主体对诉讼的产生起着关键性的作用，诉讼本身对于违法行为人来说就是一种压力，就是一种威慑；另一方面，相当多的反垄断法损害赔偿诉讼并非通过法院判决结案，而是通过当事人之间的调解结案，我们更能察觉到提起诉讼的私主体对于威慑形成的关键贡献。

第二，私主体可以为公共主体提供或补充对违法行为进行干预的必要信息。法律介入社会生活，必须以获得必要的信息为基础。在反垄断法领域，相对于公共主体，私主体在获取信息方面具有自己的优势，如私主体人数众多，分布广泛，最有可能发现在社会的各个角落所发生的垄断违法行为；私主体对于反垄断违法行为较为敏感；私主体对于垄断违法行为信息的获得不会受到个人因素的影响。

三、反垄断法行政执行机构

（一）反垄断法行政执行机构的主要类型

考察域外各国关于反垄断法行政执行机构的设置，我们可以将反垄断法行政执行机构划分为两种基本类型：一是执行反垄断法的专门行政机构；二是执行反垄断法的非专门行政机构。

1. 执行反垄断法的专门行政机构

大多数国家都特别设立了专门负责执行反垄断法的行政机构，如美国的联邦贸易委员会、德国的联邦卡特尔局、日本的公平交易委员会、英国的竞争与市场管理局等。这些专门机构拥有较为广泛的权力，可以调查各种垄断行为，有的还可以直接对违法者施以处罚，如罚款、禁止实施垄断行为等。

根据是否拥有准司法权，反垄断法的专门执行机构又可以分为纯行政性的机构和具有准司法权的机构。“准司法权，即对具体的违法案件进行审理和裁判的权力，又称行政裁判权。”① 具有准司法权的机构也被称为准司法机构，它们本质上属于行政机关，却附带

① 孔祥俊：《反垄断法原理》，中国法制出版社 2001 年版，第 721 页。

某些司法机关的特征。纯行政机构与准司法机构的区别，主要在于准司法机构在执行反垄断法的时候享有准司法权，而纯行政机构不享有这种权利。

美国的联邦贸易委员会是典型的准司法机构。联邦贸易委员会是根据《联邦贸易委员会法》第1条设立的行政机关，为独立管制委员会之一种，具有一般行政机关的功能，但是它又具有国会授权制定具有与类似法律效力之行政规则及命令的准立法权。此外，它还具有准司法权，可对具体的违法案件加以审查、裁判，而且采用类似司法的体制与程序进行，当事人若不服其裁决，只能向联邦上诉法院请求司法审查，直至最高法院。此外，一般认为，日本公平交易委员会也属于具有准司法权的反垄断法执行机构。

2. 执行反垄断法的非专门行政机构

在有的国家，执行反垄断法的行政机构并非特别为执行反垄断法而设立，它们除了执行反垄断法以外，还要承担其他的行政职能。这样的机构我们可以将之称为执行反垄断法的非专门行政机构。它们一般是对原有国家行政机关赋予反垄断法职能而形成的。

设立执行反垄断法的非专门行政机构的国家主要集中在欧洲，较为典型的有德国和法国。德国的联邦经济和能源部本身承担了多元职能，执行反垄断法只是其中之一项，主要由联邦经济和能源部部长负责实施。部长的主要职权有：批准特别卡特尔；经批准予以豁免的出口卡特尔滥用这种豁免所形成的地位，并且明显损害对外经济的根本利益的，可以指令其消除已发生的滥用、修改合同或决议，或宣布合同或决议无效；批准有利于整体经济或公共利益的企业联合，并对违反批准书的企业联合可以采取撤回批准、通过限制令改变批准等措施。法国的经济部长也具有有限的执行反垄断法的权力，如监督并可撤销企业合并等。

（二）我国反垄断法的行政执行机构

1. 我国反垄断法行政执行机构的设置

我国参与实施反垄断法的行政机构主要有两类：

（1）国务院反垄断委员会。根据我国《反垄断法》第12条的规定，国务院设立反垄断委员会，负责组织、协调、指导反垄断工作，履行下列职责：研究拟订有关竞争政策；组织调查、评估市场总体竞争状况，发布评估报告；制定、发布反垄断指南；协调反垄断行政执法工作；国务院规定的其他职责。同时，该条还规定“国务院反垄断委员会的组成和工作规则由国务院规定”。从该条文规定来看，国务院反垄断委员会应该属于反垄断执行机关。但从实际运行情况来看，国务院反垄断委员会只是由国务院领导和相关部门领导组成的一个议事协调机构，主要负责组织、协调、指导反垄断工作，不承担具体的反垄断执法工作，不能称其为反垄断执法机构。

（2）国务院反垄断执法机构。我国《反垄断法》第13条第1款规定，国务院反垄断执法机构负责反垄断统一执法工作。我国在2008年开始实施《反垄断法》时，国务院反垄断执法机构包括商务部、国家发展和改革委员会以及原国家工商行政管理总局这三家机构，它们按各自分工参与反垄断执法。2018年，我国组建了国家市场监督管理总局，并将反垄断执法权交由该局统一行使。为强化反垄断执法，我国在2021年设立了国家反垄断局，被赋予“国家局”的位阶，但仍然由国家市场监督管理总局管理，并且至今仍未单独运作。

从“国务院反垄断执法机构”的用词可以看出，在我国，反垄断执法属于中央政府事权范围，即反垄断执法权由中央政府行使。但我国《反垄断法》第 13 条第 2 款规定：“国务院反垄断执法机构根据工作需要，可以授权省、自治区、直辖市人民政府相应的机构，依照本法规定负责有关反垄断执法工作。”以此为据，《市场监管总局关于反垄断执法授权的通知》发布，授权各省、自治区、直辖市人民政府市场监督管理部门，负责本行政区域内有关反垄断执法工作。

2. 我国反垄断法执法机构的职权和义务

为保证反垄断执法机构行使其执法职能，我国《反垄断法》明确规定了反垄断执法机构的调查职权和义务。

（1）我国反垄断执法机构的调查职权。我国《反垄断法》第 47 条规定，反垄断执法机构调查涉嫌垄断行为，可以采取下列措施：进入被调查的经营者的营业场所或者其他有关场所进行检查；询问被调查的经营者、利害关系人或者其他有关单位或者个人，要求其说明有关情况；查阅、复制被调查的经营者、利害关系人或者其他有关单位或者个人的有关单证、协议、会计账簿、业务函电、电子数据等文件、资料；查封、扣押相关证据；查询经营者的银行账户。为保证上述手段不被滥用，法律也规定，采取上述措施，应当向反垄断执法机构主要负责人书面报告，并经批准。

我国在修正《反垄断法》时，还为反垄断执法机构新增加了约谈及要求提出整改措施的职权。2022 年《反垄断法》第 55 条规定：“经营者、行政机关和法律、法规授权的具有管理公共事务职能的组织，涉嫌违反本法规定的，反垄断执法机构可以对其法定代表人或者负责人进行约谈，要求其提出改进措施。”

（2）我国反垄断执法机构应承担的义务。我国《反垄断法》在授予反垄断执法机构广泛职权的同时，也规定了多项义务，以保护被调查者及其他相关主体的权益。这些义务主要包括保密义务和程序合规义务。前者是指反垄断执法机构及其工作人员对执法过程中知悉的商业秘密、个人隐私和个人信息依法应予保密，并应当为举报者保密；后者具体是指反垄断执法机构调查涉嫌垄断行为，执法人员不得少于 2 人，并应当出示执法证件，执法人员进行询问和调查应当制作笔录，并由被询问人或者被调查人签字。

四、实施反垄断法的司法机关

具有执行反垄断法职能的司法机关主要指的是法院和检察院，其中又以法院为主要。多数国家的法院都可以审理反垄断法案件，有的国家还设立了专门负责审理反垄断法案件的审判机构，如德国在联邦法院和各州高级法院中设置了卡特尔庭，英国设立了竞争上诉庭。

法院执行反垄断法的职能主要是负责审理相关的反垄断法案件，主要包括以下三类：（1）对执行反垄断法的行政机关的相关裁决进行司法审查；（2）受理反垄断民事诉讼案件，主要包括反垄断损害赔偿诉讼案件和请求停止违法行为诉讼案件；（3）对因违反反垄断法而需施以刑事制裁的案件进行审理，判决是否及如何对违法者给予刑事制裁。

除法院之外，具有执行反垄断法职能的司法机关还有检察院。检察院在执行反垄断法中的具体职能主要是就违反反垄断法的刑事案件向法院起诉，并进行一些必要的调查或侦查工作。例如，在美国，《谢尔曼法》的执行机关主要是司法部，检察官依据司法部长的指示对违法行为人向法院提起诉讼。

我国法院在反垄断法实施中也扮演着重要角色，主要负责审理反垄断民事诉讼案件与行政诉讼案件。

我国《反垄断法》在修改时引入了反垄断民事公益诉讼制度，该法第 60 条第 2 款规定，“经营者实施垄断行为，损害社会公共利益的，设区的市级以上人民检察院可以依法向人民法院提起民事公益诉讼”。因此，我国的检察机关也成为参与反垄断法实施的司法机关。

五、参与反垄断法实施的其他机构

（一）顾问咨询机构

有些国家为实施反垄断法设立了顾问咨询机构，此类机构一般不直接参与反垄断法执行，没有执法权，但它们的建议和意见对执法机关的裁决有着重要影响。例如，德国 1973 年设立了垄断委员会，其成员经联邦政府提议，由总统任命，该委员会成员不得兼任政府公职。委员会每 2 年制定一份鉴定书，对《反对限制竞争法》的适用情况作出评价，并可以提出立法建议。该鉴定书能够影响法律的执行，并影响政府的决策。

（二）承担反垄断法执行职能的行业监管机构

为适应规制某些特殊行业的需要，各国往往设有行业监管机构。某些行业监管机构在该行业范围内，承担实施反垄断法的职能，这就是承担反垄断法执行职能的行业监管机构。例如，在意大利的银行业，行业监管机构——意大利银行负责执行有关银行业的协议、优势地位的滥用和银行之间的合并的竞争规则。反垄断当局可以在这类决定上为意大利银行提供建议，但这些建议并无事先的约束力。在英国，根据 1998 年《竞争法》的有关规定，电信、煤气、电力、供水和铁路等行业监管机构也承担了某些实施反垄断法的职能。①

第二节 反垄断法的法律责任制度

一、反垄断法行政责任

（一）反垄断法行政责任概述

在反垄断法上，行政责任是保证法律威慑效果的核心手段，很多国家（地区）的反垄断法都依靠行政制裁手段尤其是行政罚款来确保合适的威慑力度，以至于在很多国家（地

① 李国海：《英国竞争法研究》，法律出版社 2008 年版，第 239 页。

区）的反垄断法实践中，都出现了“罚款中心主义”现象。①

各国（地区）反垄断法行政责任大都采取了多种具体形式，归纳起来看，主要包括行政罚款、没收违法所得、命令停止违法行为、禁止从事特定的行为以及拆分企业等。其中，最值得关注的是行政罚款和拆分企业这两种责任形式。

行政罚款是各国（地区）反垄断法最常用的一种行政责任形式，因为它既能剥夺违法者的违法收益，对违法者产生适当的威慑效果；又可灵活适用，避免威慑过当。各国反垄断法关于行政罚款的规定也各有不同，主要差异包括：(1) 罚款适用的对象有所不同。部分国家（地区）仅对经营者适用罚款，部分国家将经营者和经营者内部的直接责任人员同时列入罚款适用对象，还有的国家将行业协会等企业联合组织也列为罚款对象。(2) 罚款与没收违法所得是否合并使用有所不同。日本、韩国等少数国家反垄断法将行政罚款与没收违法所得合并为一种责任形式，而大多数国家（地区）将这二者视为两种不同的制裁方式、分别适用。(3) 关于罚款数额标准的规定不同。大多数国家（地区）规定罚款最高额（包括最高比例和最高数值），具体数额由反垄断执法机构自由裁量，少数国家（地区）规定罚款的固定比例。

拆分企业是反垄断法特有的行政责任方式，指的是当市场上存在具有市场支配地位的企业，限制或可能限制市场竞争时，反垄断执法机构为了恢复市场的正常竞争状态，要求该企业拆分为两家以上的独立企业或者向其他企业出让一定的营业资产。它可以适用于多种情境：(1) 在结构规制中，为消除垄断状态而对垄断企业予以拆分；(2) 为制止滥用市场支配地位行为而对具有市场支配地位的企业予以拆分；(3) 为制裁违规的经营者集中而命令完成集中后的企业进行拆分。美国等少数国家的反垄断法在上述三种场合下都可以适用拆分企业的制裁，多数国家（地区）仅把拆分企业作为针对违规的经营者集中的救济手段。

（二）我国的反垄断法行政责任

我国《反垄断法》规定的行政责任主要包括：(1) 行政罚款；(2) 没收违法所得；(3) 责令停止违法行为；(4) 拆分企业；(5) 撤销登记；(6) 将行政处罚记入信用记录并公示；等等。其中，行政罚款最为重要，而且我国在 2022 年修正《反垄断法》时，进一步提高了行政罚款力度。

归纳我国《反垄断法》的相关条文，关于行政罚款的规定主要包括：

1. 对垄断协议的罚款

经营者违反法律规定，达成并实施垄断协议的，处上一年度销售额 1%以上 10%以下的罚款，上一年度没有销售额的，处 500 万元以下的罚款；尚未实施所达成的垄断协议的，可以处 300 万元以下的罚款。经营者的法定代表人、主要负责人和直接责任人员对达成垄断协议负有个人责任的，可以处 100 万元以下的罚款。经营者组织其他经营者达成垄断协议或者为其他经营者达成垄断协议提供实质性帮助的，适用前述规定。行业协会违反法律规定，组织本行业的经营者达成垄断协议的，可以处 300 万元以下的罚款。

① 李国海：《反垄断法实施机制研究》，中国方正出版社 2006 年版，第 193 页。

2. 对滥用市场支配地位行为的罚款

经营者违反法律规定，滥用市场支配地位的，处上一年度销售额1%以上10%以下的罚款。

3. 对违法的经营者集中的罚款

经营者违反法律规定实施集中，且具有或者可能具有排除、限制竞争效果的，处上一年度销售额10%以下的罚款；不具有排除、限制竞争效果的，处500万元以下的罚款。

4. 对妨碍反垄断执法行为的罚款

对反垄断执法机构依法实施的审查和调查，拒绝提供有关材料、信息，或者提供虚假材料、信息，或者隐匿、销毁、转移证据，或者有其他拒绝、阻碍调查行为的，对单位处上一年度销售额1%以下的罚款，上一年度没有销售额或者销售额难以计算的，处500万元以下的罚款；对个人处50万元以下的罚款。

5. 加重罚款

违反《反垄断法》的规定，情节特别严重、影响特别恶劣、造成特别严重后果的，国务院反垄断执法机构可以在该法第56、57、58、62条规定的罚款数额的2倍以上5倍以下确定具体罚款数额。

二、反垄断法民事责任

（一）反垄断法民事责任概述

反垄断法上的民事责任主要有两种类型，即排除侵害及损害赔偿。所谓排除侵害，就是指法律规定直接对反垄断法意义上的侵害状态或行为予以排除，并赋予违法行为的受害人直接排除的权利。受害人一般通过提起民事诉讼，请求法院判决被告停止某项垄断行为。而损害赔偿，则是指当违法的垄断行为对他人造成损害时，由违法行为人对受害人予以赔偿。反垄断法上的损害赔偿一般也是由受害人通过民事诉讼来主张。

反垄断法的两种民事责任的功能有所不同，排除侵害是直接针对行为予以救济，主要着眼于叫停违法行为；而损害赔偿则兼具填补、激励与威慑功能：填补功能在于以赔偿的形式来填补受害人所受损害，激励功能在于以获得损害赔偿激发私人实施反垄断法的积极性，威慑功能在于通过强制违法者支付赔偿金来对违法者施加金钱制裁，以求威慑之效。

从实践看，在民事责任形式选择方面，各国（地区）反垄断法更偏好使用损害赔偿。但对于损害赔偿制度的具体内容，各国（地区）反垄断法并非全然一致，差异主要表现为以下几个方面：第一，损害赔偿的请求权主体规定有所不同；第二，损害赔偿对应的垄断行为范围有所不同；第三，反垄断法损害赔偿的倍数设定不同。

（二）我国的反垄断法民事责任

我国《反垄断法》关于民事责任的规定主要是第60条第1款："经营者实施垄断行为，给他人造成损失的，依法承担民事责任。"可见，我国《反垄断法》关于民事责任的规定相当简略。不过，该款条文仍然揭示了反垄断法民事责任的几个要点：第一，承担反垄断法民事责任的主体是经营者；第二，必须存在垄断行为；第三，垄断行为给他人造成了损失。

《反垄断法》条文没有列明民事责任的具体方式。根据最高人民法院颁布的《关于审理因垄断行为引发的民事纠纷案件应用法律若干问题的规定》第 14 条第 1 款的规定，被告实施垄断行为，给原告造成损失的，根据原告的诉讼请求和查明的事实，人民法院可以依法判令被告承担停止侵害、赔偿损失等民事责任。

值得一提的是，我国 2022 年修正《反垄断法》时在第 60 条新增了一款，引入了反垄断民事公益诉讼制度。根据该款规定，反垄断民事公益诉讼制度的要点包括：（1）有权提起反垄断民事公益诉讼并以原告身份参加此类诉讼的主体是设区的市级以上人民检察院，其他主体无权提起；（2）提起反垄断民事公益诉讼的前提条件是经营者实施垄断行为，并且损害社会公共利益，不能对仅损害私人利益的垄断行为提起民事公益诉讼。

三、反垄断法刑事责任

（一）反垄断法刑事责任概述

是否对垄断行为设定刑事责任，各国（地区）的立法选择有所不同。部分国家在反垄断法中对垄断行为规定了刑事责任，典型者如美国、日本、英国、韩国、俄罗斯等。与此同时，也有不少国家（地区）的反垄断法仅用民事责任和行政责任来应对垄断行为，而未规定刑事责任，如德国和丹麦等都属此类。

美国是为垄断违法行为设置刑事责任的典型国家。美国反托拉斯法关于刑事制裁的条文分散在多个法律文件中，但其核心是《谢尔曼法》的规定。根据《谢尔曼法》的相关条文，美国反托拉斯法上的犯罪行为有重罪与轻罪之分，其刑罚标准也大不相同。假如是重罪，如果参与人是公司，将处以不超过 1 亿美元的罚款；如果参与人是个人，将处以 100 万美元以下罚款，或 10 年以下监禁；或由法院酌情并用两种处罚。假如是轻罪，其刑罚标准一般较轻，罚金都在 5 000 美元以下，监禁则在 1 年以下。

英国原本没有对垄断行为规定刑事责任，直到 2002 年出台《企业法》后才发生根本转变，因为这部法律规定了"卡特尔犯罪"。顾名思义，在英国竞争法中，仅有卡特尔行为可能构成犯罪，更具体地说，只有横向垄断协议才有可能构成卡特尔犯罪，纵向协议不会构成犯罪，其他垄断行为更不会受到刑事制裁。有可能遭受刑事指控的卡特尔行为包括固定价格、限制生产或供应、市场分割、串通投标。同时，只有自然人才可成为卡特尔犯罪的主体，从而受到刑事制裁。刑事制裁的力度要根据审理案件的审判机构类型加以确定，如果涉嫌卡特尔犯罪的案件由地方法院审理，则被告有可能被判处 6 个月的监禁，可以并处法定最高额之下的罚金；如果案件由引入陪审团的法院审理，则被告有可能被判处最高 5 年的监禁，可以并处无最高额限制的罚金。[①]

综合考察对垄断行为规定刑事责任的立法例，我们可以发现，反垄断法上的刑事责任方式主要包括罚金和监禁。同时，各国也都为垄断犯罪规定了严格的构成要件，只有符合这些构成要件，某项垄断行为才能被认定为犯罪行为，并受到刑事制裁。

部分国家（地区）的反垄断法不对垄断违法行为规定刑事责任，实际上体现了反垄断

① 李国海：《英国竞争法研究》，法律出版社 2008 年版，第 261 页。

法在法律责任方面的一大特性，即奉行慎刑原则。部分国家（地区）的反垄断法实行“非刑事化”，这当然是反垄断法奉行慎刑原则的最重要证明。与此同时，即使那些为垄断行为设置了刑事责任的国家（地区），也严格限制了刑事责任的范围和力度，这既表现在立法层面，也表现在法律实施层面。以日本为例，其《禁止垄断法》规定了刑事责任，但在法律实施实践中，对垄断行为适用刑事制裁的案件十分罕见。

（二）我国的反垄断法刑事责任

在2022年修改前，我国《反垄断法》没有关于刑事责任的规定，采取了非刑事化立法方针。但是，这并非意味着所有的垄断行为都不必承担刑事责任。串通招投标行为本质上是一种垄断协议行为，尽管我国《反垄断法》没有为这种特定垄断行为规定刑事责任，但《刑法》规定了串通招投标罪，因此，如果经营者从事串通招投标行为，有可能被依据《刑法》追究刑事责任。

我国立法机关在2022年修正《反垄断法》时，新增了一个关于刑事责任的条文，即第67条：“违反本法规定，构成犯罪的，依法追究刑事责任。”这表明我国《反垄断法》关于刑事责任的立场发生了一定程度的变化。但是，该条规定较为简略，对于刑事责任的具体覆盖范围有待进一步明确。

四、反垄断法上的宽免制度

（一）宽免制度概述

宽免制度主要适用于垄断协议行为，是指参与垄断协议的经营者，在该行为尚未被发现，或反垄断执法机构虽已对该行为展开调查但尚未掌握充分证据时，主动向执法机构报告关于该行为的具体内容，并提供必要证据，执法机构因此部分或全部免除该经营者因从事垄断协议所应负的刑事或行政责任。

反垄断法宽免制度具有以下特征：

第一，反垄断法宽免制度的目标是鼓励违法者主动报告，方便反垄断执法机构发现和制裁垄断协议行为。垄断协议行为通常具有突出的隐蔽性，执法机构获得该种行为的证据难度较大，宽免制度正是针对这种情况特别设计的，其目的是从垄断协议行为的内部寻找突破口。

第二，反垄断法宽免制度仅适用于少数参与垄断协议行为的经营者。反垄断法宽免制度并非适用于所有垄断行为，仅仅针对垄断协议行为设计。即使在垄断协议行为范围内，也仅仅有个别符合条件的参与者能够享受宽免制度的优待，具体而言，只有首位或前几位主动向反垄断执法机构报告的参与者，方可获得宽免。

第三，反垄断法宽免制度以免除或减轻部分法律责任为实施诱因。宽免制度用免除或减轻法律责任作为垄断协议参与者主动报告的对价，但是，能够被免除或减轻的法律责任也是有所限制的，这种责任多表现为行政责任或刑事责任，民事责任一般不予减免。

（二）我国反垄断法关于宽免制度的规定

我国《反垄断法》借鉴域外经验，引入了宽免制度，即在规定高额行政罚款的同时，鼓励违法经营者与反垄断执法机构进行合作。《反垄断法》第56条第3款规定：“经营者主动向反垄断执法机构报告达成垄断协议的有关情况并提供重要证据的，反垄断执法机构可以酌情减轻或者免除对该经营者的处罚。”该款规定确立了我国反垄断法宽免制度的基本架构：宽免制度只适用于垄断协议；由反垄断执法机构实施宽免制度；要获得宽免待遇须满足“主动向反垄断执法机构报告达成垄断协议的有关情况”和“提供重要证据”两个要件；宽免的幅度为“酌情减轻或免除”。

2019年，国务院反垄断委员会曾发布《横向垄断协议案件宽大制度适用指南》，对反垄断法宽免制度作出了具体规定。在该指南中，最值得重视的有两项内容：

第一，明确了“重要证据”的认定标准。《横向垄断协议案件宽大制度适用指南》规定，经营者提供的重要证据，是指执法机构尚未掌握的，并对最终认定垄断协议行为具有显著证明效力的证据，包括：（1）在垄断协议的达成方式和实施行为方面具有更大证明力或者补充证明价值的证据；（2）在垄断协议的内容、达成和实施的时间、涉及的产品或者服务范畴、参与成员等方面具有补充证明价值的证据；（3）其他能够证明和固定垄断协议证明力的证据。

第二，明确了宽免行政罚款的具体幅度。《横向垄断协议案件宽大制度适用指南》规定，对于第一顺位的经营者，执法机构可以对经营者免除全部罚款或者按照不低于80%的幅度减轻罚款；对于第二顺位的经营者，执法机构可以按照30%至50%的幅度减轻罚款；对于第三顺位的经营者，可以按照20%至30%的幅度减轻罚款；对于后序顺位的经营者，可以按照不高于20%的幅度减轻罚款。

五、我国《反垄断法》关于行政性垄断法律责任的规定

我国《反垄断法》将行政性垄断纳入规制范围是其一大特色，显示了立法者对规制行政性垄断的重视。但是，行政性垄断与经济性垄断有较大的差异，不宜用规制经济性垄断行为的法律责任体系来规制行政性垄断行为，故我国《反垄断法》在法律责任设置上采用了“二轨制”，对行政性垄断行为和经济性垄断行为分别设置了法律责任制度。

《反垄断法》第61条针对行政性垄断的法律责任作了专门规定，包括两款内容。

第1款规定：“行政机关和法律、法规授权的具有管理公共事务职能的组织滥用行政权力，实施排除、限制竞争行为的，由上级机关责令改正；对直接负责的主管人员和其他直接责任人员依法给予处分。反垄断执法机构可以向有关上级机关提出依法处理的建议。行政机关和法律、法规授权的具有管理公共事务职能的组织应当将有关改正情况书面报告上级机关和反垄断执法机构。”该款条文包括了以下几项基本内容：（1）行政性垄断的法律责任只有行政责任一种，而且，相较于经济性垄断行为的行政责任，行政性垄断违法者所应承担的行政责任较轻，只规定了责令改正和行政处分两种，没有规定行政罚款等其他行政责任。（2）反垄断执法机构有建议权，即向有关上级机关提出依法处理的建议的权力，建议的内容包括责令改正和给予行政处分两个方面。（3）被责令改正的行政主体负有报告义务，即以书面形式向上级机关和反垄断执法机构报告改正情况。

第2款规定：“法律、行政法规对行政机关和法律、法规授权的具有管理公共事务职能的组织滥用行政权力实施排除、限制竞争行为的处理另有规定的，依照其规定。”该款

条文属于例外性规定，2007 年我国《反垄断法》出台时就已存在，2022 年修法时得以保留。该款条文主要是考虑到现行有关法律、行政法规对滥用行政权力实施排除、限制竞争的处理已经作了一些规定，《反垄断法》关于行政性垄断法律责任的规定应与已有规定进行衔接。比如 2011 年修订的《国务院关于禁止在市场经济活动中实行地区封锁的规定》有诸多条文规定了行政主体从事地区封锁行为的法律责任，具体内容与《反垄断法》第 61 条的规定有所不同。依据《反垄断法》第 61 条第 2 款之规定，在确定行政主体从事地区封锁行为的法律责任时，应依据国务院制定的专门规定，而非《反垄断法》。

第三节 反垄断法的适用除外制度与域外适用制度

一、反垄断法适用除外制度

（一）反垄断法适用除外制度的含义

所谓反垄断法适用除外制度，是指基于某种特殊考虑，对特定主体或行为不适用反垄断法的一项制度。各国一般通过立法规定反垄断法适用除外制度，并具体指明获得适用除外待遇的主体或行为的范围。特定主体或行为获得适用除外待遇，即意味着这些主体或行为不适用反垄断法。如果主体获得反垄断法适用除外待遇，即意味着这些主体不受反垄断法的规制，其所有行为都不会违反反垄断法，如果某类行为不适用反垄断法，只意味着这类行为不会违反反垄断法。

需要指出的是，某类主体获得反垄断法适用除外待遇，并不意味着这些主体的竞争行为不会受任何法律的规制，在这种情况下，各国往往会制定替代性的其他法律来规制这些主体的行为。例如，在部分国家，某些行业可以获得反垄断法适用除外待遇，与此同时，这些国家会出台专门的行业监管法来规制这些行业竞争行为，如果这个行业的经营者从事不正当的限制竞争行为，会由行业监管机构依据行业监管法提供救济。

（二）适用除外的对象和范围

综合考察各国反垄断立法和执法实践，本书概括出可以享受反垄断法适用除外待遇的对象以及这些对象涵盖的具体范围。

1. 自然垄断

自然垄断是指国家在自然垄断行业中只允许一家或少数经营者实行垄断性经营，在该行业实行严格的准入管制，同时对该行业产品价格和质量等实行严格监管。

自然垄断行业是特殊的行业，具备以下三方面特征：第一，规模经济非常明显，平均成本和边际成本总是随产量增加而下降，规模愈大，生产成本就愈低，因此，一般要求由一家或少数企业垄断性经营。第二，有大量的“沉淀资本”，资金一旦投入就很难在短期内收回，也难以转变为其他用途，而是需要通过长期的经营慢慢收回投资并获得投资回报，如果由多个经营者展开竞争性经营，则不仅无法保证投资者获得必要利润，而且会造成投资的重复和浪费。第三，这些行业基本上涉及社会大众所需要的基本服务，需要保证服务的稳定性、可及性以及服务质量的可靠性等。一般而言，供水、电力、煤气、热力供应、电信、邮政、铁路等行业都是典型的自然垄断行业。

基于行业的特性，自然垄断行业需要采取垄断经营，这不仅是行业发展的前提，也有利于维护消费者的利益。因此，各国反垄断法都认可和尊重自然垄断行业中的垄断结构。但是，对于自然垄断行业中经营者的行为，并非一概地获得反垄断法适用除外待遇。如果国家针对某些自然垄断行业出台了专门的行业规制法，则通常由行业规制法来承担规制任务，包括对相关经营者竞争行为的规制，而如果国家没有出台专门的行业规制法，则自然垄断行业经营者的竞争行为仍受反垄断法的规制，如经营者实施垄断定价仍会违反反垄断法。当前，越来越多的国家对自然垄断行业实行规制改革，由特殊的行业规制改为一体由反垄断法规制，这样，自然垄断行业获得反垄断法适用除外待遇的范围和力度实际上有限缩的趋势。

2. 政策垄断

政策垄断，是指国家基于社会经济总体和长远利益以及国防、外贸和其他国计民生等方面的政策性考虑，允许在某些特定行业或领域实行垄断经营。政策垄断主要适用以下两类对象：

一是某些同国计民生密切相关的行业。典型的如农、林、渔等行业，它们需要一定条件才能生产，而且不能灵活转产，并且这些行业的产品涉及社会大众的基本需求，需要稳定供给，因此，不宜实行完全的自由竞争，而应采取一些限制竞争措施，如制定统一收购价或最低保护价等。

二是实行国家垄断的行业。国家垄断是指国家基于社会经济总体和长远利益及政治、国防和其他国计民生等方面的政策性考虑，法律不仅允许垄断，而且规定垄断经营的主体必须是国家，由国家直接投资经营，在一定程度上排除非国家资本进入。国家垄断是比较严格的限制竞争的方式，一般不宜采用这种经营方式；即使有，也应当对其适用范围给予严格限制。一般而言，国家垄断只可适用以下领域：重要的国防工业；需要保密的高科技行业和产品；需要禁止和限制在社会上流通的产品；等等。对于国家垄断，反垄断法也会给予一定程度的适用除外待遇。一方面，对于行业的垄断结构，反垄断法会予以认可、尊重；另一方面，对于相关经营者的竞争行为，如限价行为等，反垄断法也会给予宽容。但即使在实行国家垄断的行业，如我国实行专卖的烟草行业，经营者的垄断行为也并非全然能够获得反垄断法的适用除外待遇，某些严重的垄断行为仍受反垄断法禁止。此外，反垄断法对实行国家垄断的行业给予适用除外待遇时，并非当然地覆盖全行业，对于其中的竞争性业务和环节，反垄断法理应适用。

三是特定组织和人员。某些组织和人员提供的服务比较特殊，牵涉到公共利益，不能实行自由竞争，对这些组织和人员从事的限制竞争行为，反垄断法予以容忍。这类行为主要涉及工会组织和消费者协会等，它们制定的限制竞争措施能够获得反垄断法的适用除外待遇，如工会组织制定的最低工资标准实际上是固定价格行为，但这种行为不会被反垄断法禁止。

3. 知识产权垄断

知识产权是垄断的代名词，没有垄断便没有知识产权，因此，反垄断法对知识产权垄断也是认可和容忍的。但垄断在知识产权中也是相对的，权利人不能滥用其权利从事垄断行为，如知识产权许可协议有可能构成违法的纵向垄断协议等。另外，具有横向竞争关系的知识产权权利主体也有可能达成违反反垄断法的横向协议；知识产权权利主体也有可能从事滥用市场支配地位的行为。

（三）我国《反垄断法》规定的适用除外范围

我国《反垄断法》有两个条文涉及适用除外制度：一是《反垄断法》第 68 条规定，“经营者依照有关知识产权的法律、行政法规规定行使知识产权的行为，不适用本法；但是，经营者滥用知识产权，排除、限制竞争的行为，适用本法”。从这个条文可以看出，我国《反垄断法》与大多数国家的反垄断立法一样，对知识产权给予了有限制的适用除外待遇，即符合法律规定行使知识产权的行为，即使有限制竞争的内容，也可获得反垄断法的适用除外待遇，但经营者滥用知识产权，排除、限制竞争的行为，仍受反垄断法的规制。二是《反垄断法》第 69 条规定，“农业生产者及农村经济组织在农产品生产、加工、销售、运输、储存等经营活动中实施的联合或者协同行为，不适用本法”。该条明确了农业生产者及农村经济组织的某些特定行为可以获得反垄断法的适用除外待遇。

二、反垄断法域外适用制度

（一）反垄断法域外适用的含义

反垄断法的域外适用，是指国内反垄断法超越领土范围，适用于在国外发生但对国内有影响的一切垄断行为。

反垄断法具有较强的公法属性，而公法之实施具有显著的主权属性，这意味着某国的反垄断法原则上仅能在其领土范围内适用。然而，在实践中，很多发生在国外的垄断行为事实上对国内的市场竞争造成了较大的负面影响，这导致反垄断法的上述适用限制不利于实现反垄断法的立法目标。因此，在反垄断法领域有必要引入域外适用制度，使在符合特定条件的情形下，一国的反垄断法能够适用于发生在国外的垄断行为。

各国普遍采行“效果原则”或“影响原则”来决定反垄断法是否适用于域外的垄断行为，即当发生在国外的垄断行为影响到国内的市场竞争，或者说对国内的市场竞争产生排除、限制效果的时候，一国的反垄断法就可以适用于这些发生在国外的垄断行为。

（二）反垄断法域外适用产生的原因

反垄断法域外适用产生的原因是多样的，但主要的原因包括：（1）反垄断法调整对象的超越国界属性。反垄断法调整的是市场竞争行为，而竞争本身是超越国界的，特别是随着经济全球化的深入，跨国公司都在参与全球竞争，一国竞争法如果只调整发生在本国领域内的竞争行为，而对发生在域外但对本国市场竞争产生直接影响的行为没有约束力，将大大减弱竞争法的权威性，不利于维护国内市场的竞争秩序。（2）维护本国经济主权的要求。反垄断法域外适用最先从美国发起，其他国家认识到，引入反垄断法的域外适用制度，可以作为一个法律武器，在维护本国经济权益、开展同他国经济竞争方面发挥一定的作用。因此，日本、欧盟等世界主要国家和国际组织均在反垄断法中引入了反垄断法域外适用制度。

（三）我国反垄断法的域外适用

我国《反垄断法》也引入了域外适用制度。《反垄断法》第 2 条明确规定："中华人民共和国境内经济活动中的垄断行为，适用本法；中华人民共和国境外的垄断行为，对境内市场竞争产生排除、限制影响的，适用本法。"由此可见，我国不仅规定了反垄断法的域外适用制度，而且与大多数国家一样，在反垄断法域外适用的施行依据方面，也采用了效果原则，即对于发生在我国境外的垄断行为，只要对境内市场竞争产生排除、限制影响，就可以适用我国《反垄断法》予以规制。

我国国家市场监管总局于 2023 年 11 月 21 日发布《市场监管总局关于附加限制性条件批准博通公司收购威睿公司股权案反垄断审查决定的公告》，显示国家市场监管总局依据《反垄断法》对博通公司收购威睿公司股权案进行了经营者集中反垄断审查。经审查，决定附加限制性条件批准此项经营者集中。该案中的博通公司是一家根据美国特拉华州法律成立的公司，注册地址位于美国特拉华州威尔明顿 Little Falls Drive 251 号；威睿公司也是一家根据美国特拉华州法律成立的公司，注册地址位于美国特拉华州威尔明顿 Orange 街 1209 号。我国对这两家美国公司经营者集中行使管辖权的依据，就是我国《反垄断法》的域外适用制度。

案例研习

1. 江苏省市场监管局依法查处南京市 10 家瓶装液化气企业达成并实施垄断协议案①

2023 年 9 月 1 日，江苏省市场监管局依法对南京百江液化气有限公司、南京燃博燃气有限责任公司、南京液化石油气经营有限公司、南京市江宁区宁丹石油液化气有限责任公司、南京恒利石化气体有限责任公司、南京双南液化气供应站、南京南连光华液化气有限公司、南京凯力液化气有限责任公司、南京益百石化有限公司和南京市江宁淳化燃气有限责任公司达成并实施垄断协议案作出行政处罚决定，责令当事人停止违法行为，分别处以当事人 2020 年度销售额 2%的罚款，10 家当事人罚没款金额合计 827.35 万元。

江苏省市场监管局于 2021 年 7 月接市场监管总局移交线索，反映南京百江液化气有限公司等 10 家瓶装液化气经营企业涉嫌实施垄断行为，经前期核查情况后于 2021 年 7 月 16 日立案调查。经查，10 家当事人具有竞争关系且均具备燃气经营许可证，在南京市城区从事瓶装液化气经营业务。2018 年至 2021 年间，当事人达成并实施固定或者变更商品价格、分割销售市场的垄断协议。当事人制定自律公约，明确价格管理体系，固定商品价格，实现分割市场；制定处罚措施、缴纳自律保证金、查处通报违规行为，通过微信等方

① 参见《市场监管总局发布 2023 年民生领域反垄断执法专项行动第二批典型案例》，载国家市场监督管理总局官网，https://www.samr.gov.cn。

式进行协调，制定《南京中燃百江能源有限公司经营计划的说明》，约定暂付注资款，确保垄断协议得以实施。上述行为违反了《反垄断法》第13条第1款第1项和第3项[①]的规定。

问题：

（1）本案主要涉及何种反垄断法责任？何种具体责任类型？

（2）若涉案当事人想要获得宽免待遇，需要满足哪些条件？

2. “沙格列汀片剂”药品专利侵权申请撤回上诉案[②]

原告为沙格列汀片剂专利（即涉案专利）所有人的被授权人，主张被告实施涉案专利的行为构成专利侵权。在本案之前，涉案专利所有人与被告的母公司的诉讼纠纷中曾达成和解协议，约定由被告母公司撤回对涉案专利所有人专利无效宣告的请求，后者则同意被告母公司在涉案专利权保护期限届满前5年进入相关市场，并实施涉案专利。

最高院认为，在涉及药品专利权利人和仿制药申请人的药品专利案件中，涉案协议如具有所谓的“药品专利反向支付协议”外观，人民法院一般应对有关协议是否违反《反垄断法》进行一定程度的审查。同时，在本案中，最高院首次明确了对药品专利反向支付协议的反垄断审查分析路径：可以通过比较签订并履行有关协议的实际情形和未签订、未履行有关协议的假定情形，重点考察在仿制药申请人未撤回其无效宣告请求的情况下，药品相关专利权依无效宣告请求归于无效的可能性，进而以此为基础分析对相关市场而言，有关协议是否以及在多大程度上造成了竞争损害。

问题：

（1）本案是否属于知识产权反垄断适用除外的对象？法院对于药品专利反向支付协议的附带性审查是否正当合理？

（2）若认定涉案药品反向支付协议违反反垄断法，相关主体可能承担何种责任？

本章思考题

1. 试析反垄断法私人实施的意义。
2. 试析我国的反垄断执法体制。
3. 试析反垄断法上的行政责任。
4. 试析反垄断法上的民事责任。
5. 试析反垄断法上的刑事责任。

---

① 现为《反垄断法》第17条第1项和第3项。

② 参见最高人民法院（2021）最高法知民终388号。

拓展阅读　　即测即评

郑重声明

读者意见反馈

为收集对教材的意见建议，进一步完善教材编写并做好服务工作，读者可将对本教材的意见建议通过如下渠道反馈至我社。

咨询电话　400-810-0598

反馈邮箱　gjdzfwb@pub.hep.cn

通信地址　北京市朝阳区惠新东街4号富盛大厦1座

　　　　　高等教育出版社总编辑办公室

邮政编码　100029